Amy Martin

PASAJES

Shawn
583. - 0371

PASAJES

LENGUA

Segunda edición

MARY LEE BRETZ
Rutgers University

TRISHA DVORAK
University of Michigan

CARL KIRSCHNER
Rutgers University

Random House   New York

This book was developed for Random House by Eirik Børve, Inc.

Second Edition

9 8 7 6 5

Library of Congress Cataloging-in-Publication Data

Bretz, Mary Lee.
    Pasajes, lengua.

    "Developed for Random House by Eirik Børve, Inc."
    Includes index.
    1. Spanish language—Text-books for foreign
speakers—English. 2. Spanish language—Grammar—
1950–   . I. Dvorak, Trisha. II. Kirschner,
Carl, 1948–   . III. Eirik Børve, Inc. IV. Title.
PC4129.E5B76 1987   468.6′421   86-26247
ISBN 0-394-35321-8

Manufactured in the United States of America

Text design by James Chadwick
Cover design by Dare Porter
Illustrations by Betty Beeby
Photo research by Judy Mason

Realia: *page 304*, Quino, *Triunfo* (Prensa Periódica, S.A.). All rights reserved.

Permission to use: pages 12–13 and page 39: excerpts from "Hispano-america: el amigo que no conocemos," from Robert Mead, *Perspectivas Interamericanas*, reprinted by permission of the author.

Contents

To the Instructor

The *Pasajes* Series

Pasajes is a series of five texts intended for use in second-year college Spanish programs. The five books of the series—a core grammar text, a workbook/laboratory manual, an activities manual, a literary reader, and a cultural reader*—share a common grammatical and thematic organization, so that the same structures and similar lexical items are emphasized in a given chapter across all five components. The component structure of the series aims to offer instructors a program with greater coherence and clarity, and, at the same time, more flexibility and variety than is possible with a single text (whether or not it is supplemented with a reader). The design and organization of the grammar explanations and exercises within the book are guided by the overall goal of developing functional, communicative language ability, and are built around the three objectives of reinforcement, expansion, and synthesis.

Since publication of the first edition of *Pasajes* in 1983, interest in communicative language ability has grown steadily. The focus on proficiency articulated in the *ACTFL Proficiency Guidelines* and the growing body of research on the processes involved in each of the language skills have supported the importance of communicative ability as a goal of classroom language study, while at the same time suggesting activities that enable learners to develop specific skills in each of the four traditional areas. The revisions evident in the second edition of *Pasajes* have been shaped by these factors, as well as by the combined expertise of those who used the first-edition materials and offered suggestions based on their experiences.

Organization of the Text

The number of chapters in this edition has been reduced from 14 to 12. One new theme, **El trabajo y el ocio**, has been added. The chapter organization remains virtually identical to that of the first edition and is as follows.

---

*Additional parts of the package include tapes, a tapescript, and a detailed Instructor's Manual.

- **Introduction of theme**   The opening spread of each chapter presents a photo illustrative of an aspect of the chapter theme. New to this edition is the brief "sensitizing" exercise intended to start students thinking about the theme and about the ideas or images they may already associate with it.

- **Primer paso**   The exercises in the chapter opening spread demand more comprehension than production, allowing learners to react to statements in a variety of ways. In contrast, the **Primer paso** exercises require more energy and active participation. This section begins with the presentation and practice of theme vocabulary: the **Vocabulario para conversar** list and **Practiquemos** exercises. The next subsection, **Conversemos**, is based on the description of visuals; specific questions on the drawings and cartoons practice the theme vocabulary for each chapter while reviewing grammatical structures from previous chapters. The specific questions are followed by others that are more personalized and open-ended to stimulate preliminary discussion of the chapter theme and to encourage students to use whatever resources they have to communicate their ideas.

- **Gramática**   The grammar exercises in each chapter generally appear immediately after the explanation of a particular structure; in some cases, however, only a few exercises may appear after the initial explanation, with many others included in later sections of the chapter. Various chapters contain optional **De paso** sections that discuss aspects of Spanish grammar in more depth. Some "first-year" material is presented in brief **Recuerde Ud.** sections. The answers to exercises based on facts and figures relating to Hispanic culture are found in the *Instructor's Manual*. Exercises are graduated in difficulty within each grammar section. They move from controlled drills toward more open-ended "question-answer" and "situation-reaction" exchanges. Each chapter contains many ¡Necesito **compañero!** exercises that have been specifically designed to be done by students in pairs or small groups.

- **Estrategias para la comunicación**   Students often want to express ideas that are beyond their linguistic abilities. Rather than avoiding such situations, *Pasajes* encourages students to confront them directly. In each chapter, the **Estrategias** section teaches students specific strategies for becoming more effective communicators: how to say what you don't know how to say, how to recover lost messages, how to hold up your end of a conversation, and so on. Suggestions for implementing the **Estrategias** sections, and answers for some of its exercises, are found in the *Instructor's Manual*.

- **¡OJO!**   This section discusses word discrimination and various idiomatic usages. As with other grammatical exercises, all ¡OJO! practice sections include review of materials from previous chapters.

- **Repaso**   The exercises in this section are of two kinds. The first reviews only material from previous lessons, while the second focuses on grammatical points presented in that particular chapter. Answers to the **Repaso** exercises are in Appendix IV at the end of the book.

Major Changes in the Second Edition

- The total amount of grammatical material to be covered has been reduced.
- Grammar explanations have been streamlined and clarified.
- The exercises tie more tightly together the grammar, vocabulary, and theme of each chapter. Mechanical or repetitive exercises have been kept to a minimum, while exercises that require students to produce more than single-sentence responses have been increased. More support (suggestions, useful vocabulary, and so on) is now provided for most open-ended exercises.
- **Estrategias** sections now occur throughout the book.
- The exercises in the **Primer paso** section have been expanded to include greater focus on vocabulary development.

Acknowledgments

The authors would like to thank all of the instructors who completed the general revision questionnaire that was sent to all those who have used the first edition of the series. Their comments, both positive and critical, were extremely influential in the shaping of the second edition. The authors are also indebted to the following instructors, who reviewed portions of the manuscript at various stages of the development of this second edition. The appearance of their names does not necessarily consitute an endorsement of the texts or of their methodology.

Hilde Cramsie,
University of Southern California
Manuel Delgado,
Massachusetts Institute of Technology
Hilda B. Dunn,
University of Kentucky
Carolyn L. Hansen,
University of South Carolina
Carol A. Klee,
University of Minnesota at Minneapolis
Catherine Larson,
Indiana University

Katherine McArdle-Pigott,
Oakland University
Catherine Nickel,
University of Nebraska at Lincoln
Ana Perches,
New Mexico State University
Gerald W. Petersen,
University of Nevada at Reno
Emily Spinelli,
University of Michigan at Dearborn

In particular, the authors would like to express their appreciation to the following individuals.

- Professor Bill VanPatten of the University of Illinois at Urbana-Champaign, and Professor Shaw Gynan of Western Washington University, who gave us invaluable suggestions regarding the overall organization and content of the materials.
- Professor Tom Stephens of Rutgers University, who generously shared with the authors his perceptions about how all of the components work in the classroom. His ideas helped to shape many aspects of the second edition.

- Professors Tracy D. Terrell of the University of California, San Diego, and Theodore V. Higgs of San Diego State University, who contributed useful suggestions about *Pasajes: Lengua* and its presentation of the Spanish verb system.
- Professor Karen Breiner-Sanders of Georgetown University, who contributed a thoughtful reading of several chapters of *Pasajes: Cultura* which resulted in a number of excellent changes.

We would also like to thank the persons who read the entire text or portions of it for linguistic and cultural authenticity: Isabel Bustamante (Chile), María José Ruiz Morcillo (Spain), Laura Chastain (El Salvador), and Hercilia Alvarez (Chile). Revisions in exercises were greatly enhanced by many hours spent brainstorming with Barbara Bruns, Isabel Bustamante, Philomena Meechan, Carmen Nieto, and Julia Urla, all of the University of Michigan. Barb and Julie, in addition, spent hours identifying and locating the **recortes** for *Pasajes: Cultura*.

We are also grateful to Betty Beeby for her beautiful artwork; to Judy Mason for excellent photo research; to Charlotte Jackson and Lesley Walsh of EBI for handling details that no one ever sees but without which a project of this kind can never be published; to Elizabeth Lantz, also of EBI, for her competent handling of many aspects of the project during a critical period; and to our production staff at Random House: Valerie Rynne, Anne Weinberger, and Karen Judd, who are responsible for the improved appearance of the second edition.

We would especially like to thank both Eirik Børve and Thalia Dorwick. Eirik brought the team together and was the original inspiration for the project. Thalia has been the patient and unrelenting midwife; without her encouragement and guidance the completion of this project would never have been possible.

MADRID, ESPAÑA

BIENVENIDOS

At the beginning of an intermediate language course some of you may be intimidated by a grammar book—"You mean after all those tenses we learned in first year, there are still *more*?!" The Spanish language is indeed rich in verb forms!—and one of the purposes of this book is to review what you have already learned and then expand on it, while at the same time helping you to see that the numerous bits and pieces of grammar—the rules and the exceptions—do in fact form a single, coherent system. *Pasajes: Lengua* explains each grammar point carefully and gives numerous examples. If you want more information, some chapters have optional **De paso** sections that describe more detailed points of grammar. At the end of each chapter is an ¡OJO! section that helps you practice avoiding common vocabulary errors. It is unlikely that you will acquire a perfect or even near-perfect command of grammatical structures at this stage of language learning. Such command comes slowly; we hope that over the course of time the exercises, explanations, and activities in this text and in the *Cuaderno de práctica* will help you to attain greater grammatical accuracy.

Review, expand, synthesize: this threefold goal is the purpose of many intermediate textbooks. *Pasajes: Lengua* wants this and something more. We not only want you to *understand* the system, we want you to *use* it. For us this second goal is actually the first and most important, since the desire to speak, read, or write Spanish is the main reason that many of you sit patiently through grammar lessons in the first place. *Pasajes: Lengua* was written to help you make the leap from conjugating to communicating.

Developing the ability to communicate is fun, but also challenging. It requires something more than memorization or passive participation. It requires your active, involved participation in *real* communication with your instructor and fellow students. In real communication, people ask questions because they really want to know something about a topic or person. They follow up with more questions to discover in full detail whatever it is they need or want to know. And the person who is asked a question doesn't respond with a disinterested "yes" or "no"; he or she shows interest and adds information to keep the conversation going. If some participants in the conversation have a native language other than English, they don't lapse into their native language when they don't understand what is going on; they ask questions, or reword their statements, or draw pictures to clear up the confusion.

At this point, and probably for some time to come, your Spanish may seem "babyish" in comparison to the complexity of the ideas and opinions you want to express. Don't give up on your ideas or on your Spanish. Think of other ways to say what you mean: simplify, give examples, use whatever you *do* know to bridge the gap. From the **Primer paso** section that begins each chapter to the **Repaso** section at the chapter's end are exercises and activities designed to encourage you to think, react, and share your ideas with your instructor and your classmates.

Don't be afraid to make mistakes, or think that they indicate some failure on your part. Mistakes are a normal, perhaps inevitable, part of language learning.

Many of the activities in *Pasajes: Lengua* are deliberately designed to challenge you, to make you use all of your Spanish knowledge. We know you will make mistakes, and we want you to learn from them. You won't always be able to say exactly what you want to say, but you *can* learn to deal with that frustration creatively and effectively. In each of the chapters of *Pasajes: Lengua* and in this introduction are special sections called **Estrategias para la comunicación** that give you hints about and practice in handling many of the problems that everyone faces in real-life communication.

To communicate successfully in Spanish, you will need a strong desire to communicate combined with certain basic skills. We have tried to provide interesting exercises and activities and numerous hints to help you acquire those skills. But in the long run your level of success will depend on *you*. The potential rewards for your efforts are indeed great. After Chinese and English, Spanish is spoken by more people than any other language in the world. Hispanics are an immensely friendly, interesting, and important people whose culture is rich and varied. Your skill in Spanish is the **pasaje** that will enable you to communicate with them and to appreciate their culture in a way that a person who knows no Spanish can never experience.

⌐ ESTRATEGIAS PARA LA COMUNICACION ⌐

¿Quieres trabajar conmigo?

OR

Getting Started

Do you know lots of words in Spanish, but have trouble getting them out in the right order when you really need to? Can you conjugate verbs fluently in writing in the margins of your Spanish tests, but freeze up when the task is conversation? Can you follow the gist of what people have said to you in Spanish, but start stuttering and stammering when it's your turn to talk? Don't worry—you're more typical than you think! As a matter of fact, it is very likely that even your instructor remembers a time when he or she experienced the same problems in either Spanish or English.

Learning another language is hard work; it takes a long time, and it seems to be marked, for most people, by a series of alternating stages: a period of fast learning, a plateau (no progress for what seems a long time), a breakthrough and fast learning again, followed by another plateau. When you are in a plateau stage, it can actually feel as if you are going downhill—making mistakes that you used not to make and confusing things that had previously been easy for you—instead of standing still! There isn't much that you can do to avoid plateaus, but you can make your progress through them easier and less frustrating if you keep the following tips in mind.

1. Relax. Making mistakes is natural, not stupid. Anyone who has ever studied a foreign language has made mistakes—lots of them!—so don't waste time worrying about how to avoid them, or being afraid that other people will think you are dumb. The more relaxed you are, the easier it gets to use a foreign language actively.

2. Think about how to get your message across. Remember that there is never just one way to say anything; if you run into a snag, back up and go at it from another direction. The more involved you are in communicating, the less self-conscious you will be about real or potential mistakes, which, by the way, are generally a lot less damaging to communication than you might think.

3. Be patient. Learning another language takes time and lots of practice, but it does get easier. And you do get better—compare your abilities to those of a first-semester Spanish student, or think about how much you know now that you didn't know when you were just a beginner!

To help you feel more comfortable and confident, each chapter of *Pasajes* has a number of exercises specifically designed to be done with a classmate. You may find the following phrases useful for finding a partner (**un compañero**, **una compañera**) and getting down to work with him or her.

¿Quieres (Quisieras) trabajar conmigo?	*Do you want (Would you like) to work with me?*
Soy... ¿Y tú?	*I'm (name). Who are you?*
¿Quién empieza? (¿Quién va a empezar?)	*Who goes first? (Who's going to start?)*
Te toca. (Ahora te toca a ti.)	*It's your turn. (Now it's **your** turn.)*
Un momento. (Espera.)	*Wait a minute.*
¡Vamos!	*Let's go! Hurry up!*
¿No será... ?	*Wouldn't it (the answer, the word) be . . . ?*
¿Vale?	*OK? Is this all right with you?*
¡Regio! (¡Fenomenal! ¡Magnífico! ¡Fantástico!)*	*Good job!*
Gracias por tu ayuda.	*Thanks for your help.*

Try practicing these expressions as you work through the following activities with a classmate. Do the best you can to stay in Spanish as much as possible, helping each other with any difficulties that you encounter.

¡Necesito compañero!

A. You need to get the following information from someone who does not speak English. How many different ways can you think of to phrase your questions? Use single-word questions as well as complete sentences.

1. name	5. marital status
2. age	6. occupation
3. where the person is from	7. reasons for being here
4. address	8. hobbies and areas of interest

B. When you and your partner have finished your list, compare your question strategies with those of the rest of the class. Then use your questions to interview a different classmate.

---

*Exclamations of approval (and disapproval) tend to be very regional in most languages. ¡**Regio!** is common in Chile and other areas of Latin America; ¡**fenomenal!** and ¡**vale!** are a bit more common in Spain; ¡**magnífico!** and ¡**fantástico!** are widely used by Hispanics from all national backgrounds. Ask your instructor to give you other expressions of approval that he or she is familiar with.

CAPITULO UNO

GUERRILLEROS MEXICANOS

TIPOS Y
ESTEREOTIPOS

L os estereotipos se forman cuando las características que tienen (o que tenían en el pasado) *algunos* individuos son atribuidas a *todos* los miembros de un grupo. Por ejemplo, la foto que precede representa la imagen que tienen algunas personas de todos los mexicanos. ¿Reconoce Ud. los estereotipos a continuación (*following*)?

1. Los atletas _____.
2. Las mujeres _____.
3. Los estudiantes _____.
4. Los judíos _____.
5. Los norteamericanos _____.
6. Los vendedores de autos usados _____.
7. Los japoneses _____.
8. Los negros _____.

a. no saben manejar
b. sacan fotos constantemente
c. no pueden aprender lenguas
d. son deshonestos
e. bailan bien
f. son estúpidos
g. son irresponsables
h. son materialistas

Hay estereotipos para todos los grupos humanos; es triste. Algunos piensan que son inevitables. ¿Qué cree Ud.?

Vocabulario para conversar

asociar *to associate*
el atleta *athlete*
 un tipo muy atlético *an athletic person*
la característica *characteristic*
 coqueta *flirtatious*
la costumbre *custom, habit*
el empollón/la empollona *grind, bookworm*

el estereotipo *stereotype*
extrovertido *extroverted, outgoing*
flojo *lazy; not very bright (slang)*
la imagen *image, picture*
introvertido *introverted, shy*

listo *bright, smart*
perezoso *lazy*
pesado *dull, uninteresting*
el rasgo *trait*
típico *typical*
trabajador *hard-working*

Practiquemos

A. Busque antónimos en la lista del vocabulario.

1. sociable
2. perezoso
3. estúpido
4. extraño

B. Busque sinónimos en la lista del vocabulario.

1. aburrido
2. el rasgo
3. la tradición
4. flojo

C. Asociaciones: nombre tres acciones que Ud. asocia con cada uno de los siguientes tipos o adjetivos.

1. un empollón
2. coqueta
3. extrovertido
4. un atleta

¿Qué característica(s) asocia Ud. con cada una de las siguientes personas?

1. Alexis (*Dynasty*)
2. Clark Kent
3. Arnold Schwarzenegger
4. Lee Iacocca

Conversemos

A. Describa Ud. los rasgos físicos de las dos estudiantes del dibujo A. ¿Qué rasgos de personalidad asocia Ud. con cada una? ¿Qué problemas van a tener como compañeras de cuarto (*roommates*)? ¿Cuál de las dos es la «estudiante típica» de esta universidad? Si ninguna, ¿cómo es la «estudiante típica»? ¿el «estudiante típico»? ¿Qué costumbres y características reflejan estas imágenes?

B. En su opinión, ¿dónde están los estudiantes del dibujo B? ¿Qué hace el grupo de estudiantes de la izquierda? ¿Qué hace el estudiante de la derecha? ¿Por qué cree Ud. que está solo? ¿En qué basa su opinión? ¿Qué estereotipos hay en este dibujo? ¿Son todas las generalizaciones falsas? ¿Cuáles le parecen a Ud. más o menos verdaderas?

C.   ¿Cómo son los estudiantes de la residencia (*dorm*) donde Ud. vive? ¿Tiene Ud. un compañero (una compañera) de cuarto? ¿Son Uds. semejantes o muy diferentes? Explique.

GRAMATICA

1. GENDER AND NUMBER OF NOUNS

A.   Gender of Nouns

In Spanish, nouns (**los sustantivos**) are classified as masculine (used with the article **el/un**) or feminine (used with the article **la/una**).

el estereotipo	**la** imagen
un rasgo	**una** característica

Although any rule has its exceptions, the following two will help you to assign gender (**el género**) correctly to most Spanish nouns, based on meaning and on the last letter of the noun.

1. **Meaning:** biological sex = grammatical gender
   Whenever a Spanish noun refers to a being that is male, the noun is masculine; when the noun refers to a being that is female, the noun is feminine.

el hombre *man*	la mujer *woman*
el toro *bull*	la vaca *cow*
el padre *father*	la madre *mother*
el monje *monk*	la monja *nun*

When the noun refers to a being that can be of either sex,* the corresponding article indicates gender. Sometimes the word will have a different form for masculine and feminine.

el artista	**la** artista
el estudiante	**la** estudiante
el empollón	**la** empollona
el profesor	**la** profesora

---

*Most nouns that refer to nondomesticated animals have only one form (and follow rule 2 for assigning gender); the biological sex of the animal is indicated by adding the clarifiers **macho** (*male*) and **hembra** (*female*).

el pájaro macho *male bird*	el pájaro hembra *female bird*
la rana macho *male frog*	la rana hembra *female frog*

The following nouns are exceptions; they may refer to either men or women, but have just one form:

el individuo	la persona
el ángel	la víctima

2. **Last letter**
   a. Most nouns that end in **-l, -o, -n, -e, -r,** and **-s** are masculine.

el pape**l** *paper*	el árbo**l** *tree*
el libr**o** *book*	el grup**o** *group*
el exame**n** *test*	el pa**n** *bread*
el caf**é** *coffee*	el tomat**e** *tomato*
el amo**r** *love*	el su**r** *south*
el lune**s** *Monday*	el cumpleaño**s** *birthday*

   Some common exceptions are

la mano *hand*	la foto(grafía) *photo(graph)*
la imagen *image*	la gente *people*
la clase *class*	la parte *part*

   b. Most nouns that end in **-a, -d, -ión,** and **-z** are feminine.

la comid**a** *food*	la montañ**a** *mountain*
la actitu**d** *attitude*	la universida**d** *university*
la acc**ión** *action*	la televis**ión** *television*
la nari**z** *nose*	la vo**z** *voice*

   Some common exceptions are:

el día *day*	el sofá *sofa*
el avión *airplane*	el camión *truck*

   Another group of exceptions contains many words ending in **-ma, -pa,** or **-ta.**

el cli**ma**	el ma**pa**	el progra**ma**
el diplo**ma**	el poe**ma**	el siste**ma**
el dra**ma**	el poe**ta**	el te**ma**
el idio**ma**	el proble**ma**	

   c. Most nouns that end in **-ie, -is,** and **-umbre** are feminine.

la ser**ie** *series*	la superfic**ie** *surface*
la cris**is** *crisis*	la apendicit**is** *appendicitis*
la cost**umbre** *custom*	la muched**umbre** *crowd*

   d. Feminine nouns that begin with a stressed **a** sound use the masculine articles (**el/un**) when singular; in the plural, feminine articles are used with these nouns. They are always accompanied by feminine adjectives.

el agua fresca *cool water*	**las** aguas blancas *white waters*
un hacha nueva *a new axe*	**las** hachas nuevas *the new axes*

B.   Plural of Nouns

There are three basic patterns for forming plural nouns in Spanish.

1. Nouns that end in a vowel add **-s.**

el hombre	→ los hombres	*the men*
un libro	→ unos libros	*some (a few) books*
la carta	→ las cartas	*the letters*
una idea	→ unas ideas	*several ideas*

2. Nouns that end in a consonant add **-es.**

la mujer	→ las mujeres	*the women*
la pared	→ las paredes	*the walls*
el rey	→ los reyes	*the kings*
el francés	→ los franceses	*the Frenchmen (French people)*

3. With the exception of nouns of nationality (as in the last example in 2), most nouns that end in **-es** or **-is** have identical singular and plural forms. Their article indicates number.

el lunes	→ **los** lunes	*Mondays*
la crisis	→ **las** crisis	*the crises*

The formation of the plural causes two important changes in form:*

1. Words that end in **-z** change the **z** to **c** before adding **-es.**

un lápiz	→ unos lápices
una voz	→ unas voces
una vez	→ unas veces

2. Sometimes accents must be added or deleted in the plural form to maintain the stress of the singular form.

el examen	→ los exámenes
la joven	→ las jóvenes
la nación	→ las naciones
el interés	→ los intereses

PRACTICA

A. ¿Puede Ud. identificar el género de los sustantivos subrayados? ¿Hay algunos sustantivos que no sigan las reglas de la Sección 1?

El mundo es cada vez más° pequeño. Ahora que un viaje   *cada... more and more*
de Nueva York a Europa dura° sólo tres horas en avión   *lasts*

---

*See Appendix 1 ("Syllabication and Word Stress") and Appendix 2 ("Spelling Changes") for more information about these kinds of changes.

supersónico, es posible pasar el fín de semana en un pequeño pueblo de los Alpes y regresar el lunes a los rascacielos de Wall Street. Y no sólo viajan los ricos; la clase media y los estudiantes también dejan sus países en busca de nuevas experiencias y oportunidades de trabajo. El intercambio° de turistas y trabajadores es particularmente evidente en los Estados Unidos. Todos los años miles de turistas compran sus billetes para ir a México, a Colombia, a España o a otros países de habla española. Los turistas hispanos que llegan a los Estados Unidos son menos numerosos pero el número aumenta cada vez más. Y sin contar a los turistas, hay unos diez millones de personas de habla española que viven en los Estados Unidos.

exchange, interchange

B. Las siguientes palabras son excepciones a las reglas generales. ¿Cuál es la regla general en cada caso?

1. el ángel
2. la suerte
3. el análisis
4. la flor
5. el maíz
6. el dilema

C. Indique el género de cada sustantivo con **el** o **la** según el caso. ¡OJO! En los casos en que un sustantivo pueda ser o masculino o femenino, dé los dos artículos.

1. *la* madre
2. *el* profesor
3. *la/el* novelista
4. *el* dólar
5. *el* traje
6. *la* persona
7. *el* problema
8. *el* mundo

9. *la* capacidad
10. *la* vez
11. *la* mano
12. *el/la* cliente
13. *el* calcetín
14. *la* señora
15. *el* día
16. *el* agua

17. *el* sistema
18. *el* individuo
19. *la* tradición
20. *el* animal
21. *la* verdad
22. *el/la* atleta
23. *la* águila
24. *el* porcentaje

D. ◨ **¡Necesito compañero!** ◨ Juanita, la típica empollona, lo sabe todo. Siempre corrige los errores de Juan, el estudiante más flojo de la clase. Con un compañero de clase, invente su conversación, según el modelo.

MODELO Cortázar / una escritora famosa →
JUAN: Cortázar es una escritora famosa, ¿verdad?
JUANITA: ¡Qué va! Es un escritor.

1. Dalí / una artista estupenda
2. Matute / un novelista español
3. Miró / una pintora catalana
4. Laforet / un escritor moderno
5. Orozco / una muralista mexicana
6. Santana / un profesor de español
7. Walker / una estudiante de segundo año
8. *Invente Ud. un error de Juan.*

2. BASIC PATTERNS OF ADJECTIVE AGREEMENT

A. Gender and Number of Adjectives

In Spanish, adjectives (**los adjetivos**) agree with the noun they modify in gender and number, according to the following patterns.

1. Adjectives that end in **-o** have four different forms to indicate masculine, feminine, singular, and plural agreement: **-o, -a, -os, -as.**

el vino blanc**o**	la mantilla blanc**a**
los vinos blanc**os**	las mantillas blanc**as**

2. Most adjectives that end in any other vowel or in a consonant have the same form for masculine and feminine. Like nouns, they show plural agreement by adding **-s** to vowels and **-es** to consonants.

MASCULINE	FEMININE	PLURAL
el hombre trist**e**	la mujer trist**e**	las personas trist**es**
el libro difícil	la novela difícil	los poemas difíc**iles**
el templo may**a**	la civilización may**a**	los indios may**as**
el drama realist**a**	la comedia realist**a**	las novelas realist**as**

EXCEPTIONS:

Adjectives of nationality that end in a consonant add **-a** to show feminine agreement.

el profesor francés	la profesora frances**a**

Adjectives that end in **-dor, -ón,** and **-án** also add **-a.**

un niño encantador	una niña encantador**a**

3. When an adjective modifies two nouns, one masculine and the other feminine, the adjective is masculine plural.

Juan y María son bajos.	*Juan and María are short.*

The formation of the plural causes the same form changes* as those noted earlier for nouns.

1. Words that end in **-z** change the **z** to **c** before adding **-es.**

un niño feli**z**   → unos niños feli**ces**
una mujer capa**z** → unas mujeres capa**ces**

2. Sometimes accents must be added or deleted in the feminine singular and

---

*See Appendix 1 ("Syllabication and Word Stress") and Appendix 2 ("Spelling Changes") for more information.

in the plural forms in order to maintain the stress of the masculine
singular.

el pueblo alemán	→	la gente alemana
el idioma inglés	→	la lengua inglesa
la estudiante joven	→	las estudiantes jóvenes
un problema común	→	unos problemas comunes

B. Shortening of Certain Adjectives and Numerals

1. The following adjectives drop the final **-o** before a masculine singular
noun.

bueno	un buen hombre	*but:*	una buena mujer
malo	un mal día		una mala actitud
alguno	algún síntoma		alguna característica
ninguno	ningún problema		ninguna imagen
primero	el primer programa		la primera película
tercero	el tercer estudiante		la tercera estudiante

2. The adjectives **grande** and **cualquiera** become **gran** and **cualquier**,
respectively, before both masculine and feminine singular nouns.

Es un gran país con una gran historia.	*It's a great country with a great history.*
Ud. puede tomar cualquier curso, a cualquier hora.	*You can take any course, at any time.*

3. The number **uno**—alone or in its combined forms—becomes **un** before
masculine nouns. The number **ciento** becomes **cien** when it precedes any
noun or a number larger than itself.

Sóio tengo un dólar. Felipe tiene veintiún dólares.	*I only have one dollar. Felipe has twenty-one dollars.*
Hay cien chicas en la escuela.	*There are a hundred girls in the school.*
Hay cien mil libros en la librería.	*There are one hundred thousand books in the bookstore.*
but:	
Hay ciento cincuenta chicas en la escuela.	*There are a hundred fifty girls in the school.*

PRACTICA

A. Complete estas oraciones con la forma correcta de los adjetivos indicados.

1. Los estudiantes de esta clase (no) son _____. (francés, flojo, trabajador,
extrovertido, listo, español, perezoso, empollón)
2. Esta universidad (no) es _____. (exigente [*demanding*], barato, fácil,
aburrido, grande, bonito, excelente)

B. Dé frases nuevas según las palabras que aparecen entre paréntesis. ¡OJO! Cuidado con el género de los sustantivos.

1. un buen *grupo* (costumbre, persona, individuo, canal, universidad)
2. el tercer *ejemplo* (característica, problema, región, continente, país)
3. cualquier *hora* (amiga, empollón, estereotipo, poema, generalización)
4. una mala *imagen* (escritor, programa, idea, voz, hombre)
5. alguna *comida* (rasgo, ciudad, día, mes, tradición)

C. Use todos los adjetivos que pueda para describir estos sustantivos.

1. un Cadillac
2. un buen profesor
3. el planeta Marte
4. el helado
5. los perros
6. las serpientes
7. los hombres/las mujeres
8. *Sugiera un sustantivo a la clase.*

D. ◧ **¡Necesito compañero!** ◧   ¿Está Ud. de acuerdo con las siguientes observaciones? ¿Qué piensa su compañero? ¿Por qué?

__N__ 1. No existe ningún estereotipo positivo.
_____ 2. Un mal profesor es menos inteligente que un buen profesor.
_____ 3. La prioridad de los jóvenes de la generación de los 80 es el dinero.
_____ 4. Cualquier mujer puede ser una buena madre.
_____ 5. Las personas feas tienden con más frecuencia a ser criminales que las personas guapas.
_____ 6. Los individuos que viven en el sur de los EEUU* tienen más prejuicios que los que (*those who*) viven en el norte.

E. Situaciones y preguntas

1. A veces, según la apariencia externa, pensamos que la gente es de una manera determinada. Por ejemplo, ¿cómo es la persona que lleva gafas oscuras? ¿que lleva gafas gruesas (*thick*)? ¿que tiene el pelo rojo? ¿que tiene el pelo rubio? ¿Qué otros rasgos físicos se asocian con ciertos rasgos de la personalidad?

2. ¿Es verdad que la ropa que se lleva indica algo sobre la personalidad? ¿Puede Ud. dar un ejemplo concreto de esto? ¿Hay prendas (artículos) de ropa que se asocian frecuentemente con ciertas nacionalidades o grupos étnicos? Por ejemplo, ¿con qué nacionalidad o grupo étnico se asocian las siguientes prendas de ropa?

un paraguas (*umbrella*)
zapatos feos pero bien hechos (*well-made*), buenos para caminar
la ropa de poliéster

un sombrero muy grande
zapatos puntiagudos (*pointy*) y elegantes
los *bluejeans*

¿Con qué sexo se asocia la siguiente ropa?

---

*This abbreviation for **Estados Unidos** will be used frequently throughout *Pasajes: Lengua*.

la ropa a rayas (*striped*)	la ropa floreada
la ropa con volantes (*ruffles*)	el traje sastre (*tailored*)
los pantalones estrechos (*tight*)	los aretes (*earrings*) y collares (*necklaces*)

¿Quiénes se interesan más por la ropa, los hombres o las mujeres? ¿Es verdad o es un estereotipo?

3. ¿Revela la personalidad el tipo de auto que uno maneja? ¿Qué estereotipos asocia Ud. con el conductor (*driver*) de los siguientes autos: un Ferrari, un camión *pick-up*, un Volkswagen, una camioneta (*station wagon*), un Model T? ¿Tienen hoy en día una imagen favorable o negativa los conductores de los coches grandes? ¿Por qué? ¿Qué estereotipos asociamos con los conductores de los coches pequeños? ¿Por qué?

3. EQUIVALENTS OF *TO BE: SER, ESTAR*

Two languages rarely express similar concepts in exactly the same way. Sometimes, two or more words in one language are expressed by a single word in another. For example, English *to do* and *to make* are both expressed by Spanish **hacer**.

When a single English expression has more than one Spanish equivalent, you must learn to choose the accurate equivalent for the particular context. English *to be* has numerous equivalents in Spanish; among them are **ser** and **estar**.*

ser		estar	
soy	somos	estoy	estamos
eres	sois	estás	estáis
es	son	está	están

A. Principal Uses of *ser*

Ser is used to establish identity or equivalence between two elements of a sentence. The two elements may be nouns, pronouns, or prepositional phrases.

Juan es médico.⎫
Juan = médico.⎭   *John is a doctor.* (profession)

---

*Remember that *there is/are* is expressed in Spanish with **hay (haber)**. **Hay** locates persons or things that have no specific identity. It is generally used before indefinite articles, numerals, and adjectives of quantity.

Hay **un** estudiante en el cuarto.   *There is a student in the room.*
Hay **muchos (diez)** estudiantes en el   *There are many (ten) students in the room.*
  cuarto.

El es mi amigo.⎫
El = mi amigo.⎭   *He is my friend.* (identification)

Dos y dos son cuatro.⎫
Dos y dos = cuatro. ⎭   *Two and two are four.*
                                     (equivalence)

María es mexicana.⎫
María = mexicana.⎭   *María is Mexican.* (nationality)

El reloj es de oro.⎫
El reloj = de oro.⎭   *The watch is (made of) gold.*
                                     (material)

Ser is also used to indicate

1. origin

   Los Carrillo son de España.   *The Carrillos are from Spain.*
   La falda es de Guatemala.   *The skirt is from Guatemala.*

2. time

   Son las ocho.   *It's eight o'clock.*
   Es la una y media.   *It's one-thirty.*
   Es medianoche.   *It's midnight.*

3. dates

   Es el cuatro de agosto.   *It's August fourth.*
   Es lunes.   *It's Monday.*

4. possession

   Los libros son del profesor.   *The books are the professor's.*
   El carro es de Marta.   *It's Marta's car.*

5. the time or location of an event

   El concierto es a las ocho.   *The concert is at eight o'clock.*
   ¿Dónde es el concierto? ¿en el   *Where is the concert? In the*
   estadio?   *stadium?*

B.   Principal Uses of *estar*

Estar is used:

1. to indicate location

   La librería está en la esquina.   *The bookstore is on the corner.*
   ¿Dónde está la biblioteca?   *Where is the library?*

2. to form the progressive tenses (Section 62)

   Pedro está corriendo.   *Pedro is running.*

3. in a number of idiomatic expressions with **de**

Están de vacaciones.	*They're on vacation.*
¿No estás de acuerdo?	*Don't you agree?*

C. *Ser* (Norm) Versus *estar* (Change) with Adjectives

The preceding uses of **ser** and **estar** are very clearly defined: either **ser** or **estar** must be used in each case. With most adjectives, however, a choice between the two verbs must be made.

Ser defines the norm with adjectives. If something that happens results in a change, **estar** is used to describe the state representing the change from the norm.

NORM	El león es feroz.	*The lion is ferocious.*
CHANGE	Le pusieron un tranquili-zante y ahora está manso.	*They gave him a tranquilizer and now he is (behaves) tame.*

It is part of the lion's character (**ser**) to be ferocious. However, when the lion is under the tranquilizer's influence, it acts in a tame manner (**estar**).

NORM	El agua de Maine es fría.	*In Maine the water is cold.*
CHANGE	Hoy el agua está caliente.	*Today the water is (feels) warm.*

Here **ser** indicates the expected quality, coldness. **Estar** indicates an unexpected quality: the speaker is surprised to find the water warm, or finds it warmer than expected.

OBJECTIVE (NORM)	La nena es mona.	*The child is cute.*
SUBJECTIVE (CHANGE)	La nena está muy mona.	*The child looks especially cute.*

Here **ser** establishes the norm, what is considered objective reality. The use of **estar** indicates a judgment on the part of the speaker: he or she is describing reality as perceived, according to a subjective perspective.

OBJECTIVE (NORM)	Los postres son muy ricos.	*Desserts are delicious.*
SUBJECTIVE (CHANGE)	Este postre está muy rico.	*This dessert tastes delicious.*

Whereas Spanish distinguishes between objective reality and subjective perception of reality by the use of **ser** or **estar**, English frequently does so by using such verbs as *to seem*, *to taste*, and *to look* that emphasize the subjectivity of the speaker. Sometimes the contrast shown with **ser** or **estar** in Spanish is expressed by the use of entirely different words in English.

NORM CHANGE	María {es / está} alegre.	María is {*happy (a happy person). / cheerful/giddy.*}

$$\text{NORM} \atop \text{CHANGE}$$ Juan $\begin{Bmatrix} \text{es un} \\ \text{está} \end{Bmatrix}$ borracho.   *Juan is* $\begin{Bmatrix} a\ drunkard. \\ drunk. \end{Bmatrix}$

$$\text{NORM} \atop \text{CHANGE}$$ Ellos $\begin{Bmatrix} \text{son} \\ \text{están} \end{Bmatrix}$ aburridos.   *They are* $\begin{Bmatrix} boring. \\ bored. \end{Bmatrix}$

The distinction between **ser** and **estar** is not a distinction between temporary and permanent characteristics. For example, the characteristic **joven** is quite transitory, yet it normally occurs with **ser**; and the words **está enfermo** are used to describe even someone with a long-term or incurable illness.

PRACTICA

Note: Exercises A and B provide initial practice with the basic uses of **ser** and **estar**. There are many more exercises with these verbs after Section 4. This pattern—brief practice with a grammar point in one section, with more practice later on—is frequently followed in *Pasajes: Lengua*.

A. Dé la forma correcta: ¿es o está? Si existe más de una posibilidad, explique la diferencia.

Juan _____. (americano, alto, cansado, trabajador, aburrido, en casa, contento, mi hermano, de Cuba, guapo, aquí, estudiante, listo, perezoso, introvertido, bien hoy, sucio, enfermo, feliz, de vacaciones)

B. Explique los usos de **ser** y **estar** según las reglas de la Sección 3.

Querida mamá,

Estas son mis notas de este trimestre. No son muy buenas, pero no hay ninguna razón para preocuparse. Después de todo, es mi primer trimestre y tengo varias preocupaciones. La universidad no es lo que° muchos piensan. Como hay muchos estudiantes, hay una gran competencia y los profesores son muy exigentes.° ¡A veces pienso que los estudiantes somos víctimas!

    Pero no todo es malo; hay cosas buenas también. Estoy contento con mi compañero de cuarto. No es el típico empollón pesado. Es un tipo fantástico. Se interesa en política, y como es alto y tiene barba, le llamamos Fidel. Hay algunos que dicen que es el típico revolucionario latino, pero no estoy de acuerdo con ellos. Ese es un estereotipo—hay una gran diferencia entre hablar de política y ser un revolucionario.

    Son las once de la noche y estoy todavía en la biblioteca. Está lloviendo y estoy muy cansado, pero estoy bien. Quiero saber que tú y todos en casa están bien de salud también.

Te quiere tu hijo,

Toño

lo... what

demanding

4. *ESTAR* + PAST PARTICIPLES: RESULTANT CONDITION

One type of adjective occurs particularly frequently with **estar** to describe the state or condition that results from an action or change.

Tus padres están **preocupados**.	*Your parents are **worried**.*
El joven está **aburrido**.	*The young man is **bored**.*
Las sillas están **rotas**.	*The chairs are **broken**.*

This type of adjective, like others, may also directly modify nouns.

los padres **preocupados**	*the **worried** parents*
el joven **aburrido**	*the **bored** young man*
las sillas **rotas**	*the **broken** chairs*

This adjective is called the *past* or *perfect participle* (**el participio pasado**). It is formed by adding **-ado** to the stem of **-ar** verbs and **-ido** to the stem of **-er** and **-ir** verbs.

cerrar → **cerrado**	vender → **vendido**	aburrir → **aburrido**

Many Spanish verbs have irregular past participles. Here are the most common ones.

abrir:	**abierto**	hacer:	**hecho**	romper:	**roto**
cubrir:	**cubierto**	morir:	**muerto**	ver:	**visto**
decir:	**dicho**	poner:	**puesto**	volver:	**vuelto**
escribir:	**escrito**	resolver:	**resuelto**		

Compounds of these verbs have the same irregularity in the past participle: **describir** → *descrito*; **descubrir** → *descubierto*; **devolver** → *devuelto*; and so on.

PRACTICA

A. Complete las siguientes oraciones con la forma correcta del participio pasado del verbo subrayado.

1. Este ejercicio es muy agotador (*tiring*) y <u>cansa</u> rápidamente a mi abuelito; por eso, en este momento mi abuelito está ___Cansado___
2. Trabajamos toda la noche para <u>resolver</u> estos problemas. Esta mañana, por fin, todos los problemas están ___resuelto___
3. Mis amigas siempre se <u>pierden</u> (*get lost*). Llevo dos horas esperándolas. Creo que están ___perdido___
4. Dicen que cuando las personas <u>mueren</u>, van a un lugar hermoso para descansar. Mi abuelita está ___muerto___ y estoy segura que está en ese lugar.
5. El nene siempre llora un poquito y luego se <u>duerme</u>. No oigo ningún ruido en su cuarto; creo que está ___dormido___

6. Mis notas preocupan mucho a mis padres. Ellos acaban de ver (*have just seen*) las de (*those for*) este semestre y por eso ahora están muy _preocupado_

7. Durante la Edad Media (*Middle Ages*), la gente de todos los países europeos escribió los documentos importantes en latín. Estos documentos aquí datan de ese período y por eso están _____ en latín.

8. Los jueves mi padre prepara la cena a las 5:30 en punto. Son las 5:45 ahora y por eso sé que la cena ya está _preparado_

B. Las siguientes oraciones representan generalizaciones (algunas falsas y otras ciertas) muy comunes. Complételas con la forma correcta de **ser** o **estar**, según el contexto. Luego, comente si Ud. está de acuerdo o no con cada una.

1. Los republicanos _es_ conservadores. _son_

2. No hay suficiente disciplina en las escuelas públicas; por eso, los estudiantes de hoy día no _esté_ aprendiendo nada. _estan_

3. Si una mujer _es_ madre, debe _esté_ en casa con los niños.

4. Las personas viejas con frecuencia _estén_ más enfermas que las jóvenes.

5. Los hombres que usan secadores (*hair dryers*) y laca (*hair spray*) _son_ poco masculinos.

Change location 6. Los latinos gritan (*shout*) mucho cuando _son_ furiosos. _estan_

7. Los mejores autos del mundo _estan_ de Detroit. _son_

normal 8. Los hombres no _son_ muy observadores; normalmente no se dan cuenta (*realize*) si su casa _esté_ limpia o sucia; no notan si su ropa _estan_ en buenas o malas condiciones.

Change 9. Los norteamericanos _estan_ más preocupados por el dinero que los europeos.

10. Las personas que hablan en voz alta generalmente _son_ personas que no saben mucho.

Condition 11. Los pobres _estan_ más contentos que los ricos.

12. Las personas que hablan muy lento no _son_ muy inteligentes.

13. La calidad (*quality*) de algo caro _es_ mejor que la de (*that of*) algo barato.

14. Cuando uno tiene mucho calor, _es_ malo beber agua muy fría.

15. Los pobres _son_ perezosos.

C. Invente por lo menos una oración con **ser** o **estar** para describir las situaciones siguientes. Se puede formar también oraciones con **haber**.

MODELO Paul acaba de comer (*has just eaten*) en un elegante restaurante argentino. →
Paul es de los Estados Unidos. Está en la Argentina. Está de vacaciones. Hay muchas personas en el restaurante.

1. Es el cumpleaños de Juan. Acaba de recibir muchos regalos de sus padres y amigos.   2. Marta está tomando un examen de física y no sabe nada. Cecilia está tomando el mismo examen y lo sabe todo.   3. Necesitas poner hielo (*ice*) en tu vaso de agua.   4. Carlos acaba de llegar a Nashville desde

Lima, Perú.   5. Pablo y Luisa acaban de comer en la cafetería. Ahora van a la clínica de la universidad.   6. *Invente una situación y preséntela a la clase.*

D. Nuestras expectativas acerca de una situación influyen nuestra percepción. A continuación hay dos dibujos, cada uno con dos situaciones que sugieren una interpretación de lo que (*what*) pasa en el dibujo. Invente por lo menos cinco oraciones con **ser** o **estar** que describan el dibujo según la interpretación sugerida. Siga el modelo que se ofrece para el primer dibujo.

MODELO   SITUACION: turistas americanos
VOCABULARIO UTIL: de vacaciones, restaurante, diccionario bilingüe, encontrar la solución →
El hombre *es* Howard; la mujer *es* su esposa Louise. *Son* de Nueva York. *Están* de vacaciones en la Argentina. El restaurante *es* muy elegante. Howard *está* buscando su diccionario bilingüe porque no sabe mucho español. Louise no *está* preocupada todavía porque *está* segura que Howard va a encontrar la solución. El otro hombre *está* irritado; cree que todos los turistas *son* estúpidos.

1. SITUACION: telenovela (*soap opera*)
   VOCABULARIO UTIL: el amante (*lover*), enamorado (*in love*), el anillo de compromiso (*engagement ring*), proponer matrimonio, el exesposo, celoso (*jealous*)
2. SITUACION: novela de espionaje
   VOCABULARIO UTIL: el agente secreto, el agente doble, el detective secreto, la información robada, la pistola

3. SITUACION: cuento de hadas (*fairy tale*)
   VOCABULARIO UTIL: la madrastra (*stepmother*) cruel, la hijastra (*stepdaughter*), fregar (ie) (*to scrub*)
4. SITUACION: anuncio (*commercial*) para detergentes
   VOCABULARIO UTIL: la vecina (*neighbor*), la recomendación, los consejos (*advice*) útiles, el mejor producto

E. ¿Qué ocurre cuando Paul y Karen pasan su primer semestre en la universidad? Describa los dibujos, usando **ser** o **estar** según el contexto e incorporando el vocabulario indicado si le parece útil.

1.   2.   3.   4.

1. padres, conservador / hijos, obediente / familia, pequeño, feliz / todos, contento
2. hijos, mayor / dejar a los padres / ir a la universidad / separación difícil, triste
3. padres, triste / perro, triste / recordar, hijos / imagen similar
4. padres, sorprendido / perro, furioso / apariencia externa de los hijos, diferente / hijos, ¿diferente interiormente (*on the inside*)?

¿Cómo se puede explicar la reacción de los padres cuando Karen y Paul vuelven a casa? ¿Se basa en algún estereotipo asociado con la apariencia externa de sus hijos? Explique.

⌐ ESTRATEGIAS PARA LA COMUNICACION ⌐

¿Cómo?

OR

What to Do When You Don't Understand

Not understanding the message happens to most people at least once a day in their native language. Many conversations contain at least one request for clarification: *"Huh?" "I don't follow you." "Where did you say he was going?" "Whoa! I can't understand a word you're saying!" "What was that?" "How do you spell that?"*

Cope with missed messages in spoken Spanish just as you do in English: let the other person know what part of the message you haven't understood. Request general information with **¿cómo?** (*what?*). Request specific information by using the appropriate interrogative.

¿cuándo? *when?*	¿dónde? *where?*
¿cuál(es)? *which one(s)?*	¿adónde? *where to?*
¿quién(es)? *who?*	¿de dónde? *where from?*
¿de quién(es)? *whose?*	¿cuánto/a? *how much?*
¿para quién(es)? *for whom?*	¿cuántos/as? *how many?*

If the person is speaking too quickly or using many unfamiliar words, request a repetition with **más despacio, por favor** (*slower, please*) or **otra vez, en palabras más simples** (*again, in simpler words*).

After the repetition, if you still aren't sure that you have understood, ask the person to write down the troublesome word or words. In English and in Spanish, a word that is difficult to understand in speech is often easily recognized in writing.

Finally, guess, using your knowledge of the context. If you are in a restaurant, a waiter is probably asking you about your reservations or about the number of people in your party, not about politics, religion, or the weather.

Practice the preceding communication strategies in these situations.

A. While talking to someone, you have understood only part of the message. Here is what you got. Which of the suggested strategies is the most useful? Sometimes more than one strategy will work.

1. «La primera clase es el jueves... a las... tarde.»
   a. ¿Cuándo es?   b. ¿Cómo?   c. ¿Habla inglés?

2. «LaestacióndetrenesestáaunastrescuadrasenlacalleColónalladodelmuseo.»
   a. Repita, por favor.   b. ¿Huh?   c. Más despacio, por favor.

3. «Ud. necesita hablar con la señora Gadrroullpdyezia.»
   a. ¿Puede Ud. escribírmelo?   b. Otra vez, en palabras más simples.
   c. ¿Cómo se llama?

4. «Lupe es de... »
   a. ¿Quién?   b. No comprendo.   c. ¿De dónde?

B. Once again, you have understood only part of the message. Here is what you got. Ask questions to discover what you missed.

1. «Ellos vienen... tren... tarde.»
2. «¡Qué cansado estoy! Acabo de... y esta noche tengo que... »
3. «No, no, es que... ¿comprendes?»
4. «Se llama... pero no lo conozco bien.»
5. «Juan es un individuo muy..., ¿verdad?»
6. «Salen de... a las... »

C. You hear some unfamiliar Spanish in each of the following situations. First, make some educated guesses about what the person is likely to be saying to you. Then give the questions you would use to discover the message.

1. You are walking down the street, and a well-dressed person stops you and asks a question.   2. You are standing at a bus stop, and an elderly woman approaches and asks a question.   3. You go into a clothing store, and the clerk comes up to you and asks a question.

5. SUBJECT PRONOUNS*

SINGULAR	PLURAL
yo	nosotros, nosotras
tú	vosotros, vosotras
Ud., él, ella	Uds., ellos, ellas

Tú is used with persons with whom you have an informal relationship: with family members (in most Hispanic cultures), with friends whom you address by their first names, with children. **Usted** (abbreviated **Ud.** or **Vd.**) is used in more formal relationships or to express respect. The plural form of **usted** is **ustedes** (**Uds.** or **Vds.**). It is also the plural form of **tú** except in most parts of Spain, where **vosotros** is used.

Spanish verb endings also indicate the person; for example, **hablo**, with its **-o** ending, can only mean *I speak.* For this reason, subject pronouns (**los sujetos pronominales**) are not used as frequently in Spanish as they are in English. Spanish subject pronouns are used, however, for clarity, emphasis, or contrast.

El no habla español pero ella sí   *He doesn't speak Spanish, but* she
lo habla.   *does.*

---

*When two or more grammar sections occur together, with no intervening activities for the first one, you will always practice the first grammar point in the next set of exercises that you find.

⌐ DE PASO

In Spain and in many parts of Latin America, the use of **Ud.** is becoming less frequent. It is not uncommon to hear **tú** in contexts where formerly only **Ud.** was permitted, for example, between sales clerks and their clients. In parts of Argentina and other Latin American countries, **tú** is replaced by the pronoun **vos**. The **vos** verb endings—never the same as the **tú** endings—vary from region to region. An example of the <u>vos form from Argentina</u> is **vos hablás**, versus the more standard **tú hablas.**

---

6. PRESENT INDICATIVE

A.   The Meaning of the Present Indicative

The Spanish present indicative (**el presente de indicativo**) regularly expresses the following:

1. an action that is in progress or a situation that exists at the present moment
2. an action that occurs regularly or habitually, although it may not be in progress at the moment, or a situation that exists through and beyond the current moment
3. an action that will occur, or a situation that will exist in the near future

Each of these uses is evident in the following paragraph. The numbers after each verb correspond to the use previously mentioned.

En los Estados Unidos *celebramos*[2] como Día Panamericano el 14 de abril. Nuestro presidente lo ha proclamado° como una ocasión en que *debemos*[2] recordar los ideales comunes de paz y fraternidad que *ligan*[2] a las 26 naciones del Nuevo Mundo. Pero seguramente *debemos*[2] preguntar cuánta significación verdadera *puede*[2] tener un Día Panamericano en nuestro país si *sabemos*[2] tan poco de los otros países del hemisferio. Ud. *es*[2] estudiante y en este momento *lee*[1] y *entiende*[1] un texto en español. Pero entender unas palabras y entender una cultura *son*[2] dos cosas distintas. *Encontramos*[2] aun entre nuestra gente más culta, una ignorancia general de América Latina, una situación que *puede*[3] llegar a ser peor.

lo... has proclaimed it

B.   The Forms of the Present Indicative of Regular Verbs

The following chart presents the principal parts of stem-constant and stem-changing regular verbs.

	-ar VERBS	**-er** VERBS	**-ir** VERBS
no stem change	**hablar** hablo · hablamos hablas · habláis habla · hablan	**comer** como · comemos comes · coméis come · comen	**vivir** vivo · vivimos vives · vivís vive · viven
e → ie	**cerrar** cierro · cerramos cierras · cerráis cierra · cierran	**querer** quiero · queremos quieres · queréis quiere · quieren	**sugerir** sugiero · sugerimos sugieres · sugerís sugiere · sugieren
o → ue*	**recordar** recuerdo · recordamos recuerdas · recordáis recuerda · recuerdan	**volver** vuelvo · volvemos vuelves · volvéis vuelve · vuelven	**dormir** duermo · dormimos duermes · dormís duerme · duermen
e → i			**pedir** pido · pedimos pides · pedís pide · piden

1. Note the repetition of the following person/number endings: for **tú, -s**; for **nosotros, -mos**; for **vosotros, -is**; for **Uds./ellos, -n**. With the exception of the preterite, you will see the same person/number endings in all of the Spanish verb forms you will study.

2. Remember that the **e → ie** and **o → ue** stem-vowel changes in **-ar** and **-er** verbs occur only when this vowel is in a stressed syllable. For this reason, these verbs never show a stem change in the **nosotros** or **vosotros** forms, or in forms where the ending is regularly stressed.

cie/rro, cie/rras	stem vowel stressed: stem change
ce/rra/mos, ce/rráis	stem vowel unstressed: no stem change
ce/rré, ce/rra/ste	stem vowel unstressed: no stem change
ce/rran/do	stem vowel unstressed: no stem change

   In vocabulary lists, stem changes will be indicated in parentheses after the verb: **cerrar (ie), volver (ue)**.

3. The stem-vowel changes in **-ir** verbs follow a slightly different pattern. In the present tense, the vowel changes occur as for **-ar** and **-er** verbs, that is, when the vowel is in a stressed syllable.

***Jugar** is the only Spanish verb that changes **u** to **ue**: **juego, juegas,** and so on.

pre/fie/ro, pre/fie/res   stem vowel stressed: stem change
pre/fe/ri/mos, pre/fe/rís   stem vowel unstressed: no stem
change

In other tenses and verb forms, however, different stem changes occur.*
In vocabulary lists, these two stem changes for **-ir** verbs will be listed in
parentheses after the verb: **preferir (ie, i), pedir (i, i), morir (ue, u)**.

4. Remember that the stem-changing verbs **decir (i), tener (ie),** and **venir
(ie)** have an additional irregularity in the first person singular (**yo**) forms:
digo, tengo, vengo.

These common regular **-ar, -er, -ir** verbs are practiced or may be
needed in the exercises that follow this section. Be sure you know their
meanings before you do the exercises.

-ar: almorzar (ue), ayudar, bailar, besar, cambiar, cantar, cerrar (ie),
comenzar (ie), comprar, contar (ue), descansar, encontrar (ue),
escuchar, esperar, estudiar, explicar, fumar, hablar, jugar (ue),
lavar, llegar, llevar, manejar, memorizar, mirar, necesitar,
observar, pagar, pasar, pensar (ie), recordar (ue), regresar,
terminar, tocar, tomar, trabajar, viajar

-er: aprender, beber, comer, correr, creer, entender (ie), leer, poder
(ue), querer (ie), soler (ue), tener (ie), vender, volver (ue)

-ir: compartir, decir (i, i), describir, dormir (ue, u), escribir, existir,
medir (i, i), mentir (ie, i), pedir (i, i), preferir (ie, i), repetir
(i, i), seguir (i, i), servir (i, i), sugerir (ie, i), venir (ie, i), vestir
(i, i), vivir

KNOW

PRACTICA

A. Laura y su gemelo (*twin*) Luis son estudiantes superserios. ¿Cómo se
compara Ud. con ellos? Conteste las siguientes preguntas.

1. Tenemos 12 clases este semestre. ¿Y Ud.?
2. Nunca almorzamos. ¿Y Ud.?
3. Volvemos temprano de las vacaciones para estudiar. ¿Y Ud.?
4. Solemos estudiar 11 horas al día. ¿Y Ud.?
5. Sólo dormimos de 3 a 4 horas cada noche. ¿Y Ud.?
6. Preferimos las clases a las 8 de la mañana. ¿Y Ud.?
7. Recordamos todo lo que (*that*) aprendemos. ¿Y Ud.?
8. Escribimos a máquina nuestras notas de clase. ¿Y Ud.?
9. Nunca tomamos cerveza durante la semana. ¿Y Ud.?
10. Cuando jugamos a *Trivial Pursuits*, memorizamos las respuestas
correctas. ¿Y Ud.?
11. Pedimos más trabajo en todas las clases. ¿Y Ud.?
12. Todos los días llegamos a clase temprano. ¿Y Ud.?

*Changes in other verb forms will be described in later chapters.

B. Complete las siguientes oraciones con todos los verbos que le parezcan apropiados para cada contexto.

1. Soy Juan Típico; soy estudiante de esta universidad. Durante el día yo normalmente (nunca) _____.
2. En un fin de semana típico, mis amigos y yo (nunca) _____.
3. En comparación con los *hippies*, los *yuppies* (nunca) _____.
4. La señora Brown es la horrible turista norteamericana que aparece en muchos estereotipos. Cuando viaja, ella (nunca) _____.
5. Tu deseo es ir a Washington como representante o senador(a). Es obvio que vas a tener mucho éxito como político/a porque (nunca) _____.

C. The Forms of the Present Indicative of Irregular Verbs

You have already reviewed the irregular conjugations of **ser** and **estar**. Here are some additional Spanish verbs whose conjugations are exceptions to the regular patterns of stem and ending.

ir		oír	
voy	vamos	oigo	oímos
vas	váis	oyes	oís
va	van	oye	oyen

A number of other irregular verbs have an uncommon form only in the stem of the first person singular.* Their other forms follow the regular pattern.

caer:	**caigo**, caes, cae...	saber:†	**sé**, sabes, sabe...
conocer:†	**conozco**, conoces, conoce...	salir:	**salgo**, sales, sale...
dar:	**doy**, das, da...	traer:	**traigo**, traes, trae...
hacer:	**hago**, haces, hace...	ver:	**veo**, ves, ve...
poner:	**pongo**, pones, pone...		

---

*Some of the changes that occur in these verbs also follow regular patterns. For example, **-er** or **-ir** verbs that have a *vowel* + **c** immediately before the infinitive ending insert a **z** before the **c** in the first person singular (**yo**) form of the present tense. **Hacer** is the only common exception to this rule.

conocer → conozco   parecer → parezco   nacer → nazco

†Remember that **conocer** means *to know* with reference to people, or *to be familiar with.* **Saber** means *to know facts*: **Conozco a Juan pero no sé dónde vive.** When followed by an infinitive, **saber** means *to know how* to do something: **Sé esquiar.**

The following verb groups are also sometimes classed as "irregular":

verbs ending in **-guir**:	sigo, sigues, sigue... *follow, to take a course*
verbs ending in **-uir**:	construyo, construyes, construye... *construct*
verbs ending in **-ger**:	escojo, escoges, escoge... *to choose*

Since the changes in this third set of verbs are predictable from normal rules of Spanish spelling, they are not really irregular in the same way as the verbs in the other two sets discussed above.*

D. *Ir a, acabar de,* and *soler*

The present tense of **ir** + **a** + *infinitive* expresses English *to be going to (do something)*. The present tense of the verb **acabar** + **de** + *infinitive* expresses English *to have just (done something)*. The present tense of **soler** + *infinitive* expresses English *to usually (do something).* *tend to*

Vamos a leer un cuento de amor.	*We are going to read a love story.*
¿Qué **vas a hacer** este fin de semana?	*What are you going to do this weekend?*
Acabo de terminar el examen y fue durísimo.	*I have just finished the exam and it was really tough.*
¿Quién **acaba de ver** esa película? Quiero saber si vale la pena verla.	*Who has just seen that film? I want to know if it's worth seeing.*
Suelo almorzar en la cafetería. ¿Y tú?	*I usually have lunch at the cafeteria. And you?*
Solemos estudiar con Julio, en su casa.	*We usually study with Julio, at his house.*

PRACTICA

A. Laura y Luis continúan con sus hazañas (*deeds*) de superestudiosos. Conteste las siguientes preguntas con la forma correcta de la primera persona (singular o plural) según el contexto.

1. Salimos de casa cada día a las 6:30 de la mañana. ¿Y Ud.?
2. Nunca damos fiestas durante la semana. ¿Y Ud.?
3. Siempre traemos manzanas para nuestros profesores. ¿Y Ud.?
4. Siempre sabemos la fecha de los exámenes. ¿Y Ud.?

---

*See Appendix 2 ("Spelling Changes") for a review of Spanish spelling patterns, especially as they affect the verb system.

5. Hacemos nuestra tarea con dos o tres semanas de anticipación (*ahead of time*). ¿Y Ud.?
6. Luis siempre sigue las instrucciones en los exámenes. ¿Y Uds.?
7. Laura siempre escoge clases difíciles. ¿Y Uds.?
8. Luis nunca pide más tiempo para terminar sus trabajos escritos. ¿Y Uds.?
9. Laura oye la voz de sus profesores en sus sueños (*dreams*). ¿Y Uds.?
10. Luis nunca ve la televisión durante la semana. ¿Y Uds.?

B. Forme oraciones con las siguientes palabras, conjugando los verbos según los sujetos indicados y poniendo las terminaciones apropiadas a los adjetivos. Este símbolo (#) significa que hay que añadir un artículo definido en ese lugar.

1. yo / conocer / a / mucho / personas / que / leer / francés / pero / que / no poder / hablarlo
2. cuando / # / habitantes / de / un / ciudad / construir / nuevo / edificios / a veces / destruir / un grande / número / de árboles
3. yo no saber / por qué tú / pedir / indicaciones / complicado; / nunca seguirlas
4. # / personas / muy joven / y / # / individuos / muy viejo / dormir mucho
5. # / profesores / pensar / que / # / estudiantes / preferir / clases / fácil / pero esto / no ser / cierto
6. # / noticias (*news*) de Latinoamérica / que / # / gente / americano / oír / en / # / radio y ver / en / # / televisión / soler / ser / muy negativo

C. Las siguientes afirmaciones son falsas. Hágalas ciertas ya sea cambiando el sujeto o cambiando el verbo.

MODELO Conozco al presidente de los EEUU. →
Escucho al presidente de los EEUU. (*Nancy Reagan conoce* al presidente de los EEUU.)

Algunos tipos son tan universales que esta foto en realidad no necesita etiqueta (*caption*). ¿Quiénes son? ¿Dónde están? ¿Qué hacen? ¿Por qué?

1. Mis hermanos menores beben mucho vino y cerveza.   2. Toco música clásica en mi tiempo libre.   3. Cuando estoy nervioso/a, duermo.   4. Los niños normalmente comparten sus cosas.   5. El Presidente Reagan me escribe con frecuencia.   6. Ted Kennedy necesita dinero.

D. Describa lo que (*what*) van a hacer los siguientes individuos.

>   MODELOS   Un estudiante típico está en la librería universitaria. →
>   Va a comprar una camiseta con las siglas (*initials*) de la universidad.
>   Va a vender todos sus libros del semestre anterior.

1. Un estudiante típico está en la librería universitaria.   2. Un estudiante típico está en el supermercado.   3. Un estudiante típico está en el laboratorio de lenguas.   4. Un estudiante novato (*freshman*) está en su primera semana en la universidad.   5. Tú y tus amigos están en un partido de fútbol norteamericano.   6. Tú y tus amigos están de vacaciones.

E. Describa lo que (*what*) acaban de hacer los siguientes individuos.

>   MODELOS   Un bibliotecario (*librarian*) sale de la biblioteca. →
>   Acaba de ayudar a unos estudiantes.
>   Acaba de trabajar en la biblioteca.

1. Una empollona sale de la biblioteca.   2. Dos novios salen de la biblioteca.   3. Tú sales de la biblioteca con un grupo de amigos.   4. Un atleta regresa de una fiesta.   5. Unos músicos regresan de una fiesta.   6. Tú regresas de una fiesta.

F.   ◘ ¡Necesito compañero! ◘   Con un compañero, complete las siguientes oraciones en la forma más apropiada. Luego, compare sus respuestas con las de otros grupos en la clase. ¿Quién sabe más del mundo?

1. Nosotros los norteamericanos almorzamos entre las 11 y la 1. Los españoles suelen almorzar _____.
   a. a las 12 en punto   b. entre la 1 y las 3   c. entre las 4 y las 6

2. Los jóvenes norteamericanos prefieren la música rock. Los jóvenes en Europa prefieren la _____.
   a. música clásica   b. música folklórica   c. música rock

3. Los niños norteamericanos juegan al béisbol desde muy jóvenes. Los niños hispanos juegan al _____.
   a. fútbol (*soccer*)   b. jai alai   c. balonmano (*handball*)

4. En Norteamérica preferimos la cerveza bien fría. En Alemania la prefieren _____.
   a. muy fría   b. tibia (ni fría ni caliente)   c. con hielo (*ice*)

5. En Norteamérica vestimos abrigos y suéteres en diciembre. En Chile y Argentina los visten _____.
   a. en diciembre también   b. en junio   c. todo el año

6. En Norteamérica servimos la cena normalmente entre las 5 y las 7. En España la sirven _____.
   a. entre las 9 y las 10
   b. a la misma hora
   c. a cualquier hora después de la puesta del sol (*sunset*)

7. En los Estados Unidos un ciudadano (*citizen*) puede votar a los 18 años. En muchos países de Hispanoamérica, no puede votar hasta _____.
   a. los 21 años   b. los 25 años   c. los 18 años

8. En comparación con una ciudad grande de los Estados Unidos, en una ciudad grande de Hispanoamérica uno encuentra muchos más _____.
   a. taxis
   b. centros de cuidado diurno (*day care*)
   c. museos y galerías de arte

G. Situaciones y preguntas

1. ¿Sabe Ud. mucho o poco del mundo hispano? ¿Ud. cree que es un norteamericano común en este sentido? ¿De qué fuente (*source*) de información viene lo que Ud. sabe de los demás países o pueblos del mundo? Ponga Ud. las siguientes fuentes de información en orden de importancia: la televisión y la radio, los libros, la experiencia personal, las revistas y los periódicos, los amigos, la educación formal.

2. ¿De qué países o regiones está Ud. mejor informado/a? Otra vez, ponga en orden de importancia: Europa, Africa, Inglaterra, Rusia, Japón, Hispanoamérica, el Medio Oriente. ¿Cuáles son los factores que contribuyen a esto?

3. ¿Existen también imágenes falsas sobre los estudiantes? ¿Cuáles son algunos estereotipos sobre los estudiantes o la vida estudiantil? Por ejemplo, ¿cómo pasa el estudiante típico su tiempo libre? ¿Tiene mucho tiempo libre? ¿Va a fiestas? ¿Y Ud.? ¿Qué hace Ud. en una fiesta? ¿Baila? ¿Canta? ¿Toca un instrumento musical? ¿Qué hace un «don Juan»? ¿una coqueta? ¿una persona tímida? ¿En qué son semejantes o diferentes una fiesta en la residencia (*dorm*) y una fiesta en una «fraternidad»?

4. En general, ¿a Ud. le gusta mucho la música? ¿Qué clase de música escucha? ¿Cuándo la escucha? ¿mientras estudia? ¿Come y bebe también mientras estudia? ¿Qué toma? ¿Escucha música mientras maneja su coche? ¿Come y bebe también? ¿Por qué sí o por qué no? ¿Escuchan la misma clase de música los jóvenes y los mayores (*adults*)? ¿En qué basa Ud. estas opiniones?

5. En general, ¿a qué hora vuelve Ud. a casa después de clase? ¿Cuál es su rutina normal después de llegar a casa? ¿Trabaja o descansa primero? ¿Mira la televisión? ¿Qué programas mira con frecuencia? ¿Miran sus padres (compañeros de cuarto) los mismos programas? ¿Qué programas no miran nunca Uds.? ¿Hay muchos estereotipos en la tele? Describa algunos.

6. En general, ¿a qué hora vuelves a casa los sábados por la noche? ¿Cuál es la diferencia entre tus actividades del sábado y tus actividades del resto de la semana? ¿Cuánto tiempo pasas en la biblioteca cada semana? ¿en la sala de clase? ¿en la cafetería de la universidad? ¿en el bar? Describe lo que (*what*) haces normalmente en cada lugar. ¿Son diferentes las acciones de los hombres de las de (*those of*) las mujeres en estos lugares? Explica.

▣ ESTRATEGIAS PARA LA COMUNICACION ▣

Es una cosa para...

OR

How to Say What You Don't Know How to Say

A frequent problem in constructing messages in another language is the lack of specific vocabulary to express exactly what you want to say. When you are writing, you can usually look up words in the dictionary, but this technique is cumbersome if you are in the middle of a conversation. Here are some conversational strategies to use.

Try to think of other ways to phrase the message so that the vocabulary and structures you *do* know will be adequate. Use shorter sentences and look for synonyms.

If you need a particular word that you don't have, try defining or describing the concept for the person you are speaking to. You can use expressions such as **No sé la palabra, pero es una cosa para... Es una persona que... Es un lugar donde... Es así** (appropriate gesture) **de grande/alto/largo.** Sometimes, if you can express what the concept is *not*, your listener will be able to guess what it is. For example, even if you forget the word for *closed*, you may remember the words **no abierto.**

If the person you are speaking to is bilingual, ask for help with **¿Cómo se dice _____ ?**

Practice the preceding communication strategies in these situations.

A. ▣**¡Necesito compañero!** ▣ You don't know how to say the following phrases in Spanish exactly as they are in English. How can you restate the message in Spanish words and structures that you *do* know?

1. He is a knowledgeable person.   2. She is well read.   3. He has been misquoted by the media frequently.   4. They are brewing coffee.   5. I get light-headed at high altitudes.   6. They are having a lot of difficulty with the task.   7. These outperform the others.   8. The report has to be proofread by a specialist.   9. The economically underprivileged require more aid.   10. If you get the chance . . .

B. Can you define or describe the following in Spanish?

1. an envelope
2. a bakery
3. Cremora
4. a barbershop
5. a weather forecaster
6. a key chain
7. a teaching assistant
8. a marshmallow
9. a day-care center
10. a mobile home (house trailer)

7. DIRECT OBJECTS

Objects receive the action of the verb. The direct object (**el complemento directo**) is the primary object of the verbal action. It answers the question *whom?* or *what?* The direct object can be a single word or a complete phrase.

Pepe oye a **las chicas**.	*Pepe hears* (whom?) *the girls.*
María va a pagar **la cuenta**.	*María is going to pay* (what?) *the bill.*
Juan ya sabe **que vienes mañana**.	*Juan already knows* (what?) *that you're coming tomorrow.*

A. The Object Marker *a* (Personal *a*)

In Spanish, direct objects that refer to specific persons are always preceded by the object marker **a**. This marker is not used when referring to things or to nonspecific persons. It does, however, precede **alguien** (*someone*) and **nadie** (*no one*) when these words are used as direct objects.

Vemos a Pablo.	*We see Pablo.* (specific person)
Ayudan a los pobres.	*They help the poor.* (specific persons)
Veo la mesa.	*I see the table.* (thing)
Necesitan un mecánico.	*They need a mechanic.* (nonspecific person)

but:

Necesitan al mecánico.	*They need the mechanic.* (specific person)
No conozco a nadie aquí. ¿Tu reconoces a alguien?	*I don't know anyone here. Do you recognize anyone?* (words **alguien** and **nadie**)

The **a** is also omitted after the verb **tener** when it means *to have* or *to possess*. When **tener** means *to keep* or *to have* someone in a place, however, the object marker must be used.

¿Tienes un hermano?	*Do you have a brother?*

but:

Tienen al preso en la cárcel.	*They have (are keeping) the prisoner in jail.*
Tenemos a nuestro hijo en una escuela particular.	*We have our son in a private school.*

The presence of the indefinite article usually means that the direct object noun is nonspecific, but the indefinite article can also precede a specific noun. The speaker's intention or the context determines if the noun is specific or nonspecific. Compare these two sentences.

Necesito un asistente.
Veo a un asistente.

I need an assistant. (any assistant)
I see an assistant. (a specific assistant)

B. Direct Object Pronouns

The Spanish direct object pronouns (**los pronombres del complemento directo**) replace a specific direct object noun or phrase that has already been mentioned.

me	*me*	nos	*us*
te	*you*	os	*you all*
lo (le)	*him, it, you*	los (les)	*them, you all*
la	*her, it, you*	las	*them, you all*

Pepe oye a **las chicas** pero yo no **las** oigo.
Juan sabe **que vienes mañana** pero Jorge no **lo** sabe.

María va a pagar **la cuenta** porque Camila no **la** puede pagar.

Pepe hears the girls, but I don't hear them.
Juan knows that you are coming tomorrow, but Jorge doesn't know (it).
María is going to pay the bill because Camila can't pay it.

but:

Necesito **un lápiz.** ¿Tienes **uno**?

I need a pencil. Do you have one? nonspecific

In the last example, the direct object noun (**un lápiz**) is nonspecific and for this reason cannot be replaced by a direct object pronoun. Expressions that answer the question *how?* or *where?* are not direct objects and cannot be replaced by direct object pronouns.

¿Cuándo van a la fiesta?
—Vamos (allí) como a las 8:30.
¿Hablan muy rápidamente?
—Sí, hablan rápidamente. (Sí, hablan así.)

When are you going (where?) to the party? —We're going (there) around 8:30.
Do they talk (how?) rapidly? —Yes, they talk rapidly. (Yes, they talk that way.)

DE PASO

There is considerable variation in the use of **lo(s)** or **le(s)** as direct object pronouns. **Lo(s)** is preferred in a large part of Hispanic America, while **le(s)** is used in many parts of Spain and in other areas of Hispanic America. Where it is used, the **le** form can refer only to masculine people, or to masculine animals or objects when they are personified (spoken of as if they were people). **Lo(s)** will be consistently used in this text, but you will frequently see **le(s)** used as a direct object in other reading materials.

C. Placement of Direct Object Pronouns

Object pronouns generally precede conjugated verbs. When the conjugated verb is followed by an infinitive or present participle, the object pronoun may be attached to the end of either of these forms.

Quiere comer**lo**. ⎫ **Lo** quiere comer. ⎭	*He wants to eat it.*
Está escribiéndo**lo**. ⎫ **Lo** está escribiendo. ⎭	*She is writing it.*

Direct object pronouns follow and are attached to affirmative commands. They precede negative commands.

Cómpre**los**. *Buy them.*	**No los** compre. *Don't buy them.*
Béba**la**. *Drink it.*	**No la** beba. *Don't drink it.*

D. When *lo* ≠ *it*

There are two important contexts where you should remember that **lo** does *not* mean *it*.

1. In English, the word *it* can be the subject or direct object of a sentence.

   It is pretty. (subject)   *John reads it.* (object)

   The Spanish pronouns **lo/la** correspond only to the English object *it*. The English subject *it* has no special form in Spanish and is simply not expressed.*

   [handwritten: it indicated by verb ending]

   [handwritten: (NO IT)]

Creo que está en la mesa.	*I believe it's on the table.*
Es difícil llegar allí en carro.	*It's hard to get there by car.*
Es necesario rechazar**lo**.	*It's necessary to reject it.*

2. In Spanish, nouns that are modified by adjectives are often omitted when there is enough context to keep meaning clear. Omitting the noun leaves the definite article and the adjective or adjective phrase standing alone. The **los** or **las** may look like a direct object pronoun in this case, but it is really just the definite article.

Las personas mayores necesitan dormir menos que **las** (personas) **jóvenes**.	*Old people need to sleep less than young ones.*
El vestido azul es bonito, pero prefiero **los** (vestidos) **rojos**.	*The blue dress is pretty, but I prefer the red ones.*

---

*The subject pronouns **él** and **ella** are occasionally used to express the English subject *it*, but this usage is infrequent.

PRACTICA

A. Lea el siguiente pasaje con cuidado y luego identifique los referentes para los complementos pronominales que aparecen. ¡OJO! Recuerde que **lo** no es siempre un complemento directo.

¿Por qué no sabemos más de Iberoamérica? La respuesta es fácil. Nuestra radio, nuestra televisión, nuestros periódicos y películas de Hollywood no nos comunican mucho acerca de los países hispanos. Y la poca información que nos dan con mucha frecuencia habla sólo de los asuntos° políticos, las revoluciones y las juntas. Necesitamos recibir información más representativa culturalmente.

affairs, matters

    ¿Cuáles son algunos de los datos más importantes que necesitamos saber de la América Latina de hoy? Con toda probabilidad el hecho° más importante es que en realidad no existe la América Latina. Este nombre es solamente una denominación cómoda, geográfica, que señala un área inmensa caracterizada por una multitud de diferencias. Esta área ofrece contrastes—en el clima, la geografía, los recursos naturales y la vida diaria°—que son más grandes que los de nuestro país. Para nosotros, es muy difícil comprenderlos y hasta imaginarlos. Por ejemplo, las diferencias entre la vida de un habitante de la clase media de Buenos Aires o de la Ciudad de México y la vida de un indio de los Andes peruanos o bolivianos son tremendas. Esto significa que cada vez que pensamos en los países iberoamericanos en términos generales corremos el riesgo de cometer un error serio y básico.

fact

vida... daily life

B. Exprese las siguientes oraciones en español según el contexto establecido por la palabra española. ¡OJO! *It* como complemento verbal sí se expresa.
1. el dinero: It is important to look for it. We need it. *Es importante buscarlo. lo necesitamos*
2. el pájaro: Do you know that it can't eat? *¿Sabe que no puede comer?*
3. el libro: I don't see it, but I know it's there. Does the bookworm have it? *No lo veo pero sé que allí. El empollón ¿lo tiene empollón?*
4. el televisor: The children always watch it, but now they can't because it's broken. *Los niños siempre lo miran, pero ahora ellos no pueden porque está roto.*
5. el coche: I have to wash it—it's dirty. *Yo tengo que lavarlo. Está sucio*
6. la revista: I have read it. It's very short but boring. *Yo la leo. La he leído. Es muy breve pero aburrido*
7. la casa: He wants to buy it, but it's very expensive. *Él quiere comprarla, pero está muy caro*
8. la población: It's necessary to study it. *Es necesario estudiarla.*

C. En los siguientes diálogos, hay un contexto que hace innecesaria la repetición de unos sustantivos. Cambie los sustantivos repetidos por los complementos pronominales adecuados. ¡OJO! No es posible usar complementos pronominales en todos los casos.

    1. —¿Piensa Ud. visitar a sus padres este fin de semana?

—No, no pienso visitar a mis padres, pero pienso llamar a mis padres por teléfono.

—¿Llama a sus padres con frecuencia?

—No, sólo llamo a mis padres de vez en cuando.

2. —¿Sabe María contar bien esa historia?

—Sí, cuenta esa historia muy bien.

—¿Cuándo va a contar la historia en clase?

—Creo que va a contar la historia el próximo miércoles. ¿Quiere Ud. oír la historia?

3. —¡Ojo! ¡El niño va a romper los vasos!

—No, va a tocar los vasos solamente.

—¿Y por qué va a tocar los vasos?

—Porque los colores son muy bonitos.

—Yo también creo que son bonitos, pero no toco los vasos. ¡Valen tanto!

4. —¿Tenemos que comprar estos libros para esa clase?

—Sí, tienen que comprar estos libros y un cuaderno de ejercicios también.

—¿Dónde se compran esos materiales?

—Creo que podemos comprar esos materiales en la librería de la universidad.

5. —¿Suele Alvaro preparar las comidas?

—Sí, en general prepara las comidas, pero a veces su compañero prepara las comidas también.

—¿Quién prepara mejor las comidas?

—No sé quién prepara mejor las comidas, pero creo que Alvaro es muy buen cocinero.

D. **Situaciones y preguntas.** Use complementos pronominales cuando sea posible.

1. ¿Llega Ud. temprano a la universidad? ¿Por qué sí o por qué no? ¿A qué hora sale de casa? ¿Toma el autobús? ¿Qué trae a clase todos los días? ¿Trae su cuaderno? ¿libros? ¿Dónde los pone? ¿A qué hora sale Ud. de clase hoy? ¿Va a casa o a la biblioteca? ¿Dónde estudia español? ¿Lo estudia con otra persona de esta clase? ¿Cómo lo estudian? ¿Practican los verbos? ¿la pronunciación? ¿Aprenden el vocabulario? ¿Conversan rápidamente? ¿Beben cerveza mientras estudian? ¿Dónde la beben?

2. ¿Van Uds. al laboratorio de lenguas con frecuencia? ¿Escuchan las cintas? ¿Repiten los verbos? ¿Practican el vocabulario? ¿Escriben las respuestas? ¿Saben las respuestas siempre? ¿Duermen la siesta? ¿Dónde la duermen?

3. ¿Me oye Ud. bien en esta clase? ¿Me entiende Ud. cuando hablo español? ¿Me escucha? ¿Entiende Ud. a los otros estudiantes de la clase? ¿Ellos lo entienden a Ud.? Si Ud. no escucha en clase, ¿qué tiene que hacer cuando llega a casa?

4. ¿Visitas mucho a tus amigos en la residencia? ¿Ellos te visitan a ti? Cuando te visitan, ¿estudian Uds. mucho? ¿Escuchan la radio? ¿Visitas con frecuencia a tus parientes—a tus abuelos, por ejemplo? ¿Cuándo los visitas? ¿Ellos te visitan a ti?

E. Conteste las preguntas según los dibujos. Use complementos pronominales donde sea posible.

1.　　　　　　　2.　　　　　　　3.　　　　　　　4.

1. ¿Come la niña la carne? ¿Come las legumbres? ¿la ensalada? ¿el pan? ¿Bebe la leche? ¿Come las galletas? ¿Es una niña normal?
2. ¿Qué tratan de hacer (*are trying to do*) María y Enrique? ¿Tratan de coger la pelota? ¿Quién la va a coger? ¿Ve María a Enrique? ¿Ve Enrique a María? ¿Quién ve a los dos?
3. ¿Huele (*Smells*) las salchichas el perro? En su opinión, ¿qué va a hacer? ¿Lo ve el dueño? ¿Por qué no?
4. ¿Corre el ladrón por el parque? ¿Quién lo busca? ¿Qué hace el ladrón con el dinero? ¿Quién lo ve? ¿El los ve a ellos? ¿Qué va a pasar después?

F. ◨ **¡Necesito compañero!** ◨　Haga y conteste las siguientes preguntas. Luego comparta con la clase lo que ha aprendido sobre su compañero.

1. Puedes almorzar dónde y con quién desees. ¿Dónde almuerzas y con quién?
2. ¿Qué es algo que otra persona siempre va a encontrar en tu cuarto? ¿Por qué lo va a encontrar allí?
3. ¿Qué sabes hacer muy bien? ¿Por qué lo haces tan bien?
4. ¿Qué objeto muy agradable recuerdas de tu niñez (*childhood*)? ¿Por qué lo recuerdas?
5. ¿En qué condiciones estás muy contento?
6. Si en el futuro tienes mucho dinero, ¿cómo lo vas a gastar?
7. Puedes pedir cualquier rasgo físico. ¿Qué rasgo pides y por qué lo quieres?
8. ¿Qué piensas traer a clase mañana? ¿Por qué lo vas a traer? ¿Qué *no* piensas traer? ¿Por qué no lo vas a traer?
9. ¿Tienes que estudiar español obligatoriamente o lo estudias por interés? ¿y el inglés? ¿y la biología? ¿el arte? ¿las matemáticas?
10. ¿Qué piensas tú que *yo* hago muy bien?

¡OJO!

trabajar–funcionar

The English verb *to work* can be used to refer either to physical labor or to the functioning of a mechanical device.

> *We all **work** hard for a living.*
> *My watch doesn't **work** anymore.*
> *How does this gadget **work**?*

In Spanish, *to work* meaning *to do physical labor* is expressed by the verb **trabajar**; *to work* meaning *to function* is expressed by the verb **funcionar**.

> Todos **trabajamos** mucho para vivir.
> Mi reloj ya no **funciona**.
> ¿Sabes cómo **funciona** este chisme?

cuerdo–sano

The Spanish equivalent of *sane* is **cuerdo**; the Spanish word **sano** corresponds to the English *healthy*. Note that both adjectives are frequently used with **estar**.

> Ellos sabían que don Quijote no estaba muy **cuerdo**.
>
> *They knew that Don Quijote was not very sane.*
>
> Como todos están bien **sanos**, trabajan más.
>
> *Since they are all quite healthy, they work harder.*

bajo–corto–breve

Shortness of height is expressed in Spanish with **bajo**; *shortness of length* is expressed by **corto**. English *short* in the sense of *concise, brief* is expressed with either **corto** or **breve**. Note that these adjectives are generally used with **ser**.

> Mis padres son **bajos** y por eso yo sólo mido cinco pies.
>
> *My parents are short, and because of that, I'm only five feet tall.*
>
> Tus pantalones son demasiado **cortos**.
>
> *Your pants are too short.*
>
> La conferencia fue muy **breve** (**corta**).
>
> *The lecture was very brief (concise, short).*

mirar–buscar–parecer

The English verb *to look* is expressed in Spanish by **mirar** when the meaning is *to look at* or *to watch*. The command form of **mirar** is often used to call someone's attention to something (like *Look* [*here*] is used in English). *To look for* is expressed by **buscar**.

—¿Qué **buscas**?   —*What are you looking for?*
—La guía de programas; quiero **mirar** la televisión.   —*The program guide; I want to watch TV.*
—Aquí está. ¡**Mira**! Ponen *Conan* a las 8:00.   —*Here it is. Look! Conan is on at 8:00.*

When *to look* is used in the sense of *to look like, to seem,* or *to appear,* use **parecer**.

Este programa **parece** interesante.   *This program looks interesting.*
Parece que va a llover.   *It looks like it is going to rain.*

PRACTICA

A. Dé la palabra española que se corresponde mejor con la palabra en *letras cursivas*.

1. We don't have *to work* today because it's a state holiday.   2. The elevator *isn't working* very well.   3. No *sane* person would walk in there.   4. The cattle are as *healthy* as they have ever been.   5. The garden is planted with *low* bushes.   6. The stick was too *short* to reach the ceiling.   7. A good speech is always *short* and to the point.   8. *Look!* There goes Robert Redford!   9. We were *looking at* that camera, but it *looks* too expensive for us.   10. I'm *looking for* summer sandals. Those in the window *look* comfortable.

B. Elija la palabra que mejor complete la oración.

1. Las vacaciones siempre son demasiado (*cortas/bajas*).
2. ¿Sabes dónde (*funciona/trabaja*) la madre de Ernesto?
3. La película era muy (*breve/baja*).
4. Ese hombre (*mira/parece*) italiano.
5. El reloj no (*funciona/trabaja*) muy bien.
6. ¿Cuántas horas (*funcionas/trabajas*) tú hoy?
7. Lo pusieron en un manicomio (*asylum*) porque no estaba (*sano/cuerdo*).
8. Ud. debe visitar Austria si (*busca/mira*) la tranquilidad.
9. ¿No crees que la falda es demasiado (*breve/corta*)?
10. No es muy (*cuerdo/sano*) respirar este aire; produce cáncer.
11. ¿Me das tu computadora? La mía no (*trabaja/funciona*).
12. Todos los hijos de la familia eran muy (*cortos/bajos*).
13. Necesito más tiempo; este problema (*parece/mira*) muy complicado.
14. ¡Niños! ¿Van a (*mirar/buscar*) la televisión toda la noche?

C. Situaciones y preguntas

1. ¿Trabaja Ud. ahora? ¿Dónde trabaja? ¿Cuántas horas trabaja al día? ¿a la

semana? ¿Es difícil trabajar y estudiar al mismo tiempo? ¿Qué tipo de trabajo buscan generalmente los estudiantes de aquí?

2. ¿Es nuevo el coche de sus padres/de Ud.? ¿Parece nuevo? ¿Siempre funciona bien? ¿Qué hace Ud. cuando no funciona?

3. ¿Es mejor ser alto o bajo? ¿Qué problemas tiene una persona alta? ¿Y una persona baja?

4. ¿Prefieres las clases cortas o largas? ¿Por qué? ¿Qué crees que prefiere la mayoría de los estudiantes? ¿Prefieres las películas breves o largas?

5. ¿Quiénes miran más la televisión, Uds. o sus padres? Los personajes de la televisión, ¿parecen reales o representan estereotipos? En su opinión, ¿*crea* estereotipos la televisión o simplemente refleja los que ya existen?

REPASO*

A. Complete el párrafo, dando la forma correcta del verbo. Cuando se dan varias palabras entre paréntesis, escoja la palabra apropiada.

LOS ESTEREOTIPOS, ¿INEVITABLES?

Los estereotipos (*ser/estar*[1]) malos—todos (*ser/estar*[2]) de acuerdo en eso. (*Ser/Estar*[3]) necesario pensar en (*los/las*[4]) personas como individuos y no como representantes de distintos grupos. Cuando alguien (*considerar*[5]) a un individuo como miembro de un determinado grupo, siempre (*expresar*[6]) generalizaciones que en su mayor parte° (*ser/estar*[7]) falsas. Estas generalizaciones, a su vez,° (*producir*[8]) estereotipos que luego (*causar*[9]) (*muchos/muchas*[10]) problemas. Pero cuando (*intentar*[11]) nosotros eliminar las generalizaciones, pronto (*estar*[12]) ante° (*un/una*[13]) dilema: en realidad, ¿(*ser/estar*[14]) posible pensar en cada uno de los cinco billones de habitantes del mundo como individuos? Hasta cierto punto, las generalizaciones (*ser/estar*[15]) inevitables.

También, todos (*comprender*[16]) que el hombre no (*vivir*[17]) aislado sino que° (*formar*[18]) parte de un grupo cultural. Y (*ser/estar/haber*[19]) (*gran/grandes*[20]) diferencias entre los grupos. Decir que no (*ser/estar/haber*[21]) grupos diferentes o que todos los grupos (*ser/estar*[22]) iguales es, en el fondo,° la peor° de las generalizaciones.

en... *largely*
a... *in turn*

faced with

sino... *but rather*

en... *if the truth be told* / la... *the worst*

B. Describa cómo *son* las personas que están delante del espejo. Luego describa cómo *están* reflejadas las personas en el espejo. ¿Están todos contentos con sus nuevas apariencias?

---

*The answers to exercise A in all **Repaso** sections are found in Appendix 4.

Imagine Ud. que está delante de un espejo que cambia su apariencia o personalidad de una manera favorable. ¿Cómo está Ud. reflejado/a en el espejo? ¿Y cómo es Ud. en realidad?

CAPITULO DOS

BARCELONA, ESPAÑA

LA COMUNIDAD
HUMANA

Cada uno de nosotros es miembro de varios grupos o comunidades humanas. Por ejemplo, en esta foto las personas olvidan las diferencias de edad y de profesión para formar un grupo y participar en el rito de «la sardana», un baile catalán que se baila cada domingo en frente de la catedral de Barcelona (España).

A continuación hay una lista de algunos factores que sirven para agrupar a las personas en distintas formas. ¿Pertenece Ud. a un grupo determinado por alguno de estos factores? ¿Qué otros factores puede Ud. añadir?

la familia	la religión	la región
el sexo	la raza	un grupo étnico
la profesión	la nación	una escuela
un interés (en los	la generación	un talento (para el
deportes, por	un club social	baile, por ejemplo)
ejemplo)		

¿Cuál es el grupo más exclusivo? ¿Qué grupo incluye a más personas? ¿Cuál es el más importante para Ud.? El famoso filósofo Sócrates dijo que él no era ateniense (*Athenian*) ni griego (*Greek*), sino ciudadano (*citizen*) del mundo. ¿Y Ud.? ¿Pertenece a grupos que incluyan a los miembros de otras culturas? ¿Cuáles?

Vocabulario para conversar

el antepasado *ancestor*
  apreciar *to hold in esteem,*
   think well of
  el aprecio *esteem*
compartir *to share*
con respecto a *with respect*
  to
el contraste *contrast*

el descendiente *descendant*
  despreciar *to look down on*
  el desprecio *scorn,*
   contempt
discriminar *to discriminate*
el indígena *native*
el indio *Indian*

(no) llevarse bien (con) *to*
  (not) get along well (with)
la mezcla *mixture*
lo moderno *modern things*
la población *population*
la raza *race*
lo tradicional *traditional*
  things

Practiquemos

A. ¿Qué palabra o frase de la columna B asocia Ud. con cada palabra o frase de la columna A? Explique en qué basa su asociación. ¿Son sinónimos? ¿antónimos? ¿Es una un ejemplo de la otra?

A		B	
el antepasado	lo tradicional	generoso	el nieto
el descendiente	la raza	despreciar	el inmigrante
el indígena	la mezcla	el abuelo	la historia
apreciar	el conflicto	los habitantes	la combinación
compartir	la población	la biología	llevarse bien

B. ¿Con qué asocia Ud. cada una de las siguientes palabras o frases? ¿Por qué?

   1. lo moderno   2. el contraste   3. discriminar   4. el indio

Conversemos

A. En el dibujo, ¿qué contrastes nota Ud. entre lo tradicional y lo moderno con respecto a las características de la ciudad? ¿con respecto a la gente? ¿Hay el mismo contraste en una ciudad típica de los Estados Unidos?

B. Describa Ud. a las personas del dibujo. ¿Qué grupos diferentes puede Ud. identificar? ¿Cómo puede Ud. identificarlos? ¿Qué semejanzas y diferencias nota Ud. entre los diversos grupos?

C. ¿En qué situaciones entran en conflicto las personas del dibujo? ¿Existen los mismos conflictos en una ciudad típica de los Estados Unidos? ¿dentro de cualquier grupo humano?

D. En el dibujo, ¿se puede ver el aprecio por los indígenas? ¿En qué sentido? ¿Existe esta actitud hacia los indígenas en los Estados Unidos? Explique.

E. ¿Es Ud. descendiente de indios norteamericanos? ¿De dónde son sus antepasados? ¿Qué sabe Ud. de ellos? ¿Conoce Ud. bien a sus abuelos? ¿a sus bisabuelos (*great-grandparents*)? ¿Se lleva bien con sus parientes? ¿Los visita con frecuencia? ¿Ellos lo/la visitan a Ud.? ¿Lo/La comprenden bien? En general, entre los miembros de su familia, ¿hablan Uds. de asuntos (*issues*) políticos? ¿de asuntos religiosos? ¿de asuntos económicos? ¿De qué asuntos normalmente *no* hablan? ¿Aceptan sus padres las ideas de Ud.? ¿Acepta Ud. las ideas de ellos?

GRAMATICA

8.   IMPERSONAL *SE* AND PASSIVE *SE*

The word **se** has many uses in Spanish. Here are two of the most frequent.

A.   The Impersonal *se*

> **se** + third person singular verb

The **se impersonal** is used with a third person singular verb to express the impersonal English subjects *one, you, people* (*in general*), or *they.*

Será difícil tener una sociedad justa si **se considera** al indio como un ser inferior.	It will be difficult to have a just society if (you consider) the Indian *is considered* an inferior being.
Se dice que los indios son incapaces de participar en la vida moderna.	*It is* (They) say *said* that Indians are incapable of participating in modern life.
Algunos quieren cambiar la visión negativa que **se tiene** del indio.	Some want to change the negative view that people have *is held* of the Indian.

Here, the use of **se** indicates that people are involved in the action of the verb, but no specific individuals are identified as performing the action.

B.   The Passive *se**

> **se** + third person $\begin{Bmatrix} \text{singular} \\ \text{plural} \end{Bmatrix}$ verb + noun
>
> noun + **se** + third person $\begin{Bmatrix} \text{singular} \\ \text{plural} \end{Bmatrix}$ verb

---

*You will learn more about the **se pasivo** construction in Section 47.

The **se pasivo** is very similar to the **se impersonal**. As with the impersonal construction, the agent of the action is either unknown or unimportant to the message of the sentence. The speaker simply wishes to communicate that an action is being done *to* something. The verb is in the third person singular or plural, depending on whether the thing acted upon is singular or plural.

Entre algunos gitanos españoles **se hablan** el español y el caló.	*Among some Spanish gypsies Spanish and Caló (gypsy argot) are spoken.*
Se utiliza el caló cuando es conveniente guardar secretos.	*Caló is used when it is useful to keep secrets.*

DE PASO

The second example just illustrated looks like the **se impersonal** and could, in fact, be expressed in English as *They use Caló. . . .* The basic idea is still the same: something is happening to Caló, with no mention of who is performing the action. The difference between the **se impersonal** and the **se pasivo** is that the **se pasivo** can occur only with transitive verbs* and will always show agreement with the recipient of the action. The **se impersonal** can occur with intransitive verbs—**vivir, llegar**, and so on—as well as with transitive verbs, and the singular form of the verb is always used. Theoretically, this means that both of the following sentences—with transitive verbs—are grammatically correct. However, in actual use, the **se pasivo** construction is preferred by most native speakers.

SE IMPERSONAL	Se **abre** las tiendas.	*One opens the stores.*
SE PASIVO	Se **abren** las tiendas.	*The stores are opened.*

When the verb is intransitive, however, the only possible construction is the **se impersonal**.

Aquí se vive muy bien.	*One lives (You live) very well here.*

PRACTICA

A. Conteste las siguientes preguntas usando la forma apropiada del **se impersonal**. ¡OJO! El verbo en las construcciones impersonales siempre tiene que ir en singular. Luego, diga si Ud. está de acuerdo o no, y por qué.

> MODELO ¿Creen muchas personas que la vida de un estudiante es fácil? →
> Sí, se cree que la vida de un estudiante es fácil, pero no es verdad.
> La vida de un estudiante está llena (*full*) de dificultades y problemas.

---

*Transitive verbs take direct objects:

*John sees **Mary**.* (who?)	*Mary opens **the door**.* (what?)

Intransitive verbs do not take objects:

*We live **in Michigan**.* (does not answer the question *who?* or *what?*)
*She can run **fast**.* (does not answer the question *who?* or *what?*)

1. ¿Creen muchas personas que todos los estudiantes fuman mariguana?
2. ¿Dicen todos que no existe una «cultura norteamericana»? 3. ¿Piensan muchos que «la discriminación al revés» (*reverse*) es necesaria? 4. Normalmente, en esta universidad la gente no trabaja mucho, ¿verdad? 5. En general, ¿comen todos muy bien en las residencias? 6. ¿Deben las personas discriminar a causa del estado civil (*marital status*)?

B. Conteste las siguientes preguntas usando la forma apropiada del **se pasivo**. El verbo puede ir en singular o en plural, según el caso.

1. ¿Bailan el cha-cha-chá en tus fiestas? 2. En los Estados Unidos, ¿come la gente muchas hamburguesas? 3. ¿Hablan español en el Brasil? 4. ¿Van a resolver pronto los problemas del presupuesto (*budget*)? 5. ¿En qué restaurante de esta ciudad sirven platos muy ricos? 6. ¿Pueden las personas comprender las fórmulas de cálculo fácilmente? 7. ¿Qué lenguas exóticas enseñan aquí? 8. Aquí, durante el primer año, ¿dan una fiesta cada semana? 9. ¿Dónde practican la pronunciación del español? 10. En esta universidad, ¿escriben los estudiantes una tesis en el último año?

C. ¿Qué opina Ud.? Usando un elemento de la columna A y otro de la columna B, forme oraciones para completar las siguientes frases. Explique su respuesta.

En los Estados Unidos, con respecto a
1. las relaciones interpersonales...
2. el mundo de los negocios...
3. el mundo académico...

A		B
se aprecia(n)	la paciencia	la cooperación
se desprecia(n)	los prejuicios	la disciplina
se tolera(n)	la competencia	las reacciones
se fomenta(n) (*is/are*	la agresividad	emocionales
encouraged)	las diferencias	la creatividad
	individuales	el sentido del humor
	la objetividad	la independencia
	las responsabilidades	el respeto
	personales	el egoísmo

D. Situaciones y preguntas

1. ¿En qué países del mundo se vive bien? ¿Qué se necesita para vivir bien? ¿Se puede vivir en los Estados Unidos sin coche? ¿sin saber inglés? ¿sin saber leer? ¿Se consigue un buen puesto (*job*) sin título universitario? ¿Se consigue un buen puesto *con* título universitario? ¿Qué otra cosa se necesita para conseguir un buen puesto? ¿para ser feliz?
2. ¿En qué restaurante de esta ciudad se come barato (*cheaply*)? ¿En qué librería se encuentran muy buenos libros de arte? ¿En qué librería se

venden libros de texto? ¿En qué bar se oye mucha música «disco»? ¿En qué residencia se dan muchas fiestas?

3. ¿Qué clase de comida se come en este país? ¿en el sur de los Estados Unidos? ¿en el oeste? ¿en los barrios alemanes? ¿en los barrios latinos? ¿Dónde se encuentran los barrios alemanes en este país? ¿los barrios latinos? ¿los barrios chinos? ¿los barrios italianos? ¿las poblaciones indias?

E. Complete la oración con una expresión *impersonal* o *pasiva* apropiada.

> MODELO   En Italia _____. →
>   En Italia se hacen muchos *westerns* y se come mucho espagueti.

1. En la clase de español _____.
2. En esta universidad _____.
3. En McDonald's _____.
4. En las calles de una ciudad grande _____.
5. En las escuelas secundarias _____.
6. En este estado _____.
7. En los países hispanos _____.
8. En los pasillos (*halls*) de mi residencia _____.
9. En una fiesta universitaria _____.
10. *Invente una oración incompleta para que la complete la clase.*

9.   INDIRECT OBJECTS

Remember that objects receive the action of the verb. The direct object is the primary object of the verbal action, answering the question *what?* or *who?*

Los niños llevan **regalos** a la fiesta.	*The children take **gifts** to the party.*
¿Conocen Uds. a **la señora**?	*Do you know **the lady**?*

The indirect object (**el complemento indirecto**) is the person or thing involved in or affected by the action in a secondary capacity.

Los niños le llevan regalos a **su amiguito**.	*The children take gifts to **their friend**.*
Ellos le piden dinero al **gobierno**.	*They request money from **the government**.*
Paula les abre la puerta a **los niños**.	*Paula is opening the door for **the children**.*

As the preceding examples show, the indirect object frequently answers the question *to whom?*, *for whom?*, or *from whom?* Note, however, that in Spanish the indirect object noun is preceded by the preposition **a**, regardless of the corresponding English preposition.

A.   Indirect Object Pronouns

The Spanish indirect object pronouns (**los pronombres de complemento indirecto**) are identical to the direct object pronouns, except in the third person singular and plural.

me	*me, to me*	nos	*us, to us*
te	*you, to you*	os	*you all, to you all*
le	*him, to him* *her, to her* *you, to you*	**les**	*them, to them* *you all, to you all*

Mis padres **me** prestan dinero.	*My parents lend **me** money.*
Los señores García **le** escriben a **su hijo** con frecuencia.	*Mr. and Mrs. García write to **their son** frequently.*
Dear Abby **les** da consejos a **muchas personas**.	*Dear Abby gives advice to **many people**.*

As in the last two examples, both an indirect object pronoun and an indirect object noun frequently appear together in the same sentence, especially when the indirect object is being mentioned for the first time. Once the meaning of the indirect object pronoun is clear, however, the indirect object noun can be dropped.

Like direct object pronouns, indirect object pronouns (1) precede conjugated verbs and negative commands; (2) can precede or follow infinitives and present participles; and (3) follow and are attached to affirmative commands.

¿**Le** puedo escribir a esta dirección? ¿Puedo escribir**le** a esta dirección?	*Can I write you at this address?*
No, no **me** escriba a esta dirección; escríba**me** a mi nueva dirección.	*No, don't write me at this address; write me at my new address.*

B.   Indirect Object Pronouns with Verbs of Communication

Most sentences that contain an indirect object also have a direct object.

Juan **me** da **el libro**.	*Juan is giving me the book.*
Venden **la película a los turistas**.	*They're selling film to the tourists.*

However, verbs whose meaning involves written or oral communication are frequent exceptions to this pattern. With these verbs, *what is being communicated* is the direct object; *the person to whom the message is given* is the indirect object.

In many cases, only one object is expressed.

Lo hablo.	*I speak it.* (something)
Le hablo todos los días.	*I speak to him every day.*
¿**Lo** vas a escribir?	*Are you going to write it?* (something)
¿**Le** vas a escribir?	*Are you going to write to her?*

Some frequently occurring verbs of this kind include **admitir, contestar, decir, escribir, gritar, hablar, preguntar**, and **telefonear**. Make sure you know their meanings before beginning the exercises in Sections 9 and 10.

PRACTICA

Anita es la directora de relaciones públicas de un yate de recreo (*cruise ship*). Como parte de su trabajo, tiene que asegurar (*to make sure*) que todos los viajeros se relacionen y se diviertan durante el crucero. Complete sus sugerencias según las palabras que aparecen entre paréntesis.

MODELO *Yo* comprendo español. ¿Por qué no *me* dices tu problema?
(Juan) →
Juan comprende español. ¿Por qué no le dices tu problema?

1. Aquí viene *Pablo*. ¿Por qué no *le* hablan Uds.? (María y Juan, Elena, Pablo y Juan, yo)
2. Aquí estoy *yo*, pues. ¿Por qué no *me* dices nada? (Juan, ellos, nosotros, María)
3. *Juan* tiene las entradas. ¿Por qué no *le* compra algunas? (yo, ellos, nosotros, Ud., tú)
4. *El* entiende la situación. ¿Por qué no *le* hacen ellos preguntas? (tú, nosotras, Uds., vosotros)
5. *Ellos* desembarcan pronto. ¿Vas a escribir*les*? (yo, los señores Gambas, ella, Juan y yo)

10. PREPOSITIONAL PRONOUNS

A. Forms of Prepositional Pronouns

mí	nosotros/nosotras
ti	vosotros/vosotras
él, ella, Ud.	ellos, ellas, Uds.

With the exception of the first and second person singular forms (**mí, ti**), the prepositional pronouns are the same as the subject pronouns. They are used when preceded by **para, por, a, de, en, sin**, and most other prepositions. The preposition and pronoun together form a prepositional phrase.

¿Piensas mucho **en ella**?	*Do you think of her a lot?*
Toma, es **para ti**.	*Take it, it's for you.*

🟊 When **mí** or **ti** occurs with **con**, the special forms **conmigo** and **contigo** are used.

Lo siento, pero no puedo ir **contigo**.	*I'm sorry, but I can't go with you.*

🟊 Note that the prepositions **según** and **entre** are always used with subject pronouns.

Según tú, el partido fue aburrido, ¿verdad?	*According to you, the game was boring, right?*
Entre tú y yo, es un imbécil.	*Between you and me, he's an idiot.*

B.   Uses of Prepositional Pronouns

Third person object pronouns may have more than one meaning: **le** = *to him, to her, to you*; **les** = *to them, to you all*. This ambiguity is often clarified by using a prepositional phrase with **a**.

Le doy el libro $\begin{cases} \text{a él.} \\ \text{a ella.} \end{cases}$		*I'm giving the book* $\begin{cases} \text{to him.} \\ \text{to her.} \end{cases}$	
Les escribo $\begin{cases} \text{a ellos.} \\ \text{a Uds.} \end{cases}$		*I'm writing* $\begin{cases} \text{to them.} \\ \text{to you all.} \end{cases}$	

The prepositional phrase with **a** is also used with object pronouns for emphasis.

Me da el libro **a mí**, no **a ella**.	*He's giving the book to **me**, not to **her**.*

PRACTICA

A. Conteste las siguientes preguntas con una frase preposicional que corresponda al nombre subrayado.

MODELO ¿A quién le escribes? ¿a <u>María</u> o a Juan? → Le escribo a ella.

1. ¿A quién le telefoneas? ¿a <u>los García</u> o a Juan?
2. ¿A quién le preguntas? ¿a <u>mí</u> o a Juan?
3. ¿A quién le contestas? ¿a <u>nosotros</u> o a Juan?
4. ¿A quién le sirves? ¿a <u>los niños</u> o a Juan?
5. ¿A quién le gritas? ¿a <u>Juan</u> o a nosotros?

B. Describa los siguientes dibujos, usando los verbos indicados para contestar las preguntas generales a continuación e incorporando complementos pronominales cuando sea posible. ¡Use la imaginación y recuerde las estrategias para la comunicación!

- ¿Quiénes son esas personas?
- ¿Cuál es la relación entre ellas?
- ¿Cómo son, físicamente?
- ¿Dónde están?

- ¿Cuál es el contexto general?
- ¿Qué hacen?
- ¿Por qué lo hacen?

1.   2.   3.   4.

1. explicar, escuchar, hacer una pregunta, pasar un recado (*note*)
2. acabar de, mandar, escribir, dar las gracias
3. jugar, gritar, hacer la tarea
4. leer, pedir, dar

C. Situaciones y preguntas

1. ¿Quién le telefonea a Ud. con frecuencia? ¿A quién le telefonea Ud.? ¿Quién le escribe mucho? ¿A quién le escribe Ud.? ¿Quién le da dinero cuando lo necesita? ¿A quién le da dinero Ud.? ¿Me presta (*lend*) Ud. 15 dólares? ¿Por qué sí o por qué no?

2. ¿Siempre les habla en español la profesora de español? Si no, ¿cuándo no? ¿Les explica la gramática en inglés? ¿Les da mucha tarea? ¿Les hace trabajar mucho? ¿Le hacen Uds. trabajar mucho a ella? ¿Le traen regalos de vez en cuando? A Uds., ¿qué les trae de vez en cuando la profesora?

3. Cuando le hacen Uds. preguntas a la profesora, ¿las hacen en español? ¿Qué preguntas les hace a Uds.? ¿Les pregunta demasiado? ¿Les hace preguntas personales? ¿Las contestan? ¿Qué le contestan si les pregunta si quieren tener un examen mañana?

4. ¿Les abres tú la puerta a las mujeres? ¿a los hombres? ¿Por qué? Y Uds., las mujeres, ¿les pagan la comida a los hombres? Si un amigo te pide un favor y no lo quieres hacer, ¿qué le dices? ¿y si un amigo te pide 100 dólares? ¿y si te pide que le digas una respuesta durante un examen?

D. ◨¡Necesito compañero! ◨ Con un compañero de clase, forme oraciones con los siguientes elementos. En la lista de la izquierda aparecen posibles personas (Uds. pueden decidir quién es el agente y quién es el afectado [= complemento indirecto]), en la lista del medio, posibles acciones y en la lista de la derecha, posibles complementos directos. Traten de hacer todas las combinaciones posibles y de incorporar pronombres de complemento indirecto en sus oraciones.

MODELOS Los conquistadores les quitan tierras a los indios.

Los colonos les piden ayuda a los indios.

AGENTES O AFECTADOS	ACCION	COMPLEMENTO
indios/conquista- dores/colonos	comprar	consejos
	contestar	dinero
jóvenes/mayores	dar	preguntas
presidente/congreso	(no) decir	tierras
niños/padres	explicar	tradiciones
médicos/pacientes	hacer	la verdad
	pedir	la vida
	quitar	ayuda
	traer	comida
		juguetes

11. SEQUENCE OF OBJECT PRONOUNS

When both a direct and an indirect object pronoun appear in a sentence, the direct object (usually a thing) follows the indirect object (usually a person).

Me lo envía.	*He's sending it to me.*
Te la escribe ahora.	*She's writing it to you now.*

When both the direct and indirect object pronouns are in the third person, the indirect object pronoun (which usually refers to a person) is replaced by **se**.

$$\text{le/les} + \begin{matrix} \text{lo} \\ \text{la} \\ \text{los} \\ \text{las} \end{matrix} \rightarrow \text{se} + \begin{matrix} \text{lo} \\ \text{la} \\ \text{los} \\ \text{las} \end{matrix}$$

¿Los envía a María? —Sí, **se los** envío.	*Are you sending them to María? —Yes, I'm sending them to her.*
¿Les construyen la casa? —Sí, **se la** construyen.	*Are they building them the house? —Yes, they are building it for them.*
¿Le traes juguetes? —Sí, **se los** traigo.	*Are you bringing toys for him? —Yes, I'm bringing them for him.*

PRACTICA

A. ¿A quién puedo dar las siguientes cosas? ¿A Ud. o a su compañero/a de cuarto? Conteste según el modelo.

MODELOS ¿mucho trabajo? → Se lo puedes dar a él (ella).

¿un día de vacaciones? → Me lo puedes dar a mí.

COSAS: dinero, una gatita, un boleto de lotería, unas botas de goma (*rubber*), unos discos de música clásica, una botella de champaña, un diccionario bilingüe, una foto del presidente, un pasaje de ida (*one-way*) a Australia

B. ¿A quiénes puedo hacer los siguientes favores? ¿A Ud. y a su mejor amigo/a o a otras dos personas? Conteste según el modelo.

MODELOS ¿lavar la ropa? → Nos la puedes lavar a nosotros.

¿regalar un disco de Frank Sinatra? → Se lo puedes regalar a ellos.

FAVORES: preparar la cena, servir pulpo (*octopus*), enviar unas flores, limpiar el cuarto, conseguir entradas para *The Muppet Movie*, regalar unos calcetines morados (*purple*), dar una casa en Acapulco

C. En los siguientes diálogos, hay un contexto que hace innecesaria la repetición de unos sustantivos. Cambie los sustantivos repetidos por los complementos pronominales adecuados.

1. ¿Explican los indios sus costumbres a los europeos? —Sí, explican sus costumbres a los europeos.
2. ¿Quitan los conquistadores las tierras a los indios? —Sí, quitan las tierras a los indios.
3. —¿Prometen los europeos devolver las tierras a los indios?
    —Sí, prometen devolver las tierras a los indios.
    —¿Y devuelven las tierras a los indios?
    —No, nunca devuelven las tierras a los indios.
4. ¿Venden los indios su artesanía a los turistas? —Sí, venden su artesanía a los turistas.
5. ¿Piden los indios cambios al gobierno? —Sí, piden cambios al gobierno, pero el gobierno no quiere dar los cambios a los indios muy pronto.

D. Situaciones y preguntas

1. ¿Le das tu disco favorito a tu hermanito? ¿Le das tu suéter más elegante? ¿Qué le das? ¿Qué más te pide él? ¿Se lo das?
2. ¿Le compras flores a tu novio/a? ¿Le cantas canciones de amor? ¿Le compras diamantes? ¿Qué le vas a regalar para su cumpleaños? ¿Le vas a dar una fiesta? ¿un *picnic*?
3. ¿A quién le escribes cartas románticas? ¿Se las escribes en español? ¿Quién te escribe cartas románticas a ti?
4. ¿Cuándo me piden Uds. ayuda? ¿Me entregan (*hand in*) siempre la tarea a tiempo? Cuando no, ¿me dan disculpas (*excuses*)? ¿o me lo dicen honestamente?
5. ¿A quién le pide Ud. ayuda cuando… tiene un problema médico? ¿un problema económico? ¿un problema académico? ¿un problema sentimental? ¿Para qué clase de problema le piden ayuda a Ud. sus amigos?

E.   ◧ **¡Necesito compañero!** ◧   Con un compañero de clase, haga y conteste las siguientes preguntas. Usen complementos pronominales siempre que puedan.

1. Tu padre te da una raqueta de tenis pero se la devuelves. ¿Por qué?
2. Mi compañero/a de cuarto y yo te pedimos 100 dólares pero no nos los das. ¿Por qué no?
3. Casi siempre le dices la verdad a tu esposo/compañero de cuarto (esposa/compañera de cuarto), pero esta tarde no se la piensas decir. ¿Por qué no?
4. Tú quieres comprarle un Jaguar a tu novio/a pero no te lo permiten tus padres. ¿Por qué no?
5. Tú y tus amigos creen que su profesor de antropología es antipático pero no se lo dicen. ¿Por qué no?
6. Yo te envío un cheque de 1.000 dólares, pero tú me lo devuelves. ¿Por qué?
7. Acabas de recibir una carta de tu novio/a, pero no se la piensas leer a tus padres. ¿Por qué no?
8. Tu mejor amigo solicita un puesto pero no se lo dan. ¿Por qué no?
9. Un policía te detiene porque manejas tu coche a 80 millas por hora en una zona de 50 millas por hora. ¿Cómo se lo explicas?
10. *Invente una situación y preséntela a la clase.*

12. IMPERFECT INDICATIVE

Events or situations in the past are expressed in two simple past tenses in Spanish: the imperfect and the preterite.

A.   Regular Forms of the Imperfect

-ar VERBS		**-er/-ir** VERBS	
tomaba	tomábamos	quería	queríamos
tomabas	tomábais	querías	queríais
tomaba	tomaban	quería	querían
almorzaba	almorzábamos	escribía	escribíamos
almorzabas	almorzábais	escribías	escribíais
almorzaba	almorzaban	escribía	escribían

The imperfect form of **hay** (**haber**) is **había** (*there was/were*).

Note that, in the imperfect, the first and third person singular forms are identical. There is no stem change or **yo** irregularity in any verb. Note the placement of accents, and the familiar person/number endings **-s**, **-mos**, **-is**, and **-n**.

B. Irregular Imperfect Forms

ser		ir		ver	
era	éramos	iba	íbamos	veía	veíamos
eras	érais	ibas	íbais	veías	veíais
era	eran	iba	iban	veía	veían

Only three Spanish verbs are irregular in the imperfect: **ser**, **ir**, and **ver**. The verb **ver** is irregular only in that its stem retains the **e** of the infinitive ending in all persons of the imperfect.

C. Uses of the Imperfect

The imperfect tense (**el imperfecto**) derives its name from the Latin word meaning "incomplete." It is used to describe actions or situations that were not finished or that were in progress at the point of time in the past that is being described. The use of the imperfect tense to describe the past closely parallels the use of the present tense to describe an action in progress in the present.

DESCRIPTION OF	PRESENT	PAST
an action or condition in progress	Leo el periódico. *I'm reading the paper.*	Leía el periódico. *I was reading the paper.*
an ongoing action or condition	La casa está en la esquina. *The house is on the corner.*	La casa estaba en la esquina. *The house was on the corner.*
the hour (telling time)	Son las ocho. *It is 8 o'clock.*	Eran las ocho. *It was 8 o'clock.*
habitual or repeated actions	Salgo con mi novio los viernes. *I go out with my boyfriend on Fridays.*	Salía con mi novio los viernes. *I used to go out with my boyfriend on Fridays.*
	Estudio por la mañana. *I study in the morning.*	Estudiaba por la mañana. *I used to study in the morning.*

-simpre (clue)

DESCRIPTION OF	PRESENT	PAST
an anticipated action	Mañana tengo un examen. *Tomorrow I have an exam.*	Al día siguiente tenía un examen. *On the next day I had (was going to have) an exam.*
	Vamos a ir a la playa. *We're going to go to the beach.*	Ibamos a ir a la playa. *We were going to go to the beach.*

[handwritten: also narration in the past ¿Qué hacías cuando eras niño?]

When the imperfect tense is used, attention is focused on the action in progress or on the ongoing condition, with no mention made of, or attention called to, the beginning or end of that situation. For this reason, the imperfect is used to describe the background for another action: the time, place, or other relevant information. Note these uses of the imperfect in the following paragraph.

Era medianoche y no había nadie en la pequeña plaza. Julia caminaba lentamente. Era una mujer alta y delgada. No parecía ni muy joven ni muy vieja. Tenía el pelo negro, ni muy largo ni muy corto. Mientras caminaba, pensaba en las actividades que había compartido° allí con sus amiguitas.° Durante el año escolar siempre venían a la plaza para almorzar. Compartían sus secretos y chismeaban° de los asuntos que pasaban en el pequeño pueblo. Luego, como adolescentes, venían a la plaza con sus novios y hablaban de las cosas que iban a hacer y se reían y se divertían.

había... *she had shared /*
childhood friends

gossiped

PRACTICA

A.   Cambie los verbos en el presente por el imperfecto.

Durante el siglo° pasado y la primera parte de éste, las diferencias entre la vida urbana y la rural son[1] más notables que en la época actual ya que° hay[2] menos contacto entre las dos zonas. En aquel entonces,° la gente que vive[3] en el campo no tiene[4] la ventaja de los rápidos medios de comunicación; no ve[5] la televisión, ni escucha[6] la radio ni va[7] al cine. Estos tres medios de comunicación todavía no existen.[8] Muchos no saben[9] leer y por eso no leen[10] ni periódicos ni revistas. Las noticias culturales, políticas y científicas que reciben[11] los habitantes de las ciudades llegan[12] al campo con mucho retraso.° El campesino, especialmente si está[13] a bastante distancia de una ciudad, no se da[14] cuenta de° los cambios sociales que ocurren[15] en los centros urbanos. Al mismo tiempo, los de la ciudad muchas veces no entienden[16] ni

century

ya... *since*
En... *Back then*

delay

no... *doesn't realize*

pueden[17] apreciar los asuntos que les preocupan[18] a las personas que viven[19] en el campo.

B. Ponga el verbo en el imperfecto y luego diga si está de acuerdo o no.

Cuando yo (*ser*) <u>era</u> un niño (una niña) de 9 años...

1. la vida me (*parecer*) muy complicada. parecía
2. (*tener*) los mismos intereses que tengo ahora. tenías , No
3. (*ser*) consciente de ser miembro de un grupo étnico. Era , Yes
4. (*obedecer*) a mis padres en todo. obedecías , No
5. (*preferir*) estar con otros; no me (*gustar*) estar solo/a. prefería , yes   gustaba No
6. (*ser*) tímido/a e introvertido/a. Era , No
7. (*buscar*) aventuras con mis amiguitos. buscaba , yes
8. (*tener*) miedo de los animales. Tenía , No
9. (*haber*) muchas cosas que no me permitían hacer. había , yes
10. (*compartir*) todos mis juguetes. compartía , No No
11. me (*interesar*) la historia de mis antepasados. interesaba , No

Y ahora ¿cómo es Ud.? Identifique por lo menos una oración a la que reaccionaría (*you would react*) en una forma diferente ahora.

C. ⊡ **¡Necesito compañero!** ⊡   Haga preguntas a su compañero para averiguar a quién acudía él o ella (*did he or she turn to*) a la edad indicada en los siguientes casos y por qué. Se debe usar el imperfecto del verbo señalado y tratar de incorporar complementos pronominales en las respuestas.

MODELO ¿A quién le pedías dinero cuando tenías 13 años? →
Se lo pedía a mi hermano mayor porque él siempre lo tenía y no les decía nada a mis padres.

1. pedir dinero (13)
2. pedir consejos (académicos/ sentimentales) (16)
3. dar consejos (académicos/ sentimentales) (16)
4. escribir cartas serias (15)
5. contar chistes (10)
6. hacer favores especiales (10)
7. pedir protección/ayuda en caso de peligro (*danger*) o injusticia (8)

D. Situaciones y preguntas

1. ¿Qué no podía hacer la mujer en 1900 que sí puede hacer ahora? ¿Qué otros grupos tienen más derechos/oportunidades ahora que en 1900? ¿los indios? ¿los grupos inmigrantes? ¿los negros? ¿los obreros? ¿los viejos? ¿los jóvenes? ¿los hombres? ¿la policía? Justifique su opinión con ejemplos concretos.
2. ¿Qué no sabíamos en 1900 que sabemos ahora? ¿Qué inventos tenemos ahora que no teníamos entonces? ¿Qué problemas tenemos que no teníamos? ¿Qué problemas teníamos entonces que no tenemos ahora?
3. ¿Cree Ud. que la vida de sus abuelos era más complicada que nuestra vida actual? ¿menos complicada? ¿Por qué? ¿Dónde vivían sus abuelos cuando eran jóvenes? ¿Dónde vivían sus padres cuando eran jóvenes?

▣ ESTRATEGIAS PARA LA COMUNICACION ▣

¿Y tú?

OR

The Difference Between an Interview and a Conversation

Imagine that you are overhearing the following conversation.

—Hi! I'm Karen Jones. What's your name?
—Paul Smith.
—Are you a student here?
—Yes.
—What are you studying?
—Chemistry.
—Oh! Are you taking Chem 452 this semester?
—No.
—Oh. Well . . . See you around.
—Bye.

It doesn't take Karen long to conclude that Paul is not very interested in continuing the conversation. Without meaning to, you may be conveying the same message if you merely answer questions with the minimum necessary information and never ask questions of your own in response. Note what a different impression some simple changes make in this conversation between Karen and Paul.

—Hi! I'm Karen Jones. What's your name?
—Paul Smith.
—Are you a student here?
—Yes, *and you?*
—*Me, too.* What are you studying?
—Chemistry, *but I'm only in my second year.*
—Oh! Are you taking Chem 452 this semester?
—No, *but I will have to next term. Are you a chem major, too?*
—*No, biology, but we have several of the same requirements. Do you know . . .*

If you really do want to carry on a conversation with someone, remember that you have to be an active participant in it.

Practice the preceding communication strategies in these situations.

▣ ¡Necesito compañero! ▣

A. Usando las siguientes preguntas—u otras semejantes—como punto de partida (*point of departure*), charle con un compañero de clase. Cada respuesta debe *ir más allá de lo absolutamente necesario.* Cada vez que contesta una pregunta, trate de agregar otra pregunta u otra información a la conversación. ¿Cuánto tiempo pueden pasar desarrollando una pregunta antes de pasar a la siguiente?

1. ¿Vas a estudiar en la biblioteca esta noche? 2. ¿Sabes hablar francés? 3. ¿Vives en un apartamento o en una residencia? 4. ¿Qué deportes practicas? 5. ¿Quieres conocer a una persona famosa?

B. Imaginen que, al hacer (*while doing*) el ejercicio A, surgieron los siguientes problemas de vocabulario: algunas palabras y frases que Uds. no saben expresar con exactitud en español. ¿Cómo se pueden expresar estas ideas sin saber las palabras exactas?

1. I don't usually study at the library because *I live a couple of blocks away* and *the bus schedule is inconvenient*. 2. I speak it *quite fluently*. 3. I live in a *co-op*. 4. I'm more of a *spectator* than a player. 5. My parents already know a number of *celebrities*.

C. Recordando usar las estrategias (1) para resolver las dificultades lingüísticas y (2) para convertir una entrevista en una conversación, use las siguientes preguntas (u otras si las prefiere) para empezar una charla con un compañero de clase.

1. ¿Cuál es tu día favorito de la semana? 2. ¿Por qué estudias en esta universidad y no en _____? 3. ¿Cómo es tu familia? ¿grande? 4. ¿Qué piensas hacer este fin de semana? 5. ¿Tienes novio o esposo (novia o esposa)?

13. REFLEXIVE PRONOUNS

A structure is reflexive (**reflexivo**) when the subject and object of the action are the same.

Yo puedo ver**me** en el espejo.　　　*I can see **myself** in the mirror.*

A.　Reflexive Pronouns

The reflexive concept is signaled in English and in Spanish by a special group of pronouns. The English reflexive pronouns end in *-self/-selves*. The Spanish reflexive pronouns (**los pronombres reflexivos**) are identical to other object pronouns except in the third person singular and plural.

	SUBJECT	REFLEXIVE	SUBJECT	REFLEXIVE
SINGULAR	yo	me... a mí mismo/a	*I*	*myself*
	tú	te... a ti mismo/a	*you*	*yourself*
	él ella usted	se... a sí mismo/a	*he* *she* *you*	*himself* *herself* *yourself*

	SUBJECT	REFLEXIVE	SUBJECT	REFLEXIVE
PLURAL	nosotros/as	nos... a nosotros/as mismos/as	*we*	*ourselves*
	vosotros/as	os... a vosotros/as mismos/as	*you*	*yourselves*
	ellos ellas ustedes	se... a sí mismos/as	*they* *you*	*themselves* *yourselves*

Any transitive verb (a verb that can take an object) can be used reflexively. In English, reflexive meaning can occasionally be expressed without the pronoun, but in Spanish the use of the pronouns is obligatory. The prepositional phrases **a mí mismo, a ti mismo**, and so forth, are optional and can be added for extra emphasis.*

NONREFLEXIVE	REFLEXIVE
1. El niño **mira** el juguete. *The child looks at the toy.*	El niño **se mira** (**a sí mismo**). *The child looks at himself.*
2. Los pacientes **aprecian** a los médicos. *The patients think highly of the doctors.*	Los médicos **se aprecian** (**a sí mismos**). *The doctors think highly of themselves.*
3. El gobierno **ayuda** a los gitanos. *The government helps the gypsies.*	Los gitanos **se ayudan** (**a sí mismos**). *The gypsies help themselves.*
4. **Corto** el papel. *I cut the paper.*	**Me corto** un pedazo de manzana. *I cut myself a piece of apple.*
5. **Escribiste** a Carlos, ¿no? *You wrote to Carlos, didn't you?*	**Te escribiste** un recado, ¿no? *You wrote yourself a note, right?*

In a reflexive sentence, the subject may be the same as the direct object (sentences 1, 2, and 3) or the same as the indirect object (sentences 4 and 5).

Reflexive pronouns *must* be used when the subject does some action to a part of his or her body. Reflexive pronouns *may* be used when the subject acts on an object considered to be a personal possession.

---

*The prepositional forms **mí mismo, ti mismo, sí mismo**, and so on, can be used with other prepositions as well whenever the object of the preposition refers to the subject of the sentence: **Juan siempre piensa en sí mismo. Los egoístas siempre hablan de sí mismos.**

¡Ojo!—vas a cortar**te el dedo**.	*Careful—you're going to cut your finger!*
Está lavándo(**se**) **el carro**.	*She's washing her car.*

Since reflexive actions by definition indicate that the subject is doing something to himself/herself, the definite article—not the possessive adjective—is used with the body part or the possession in this structure.

B. Placement of Reflexive Pronouns

Reflexive pronouns occur in the same position as other object pronouns. They (1) precede conjugated verbs and negative commands; (2) follow and are attached to affirmative commands; and (3) can precede or follow infinitives and present participles. When two pronouns are used together, the reflexive pronoun always comes first.

Voy a quitár**melo** ahora.	*I'm going to take it off now.*
Pónga**selo**, por favor.	*Put it on, please.*

C. Use of Reflexive Pronouns

Many verbs that use reflexive pronouns, for example, the construction **llevarse bien/mal**, are not reflexive in the sense discussed earlier; that is, they do not convey the idea of a subject performing an action on itself. This chapter will focus on only two principal uses of reflexive pronouns: to signal true reflexive actions (Section 14) and reciprocal actions (Section 15). You will study a number of other important functions of reflexive pronouns—especially their use in certain vocabulary items and to indicate changes and the notion of *get* or *become*—in later chapters.

14. VERBS USED WITH REFLEXIVE MEANING

The following verbs are frequently used with reflexive meaning:

afeitarse *to shave*	peinarse *to comb one's hair*
bañarse *to bathe*	pintarse *to put on makeup*
(des)vestirse *to (un)dress*	ponerse *to put on (clothing)*
ducharse *to shower*	quitarse *to take off (clothing)*
lavarse *to wash*	secarse *to dry*
llamarse *to be named, called*	

Los hombres se afeitan todos los días.	*Men shave every day.*
¿Por qué no te pones el suéter?	*Why don't you put on your sweater?*

PRACTICA

A. Conteste cada pregunta, primero según el dibujo y luego según los demás sujetos indicados.

1.

2.

3.

4.

VOCABULARIO UTIL: la cabeza, el pañuelo, la taza, el jabón, la brocha (*brush*)

1. ¿Qué acaban de hacer? (los estudiantes, Uds., nosotros)
2. ¿Qué hace? (la mujer, yo, tú)
3. ¿Qué hacían? (ellos, Uds., nosotros)
4. ¿Qué va a hacer? (la señora, tú, Ud.)

B. ¿Qué producto usa Ud. cuando hace las siguientes acciones?

MODELO ¿lavarse las manos? → Me las lavo con Ivory.

1. ¿lavarse los dientes?
2. ¿lavarse el pelo?
3. ¿lavarse la cara?
4. ¿afeitarse la barba?

C. ¿Qué hace Juan con los siguientes objetos en las situaciones indicadas?

MODELO un abrigo en un día caluroso → Se lo quita.

1. un abrigo en un día frío
2. unos guantes en un día frío
3. las uñas muy largas antes de una entrevista muy importante
4. el pelo después de un viento fuerte
5. los dientes después de comer
6. el pelo después de lavárselo

D. Describa los siguientes dibujos con la forma correcta—o reflexiva o no reflexiva—de uno de los siguientes verbos: bañar, matar, lavar, quitar.

1.

2.

3.

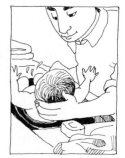
4.

E. Cuando somos pequeños, otras personas nos ayudan a hacer ciertas cosas que después aprendemos a hacer solos. Exprese este cambio en la vida de Luisito según el modelo. Cuidado con las formas de los pronombres.

MODELO lavar el pelo →
   Cuando era niño, su mamá le lavaba el pelo, pero ahora Luis se lo lava.

1. vestir
2. poner los zapatos
3. atar (*to tie*) los zapatos
4. lavar la cara
5. defender de los valentones (*bullies*)

6. abotonar el abrigo
7. curar los pequeños rasguños (*scrapes and scratches*)
8. cortar la carne
9. leer los libros

F. ◧**¡Necesito compañero!** ◧ Haga preguntas a su compañero para averiguar cuándo (en qué circunstancias) hace las siguientes acciones. Se debe usar la forma **tú** en las preguntas y evitar la repetición innecesaria en las respuestas, usando pronombres.

1. lavarse la cara con agua muy fría
2. comprarse un regalito
3. ponerse ropa vieja
4. ponerse ropa muy elegante
5. hablarse en voz alta

6. darse un baño largo y caliente
7. darse palmadas en la espalda (*pats on the back*)
8. gritarse

¿Son Uds. muy similares o muy diferentes? Cuando compartan su información con la clase, mencionen por lo menos *una* acción que *los dos* hacen cuando están en circunstancias semejantes.

15. THE RECIPROCAL REFLEXIVE

The plural reflexive pronouns (**nos, os, se**) can be used to express mutual or reciprocal actions, generally expressed in English with the phrase *each other*.

Nosotros **nos** escribimos muy a menudo.	*We write to each other frequently.*
Vosotros **os** veis con frecuencia, ¿no?	*You (all) see each other a lot, don't you?*
Van a hablar**se** en el bar.	*They're going to talk to each other in the bar.*

Many sentences can be interpreted as either reciprocal or reflexive constructions, as in this example.

Leonardo y Estela se miran en el espejo.

{
Leonardo and Estela look at each other in the mirror. (reciprocal)
Leonardo and Estela look at themselves in the mirror. (reflexive)
}

Where context is not sufficient to establish meaning, the reciprocal is indicated by the clarifying phrase **uno a otro** (**una a otra, unos a otros, unas a otras**).*

Leonardo y Estela se miran **uno a otro** en el espejo.

Leonardo and Estela look at each other in the mirror.

Note that masculine forms are used unless both subjects are feminine: **Nosotras nos escribimos una a otra.**

Reflexive meaning is indicated by the clarifying phrase **a (nosotros/as, vosotros/as, sí) mismos/as.**

Leonardo y Estela se miran **a sí mismos** en el espejo.

Leonardo and Estela are looking at themselves in the mirror.

PRACTICA

A. Jorge y Fausto son dos íntimos amigos. Describa su amistad, usando la forma recíproca.

MODELO ver / todos los días → Se ven todos los días.

1. hablar por teléfono / a menudo (*often*)
2. consultar / sobre cuestiones importantes
3. ayudar / cuando tienen dificultades financieras
4. mandar / regalos
5. apreciar / muchísimo
6. escribir / cuando están de vacaciones

B. Cambie por la forma reflexiva o por la forma recíproca, según el contexto.

MODELOS Pablo ve a María y María ve a Pablo. →
Pablo y María se ven el uno al otro.

Pablo ve a Pablo. María ve a María. →
Pablo y María se ven a sí mismos.

1. Carlitos pega a Ramoncito y Ramoncito pega a Carlitos.   2. Yo le compro un regalo a mi amigo y él me compra un regalo a mí.   3. Los conquistadores desprecian a los indios y los indios desprecian a los conquistadores.   4. Tú le sacas una foto a María. María te saca una foto a ti también.   5. Ramón se considera muy inteligente. Carlos se considera muy inteligente también.

---

*The use of definite articles in the clarifying phrase is optional: **Ellos se miran el uno al otro. Ellas se miran la una a la otra.**

C. Describa los dibujos, usando los verbos indicados.

1. mirar, ladrar   2. abrochar   3. dar de comer   4. servir

D. ◧¡**Necesito compañero!** ◧   La ayuda mutua puede ser una misma acción que dos personas se hacen, la una a la otra (yo te escucho a ti y tú me escuchas a mí). Con más frecuencia son dos acciones diferentes, según las necesidades y las capacidades de cada persona (yo te presto mis discos de jazz y tú me llevas al partido en tu coche). ¿En qué consiste la ayuda mutua en los siguientes casos? ¡OJO! En la mayoría de los casos hay que usar un pronombre o de complemento directo o de complemento indirecto. Recuerden usar las estrategias para la comunicación si necesitan expresar una palabra que no recuerdan o no saben.

MODELO   el pueblo y el gobierno →
El pueblo le da dinero al gobierno. El gobierno le da servicios al pueblo.

1. el perro y el ser humano
2. el gato y el ser humano
3. los jóvenes y los viejos
4. el pueblo y el gobierno
5. la nación en general y un grupo
   con el cual te identificas o al
   cual perteneces (*you belong*)

6. los estudiantes y los profesores
7. tú y tu compañero/a de cuarto
8. los atletas y la universidad

16. *GUSTAR*

English has several verb pairs in which one verb expresses a positive feeling and the other a related negative feeling.

POSITIVE	NEGATIVE
I like that.	*I dislike that.*
That pleases me.	*That displeases me.*

Languages occasionally have a gap in these kinds of word pairs; that is, the positive form exists without a corresponding negative form, or vice versa. For example, there is no English word to express the antonym of *disgust*. Following the pattern of the other word pairs, however, we could invent such a word: **gust*, meaning to cause a positive reaction (the opposite of *disgust*).

That *gusts me.	*That disgusts me.*
He *gusts you.	*He disgusts you.*

In the hypothetical sentence *That *gusts me*, the word *that* is the subject, and *me* is the object.

A.   Use of *gustar*

In Spanish, there is no gap in this word pair: **disgustar** has a counterpart, **gustar**, the equivalent of our invented English verb **to gust*. The Spanish sentence that corresponds to *That *gusts me* is **Eso me gusta**. Here, just as in the English sentence, **eso** is the subject and **me** is the object. Changing the subject to **libro** produces

El libro me gusta.	*The book *gusts me.*

If the subject changes from **libro** to **libros**, the verb also changes from singular to plural.

Los libros me gustan.	*The books *gust me.*

In the Spanish **gustar** construction, the usual word order is often reversed, with the subject following the verb.

Me gusta eso.	*That *gusts me.*
Me gustan los libros.	*The books *gust me.*

The object pronouns used with **gustar** are the indirect object pronouns. Frequently, as in other sentences that contain indirect objects, a prepositional phrase is used to clarify or emphasize the object pronoun. This phrase may follow the verb or precede it.

A ti te gusta el libro.	*The book *gusts you.*
A nosotros nos gusta esquiar.	*Skiing *gusts us.*
Los perros no le gustan a mi padre.	*Dogs don't *gust my father.*

Note that when an action is the subject, Spanish uses the infinitive where English uses the present participle (*-ing* form).

B.   Meaning of *disgustar, gustar*, and *caer bien/mal*

You should be aware of some important differences in meaning with the verbs **disgustar** and **gustar**. **Disgustar** is not as emphatic as English *to disgust*; the verbs *to annoy* or *to upset* express its meaning more accurately. On the other hand, **gustar** expresses a strongly positive reaction—to such an extent that **gustar** is often avoided in some dialects of Spanish when talking about one's feelings toward other people. The expressions **caer bien** and **caer mal** are more commonly used in these dialects to refer to people. These phrases follow the same structural pattern as **gustar**: the person causing the reaction is the subject, and the person reacting is the indirect object.

[handwritten margin note: sexual connotations]

> Ese hombre me cae bien, pero esos tipos de allí me caen muy mal.
>
> *That man over there strikes me positively, but those fellows over there strike me all wrong (rub me the wrong way).*
>
> En serio, Francisco no me cae bien.
>
> *Really, I just don't like Francisco.*

PRACTICA

A. Conteste cada pregunta según su reacción personal.

1. ¿Qué te gusta? (los libros de historia, comer, los deportes *[handwritten: sports]*, el coche del profesor, los viajes, leer, los partidos de tenis, la comida de la residencia, las películas románticas)
2. ¿A quién le gustan las fiestas? ¿a ti? ¿a la profesora? ¿a Uds.? ¿a los estudiantes?

Ahora, sigamos hablando. ¿A Uds. les gustan mucho las fiestas? ¿Les gustan los deportes? ¿Qué deportes te gustan más a ti? ¿A Uds. les gusta la comida de las residencias? ¿Les gustan las residencias en general? ¿Les gusta vivir en casa? ¿Qué te gusta más a ti de tu residencia o de tu casa? ¿Qué te disgusta un poco? ¿Qué te gusta más de la universidad? ¿Qué te disgusta? ¿Te gustan las fiestas? ¿los viajes? ¿las películas sentimentales?

B. Dé oraciones nuevas según las palabras que aparecen entre paréntesis.

Los estudiantes extranjeros me caen bien. (mi compañero/a de cuarto, los estudiantes de esta universidad, mi abuelo, los atletas, el profesor de esta clase, los padres de mi novio/esposo [novia/esposa])

Ahora, digan la verdad. ¿Les caen bien o mal las siguientes personas? ¿las personas deshonestas? ¿los actores de cine? ¿los políticos? ¿las personas que siempre cuentan chistes? ¿un profesor interesante pero muy exigente (*demanding*)? ¿un profesor aburrido pero poco exigente? ¿el presidente? ¿los atletas? ¿los niños pequeños?

¿Cuáles son las características de las personas que te caen bien? ¿que te caen mal?

C. Exprese en español.

1. They like coffee. *[handwritten: Les gusta el café]*
2. I like these novels. *[handwritten: Me gusta esos novelas]*
3. We like modern things. *[handwritten: Nos gustan las cosas modernas.]*
4. They don't like the movie. *[handwritten: No Les no gusta la película]*
5. Do you like being in agreement with others? *[handwritten: ¿Te gusta estar de acuerdo] [handwritten: estar de acuerda]*

D. ¿Cómo puede reaccionar cada persona (o animal) de la lista hacia el elemento con que se le empareja (*it is paired*)? Exprese esa reacción usando los verbos **(dis)gustar** o **caer bien/mal**. Luego, justifique su opinión. ¡OJO! Recuerde que **disgustar** *no* equivale a *to disgust*.

MODELOS mi padre / mi novio →
> Mi padre no le cae bien a mi novio porque sólo me permite salir los sábados.
>
> Mi novio no le cae bien a mi padre porque no tiene un buen trabajo.

1. yo / los miembros de las «fraternidades»
2. yo / deportes
3. mi amigo/a _____ / el invierno
4. nosotros / el presidente
5. los regalos / los niños
6. la música moderna / mis abuelos
7. yo / los coches de carreras (*racing*)
8. los animales / mi madre (esposa)
9. los demócratas / los republicanos
10. yo / las clases a las 8 de la mañana

E. De pequeño, ¿era Ud. un niño típico (como muchos de sus amigos) o era diferente? Conteste las siguientes preguntas, indicando su propia reacción y también la de otros jóvenes de su edad. Use las formas apropiadas de **gustar** en el imperfecto.

MODELOS De niño, ¿te gustaba dormir la siesta por la tarde? →
> Era un niño típico: a mí no me gustaba y a los otros niños tampoco les gustaba.
>
> Era un niño diferente: a mí me gustaba pero a los otros niños no les gustaba.

1. ¿las verduras (*vegetables*)? 2. ¿las películas animadas de Walt Disney? 3. ¿la escuela? 4. ¿la tarea? 5. ¿tomar lecciones de música o de baile? 6. ¿leer? 7. ¿estar solo/a? 8. ¿las tiras cómicas (*comic strips*) con Archie y Jughead? 9. ¿hacer cosas peligrosas? 10. ¿ponerse ropa elegante?

Nombre Ud. dos preferencias más: una que le *diferenciaba* de los otros de su edad y otra que le *identificaba* con ellos.

F. ¡**Necesito compañero!** Con un compañero de clase, haga y conteste preguntas para describir su vida y sus gustos y preferencias de niño. Hagan las preguntas con el verbo en el tiempo imperfecto. Pueden incluir también sus propios detalles.

MODELO vivir: el campo, la ciudad → —¿Vivías en el campo?
> —Sí, y me gustaba mucho porque...

1. vivir: con quién
2. vivir: una casa, un apartamento
3. llevarte bien: con los otros miembros de la familia
4. gustar: ir al cine, al parque
5. tener: talentos especiales
6. caerte bien: maestros de la escuela primaria, un maestro en particular
7. tener: un perro, un gato; llamarse: el animal
8. gustar: asistir a la escuela
9. hacer siempre: después de la escuela
10. preferir: estar con tus amigos, estar solo/a
11. gustar: hacer durante el verano, durante las vacaciones
12. practicar: deporte
13. gustar más: tipo de comida, tipo de película, tipo de libro
14. apreciar más que nadie (*more than anyone*): a quién

¿Cree Ud. que su vida de niño era más difícil que su vida de ahora? ¿menos difícil? ¿Por qué? ¿Le parece más interesante o menos interesante? ¿Por qué?

¡OJO!

✗ *volver–regresar–devolver*

Volver means *to return to a place*; with this meaning, it is synonymous with **regresar**. **Devolver** means *to return* something to someone.

Van a **volver** (**regresar**) a España este verano.	*They're going to return to Spain this summer.*
Tienen que **devolver** el libro a la biblioteca.	*They have to return the book to the library.*

✗ *llevar–tomar–hacer un viaje–tardar en*

To take is generally expressed in Spanish with two verbs, **llevar** and **tomar**. **Llevar** means *to transport* or *to take* someone or something from one place to another. **Tomar** is used in almost all other cases: *to take something* in one's hand(s), *to take a bus* (train, and so on), *to take an exam*, *to take a vacation*. Two common exceptions are *to take a trip*, expressed with **hacer un viaje**, and *to take a certain amount of time to do* something, expressed by **tardar** (**tres minutos, dos horas, un año,...**) **en** plus the infinitive.

Los padres **llevan** a los niños al parque.	*The parents take their children to the park.*
Siempre **tomo** cuatro clases.	*I always take four classes.*

¿**Tomamos** el autobús de las cuatro?	*Shall we take the four o'clock bus?*
Acabamos de **hacer un viaje** por toda Africa.	*We just took a trip through all of Africa.*
¿Cuánto tiempo **tardas en** llegar a clase?	*How long does it take you to get to class?*

As a general rule, when English *take* occurs with a preposition, it will be expressed by a single verb other than **tomar** or **llevar** in Spanish. Here are some of the most common verbs of this type. You have already used many of them.

to take (something) away from	quitarle (algo) a alguien
to take back, return	devolver
to take down	bajar
to take off (clothing)	quitarse
to take out	sacar
to take up	subir

De niño, Paco siempre **le quitaba** los juguetes a su hermanita.	*As a child, Paco always took toys away from his sister.*
¿Puedes **subirle** una taza de té?	*Can you take a cup of tea up to her?*

A Note About Prepositions

Sometimes an English preposition is expressed by a corresponding Spanish preposition.

to speak *about* = **hablar** *de*   to think *of* = **pensar** *en*

Sometimes, however, an English *verb + preposition* is expressed in Spanish with only a verb; that is, there is no corresponding Spanish preposition.

to take *back* = devolver   to take *off* = quitarse

Is there any way to tell if a Spanish preposition is needed or if it is incorporated into the verb? While there is no foolproof rule, the particle versus preposition test can be helpful.

A particle is a kind of preposition that forms a close bond with a verb. An English *verb + particle* is likely to be expressed with only a *verb* in Spanish. Other prepositions form a looser bond with a verb. An English *verb + preposition* is likely to be expressed with a Spanish *verb + preposition*. To determine whether the preposition associated with an English verb is a particle, change the object of the preposition to a pronoun. If the pronoun can directly follow the verb in English, the preposition is a particle. If the pronoun must continue to follow the preposition, the preposition is not a particle.

Compare the following examples.

VERB + PARTICLE	→	SINGLE VERB
Take the exam *over*.		rehacer
Take **it** over.		
Hand in the papers.		entregar
Hand **them** in.		
Send out the cards.		enviar
Send **them** out.		
VERB + PREPOSITION	→	VERB + PREPOSITION
Fly over the city.		volar por
*Fly **it** over. Fly over **it**.		
Sit on the table.		sentarse en
*Sit **it** on. Sit on **it**.		
Send for the cards.		mandar por
*Send **them** for. Send for **them**.		

Tell whether the following sentences contain an English *verb + particle* or a *verb + preposition*.

1. Put on the light.
2. Write for the sample.
3. Throw down the gun!
4. Don't settle for that.
5. Cut out the paper doll.

As you know, some very common verbs break this pattern: they correspond to *verb + preposition* in English, but are expressed with a single *verb* in Spanish.

to pay for:	pagar		*to look at:*	mirar
to look for:	buscar		*to wait for:*	esperar

Nevertheless, the particle vs. preposition test is helpful in a large number of cases and may help you to avoid overusing prepositions in Spanish.

PRACTICA

A. Lea las siguientes oraciones con cuidado e identifique las secuencias de *verbo + partícula*. Luego, busque su equivalente en el diccionario.

1. They have to *hand in* the tests tomorrow.   2. The government *gave out* free cheese during the crisis.   3. We always *walk past* the ice cream store after dinner.   4. When you *walk into* their house, the first thing you notice are the colors.   5. John *ran up* a large bill last summer.   6. Don't *look out* the window while I'm talking to you.

B. Dé la palabra española que se corresponde mejor con la palabra en *letras cursivas*.

1. When you *return* the bottles, they will *return* your deposit.   2. Did you *take* your briefcase to the office?   3. *Take* the tea *up* to your brother.
4. When did you *return* from Europe? Can you *return* my camera now?
5. During the summer, they would *take trips* every weekend.   6. After the accident, they *took* the injured to the hospital.   7. Which train are you going *to take*?   8. *Take out* the new photo and *take* the old one *down*!   9. I think you'd better *take* these books *back* to the library.

C. Elija la palabra que mejor complete la oración. ¡OJO! Hay también palabras del capítulo anterior.

1. ¿Quieres (*volver*/*devolver*) mi lápiz? Este bolígrafo no (*trabaja*/*funciona*) bien.
2. Cuando (*devuelven*/*regresan*) de Colombia, siempre (*toman*/*hacen*) una (*breve*/*baja*) excursión a Yucatán.
3. Tú no (*miras*/*pareces*) tranquilo hoy. ¿Qué te pasa?
4. Si (*tomas*/*llevas*) esa clase, todo el mundo va a pensar que no estás completamente (*sano*/*cuerdo*).
5. El ingeniero les explicó cómo (*trabajaba*/*funcionaba*) la máquina. No (*miraba*/*parecía*) muy complicado.
6. Cecilia tiene que (*regresar*/*devolver*) el vestido porque le está demasiado (*breve*/*corto*).
7. ¡(*Mira*/*Busca*)! El periódico dice que los ladrones (*thieves*) acaban de (*volver*/*devolver*) el dinero que robaron. (*Mira*/*Parece*) increíble, ¿verdad?
8. ¿Cuánto tiempo (*tomas*/*tardas*/*haces*) en completar estos ejercicios? (*Miran*/*Parecen*) muy fáciles.
9. El viejo siempre (*tomaba*/*llevaba*) flores al cementerio cuando visitaba a la tumba de su esposa. Cuando (*volvía*/*devolvía*) a casa (*miraba*/*parecía*) más tranquilo.
10. No es (*sano*/*cuerdo*) (*trabajar*/*funcionar*) en las minas de carbón (*coal*).

D. Situaciones y preguntas

1. ¿Vas a volver a casa este fin de semana? ¿Qué ropa vas a llevar a casa? ¿Vas a tomar un autobús o un avión? ¿Cuánto tiempo tardas en llegar a casa? Cuando estás en casa, ¿a qué hora sueles volver por la noche? ¿Y cuando estás en la residencia?
2. Cuando eras niño/a, ¿te llevaban tus padres a visitar otros lugares? ¿Hacían Uds. viajes todos juntos? ¿Todavía haces viajes con ellos como parte de la familia? Si no, ¿con quién haces viajes ahora? ¿Prefieres hacer viajes solo/a o con otra(s) persona(s)? ¿Por qué? ¿Qué viaje te gustaría (*would you like*) hacer en el futuro?
3. ¿Cuánto tiempo tardas normalmente en hacer la tarea para esta clase? ¿y para tus otras clases? ¿Cuánto tiempo tardas en escribir un trabajo de 10 páginas en inglés? En general, ¿escribes los trabajos a máquina? ¿Usas una computadora? ¿Por qué sí o por qué no?
4. ¿Qué haces si un amigo te pide dinero y no te lo devuelve? ¿Qué hace la biblioteca si sacas un libro y no lo devuelves?

REPASO

A. Complete las oraciones con la forma correcta de **ser** o **estar** en el tiempo presente.

NUESTRA IMAGEN DE LOS INDIOS

Para muchos norteamericanos, el indio _____[1] una figura muy conocida° y misteriosa a la vez. Cuando los jóvenes todavía _____[2] en la escuela primaria, estudian la historia de estos «primeros americanos». Pocahontas, Hiawatha y Sitting Bull _____[3] nombres tan familiares como George Washington, Betsy Ross y Abraham Lincoln. Para ellos, el indio _____[4] solamente un personaje° histórico, romántico; _____[5] en los libros pero no en la vida real. Por eso ellos se sorprenden cuando leen sobre los conflictos entre los indios y el gobierno federal. Aunque muchos indios prefieren _____[6] invisibles, no todos _____[7] contentos con el estatus inferior que esto implica, y algunos lo rechazan. _____[8] triste notar que los conflictos de hoy _____[9] los mismos que los conflictos de años pasados: tierra y libertad.

well known

character

B. Entreviste a un compañero de clase sobre su origen étnico. Luego comparta con la clase lo que ha aprendido sobre su pareja. Use los siguientes puntos como guía. Recuerde usar las formas de **tú**.

1. de dónde son sus padres y otros parientes   2. si algunos parientes todavía viven en otro país   3. si conoce a alguno de ellos   4. si tiene un antepasado famoso o interesante   5. si se habla otro idioma en su casa   6. si toda su familia suele reunirse con frecuencia   7. las costumbres—fiestas, comidas, etcétera—observadas en su familia que conservan rasgos de un grupo étnico determinado

CAPITULO TRES

CIUDAD DE MEXICO, MEXICO

LA MUERTE Y EL MUNDO DEL MAS ALLA

La muerte es una experiencia que comparten todos los seres humanos, pero la manera en que se responde a esta experiencia y las imágenes que se asocian con ella varían mucho de cultura a cultura y también de individuo a individuo. ¿Cómo reacciona Ud. a las siguientes acciones relacionadas con la muerte?

1 = totalmente aceptable

2 = aceptable en cierto contexto

3 = totalmente inaceptable

4 = no sé

_____ a. besar a un muerto

_____ b. ser enterrado en un lugar feo

_____ c. ser incinerado (*cremated*) to b cremated

_____ d. ser enterrado en un cementerio rascacielos (*skyscraper*) to be buried in skysc. cementery

_____ e. practicar la eutanasia practic euthenasia mercy killing

_____ f. donar los órganos vitales to donate vital organs

_____ g. preparar el último testamento (*will*) pre pare will

_____ h. preparar un «testamento vivo» (*living will*) prepare living will

_____ i. permitir que un pariente muera en casa en vez de que muera en el hospital permit patient to die at home over hospital

_____ j. visitar el cementerio visit cementery

_____ k. hacer chistes sobre la muerte make jokes about death

_____ l. estar en el mismo cuarto con la urna que contiene las cenizas de una persona incinerada be in same room of urn w/ ashes of incinerated person.

Vocabulario para conversar

aceptar *to accept*
asustar *to frighten*
la bruja *witch*
la burla *joke*
la calavera *skull*
el cementerio *cemetery*
el Día de los Difuntos
*Halloween, All Souls' Eve**
disfrazar *to disguise*
 el disfraz *costume,*
 disguise

los dulces *candy; sweets*
 enterrar (ie) *to bury*
 el entierro *burial*
el esqueleto *skeleton*
el fantasma *ghost*
el más allá *life after death; the*
 hereafter
el monstruo *monster*

morir (ue, u) *to die*
 la muerte *death*
 el muerto *dead person*
rechazar *to reject*
lo sobrenatural *the*
 supernatural
la travesura *prank, trick*
la tumba *tomb, grave*

Practiquemos

A. ¿Qué palabra(s) de la lista A asocia Ud. con cada palabra de la lista B? ¿Por qué?

A: la calavera, el cementerio, la burla, lo sobrenatural
B: la travesura, el entierro, el esqueleto, la bruja, el disfraz, el fantasma, la tumba, el muerto

B. ¿Qué palabra no pertenece al grupo? Explique por qué.

1. el Día de los Difuntos, la Navidad, el cumpleaños, las Pascuas (*Easter*)
2. apreciar, aceptar, despreciar, querer
3. asustar, el miedo, la burla, el monstruo
4. el cigarrillo, el café, la carne, los dulces

C. Defina brevemente en español.

1. enterrar
2. el cementerio

3. el disfraz
4. la calavera

Conversemos

A. ¿En qué fecha (*date*) ocurre la escena? ¿Por qué no es típico lo que pasa en la casa esa noche? ¿Qué actividades le parecen normales a Ud.? ¿Cuáles le parecen un poco raras? En el comedor, ¿qué hace el fantasma? ¿y el esqueleto? En la cocina, ¿quién le sirve la sopa al hombre lobo (*werewolf*)?

---

*The customs associated with Halloween in the United States and **el Día de los Difuntos** in Hispanic countries are quite different.

¿Qué hace el otro monstruo? ¿la momia? En la sala, ¿qué hace el abuelo fantasma? ¿Les gusta el cuento a los fantasmitas? ¿De qué se trata? ¿Quiénes llegan a la casa? ¿Qué van a pedir? ¿Cómo van a reaccionar? ¿Qué van a pensar?

B.   Cuando Ud. era niño, ¿salía disfrazado el 31 de octubre? ¿Qué disfraz solía llevar? ¿Prefería salir disfrazado/a de monstruo o de ángel? ¿Por qué? ¿Hacía travesuras a veces? ¿de qué tipo? ¿Sabían de sus actividades sus padres? ¿Qué tipo de dulces le gustaba más? ¿menos? ¿Creía en los fantasmas? ¿Le gustaban los cuentos de fantasmas?

C.   Hoy en día, ¿es diferente la costumbre de que los niños vayan disfrazados por las casas del barrio? ¿Tienen más cuidado hoy los padres? ¿Por qué? ¿De qué tienen miedo algunos padres? ¿Se celebra el 31 de octubre entre su grupo de amigos? ¿Cómo se celebra?

D.   En los países hispanos, el 2 de noviembre se llama el Día de los Difuntos (Muertos). ¿Sabe Ud. cómo se celebra y lo que se conmemora?

GRAMATICA

17. *LO* + ADJECTIVE

In Chapter 2 and in this chapter you have seen adjectives with the neuter article **lo**.

lo moderno	*modern things*
lo tradicional	*traditional things*
lo sobrenatural	*the supernatural*

An adjective combined with **lo** expresses an abstract idea. This structure is frequently expressed in English by *thing* (in the sense of *aspect*) or *-ness*.

Lo más importante es llegar a tiempo.	*The most important thing is to arrive on time.*
Prefiero lo tradicional a lo moderno.	*I prefer traditional things over modern ones.*
Los fantasmas y los espíritus son dos cosas que se asocian con lo sobrenatural.	*Ghosts and spirits are two things that are associated with the supernatural.*

PRACTICA

A. ¿Cómo se expresan en español?

know *✳*

1. the impossible *lo imposible*
2. the sad thing (aspect) *lo triste*
3. the best/worst thing (aspect)
   lo mejor/lo peor

amusing

4. the funny thing *lo chistoso or lo divertido*
5. the important thing *lo importante*
6. the curious/surprising thing *lo curioso - odd*
   lo sorprendente

B. Utilizando una de las expresiones del ejercicio A, comente sobre las siguientes experiencias y hechos (*events*).

MODELO   la vida universitaria →
         Lo mejor de la vida universitaria es que tengo mucha libertad.

1. la vida universitaria
2. la explosión del *Challenger* en 1986
3. trabajar mientras uno es estudiante
4. mi trabajo actual

5. la celebración de Halloween
6. la elección de Ronald Reagan en 1984
7. tener novio/a
8. vivir en un apartamento

18. FORMS OF THE PRETERITE

The preterite (**el pretérito**) is the other simple past tense in Spanish. The preterite is used when the speaker focuses on the beginning or the end of an action in the past. Note the uses of the preterite in the following passage.

Marqués, un pastor alemán,° fue durante años mi compañero inseparable. Recuerdo el día que llegó a casa. Alguien se lo regaló a papá después de nacer. Tan pequeñito... casi un juguete. Nos hicimos amigos en un momento.

pastor... *German
shepherd*

¡Qué tristeza el día que murió. Se puso malito—no sé bien cuál fue el motivo—y un par de días después amaneció muerto.° Papá y el abuelo lo llevaron junto al río. Lloré tanto que tuvieron que llevarme a mí también. Recogí° un montón de flores que luego puse junto a él.

amaneció... *he never
woke up*
I picked

This section focuses on the forms of the preterite. Section 20 contrasts the uses of the preterite and the imperfect.

Preterite forms fall into four main groups.

A. verbs that are regular in the preterite
B. **-ir** stem-changing verbs
C. verbs with both irregular preterite stems and irregular endings
D. the verbs **dar, ir**, and **ser**

A.   Verbs That Are Regular in the Preterite*

All regular verbs and all **-ar** and **-er** stem-changing verbs have regular preterite forms. These verbs use the stem plus the regular preterite endings. The preterite person/number endings are identical to those used in the present and imperfect, except for the **tú** form, where the preterite ending is **-ste** rather than **-s**.

-ar VERBS	**-er** VERBS	**-ir** VERBS
hablé	corrí	escribí
hablaste	corriste	escribiste
habló	corrió	escribió
hablamos	corrimos	escribimos
hablasteis	corristeis	escribisteis
hablaron	corrieron	escribieron

Note the written accents on the first and third person singular forms. Note also that the **nosotros** forms of **-ar** and **-ir** verbs are identical in the present and in the preterite; context will determine meaning. **-Er** verbs do show a present/preterite contrast in the **nosotros** form: **corremos/corrimos**.

B.   *-Ir* Stem-changing Verbs

Present Change	e → ie	o → ue	e → i
Preterite Change	e → i	o → u	e → i
→	preferí	dormí	pedí
	preferiste	dormiste	pediste
	→prefirió	→durmió	→pidió
	preferimos	dormimos	pedimos
	preferisteis	dormisteis	pedisteis
→	→prefirieron	→durmieron	→pidieron

---

*Verbs with infinitives ending in **-car, -gar**, and **-zar** have a spelling change in the first person singular of the preterite: **buscar → busqué; llegar → llegué; comenzar → comencé**. If the stem of an **-er** or **-ir** verb ends in a vowel, the **i** of the third person preterite tense ending changes to **y**: **leyó, leyeron; creyó, creyeron; construyó, construyeron;** and so on. These verbs also require accent marks on the second person singular and plural forms and on the first person plural of the preterite: **leíste, leísteis, leímos;** and so on. Spelling changes and accent rules like these are actively practiced in the Workbook. They are also discussed in more detail in Appendixes 1 and 2.

This type of verb shows a stem change in the present, and a slightly different change in the preterite, in the third person singular and plural only.

Frequently used verbs of this type include

know ★

divertirse (ie, i)	morir (ue, u)	seguir (i, i)
(*to have a good*	pedir (i, i)	servir (i, i)
time)	preferir (ie, i)	sonreír (i, i) (*to*
dormir (ue, u)	★reírse (i, i) (*to*	*smile*)
medir (i, i) *to measure*	*laugh*)	sugerir (ie, i)
mentir (ie, i)	repetir (i, i)	vestir(se) (i, i)

The verbs **reír** and **sonreír** drop the **i** of the stem in the third person singular and plural of the preterite: **rio, sonrió; rieron, sonrieron.** *

C. Verbs with Irregular Preterite Stems and Endings

All verbs in this category have irregular stems and share the same set of irregular endings. Note that these forms have no written accents. The preterite forms of **tener** and **venir** are examples of verbs of this category.

tener		venir	
tuve	tuv**imos**	vine	vin**imos**
tuv**iste**	tuv**isteis**	vin**iste**	vin**isteis**
tuv**o**	tuv**ieron**	vin**o**	vin**ieron**

The following verbs—and any compounds ending in these verbs (**tener** → ob**tener**, **venir** → con**venir**, and so on)—share the same endings as **tener** and **venir**.

know ★

andar: **anduv-**	hacer:‡ **hic-** *hizo*	querer: **quis-**
decir: **dij-**	poder: **pud-**	saber: **sup-**
-ducir: **-duj-**†	poner: **pus-**	traer: **traj-**
estar: **estuv-**		

Verbs whose preterite stem ends in **-j** drop the **i** from the third person plural endings: **dijeron, produjeron, tradujeron, trajeron.**

The preterite of **hay** (**haber**) is **hubo** (*there was/were*).

---

*Note also the written accent in the second person singular and plural forms and on the first person ★ plural: **(son)reíste, (son)reísteis, (son)reímos.** See Appendix 1.

†Verbs with this form include **traducir** (**traduje, tradujiste**...), **conducir** (**conduje, condujiste**...), and **reducir** (**reduje, redujiste**...), among others.

‡The third person singular form of **hacer** in the preterite is irregular in spelling: **hizo.**

D. *Dar, ir,* and *ser*

dar		ir/ser	
di	dimos	fui	fuimos
diste	disteis	fuiste	fuisteis
dio	dieron	fue	fueron

Dar is an **-ar** verb that uses the regular **-er** verb preterite endings. **Ser** and **ir** have identical preterite forms. Note that these forms have no written accents.*

PRACTICA

A. Conteste las siguientes preguntas con la forma correcta del pretérito según los sujetos que aparecen entre paréntesis.

La familia Gambas dio una fiesta de Halloween el año pasado, y Ud. la ayudó. ¿Qué preparativos hicieron Uds.?

1. Prepararon los disfraces con mucho cuidado. (yo, Ud., nosotros, vosotros)
2. Pidieron ayuda a los vecinos. (tú, nosotros, Uds., yo)
3. Hicieron unos brebajes (*brews*) especiales. (ella, yo, nosotros, vosotros)
4. Se los sirvieron a los invitados. (Ud., yo, el hijo, tú)
5. *Todos* sonrieron durante la fiesta. (nosotros, yo, Ud., tú)
6. *Algunos invitados* se pusieron enfermos. (yo, tú, nosotros, ellos)
7. *Nadie* durmió bien después de la fiesta. (ellos, nosotros, Ud., yo)

B. Dé la forma indicada del pretérito.

1. poder: yo, él
2. andar: nosotros, Ud.
3. reírse: la bruja, yo
4. poner: Uds., vosotros
5. traer: yo, ellos
6. querer: el pintor, Juan y yo
7. preferir: tú, Uds.
8. saber: nosotros, los estudiantes
9. traducir: el diplomático, vosotros
10. ir: yo, Mercedes

C. Complete las oraciones según el modelo.

MODELO Hoy no pienso *comer*, pero ayer ____ mucho. →
Hoy no pienso *comer*, pero ayer *comí* mucho.

1. Hoy no pienso *estudiar* (manejar, correr, leer, dormir), pero ayer ____ mucho.

*Before 1959, all verbs had written accents in the preterite if the stress was on the preterite vowel ending. In that year, the Royal Spanish Academy (the body of Spanish language specialists that sets norms for the Spanish-speaking world) ruled that accents were not necessary on monosyllabic forms such as **di, dio; fui, fue; vi, vio; rio.**

2. Este año no *estudian* (ganan, juegan, pierden, salen), pero en noviembre del año pasado _____ mucho.

3. Este año tú no *tienes mucho dinero* (vives cerca, vas a Latinoamérica, sigues muchos cursos, vienes a clase conmigo), pero en el otoño del año pasado _____.

Al completar las siguientes oraciones, cambie los sustantivos por la forma correcta de los pronombres.

4. Pablo no quería *traducir el párrafo* (repetir las palabras, darme los dulces, decirles la verdad, hacerle el favor, reírse) pero ayer _____.

5. Esta vez no van a *asustarnos* (rechazar las ideas, servir cerveza a los niños, traerle regalos a Marta, ver los disfraces, sonreírnos) pero la vez pasada sí _____.

6. Este año mi sobrinita no *se disfraza* (pedir dulces a los vecinos, hacerle travesuras a su hermano, sacar fotos a los amiguitos) pero el año pasado, _____.

D. Situaciones y preguntas

1. ¿Qué hizo Ud. ayer? ¿Hizo algo interesante el fin de semana pasado? ¿el año pasado? Piense Ud. en un día muy feliz. ¿Qué sucedió? Piense en un día terrible. ¿Qué pasó?

2. ¿Miró Ud. la televisión anoche? ¿Qué programas vio? ¿Cuál le gustó más? ¿menos? ¿Por qué? ¿Qué más hizo anoche? ¿Le escribió a un amigo? ¿Leyó un libro interesante?

3. Piense Ud. ahora en sus padres. ¿Qué hicieron ellos anoche? ¿Qué hizo su profesor de español? ¿Qué hizo un empollón? ¿un atleta típico? ¿el presidente y su esposa?

4. ¿Fue Ud. a una fiesta la semana pasada? ¿Fue solo/a o con un amigo? ¿Qué hizo la gente allí? ¿A qué hora terminó la fiesta? ¿Qué hizo Ud. después? ¿A qué hora volvió a casa?

5. Piense Ud. en la primera vez que salió con un chico (una chica). ¿Con quién salió? ¿Adónde fueron? ¿Cómo llegaron allí? ¿Qué hicieron? ¿Quién pagó la cuenta? ¿Cuánto fue? ¿A qué hora volvieron a casa? ¿Besó Ud. al chico (a la chica)? ¿Salió con él (ella) otra vez? ¿Por qué sí o por qué no?

6. ¿Qué clases tuviste el semestre (trimestre) pasado? ¿Estudiaste más o menos el semestre pasado, en comparación con este semestre? ¿Sacaste mejores o peores notas? ¿Fuiste siempre a clase? ¿Escribiste muchos trabajos (*papers*)? ¿Pasaste mucho tiempo en la biblioteca? ¿en la cafetería?

7. ¿Cuántas veces fue Ud. a la biblioteca la semana pasada? ¿Qué hizo Ud. allí? ¿Cuánto tiempo estuvo allí? ¿Cuántas veces fue a la cafetería? ¿al laboratorio de lenguas? ¿Qué hizo allí?

8. ¿Cuál fue el último libro que Ud. leyó? ¿la última película que vio? ¿la última fiesta a que asistió? ¿la última clase en que sacó una nota de A? ¿la última persona a quién dijo una mentira? ¿la última vez que durmió ocho horas?

9. *Invente una serie de preguntas para la clase.*

E. Incorporando los verbos indicados y usando complementos pronominales cuando sea posible, narre Ud. en el pretérito la secuencia de acciones que se presenta a continuación. La secuencia incluye una famosa escena de muerte de una película norteamericana muy conocida. ¿Puede Ud. identificarla?

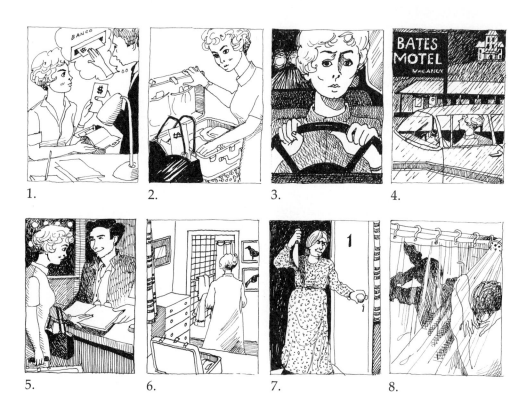

1. el jefe, confiarle (*to entrust*) dinero a la empleada
2. la mujer, decidir guardar (*to keep*) el dinero / poner el dinero en la bolsa / hacer las maletas
3. salir del pueblo en coche
4. llegar al Motel Bates
5. conocer a Norman / ellos, hablarse un rato / ella, firmar su nombre / Norman, darle la llave de su habitación
6. ir a su cuarto / decidir ducharse
7. disfrazarse de su madre / entrar al cuarto de la mujer
8. matarla a puñaladas (*to stab to death*)

F. Usando el vocabulario indicado y otras palabras que Ud. crea necesarias, narre la secuencia de acciones que se presenta a continuación. Cuando sea posible, trate de evitar la repetición innecesaria usando complementos pronominales.

1.

2.

3.

4.

5.

UNA NOCHE DE HALLOWEEN

1. vestirse, pintarse, disfrazarse de
2. vestirla, pintarle la cara, disfrazarla de
3. ir de casa en casa, pedirles dulces a los vecinos, darles dulces los vecinos
4. asustar a los vecinos, hacer travesuras, divertirse mucho
5. volver a casa, comer demasiados dulces, ponerse enfermos

G. ◪ **¡Necesito compañero!** ◪   Con un compañero de clase, haga y conteste las siguientes preguntas. Acuérdense de usar las estrategias para convertir una entrevista en una conversación y para resolver las dificultades lingüísticas. Luego comparta con la clase lo que ha aprendido sobre su compañero.

1. ¿Qué hiciste el Día de los Difuntos el año pasado? 2. ¿Te pusiste un disfraz? ¿De qué te disfrazaste? ¿Fuiste de casa en casa pidiendo dulces? 3. ¿Hiciste algunas travesuras? 4. ¿Diste una fiesta? ¿Quiénes vinieron a tu fiesta? ¿Qué serviste? 5. ¿Vino alguien disfrazado de esqueleto? ¿de bruja? ¿de una persona famosa? 6. ¿Se dieron premios (*prizes*) a los mejores disfraces?

19. *HACER* IN EXPRESSIONS OF TIME

The verb **hacer** is used in two different Spanish constructions related to time: to describe the duration of an event and to describe the amount of time that has passed since an event ended.

A.   *Hacer:* Duration of an Action in the Present

To describe the length of time that an action has been in progress, Spanish uses either of two constructions:

> **hace** + *period of time* + **que** + *conjugated verb in present tense*
> *conjugated verb in present tense* + **desde hace** + *period of time*

> **Hace** dos años que **trabajo** aquí. ⎫
> **Trabajo** aquí **desde hace** dos ⎬   *I've been working (I've worked) here for two years.*
> años. ⎭

Note that English describes the same situation with a perfect form: *I have been working, I have worked.*
     Questions about the duration of events can be phrased in two ways.

¿Cuánto tiempo hace que trabajas aquí?	*How long have you been working here?*
¿Hace mucho tiempo (poco tiempo, un mes) que trabajas aquí?	*Have you been working here for a long time (a short time, a month)?*

B.   *Hacer:* Time Elapsed Since Completion of an Action

To describe the amount of time that has passed since an action ended (corresponding to English *ago*), Spanish uses either of two patterns. Both are very similar to those used for actions in progress.

> **hace** + *period of time* + **que*** + *conjugated verb in preterite tense*
> *conjugated verb in preterite tense* + **hace** + *period of time*

Since the focus is on a completed action, the verb is conjugated in the preterite. **Hace**—present tense—is always used in this structure.

> **Hace** cuatro años **que** ⎫
> vi esa película. ⎪
> **Vi** esa película **hace** ⎬   *I saw that film four years ago.*
> cuatro años. ⎭

---

*In spoken Spanish, **que** is frequently omitted in this structure: **Hace cuatro años vi esa película.**

Questions with the *ago* structure can be phrased in two ways.

¿Cuánto tiempo hace que viste esa película?	*How long ago did you see that movie?*
¿Hace mucho tiempo (poco tiempo, un mes) que viste esa película?	*Did you see that film a long time ago (a short while ago, a month ago)?*

DE PASO

Desde is used to express *since* with a specific point in time. Compare these sentences.

Estudio desde la una.	*I've been studying since one o'clock.*
but:	
Estudio desde hace dos horas.	*I've been studying for two hours.*

PRACTICA

A. Combine las dos oraciones de dos formas, usando una expresión con **hacer**.

> MODELOS Tengo diez años. Aprendí a leer a los seis años. →
> Hace cuatro años que sé leer. (Sé leer desde hace cuatro años.)
> Hace cuatro años que aprendí a leer. (Aprendí a leer hace cuatro años.)

1. Tengo veinticinco años. Empecé a asistir a la universidad cuando tenía veinte años.
2. Raúl tiene doce años. Aprendió a montar en bicicleta a los seis años.
3. La profesora fue a España en 1978 y todavía está allí.
4. La clase empezó a las once y ya son las doce menos diez.
5. El padre de Rafael se murió cuando Rafael tenía doce años. Ahora Rafael tiene veinte años.
6. Su único hijo se enfermó en 1974. Todavía está enfermo.

B. Usando información personal, o información sobre sus amigos o gente conocida, forme oraciones relacionadas con el contexto. Use una expresión de tiempo con **hacer**. Luego explique cada oración brevemente.

> MODELOS una experiencia con lo sobrenatural →
> *Leí* un libro de cuentos de Edgar Allan Poe *hace varios años.* Los cuentos son buenos, pero ¡no me gusta lo sobrenatural!
> una preferencia personal →
> *Hace muchos años* que *me gusta* el chocolate. Lo prefiero a todos los demás sabores (*flavors*).

1. una experiencia con lo sobrenatural 2. un episodio de gran importancia personal 3. una preferencia personal 4. una habilidad o capacidad común y corriente 5. un talento especial 6. la muerte de alguien importante 7. una experiencia feliz 8. una experiencia que prefiere olvidar 9. un episodio de gran importancia política o económica

C. ▣ **¡Necesito compañero!** ▣ Con un compañero, haga y conteste preguntas para descubrir la siguiente información. Luego comparta con la clase lo que han aprendido.

1. ¿Cuánto tiempo hace que (tú) *aprendiste a leer*? (leer una buena novela, aprender a cocinar, aprender a hablar español, salir con una persona realmente impresionante, conocer a una persona realmente estupenda, recibir un regalo, darle a alguien un regalo, llevar disfraz, cortarse el pelo, empezar a afeitarse, hacer un viaje en avión)
2. ¿Cuánto tiempo hace que (tú) *vives en este estado*? (vivir en esta ciudad, no hacer un viaje, no tomar unas vacaciones, conocer a tu novio/a, tener esa ropa que llevas, asistir a esta universidad, estudiar español, no ver a tus padres, saber manejar un coche)

20. PRETERITE/IMPERFECT CONTRAST

When describing events or situations in the past, Spanish speakers must choose between the preterite and the imperfect. This choice depends on the aspect of the event or situation that the speaker wants to describe.

A. Beginning/End Versus Middle

In theory, every action has three phases or aspects: a beginning (**un comienzo**), a middle (**un medio**), and an end (**un fin**). When a speaker focuses on the beginning of an action, or views it as being finished, the preterite is used. When he or she focuses on the middle (past action in progress, a repeated past action, or a past action that has not yet happened), the imperfect is used.

Era[1] el 31 de octubre y todos los niños **estaban**[2] muy emocionados. A las 2:30, **salieron**[3] de la escuela y **caminaron**[4] hacia sus casas. Mientras **caminaban**,[5] **hablaban**[6] de las actividades que siempre **hacían**[7] en esa noche: ponerse un disfraz, recibir caramelos, asustar a los más pequeños. **Planeaban**[8] también algunas travesuras que **iban**[9] a hacer. De repente, **vieron**[10] que una extraña figura se **acercaba**.[11] **Parecía**[12] una

*It **was**[1] October 31 and all the children **were**[2] very excited. At 2:30, they **left**[3] school and **walked**[4] toward their houses. While they **walked**,[5] they **talked**[6] about the activities they always **did**[7] on that night: wearing costumes, getting treats, scaring the littler ones. They also **planned**[8] some tricks that they **were going**[9] to play. All of a sudden, they **saw**[10] that a strange figure **was approaching**.[11] It **seemed**[12] a*

[1]middle: in progress
[2]middle: in progress

[3]end
[4]beginning: set off
[5]middle: in progress
[6]middle: in progress
[7]middle: repeated

[8]middle: in progress
[9]middle: not yet happened
[10]beginning: the action of seeing continues after this point
[11]middle: in progress
[12]middle: in progress

mezcla de animal y de monstruo: **tenía**[13] la cabeza de Frankenstein y **llevaba**[14] una enorme capa negra como un vampiro. Pero **caminaba**[15] sobre cuatro patas. Asustados, los niños lo **miraron**[16] en silencio por unos instantes. Luego, todos **gritaron**[17] y **corrieron**[18] en mil direcciones para escapar de la terrible aparición. **Desaparecieron**[19] rápidamente sin notar que debajo de la capa **meneaba**[20] alegremente la cola de un perro que también **quería**[21] salir esa noche para hacer «*trick or treat*».

*mixture of animal and monster: it **had**[13] the head of Frankenstein and **wore**[14] a huge black cape like a vampire. But it **was walking**[15] on four legs. Frightened, the children **looked at**[16] it in silence for a few seconds. Then everyone **began to shout**[17] and **ran**[18] in a thousand directions to escape the horrible vision. They **disappeared**[19] rapidly without noticing that underneath the cape **was** happily **wagging**[20] the tail of a dog who also **wanted**[21] to go out that night to trick or treat.*

[13]middle: in progress
[14]middle: in progress
[15]middle: in progress
[16]end
[17]beginning
[18]beginning
[19]end
[20]middle: in progress
[21]middle: in progress

Note that while English sometimes uses the progressive verb form—*was approaching, was wagging*—to signal an action in progress, the simple past tense—*it seemed, it had, it wore*—may also have this meaning, depending on the context. Learning to use the preterite and imperfect correctly does not involve matching English forms to Spanish equivalents but rather paying attention to contextual clues that signal middle (imperfect) or nonmiddle (preterite).

B. Context of Usage

The contrast between middle and nonmiddle helps to explain why certain meanings are usually expressed in the preterite while others are expressed in the imperfect.

1. Emotions, mental states, and physical descriptions are generally expressed in the imperfect. This information is usually included as background or explanatory material—conditions or circumstances that are *ongoing* or *in progress* at a particular time.

> **Era** el 31 de octubre y todos los niños **estaban** muy emocionados.
>
> La figura **parecía** una mezcla de animal y de monstruo: **tenía** la cabeza de Frankenstein y **llevaba** una enorme capa negra como un vampiro.
>
> El perro **quería** salir también para hacer «*trick or treat*».

Descriptions of weather and feelings are often included as background "circumstances" or "explanations." See pages 97–98 for a review of some of these common idiomatic expressions with **hacer** and **tener**.

2. When a story is narrated, several successive actions in the past are expressed in the preterite. Here the focus is usually on each individual action's having *taken place* (i.e., having begun or been completed) before the next action happens.

> A las 2:30, **salieron** de la escuela y **caminaron** hacia sus casas. **Gritaron** y **corrieron** en mil direcciones. **Desaparecieron** rápidamente.

3. Actions that are described as simultaneous are expressed in the imperfect: the focus is on two (or more) actions *in progress* at the same time.

> Mientras **caminaban**, **hablaban** de las actividades de esa noche. **Planeaban** también algunas travesuras.

4. When an ongoing action in the past is interrupted by another action, the ongoing action is expressed in the imperfect. The interrupting action is expressed in the preterite.

> Mientras **caminaban**, **hablaban** de las actividades de esa noche. De repente, **vieron** que una extraña figura se **acercaba**.

5. When the endpoint of an action is indicated, the preterite is used, regardless of whether the action lasted a short time or a long time.

> Asustados, los niños lo **miraron** en silencio por unos instantes.

C.   Meaning Changes with Tense Used

In a few cases, two distinct English verbs are needed to express what Spanish can express by the use of the preterite or the imperfect of a given verb. Note that, in all of the following examples, the preterite expresses an action at either its beginning or ending point, while the imperfect expresses an ongoing condition.

	PRETERITE: ACTION	IMPERFECT: ONGOING CONDITION
conocer	**Conocí** a mi mejor amigo en 1980. I *met* (beginning of our friendship) *my best friend in 1980.*	**No conocía** a mi mejor amigo en 1975. I *didn't know* (ongoing state) *my best friend in 1975.*
pensar	De repente yo **pensé** que él era inocente. *It suddenly dawned on me* (beginning of knowing) *that he was innocent.*	Yo **pensaba** que él era inocente. I *thought* (ongoing opinion) *that he was innocent.*

poder	Pude dormir a pesar del ruido de la fiesta.	Podía hacerlo pero no tenía ganas.
	I *managed to sleep* (action takes place) *in spite of the noise from the party.*	I *was able to* (had the ability to) *do it, but I didn't feel like it.*
no querer	Me invitó al teatro pero **no quise** ir.	Me invitó al teatro pero **no quería** ir.
	She invited me to the theater, but I refused to go (action takes place).	*She invited me to the theater, but I* **didn't want** *to go* (ongoing mental state, no action implied).
querer	El vendedor **quiso** venderme seguros.	El vendedor **quería** venderme seguros.
	The salesman **tried** *to sell me insurance* (action takes place).	*The salesman* **wanted** *to sell me insurance* (mental state, no action implied).
saber	María **supo** que Juan estaba enfermo.	María **sabía** que Juan estaba enfermo.
	María **found out** (beginning of knowing) *that Juan was sick.*	*María* **knew** (ongoing awareness) *that Juan was sick.*
tener	**Tuve** una carta.	**Tenía** varios amigos.
	I *got* (action takes place) *a letter.*	I *had* (ongoing situation) *several friends.*
tener que	**Tuve que** ir a la oficina.	**Tenía que** ir a la oficina.
	I *had to go* (and did go) *to the office.*	I *was supposed to go* (mental state, no action implied) *to the office.*

RECUERDE UD.

Besides **ser** and **estar**, Spanish also uses the verbs **tener** and **hacer** to express the concept of *to be*.

Tener combines with certain nouns that are usually expressed with *to be + adjective* in English.

tener (mucho/a) frío/calor	*to be (very) cold/hot*
hambre/sed/sueño	*hungry/thirsty/sleepy*
éxito/suerte	*successful/lucky*
razón (no tener razón)	*right (to be wrong)*
cuidado/prisa	*careful/in a hurry*
miedo/vergüenza	*afraid/embarrassed*
_____ años	_____ *years old*

Another expression that uses the infinitive is **tener ganas de** + *infinitive*, which expresses English *to feel like + present participle*.

Tengo ganas de dormir.   *I feel like sleeping.*

Weather conditions expressed with *to be* in English are usually expressed with **hacer** in Spanish.

Hace (mucho) frío/calor/fresco.	*It is (very) cold/hot/cool.*
sol/viento.	*sunny/windy.*
Hace (muy) buen tiempo.	*It is (very) nice out.*
mal tiempo.	*bad weather.*

Verbs that refer to precipitation, such as **nevar (ie)**, **llover (ue)**, and **lloviznar**, are conjugated only in the third person singular. There is no **hacer** expression to describe these conditions.

Nieva mucho en Colorado.	*It snows a lot in Colorado.*
Llueve ahora, pero antes sólo lloviznaba.	*It's raining now, but before it was only drizzling.*

When using these expressions in the past, the focus of the speaker is usually on an ongoing state rather than on the beginning or end of that state. For this reason, these expressions are usually found in the imperfect tense.

PRACTICA

A. El siguiente pasaje es un trozo del cuento «El niño al que se le murió el amigo» de Ana María Matute. Léalo y explique el por qué del uso del pretérito y del imperfecto. ¿Cuál es la idea que se expresa en cada caso?

Una mañana se levantó[1] y fue[2] a buscar al amigo, al otro lado de la valla.° Pero el amigo no estaba,[3] y, cuando volvió,[4] le dijo[5] la madre: «El amigo se murió.[6] Niño, no pienses más en él y busca otros para jugar». El niño se sentó[7] en el quicio° de la puerta, con la cara entre las manos y los codos en las rodillas. «El volverá», pensó.[8] Porque no podía[9] ser que allí estuviesen las canicas,° el camión y la pistola de hojalata,° y el reloj aquel que ya no andaba,°[10] y el amigo no viniese° a buscarlos. Vino[11] la noche, con una estrella muy grande, y el niño no quería[12] entrar a cenar. «Entra, niño, que llega el frío», dijo[13] la madre. Pero, en lugar de entrar, el niño se levantó[14] del quicio y se fue[15] en busca del amigo, con las canicas, el camión, la pistola de hojalata y el reloj que no andaba.[16] Al llegar a la cerca,° la voz del amigo no le llamó,[17] ni le oyó[18] en el árbol, ni en el pozo.° Pasó[19] buscándole toda la noche. Y fue[20] una larga noche casi blanca, que le llenó°[21] de polvo° el traje y los zapatos. Cuando llegó[22] el sol, el niño, que tenía[23] sueño y sed, estiró°[24] los brazos, y pensó:[25] «Qué tontos y pequeños son esos juguetes. Y ese reloj que no anda, no sirve para nada».

fence

(door)jamb

estuviesen... were the marbles / tin plate funcionaba / no... wouldn't come

fence

well

covered / dust

stretched

B. Lea el siguiente párrafo por completo y luego decida si los verbos indicados indican el medio de la acción o no. Luego dé la forma correcta del verbo entre paréntesis (pretérito o imperfecto) según el caso.

LA HISTORIA DE UN EXNOVIO

I used to have (**tener**) a boyfriend named Hector. He was (**ser**) very tall and handsome, and we used to spend (**pasar**) a lot of time together. We would go (**ir**) everywhere together. That is, until he met (**conocer**) a new girl, Jane. He talked (**hablar**) to her once and then invited her (**invitarla**) to a big dance. He told me (**decirme**) that it was because he felt sorry for her (**tenerle compasión**), but I didn't believe him (**creérselo**). I wanted (**querer**) to kill him! But I decided (**decidir**) to do something else. Since I knew (**saber**) where she lived (**vivir**), I went (**ir**) over to her house to tell her what a rat Hector was (**ser**). But when I got there (**llegar**), I saw (**ver**) his car parked in front. I was (**estar**) so angry that I started (**empezar**) to slash his tires. Just then, Hector came out (**salir**) of the house. When he saw me (**verme**), he yelled (**gritar**) and ran (**correr**) toward me. . . .

(*Continúa en* **Repaso**, *Capítulo 6.*)

C. Exprese las siguientes oraciones en inglés.

1. Para llegar al Nuevo Mundo, Colón tuvo que cruzar el Atlántico.   2. Yo no conocía al profesor el año pasado. Lo conocí este setiembre.   3. Uds. tenían que traer los dulces. ¿Dónde están?   4. ¿Cómo supo Ud. que Paula no quiso ir?   5. ¿Sabía Ud. hablar español cuando estaba en la escuela secundaria?

D. Lea el siguiente párrafo y escoja la forma correcta del verbo, según el contexto.

Cuando yo (*fui, era*) más joven, me (*gustó, gustaba*) mucho ir a la biblioteca a leer. (*Creí, Creía*) que la biblioteca (*fue, era*) un lugar impresionante porque (*hubo, había*) muchos libros y porque todo el mundo (*habló, hablaba*) en voz baja; por eso me (*pareció, parecía*) un lugar muy serio. Generalmente yo (*fui, iba*) por las tardes porque entonces (*vi, veía*) al Sr. Moreno, un bibliotecario° muy simpático que me (*habló, hablaba*) de la historia de la biblioteca y me (*ayudó, ayudaba*) a alcanzar° los libros de los estantes° más altos. Un día cuando (*llegué, llegaba*), (*vi, veía*) que el Sr. Moreno no (*estuvo, estaba*). Los otros bibliotecarios también recuerdan ese día porque (*decidí, decidía*) sacar un libro yo solo de uno de los estantes más altos. Como se puede imaginar, todos los libros (*cayeron, caían*) al suelo con un tremendo ruido. Algunas personas me

librarian
to reach
shelves

(*miraron, miraban*) disgustadas y otras (*empezaron, empezaban*)
a reírse de mí. ¡Qué vergüenza!

E. A continuación se reproduce la secuencia de acciones que se describió
anteriormente. Esta vez, además de las acciones se han agregado (*have been
added*) otros detalles descriptivos que sirven de fondo (*background*) a las
acciones principales. Narre el cuento otra vez, conjugando los nuevos verbos
en el imperfecto.

1. 2. 3. 4.

5. 6. 7. 8.

1. el jefe, confiarle dinero a la empleada / *ser* una mujer joven / *trabajar* para
   la compañía / no *estar* satisfecha / *querer* un cambio
2. la mujer, *deber* depositar el dinero / decidir guardarlo / *tener* miedo de las
   autoridades / necesitar salir del pueblo / poner el dinero en la bolsa / hacer
   las maletas
3. salir del pueblo en coche / *estar* nerviosa
4. *estar* cansada / llegar al Bates Motel / *tener* habitaciones libres / *pensar* que
   allí *poder* descansar / *haber* una enorme casa cerca / *llover* y *hacer* mal tiempo
5. conocer a Norman / *ser* un joven guapo y tímido / ellos, hablarse un rato /
   ella, firmar su nombre / no *haber* otros huéspedes (*guests*) en el motel /
   Norman, darle la llave de su habitación
6. todavía *querer* descansar / ir a su habitación / *pensar* salir a cenar más
   tarde / decidir ducharse
7. Norman, *vivir* solo con su madre / madre, *estar* muerta / Norman, *estar*
   un poco loco / Norman, *tener* dos personalidades / disfrazarse de su
   madre / entrar al cuarto de la mujer / ella, *ducharse*
8. ella, *ducharse* / no *darse* cuenta del peligro / Norman, matarla a puñaladas

F. 🔲**¡Necesito compañero!** 🔲 Usando los verbos indicados, y añadiendo otros detalles necesarios, narren una pequeña historia para cada dibujo. Antes de empezar, decidan qué aspecto de cada acción (el medio de la acción o no) quieren indicar y conjuguen cada verbo en el pretérito o en el imperfecto según el caso.

1.

2.

3.

4.

5.

1. ser las 12 / jugar / llamar / no tener hambre / preferir jugar
2. recibir corbata de su tía / ser muy fea / no gustarle / decidir devolverla / hablar con la dependiente / ver a su tía
3. tener unos 10 años / ser un muchacho travieso (*mischievous*) / siempre hacer cosas que no deber hacer / encontrar unos cigarrillos / fumar / llegar su madre
4. ser una noche oscura / hacer muy mal tiempo / estar solos en la casa / leer / oír unos ruidos extraños / estar asustados / no querer ir a investigar
5. ser su aniversario / ir a comer a un restaurante elegante / pedir una gran comida / estar muy contentos / abrir la cartera para pagar la cuenta / descubrir / no tener / no aceptar tarjetas de crédito / tener que lavar los platos

G. Ud. iba a hacer algo y no lo hizo. Ahora quiere justificar su comportamiento. Conteste las preguntas, utilizando al menos una oración.

MODELO ¿Por qué no lavaste los platos? →
Iba a lavarlos, pero tuve que coger el teléfono.

1. ¿Por qué no hiciste la cama?
2. ¿Por qué no estudiaste la lección de español?
3. ¿Por qué no le escribiste una carta a tu madre?

4. ¿Por qué no compraste las entradas para el concierto?
5. ¿Por qué no me trajiste un regalo?
6. *Invente una situación para la clase.*

H. Situaciones y preguntas

1. ¿Dónde nació Ud.? ¿Cuándo nació? ¿Qué hacía su padre cuando Ud. nació? ¿Cuántos años tenían sus padres? ¿Recuerda Ud. cuando nacieron sus hermanos menores? ¿Cuántos años tenía Ud.? ¿Estaba contento/a? ¿Cómo era su hermano cuando llegó del hospital? ¿Quería tener Ud. un hermano o una hermana? ¿Por qué? ¿Cómo y cuándo supo Ud. que las cigüeñas (*storks*) no traían a los niños?

2. ¿Cuántos años tenía Ud. cuando fue a la escuela por primera vez? ¿Recuerda Ud. sus primeras impresiones de la escuela? Descríbalas. ¿Recuerda Ud. la última vez que Ud. estuvo en esa escuela? ¿Eran diferentes sus impresiones?

3. ¿Recuerda Ud. la primera vez que vio a su novio/a? ¿Qué pensó de él (ella)? ¿Dónde estaba y qué hacía? ¿Le habló? ¿Dónde vivía su madre cuando conoció a su padre? ¿Cómo lo conoció?

4. Esta mañana a las 6, yo preparaba esta clase. ¿Qué hacías tú mientras yo trabajaba? Anoche, yo cenaba a las 7. ¿Qué hacías tú mientras yo comía? ¿Qué hacías tú mientras yo dormía anoche?

5. ¿Dónde estabas y qué hacías cuando te enteraste (*you found out*) de los siguientes acontecimientos (*events*)? ¿Cuántos años tenías? ¿Cuál fue tu primera reacción? ¿Te sentiste triste? ¿orgulloso/a (*proud*)? ¿asombrado/a? ¿No pudiste creerlo?
   a. la muerte de Elvis Presley
   b. la captura de los diplomáticos americanos por los iraníes
   c. la muerte de John Lennon
   d. el primer alunizaje (*moon landing*)
   e. el primer vuelo del *space shuttle*
   f. la explosión del *Challenger*

6. ¿A Ud. le gustan las películas de terror? ¿Cuánto tiempo hace que vio la última película de terror? ¿Cuál fue? ¿Le pareció buena? ¿Le asustó? ¿Por qué? ¿Puede Ud. describir brevemente los personajes principales de la película que vio? ¿Qué cualidades/problemas tenían? ¿Qué pasó en la película?

I.   ▣ **¡Necesito compañero!**▣   Con un compañero de clase, haga y conteste preguntas para descubrir la siguiente información. ¡No se olviden de usar las estrategias para la comunicación! Luego comparta con la clase lo que ha aprendido sobre la niñez de su pareja. Recuerde usar las formas de **tú**.

1. una cosa que le gustaba muchísimo   2. un lugar que le parecía especial
3. una persona que influía mucho en su vida de una manera positiva
4. algo que tenía que hacer todos los días y que no le gustaba   5. algo que hizo sólo una vez pero que le gustó mucho   6. una cosa con la que siempre tenía mucho éxito   7. una ocasión en que estaba muy orgulloso/a de sí mismo/a   8. una cosa buena que hizo para otra persona

21. RELATIVE PRONOUNS: *QUE, QUIEN*

A series of short sentences in a row sounds choppy; often there are no smooth transitions from one idea to another. By linking several short sentences together to make longer ones, you can form sentences that have a smoother, more interesting sound.

A.   Simple Versus Complex Sentences

A *simple sentence* consists of a subject and a verb.

David compró el disfraz.	*David bought the costume.*
El disfraz estaba en la tienda.	*The costume was in the store.*
El muerto era médico.	*The deceased was a doctor.*
Enterraron al muerto ayer.	*They buried the dead man yesterday.*
El cementerio está cerca.	*The cemetery is close by.*
Visitaron el cementerio.	*They visited the cemetery.*

A *complex sentence* is really two sentences: a main sentence (**la oración principal**) plus a second sentence (**la oración dependiente/subordinada**) that is set inside (embedded in) the main sentence. The two sentences are joined by a relative pronoun (**un pronombre relativo**).

TWO SENTENCES	David compró **el disfraz**. **El disfraz** estaba en la tienda.
EMBEDDED ELEMENT	**que** estaba en la tienda.
COMPLEX SENTENCE	David compró **el disfraz que** estaba en la tienda. *David bought the costume that was in the store.*
TWO SENTENCES	**El muerto** era médico. Enterraron **al muerto** ayer.
EMBEDDED ELEMENT	**que** enterraron ayer
COMPLEX SENTENCE	**El muerto que** enterraron ayer era médico. *The dead man that they buried yesterday was a doctor.*

TWO SENTENCES	**El cementerio** está cerca. Visitaron **el cementerio**.
EMBEDDED ELEMENT	**que** visitaron
COMPLEX SENTENCE	**El cementerio que** visitaron está cerca.
	The cemetery that they visited is close by.

Note that the same noun is present in both sentences. When the two are joined, the repeated noun is replaced by a relative pronoun. The embedded sentence is then inserted into the main sentence following the noun to which it refers.

DE PASO

When two simple sentences are combined, the speaker chooses which of the two is of greater importance. The most important sentence will be the main clause, with the other sentence embedded in it. Each of the preceding sentence pairs could be combined in another way. Here is the first pair, combined to produce a different focus.

TWO SENTENCES	**El disfraz** estaba en la tienda. David compró **el disfraz**.
EMBEDDED ELEMENT	**que** David compró
COMPLEX SENTENCE	**El disfraz que** David compró estaba en la tienda.

B. *Que* Versus *quien*

There are three principal relative pronouns in English: *that, which,* and *who/whom.* The choice between *that* and *which* depends primarily on personal preference; *who* is used only if the replaced element is a person. In Spanish, *that, which,* and *who* are usually expressed by the relative pronoun **que.**

Laura leyó el libro **que** compró.	*Laura read the book that she bought.*
Los estudiantes dieron una fiesta **que** duró toda la noche.	*The students gave a party that lasted all night.*
Este es el artículo de **que** te hablé.	*This is the article that I spoke to you about.*
Vi al hombre **que** estaba aquí ayer.	*I saw the man who was here yesterday.*

Who/whom is expressed by **quien(es)** only in the following cases.

1. when *who/whom* introduces a nonrestrictive clause. Nonrestrictive clauses are embedded in sentences almost as an afterthought or an aside. They are always set off by commas. When the replaced element is a person, either **que** or **quien(es)** is used to introduce the clause. **Quien(es)** is preferred in writing, while **que** is more common in the spoken language.

Julia, **quien** (**que**) no estuvo ese día, fue el líder del grupo.	*Julia, who was not there that day, was the leader of the group.*

> Carmen y Loren, **quienes (que)**
> hoy viven en Newark, son de
> Cuba.

> *Carmen and Loren, who today live*
> *in Newark, are from Cuba.*

2. when *whom* follows a preposition or is an indirect object*

> No conozco al hombre **de quien**
> hablaba.

> *I don't know the man (whom) he*
> *was talking about.*

> La persona **a quien** vendimos el
> auto nos lo pagó en seguida.

> *The person (whom) we sold the car*
> *to paid us for it immediately.*

As these two examples show, in colloquial English we often end sentences and clauses with prepositions: *I don't know the man he was talking **about**; The person we sold the car **to** paid us for it immediately.* In Spanish, however, a sentence may never end with a preposition. When a prepositional object is replaced by a relative pronoun, the preposition and pronoun are both moved to the front of the embedded sentence, as in the following examples from more formal English: *He doesn't know the man **about whom** I was talking; The person **to whom** we sold the car paid us for it immediately.*

C. Nonomission of Relative Pronouns

The relative pronouns are never omitted in Spanish. In contrast, their omission in English is common.

> El coche que compramos no
> vale nada.

> *The car (that) we bought isn't*
> *worth anything.*

> No conoce al hombre con quien
> hablábamos.

> *He doesn't know the man (that) we*
> *were talking with.*

Summary:
These two rules will help you with relative pronouns in most cases.

1. If it is possible to use a relative pronoun in English, it is necessary to use one in Spanish.
2. Unless there is a preposition or a comma, always use **que**.

PRACTICA

A. Complete las oraciones con **que** o **quien(es)** según el contexto.

1. Mucha gente desprecia a las personas _que_ son algo diferentes.
2. Las películas _que_ más me asustan son las de Stephen King.
3. Hay muchos rasgos _que_ compartimos con esos grupos étnicos.
4. Estoy segura que la mujer con _quien_ hablan es una bruja.

---

*When *whom* refers to a direct object, **quien** can be used, but it is more common in contemporary speech to omit the object marker and introduce the embedded element with **que: La persona a quien vimos allí es muy famosa. → La persona que vimos allí es muy famosa.**

5. ¿Cuáles son las características *que* se asocian con lo sobrenatural?
6. Los indios de *quienes* hablábamos son descendientes de los primeros habitantes del continente.
7. La noche del 31 de octubre muchos niños, *quienes* llevan disfraces distintos, van de casa en casa pidiendo dulces.
8. Los esqueletos y calaveras con *que* se decora la casa simbolizan la muerte.

B. Junte las oraciones, omitiendo la repetición innecesaria por medio de pronombres relativos apropiados.

> MODELO   El cementerio es el famoso Forest Lawn. Hablaron del cementerio. →
> El cementerio de que hablaron es el famoso Forest Lawn.

1. Los disfraces representan brujas, esqueletos y fantasmas. Los niños llevan los disfraces el 31 de octubre.
2. En los Estados Unidos hay muchas personas. Estas personas tienen miedo de la muerte.
3. Pienso invitar a la fiesta a todas las personas. Trabajo con estas personas.
4. La muerte es un tema. No se habla mucho de este tema en los Estados Unidos.
5. Todas las personas eran parientes del muerto. Estas personas asistieron al entierro.
6. La mezcla de razas constituye un elemento característico de la cultura nacional. Esta mezcla resultó de la conquista.

C. Exprese las siguientes oraciones en español. Luego, diga si en su opinión son ciertas o falsas.

1. They say that a person who cannot see himself in a mirror (**espejo**) is a werewolf (**hombre lobo**). 2. The pranks that one associates with Halloween are usually not serious (**grave**). 3. Burial of the dead is a custom that is found in all human cultures. 4. They say that a person who disguises himself as a witch must have a witch's face. 5. Death is an experience that people should not talk about with young children.

⌐ ESTRATEGIAS PARA LA COMUNICACION ⌐

Un repaso

OR

How to Build Your Confidence

You already know most of the Spanish you need to understand and be understood in most situations. Your success will depend not so much on what you know, but on how you use what you know. Practice the communication strategies you have learned in these situations.

¡Necesito compañero!

A. No entendieron todo el mensaje. ¿Qué preguntas pueden hacer para recuperar el resto?

1. Es muy difícil hacerlo porque…
2. Esto es un…; …muchos en Sears.
3. Voy a… ¡Es… impresionante!
4. …llegan mañana.
5. No puedo ver… ¿Lo… tú?

B. Simplifiquen las siguientes oraciones en inglés y luego exprésenlas en español.

1. They are really uptight. 2. If we use it up, we can't replace it. 3. The secretary typed the message and then filed it. 4. Five games in a row! 5. I have to straighten up my room when company comes.

C. Definan o describan las siguientes expresiones en español.

1. a shower curtain
2. a bicycle pump
3. a landlord
4. a thumbtack
5. a stationery store
6. a zipper

D. Conviertan las siguientes preguntas en pequeñas conversaciones.

1. ¿Adónde fuiste ayer después de la clase?
2. ¿Tienes coche?
3. ¿Es la universidad como tú la imaginabas antes de llegar?
4. De niño, ¿eras obediente o travieso?
5. ¿Te gusta escuchar música mientras estudias?

¡OJO!

hora–vez–tiempo

The specific *time of day* or a specific *amount of time* is expressed with the word **hora**. *Time* as an *instance* or *occurrence* is **vez**, frequently used in the plural. **Tiempo** refers to *time* in a general or abstract sense. The Spanish equivalent of *on time* is **a tiempo**.

¿Qué **hora** es? ¿No es **hora** de comer?	*What time is it? Isn't it time to eat?*
Estudié dos **horas** anoche.	*I studied for two hours last night.*
He estado en Nueva York muchas **veces**.	*I've been in New York many times.*
No tengo **tiempo** para ayudarte.	*I don't have time to help you.*
Nunca llegan **a tiempo**.	*They never arrive on time.*

el cuento–la cuenta

These two words have totally different meanings, but their almost identical spelling can lead to confusion. **Cuento** means *story, narrative,* or *tale.* **Cuenta** means *bill (money owed)* or *calculation.*

El cuento es largo pero muy interesante.	*The story is long but very interesting.*
Mi padre me pidió **la cuenta** y después me la devolvió; no la pagó él.	*My father asked me for the bill and then gave it back to me; he didn't pay it.*

por–porque–puesto que–ya que–como

The idea of *because* is expressed in a number of ways in Spanish. Preceding a conjugated verb, **porque, puesto que, ya que,** or **como** can be used.

Ya que es muy rico, no tiene que trabajar.	*Because (Since) he is very rich, he doesn't have to work.*
Lo hicieron **porque** no había remedio.	*They did it because there was no other alternative.*
Como (**Puesto que**) era muy niña, siempre hacía muchas travesuritas.	*Since (Because) she was very young, she was always playing little pranks.*

Of these expressions, only **porque** cannot be used to begin a sentence in Spanish. Preceding a noun always use **por**. This use corresponds to English *because of*.

Todos la admiraban **por** su bondad.	*Everyone admired her because of (for) her kindness.*

PRACTICA

A. Dé la palabra española que se corresponde mejor con la palabra en *letras cursivas.*

1. The *tale* of the miller's son is known throughout the world. 2. How many *times* do I have to ask you? 3. *Because* he was very tired, he decided to stay home this *time*. 4. I can't afford to pay the *bill*. 5. I don't have *time* to talk to you *because* I am in a hurry. 6. Don't tell those scary *stories*! 7. Many people don't watch TV *because of* all the violence. 8. Is it *time* to eat yet?

B. Indique la palabra o frase que mejor complete la oración. ¡OJO! Hay también palabras de los capítulos anteriores.

1. El motor no _functiona_____; hay que _llevar_____ lo al mecánico. (*work/take*)
2. _Ya que___ no tenía trabajo, no me pudo _devolver___ el dinero. (*Because/return*)
3. Este restaurante _parece_ muy caro y elegante; no sé si vamos a poder pagar _cuenta_. (*looks/the bill*)
4. No tenemos que pagar nada _porque_ mi yerno (*son-in-law*) _trabaja___ aquí. (*because/works*)
5. ¿Qué _buscan__ Uds.? ¿Un vuelo (*flight*) más barato? (*look for*)
6. No, sólo queremos _volver a tiempo__. (*to return/on time*)
7. Ah, entonces deben _tomar__ el vuelo número 403. (*take*)
8. Al principio de _cuento__, hacía mucho frío y nevaba y el héroe _parece__ perdido (*lost*). (*the story/looked*)
9. El artículo es muy _breve__. Creo que lo puedes leer en muy poco/poca _vez__. (*short/time*)
10. Según _cuentos__ de los indios, estos pájaros siempre _vuelven__ aquí en la primavera. (*stories/return*) _birds_

C. Situaciones y preguntas

1. ¿Qué cuentos te gustaban de niño? ¿los cuentos de acción y de aventuras? ¿los cuentos de fantasía? ¿los cuentos de terror? ¿Todavía te gusta este tipo de cuento?
2. Cuando eras más pequeño/a, ¿tus padres te pagaban todas las cuentas? En general, ¿qué tipo de cuenta tenías que pagar tú personalmente? ¿Quién debe pagar la cuenta cuando un hombre y una mujer salen juntos?
3. Ya que estás en la universidad, ¿qué aspecto de la escuela secundaria crees que te preparó mejor para la universidad? ¿Por qué crees que esta universidad te aceptó?

REPASO

A. En el siguiente diálogo, hay mucha repetición innecesaria de complementos. Léalo por completo y luego elimine los complementos innecesarios, sustituyéndolos por los pronombres y adjetivos apropiados.

UNA CONVERSACION EN LA CLASE DE ESPAÑOL DEL PROFESOR O'HIGGINS

O'HIGGINS: Bueno, clase, es hora de entregar (*to turn in*) la tarea de hoy. Todos tenían que escribirme una breve composición sobre la originalidad, ¿no es cierto? ¿Me escribieron la composición, pues?

JEFF: Claro. Aquí tiene Ud. la composición mía.

O'HIGGINS: Y Ud., señora Chandler, ¿también hizo la tarea?

CHANDLER: Sí, hice la tarea, profesor O'Higgins, pero no tengo la tarea aquí.

O'HIGGINS: Ajá. Ud. dejó la tarea en casa, ¿verdad? ¡Qué original!

CHANDLER: No, no dejé la tarea en casa. Sucede que mi hijo tenía prisa esta mañana, el carro se descompuso (*broke down*) y mi marido llevó el carro al garaje.

O'HIGGINS: Ud. me perdona, pero no veo la conexión. ¿Me quiere explicar la conexión?

CHANDLER: Bueno, anoche, después de escribir la composición, puse la composición en mi libro como siempre. Esta mañana, salimos, mi marido, mi hijo y yo, en el coche. Siempre dejamos a Paul—mi hijo—en su escuela primero, luego mi marido me deja en la universidad y entonces él continúa hasta su oficina. Esta mañana, como le dije, mi hijo tenía mucha prisa y cogió mi libro con sus libros cuando bajó del coche. Desgraciadamente no vi que cogió mi libro. Supe que cogió mi libro cuando llegamos a la universidad. Como ya era tarde, no pude volver a la escuela de mi hijo para quitar el libro a mi hijo. Así que mi marido se ofreció a buscarme el libro. Pero no me ha traído el libro todavía. Yo llamé a mi marido antes de la clase para saber el motivo de su retraso (*delay*) y él me explicó que en la ruta se descompuso el carro y que tuvo que dejar el carro en el garaje. Pero ahora también era muy tarde para él y no le quedaba tiempo para traerme el trabajo y llegar a su oficina a tiempo. Entonces...

O'HIGGINS: Entonces, ¿quién tiene su tarea ahora? ¿Tiene su tarea su hijo?

CHANDLER: No, mi marido tiene mi tarea. El le quitó la tarea a mi hijo, pero no pudo traerme la tarea antes de clase. El carro se descompuso y él...

O'HIGGINS: ...tuvo que llevar el carro al garaje. Bueno, Ud. me puede traer la tarea mañana, ¿no?

CHANDLER: Sin duda, profesor. Le traigo la tarea tan pronto como llegue a la universidad. A Ud. le va a gustar. En mi composición propongo algunas maneras creativas para combatir el aburrimiento de la rutina diaria.

O'HIGGINS: Me parece un tema extraordinariamente apropiado pero... ¡espero que sea breve!

B. Acaban de morirse las siguientes personas.

1. un hombre muy rico y muy tacaño (*stingy*)
2. un don Juan
3. una mujer que miente mucho
4. el dictador de un país muy pobre
5. una mujer que no cree en Dios

Al llegar al más allá, tienen que justificar su comportamiento en la tierra para conseguir la vida eterna. Es necesario comentar lo bueno… y también lo malo. Complete estas oraciones en la forma en que lo harían (*would do*) estas personas recién muertas.

Yo siempre _____ pero una vez _____.
Yo nunca _____ pero un día _____.
Yo solía _____ pero en 1980 _____.

CAPITULO CUATRO

BUENOS AIRES, ARGENTINA

LA FAMILIA

L a familia, según muchos sociólogos, es la unidad social fundamental, la primera y la más básica de todas las relaciones humanas. Todos tenemos una familia, y también imágenes, sensaciones y emociones siempre que (*whenever*) pensemos en la idea de «familia». Pero ¿tenemos todos las mismas imágenes? ¿Existe una familia norteamericana «típica»? ¿Cuáles cree Ud. que son sus características? Agregue (*Add*) otras respuestas si es necesario.

1. Número de hijos: a. 1–2   b. 3–4   c. más de 4   d. 0
2. Edad de los padres: a. 20–30   b. 30–40   c. 40–50   d. 50–60
3. Número de padres que viven en casa: a. 1   b. 2   c. 0
4. Religión: a. católica   b. protestante   c. judía   d. otra   e. ninguna
5. Vivienda: a. casa   b. apartamento   c. «condominio»   *Housing*
6. Número de padres que trabajan fuera de casa: a. 1   b. 2   c. 0
7. El mantenimiento económico de la familia es responsabilidad:
   a. principalmente de la madre   b. principalmente del padre
   c. compartida entre los dos padres   d. compartida entre padres e hijos
8. El trabajo de la casa es responsabilidad:
   a. principalmente de la madre   b. principalmente del padre
   c. principalmente de los hijos   d. compartida entre los dos padres
   e. compartida entre todos
9. La crianza de los hijos es responsabilidad:
   a. principalmente de la madre   b. principalmente del padre
   c. principalmente de los hijos mayores   d. principalmente de los abuelos
   e. compartida entre los dos padres
10. La familia se siente más «familia» durante:
    a. las comidas   b. las actividades compartidas (los deportes/los viajes/los proyectos)   c. las grandes celebraciones del año (la Navidad/el Día de Gracias/la Pascua)   d. las fiestas y acontecimientos familiares (los cumpleaños/las bodas/el nacimiento de un niño)

Vocabulario para conversar

boda - marriage ceremony.

bien educado, maleducado* well-mannered, ill-mannered
el cariño affection
cariñoso affectionate
casarse con to marry
castigar to punish
el castigo punishment
criar to raise, bring up
la crianza childrearing
cuidar to take care of

disciplinar to discipline
la disciplina discipline
divorciarse de to divorce
el divorcio divorce
enamorarse (de) to fall in love (with)
estar a cargo (de) to be in charge (of)
el huérfano orphan
llevar una vida (feliz, difícil) to lead a (happy, difficult) life

el matrimonio matrimony; married couple
mimar to spoil (a person)
el noviazgo courtship
el novio/la novia sweetheart; fiancé(e)
la pareja couple; partner
portarse bien (mal) to (mis)behave
la sangre blood
el viudo/la viuda widower/widow

LOS PARIENTES

abuelo/a grandfather/mother
bisabuelo/a great-grandfather/mother
bisnieto/a great-grandson/daughter
cuñado/a brother/sister-in-law

esposo/a husband/wife (spouse)
marido husband
mujer wife
nieto/a grandson/daughter
nuera daughter-in-law

padres parents
primo/a cousin
sobrino/a nephew/niece
suegro/a father/mother-in-law
tío/a uncle/aunt
yerno son-in-law

Practiquemos

A. ¿Con qué asocia Ud. cada una de las siguientes palabras o frases? ¿Por qué?

1. mimar
2. disciplinar
3. maleducado
4. estar a cargo
5. enamorarse
6. criar
7. portarse bien

B. Relacione cada palabra de la lista A con una definición de la lista B.

1. el huérfano
2. el cariño
3. la pareja
4. el divorcio
5. la sangre

a. dos personas que hacen muchas actividades juntas
b. flúido rojo que corre por las venas
c. joven cuyos (whose) padres están muertos
d. proceso que legalmente pone fin a un matrimonio
e. emoción o sentimiento que existe entre buenos amigos
f. pariente legal, pero no biológico

---

*Many Spanish native speakers use **estar** with **educado**; many Latin Americans use **ser**.

C. Explique la diferencia entre cada par de palabras.

1. el noviazgo/el matrimonio
2. los padres/los parientes
3. los suegros/los sobrinos
4. un huérfano/un viudo
5. el padre/los padres

D. Defina brevemente en español cada uno de los términos que se refieren a «los parientes».

MODELO el abuelo →
        Mi abuelo es el padre de mi padre o de mi madre.

RECUERDE UD.

Possessive adjectives are used to identify or point out people and things and to express possession.

	SINGULAR		PLURAL	
	mi	*my*	mis	
	tu	*your*	tus	
	su	*his, her, your, its*	sus	
nuestro	nuestra	*our*	nuestros	nuestras
vuestro	vuestra	*your*	vuestros	vuestras
	su	*their, your*	sus	

These adjectives precede the noun to which they refer and agree with it in number and gender. If you need to review the patterns of agreement with these forms, see Appendix 5.

E. Complete las siguientes oraciones con la palabra apropiada de la lista del vocabulario.

1. Elizabeth Taylor _____ Eddie Fisher para _____ Richard Burton.
2. Si Ud. quiere _____ feliz, debe tratar de pasar más tiempo con sus amigos.
3. Lo siento, señor. Soy un simple teniente. La persona que _____ es el General Bonet.
4. Una expresión que significa ser de familia noble es «tener _____ azul».
5. Muchos animales son pacientes y muy _____ con sus crías (*offspring*).
6. Normalmente, los padres _____ a los niños cuando éstos _____; si no, los niños pueden llegar a ser (*become*) _____.

Conversemos

A. Identifique Ud. cada uno de los parientes que aparecen en el dibujo C. ¿Qué pasa en la reunión? ¿Qué hacen las personas? ¿Ocurren en su familia escenas similares? ¿Cuándo?

B. ¿En qué dibujos aparecen parientes viejos? ¿Qué pasa en cada uno de los dibujos? ¿Dónde están las personas y qué hacen? Compare y contraste las emociones que se presentan en los dibujos.

C. ¿En qué dibujos se ven posibles conflictos generacionales? ¿Qué pasa en cada dibujo? ¿Cuál es el conflicto en cada caso? ¿Cómo se va a resolver ese conflicto?

D. ¿Qué dibujo(s) asocia Ud. con **mimar**? ¿con **disciplinar**? ¿con **cuidar**? ¿con **cariño**? Describa en cada caso lo que pasa en el dibujo y por qué lo asocia con el verbo indicado.

E. Para Ud., ¿cuál(es) de las imágenes del **Primer paso** se corresponde(n) mejor con su propia imagen de una familia? ¿Qué otras situaciones necesita Ud. añadir para completar esa imagen? ¿Cuál de las escenas *no* es típica de su familia? Explique.

F. Cuando Ud. era niño, ¿qué actividades se hacían con frecuencia en su familia? ¿Había muchas actividades en que participaba toda la familia? ¿Qué actividades eran típicas del verano? ¿del fin de semana? ¿Había tareas domésticas de las que Ud. y su(s) hermano(s) estaban a cargo?

G. Las escenas del **Primer paso** no se presentan en ningún orden en particular. Escoja Ud. tres escenas e invente una breve historia acerca de ellas. Narre la historia en el pasado.

GRAMATICA

22. IMPERATIVES: FORMAL DIRECT COMMANDS

The imperative (**el imperativo**) is used to express direct commands (**los mandatos directos**). It has four basic forms in Spanish: third person **Ud./Uds.** (formal commands), and second person **tú/vosotros** (informal commands).

A. Regular Forms of Formal Commands*

For almost all Spanish verbs, the stem for **Ud./Uds.** commands is the same as that of the present indicative **yo** form. The vowel ending for **-ar** verbs is **e**; **-er** and **-ir** verbs use the ending **a**. The person/number ending **-n** (characteristic of the third person plural) appears in the **Uds.** command forms.

	INDICATIVE	COMMANDS	
INFINITIVE	**yo**	**Ud.**	**Uds.**
hablar	habl**o**	habl**e**	habl**en**
comer	com**o**	com**a**	com**an**
vivir	viv**o**	viv**a**	viv**an**
pensar (ie)	piens**o**	piens**e**	piens**en**
volver (ue)	vuelv**o**	vuelv**a**	vuelv**an**
oír	oig**o**	oig**a**	oig**an**
tener	teng**o**	teng**a**	teng**an**

Hable Ud. más despacio, por favor.	*Speak more slowly, please.*
No vuelvan Uds. mañana.	*Don't come back tomorrow.*

The use of **Ud./Uds.** makes the command more formal or more polite, but this use is optional.

B. Irregular Forms of Formal Commands

If the **yo** form of the present indicative of a verb does not end in **-o**, the verb will have an irregular command stem. However, endings follow the same pattern as those of regular verbs.

dar: doy	→ dé, den	saber: sé →	sepa, sepan
estar: estoy	→ esté, estén	ser: soy →	sea, sean
ir: voy	→ vaya, vayan		

C. Placement of Object Pronouns

Object pronouns are attached to the verb in affirmative commands. They are placed before the verb in negative commands.

Póngalo Ud. allí.	*Put it there.*
No lo ponga allí.	*Don't put it there.*

---

*Spelling changes in the command forms are presented in detail in Appendix 2. They are actively practiced in the Workbook.

Sírvamelo ahora.	*Serve it to me now.*
No me lo sirva ahora.	*Don't serve it to me now.*

Attaching a pronoun or pronouns to the command form changes the number of syllables in the word. For this reason, a written accent is required on the penultimate (next-to-last) syllable of the basic command form: **ponga** → **póngalo, póngamelo**.*

RECUERDE UD.

You have already practiced the use of **que** to mean *that*. Another way to express *that*, as in *that book* or *that boy*, is **ese**. **Ese** is one of the Spanish demonstrative adjectives. Like possessive adjectives, demonstrative adjectives point out or identify people and things. Remember that in Spanish you must differentiate between *that/those* to indicate nouns that are relatively close and *that/those* to indicate nouns that are farther away.

DEMONSTRATIVE ADJECTIVES					
singular			*plural*		
	masc.	*fem.*		*masc.*	*fem.*
this	este	esta	*these*	estos	estas
that (*near*)	ese	esa	*those* (*near*)	esos	esas
that (*far*)	aquel	aquella	*those* (*far*)	aquellos	aquellas

Demonstrative adjectives generally precede the noun to which they refer and agree with it in number and gender. If you need to review the patterns of agreement, see Appendix 6.

 Just as direct and indirect object nouns can be replaced with pronouns to avoid unnecessary repetition, the demonstrative *adjective* + *noun* construction can be replaced with a demonstrative *pronoun*:

    este libro y **aquel libro** → este libro y **aquél**
    esta casa y **aquella casa** → esta casa y **aquélla**

The forms of the demonstrative pronouns are identical to the adjectives, but with an accent on the stressed syllable: **éste, ésos, aquéllos**, and so on.

PRACTICA

A. Los Señores Gambas están en la oficina del consejero familiar. Cambie las siguientes sugerencias del consejero por mandatos formales directos. ¿Está Ud. de acuerdo con sus sugerencias?

---

*The one-syllable **dar** commands are exceptions to this rule. The **Ud.** command always has an accent to distinguish it in spelling from **de** (*of, from*): **dé, déme, démelo**. The **Uds.** command form has an accent only when two pronouns are added: **den, denles, dénselo**. See Appendix 1.

MODELO   Señores Gambas, Uds. deben leer mi libro sobre la crianza de los niños. →
Lean Uds. mi libro sobre la crianza de los niños.

1. Señor Gambas, Ud. nunca debe gritar a sus hijos.   2. Señores Gambas, Uds. deben enseñarles a ser responsables.   3. Señora Gambas, Ud. no debe mimarlos.   4. Señores Gambas, Uds. no deben comprarles pistolas ni otros juguetes violentos.   5. Señora Gambas, Ud. debe obligarlos a tomar clases de música y de gimnasia.   6. Señor Gambas, Ud. debe mandarlos a escuelas privadas.   7. Señores Gambas, Uds. no deben discutir delante de los niños. 8. Señores Gambas, Uds. deben dar igual trato (*treatment*) a los niños y a las niñas.   9. Señora Gambas, Ud. no debe darles muchos dulces.   10. Señor Gambas, Ud. debe disciplinar a los hijos porque Ud. tiene más autoridad.

B.   Ahora le toca a Ud. ser consejero/a. Conteste las siguientes preguntas usando la forma correcta del mandato del verbo apropiado, según su propia opinión. Prepárese para justificar su decisión.

1. Quiero llevar una vida feliz. ¿Me caso con una persona rica o con una persona sincera?   2. Busco una buena formación académica. ¿Asisto a una universidad pequeña o a una universidad grande?   3. Quiero tener hijos bien educados. ¿Les hablo con firmeza o los pego?   4. Mi hijo menor tiene 26 años y todavía vive en casa. No trabaja y no estudia. No hace nada. ¿Le permito quedarse (*to stay*) o lo echo de la casa?   5. Mi hijito de 10 meses es muy inteligente. ¿Le enseño a leer ahora o espero más tiempo?   6. Mi hija de 4 años quiere saber de dónde vienen los niños. ¿Le digo la verdad o le hablo de cachorros (*puppies*), gatitos y polluelos (*chicks*)?   7. Muchas veces el hijo de mi vecina se porta muy mal cuando viene a mi casa para jugar con mi hijo. ¿Lo corrijo yo o llamo a su madre?   8. Mi esposo/a y yo estamos recién casados (*recently married*). Queremos tener una familia. ¿Empezamos inmediatamente o esperamos 2 o 3 años?   9. El hijo (10 años) de mis vecinos acaba de invitar al cine a mi hija de 10 años. ¿Se lo permito o se lo prohíbo?   10. Mi hijo de 6 años aprendió algunas palabrotas (*curse words*)— ¡no sé dónde!—y empieza a usarlas con frecuencia. ¿Lo castigo o no le hago caso (*ignore*) cuando las usa?

C.   Gustos y preferencias. Usando los verbos indicados, exprese sus preferencias en las situaciones indicadas, formando mandatos positivos y negativos. Luego explique sus preferencias.

MODELO   Con respecto al libro, cómpreme éste; no me compre aquél. Me interesan las ciencias; no me interesa nada el arte.

	«éste»	«aquél»
1. Es su cumpleaños. ¿Qué libro prefiere Ud. recibir como regalo? (comprarme: Ud.)	ciencias	arte

2. Uds. están en una fiesta. ¿Qué tipo de discos quiere Ud. escuchar? (tocar: Uds.)	de rock	clásicos
3. Ud. está en una tienda de ropa. ¿Qué suéter va a comprar? (venderme: Ud.)	azul	amarillo
4. Los niños de Ud. están vistiéndose para hacer una visita a la casa de los abuelos. ¿Qué tipo de zapatos deben ponerse? (ponerse: Uds.)	elegantes	viejos
5. Uds. quieren ver una película esta noche. ¿Qué tipo de película quiere Ud. que todos vean? (acompañarme a ver: Uds.)	de terror	romántica

D. ¿Qué sugerencias ofrece Ud. para resolver las siguientes situaciones? Use mandatos formales y dé por lo menos una solución positiva y una solución negativa para cada situación.

MODELO Tengo hambre. →
   Sírvase un biftec, con patatas fritas y un buen vino. Pero si Ud. está a dieta, haga algún ejercicio físico y no piense en la comida.

1. Tengo mucha sed.
2. Tengo un examen mañana.
3. Tengo dolor de cabeza.
4. Estamos casados pero no estamos contentos.
5. Tenemos que ir a Nueva York.
6. No sé qué llevar a una fiesta elegante.
7. No tengo dinero y necesito pagar el alquiler (*rent*) de la casa.
8. Soy muy gordo/a.
9. Mi esposo/a está muy enfadado/a conmigo.
10. Mi coche no funciona.

E. ◫ **¡Necesito compañero!** ◫   Ud. y su compañero/a son padres de tres niños y le dejan una lista de mandatos a la niñera que viene a cuidarlos. Sus hijos, que deben estar en la cama a las 9 de la noche, son:

   Luis—8 años; le encanta jugar con el estéreo de su padre (es un aparato muy caro y complicado); pelea mucho con su hermanita

   Ana—4 años; le encanta comer caramelos pero tiene alergias al chocolate; siempre quiere ayudar con su hermanito

   Carlitos—18 meses; necesita tomar un biberón (*bottle*) con leche a la hora de acostarse; sólo le gusta la leche con chocolate; imita todo lo que hace Luis

1. Haga una lista de 5 mandatos acerca de la conducta que la niñera debe observar mientras está en su casa.
2. Haga una lista de 5 mandatos sobre lo que ella debe hacer (o no hacer) con los niños.

23. SUBJUNCTIVE MOOD: CONCEPT, FORMS OF THE PRESENT SUBJUNCTIVE

A. Subjunctive Mood: Concept

As you know, one way to indicate that you want someone to do something is to give a direct command. But commands are not always stated directly.

—Tóquelo de nuevo, Sam.	*—Play it again, Sam.*
—¿Cómo?	*—What was that?*
—Quiero que lo toque de nuevo.	*—I want you to play it again.*

The idea of a command is present in the last sentence, but it is now part of (embedded in) a longer sentence that begins with **Quiero que**. Embedded commands can be used to give orders to anyone, not only to persons addressed as **Ud.** or **Uds.**

Quiere que **nosotros estemos** aquí.	*She wants us to be here.*
Es necesario que **yo hable** con el jefe.	*It's necessary for me to talk to the boss.*
Prefieren que **los niños lleven** botas.	*They prefer that the children wear boots.*

The forms used to express direct or embedded commands are part of a general verbal system called the *subjunctive mood* (**el modo subjuntivo**).

A *mood* designates a particular way of perceiving an event.* The present tense forms you have studied thus far and the preterite and imperfect forms are part of the indicative mood (**el modo indicativo**), which signals that the speaker perceives an event as fact, as objective reality. In contrast, the subjunctive mood is used to describe what is beyond the speaker's experience or knowledge, what is unknown. In the preceding Spanish sentences, note how the information conveyed by the subjunctive forms—**estemos, hable, lleven**— is not fact, but rather someone's wish that an event take place, with the fulfillment of that wish still off in the future.

B. Subjunctive Mood: Requirements for Use

Two conditions must always be met for the subjunctive to be used. The first condition has to do with sentence structure: there must be a subordinate clause. The second condition has to do with meaning: the main clause must exhibit certain characteristics.

---

*In contrast, a *tense* indicates when—present, past, future—an event takes place.

1. *Sentence Structure: Subordinate Clauses and the Use of the Subjunctive*   A clause is a grammatical construction that contains a subject and a conjugated verb. A simple sentence is a clause that expresses a complete thought. Each of the following sentences contains two clauses: an independent or main clause and a dependent or subordinate clause. The main clause can stand alone like a simple sentence; the subordinate clause (in boldface type in the examples) cannot. Subordinate clauses are usually introduced by words such as **que, porque, cuando,** and **donde.**

Espero **que ellos no lo mimen**.	*I hope that they don't spoil him.*
Dudamos **que se porten bien**.	*We doubt that they behave themselves.*
Buscas un novio **que sea romántico**.	*You are looking for a boyfriend who is romantic.*
Van a casarse **después de que se gradúen**.	*They are going to get married after they graduate.*
Es increíble **que gane tanto dinero**.	*It's incredible that she earns so much money.*
Nunca castigan al chico **a menos que haya lastimado a alguien**.	*They never punish the child unless he has hurt someone.*

The subjunctive, with few exceptions,* occurs only in subordinate clauses.

2. *Meaning: Specific Types of Messages and the Use of the Subjunctive*   The subjunctive occurs in the subordinate clause only when the main clause has certain characteristics or communicates certain messages. There are basically three types of messages that result in the use of the subjunctive in the subordinate clause:

a. when the subordinate clause describes or refers to something that is not considered real or factual. Information can be "unreal" in this sense because (1) it is only the speaker's desire that something happen or be true; (2) the speaker may actually have no real information about a topic; or (3) the speaker may be describing something that is unknown or nonexistent.

NOT REAL

> PERSUASION

Espero **que ellos no lo mimen**.	I do not know for sure whether or not they *will* spoil the child. The action is beyond my experience; it is unknown to me at this time.

---

*Exceptions to this rule include sentences beginning with **tal vez, quizá(s),** and **ojalá,** which are followed by the subjunctive even though there is no subordinate clause.

Tal vez (Quizás) llueva mañana.	*Maybe it will rain tomorrow.*
Ojalá traiga el impermeable.	*I hope he brings his raincoat.*

DOUBT

| Dudamos **que se porten bien**. | We are doubtful about the children's situation; it is not something we have definite information about, so we cannot say for sure. |

DESCRIPTION OF SOMETHING UNKNOWN OR NONEXISTENT

| Buscas un novio **que sea romántico**. | You are looking for such a person, but do not know whether or not he actually exists. |
| Van a casarse **después de que se gradúen**. | Their getting married is going to happen at some unspecified time in the future; because it is in the future, the event is beyond our experience. |

b. when the main clause makes a value judgment or expresses a subjective, emotional reaction

| Es increíble **que gane tanto dinero**. | The main clause is a comment on or a judgment about the information expressed in the subordinate clause. |

c. when the subordinate clause does not describe an actual situation or event, but rather the conditions under which the event in the main clause will take place

| Nunca castigan al chico **a menos que haya lastimado a alguien**. | The subordinate clause does not say that the child has in fact hurt someone; it states only that if this condition or circumstance should exist, then the event in the main clause takes place. |

In this chapter you will practice one of the uses of the subjunctive mentioned in (a), persuasion. In this case, the main clause expresses a desire or need on the part of one person; the subordinate clause does not describe an actual, real action but only the action that the speaker hopes will take place.

PRACTICA*

¿Cuáles de las siguientes oraciones tienen dos cláusulas? Identifique la cláusula principal y la cláusula subordinada en cada caso.

---

*There are more exercises on this grammar point in subsequent sections.

1. Los vecinos que viven al lado hacen mucho ruido. 2. Por lo general, mis amigos y yo estudiamos en la biblioteca y luego regresamos a casa.
3. ¿Conoces al hombre que acaba de llegar? 4. Creo que se llama Méndez.
5. Van a llegar tarde porque tuvieron que salir tarde. 6. Quiso venir pero no pudo. 7. Es importante considerar el asunto desde varias perspectivas.
8. Nadie sabía dónde vivía el viejo. 9. Sé cocinar muy bien. 10. Piensan ir al cine después de comer.

C. English Versus Spanish Subjunctive

There is no direct correspondence between the use of the subjunctive in English and in Spanish. The subjunctive does occur in English in sentences such as

> *I prefer that **she be** home by twelve o'clock.*
> *We insist that **she turn in** the work.*

But in many cases, the subjunctive in Spanish is expressed by the indicative or by an infinitive in English:

> *We hope that **she is** home by twelve o'clock.*
> *She wants us **to send** it.*

> Esperamos que **esté** en casa para las doce.
> Quiere que lo **mandemos**.

D. Forms of the Present Subjunctive

The present subjunctive of regular verbs is formed in the same way as the formal direct commands: the stem is the same as that of the first person present indicative; in **-ar** verbs, the **-o** ending is replaced with **-e**; in **-er/-ir** verbs, **-o** is replaced with **-a**. The person/number endings (**-s, -mos, -is, -n**) are the same as those of the indicative.*

INFINITIVE	PRESENT INDICATIVE: **yo**	PRESENT SUBJUNCTIVE	
hablar	hablo	hable	hablemos
		hables	habléis
		hable	hablen
comer	como	coma	comamos
		comas	comáis
		coma	coman
vivir	vivo	viva	vivamos
		vivas	viváis
		viva	vivan

In **-ar** and **-er** stem-changing verbs, the pattern of stem change is the same as in the present indicative: all forms change except **nosotros** and **vosotros**.

---

*Spelling changes indicated for the formal direct commands appear in all forms of the present subjunctive: **llegue, llegues...; busque, busques...; empiece, empieces....** See Appendix 2.

pensar		volver	
piense	pensemos	vuelva	volvamos
pienses	penséis	vuelvas	volváis
piense	piensen	vuelva	vuelvan

-Ir stem-changing verbs show the present indicative stem change in the same persons in the present subjunctive and, in addition, show the preterite stem change (**e → i, o → u**) in the **nosotros** and **vosotros** forms.

pedir		morir	
pida	pidamos	muera	muramos
pidas	pidáis	mueras	muráis
pida	pidan	muera	mueran

Most verbs that have irregular stems only in the first person singular (**yo**) of the present indicative will show that irregularity in all forms of the present subjunctive.

INFINITIVE	PRESENT INDICATIVE: **yo**	PRESENT SUBJUNCTIVE	
poner	pongo	ponga	pongamos
		pongas	pongáis
		ponga	pongan
conocer	conozco	conozca	conozcamos
		conozcas	conozcáis
		conozca	conozcan

All verbs whose present indicative **yo** form does not end in **-o** have irregular present subjunctive stems. However, endings follow the same pattern as those of regular verbs.

dar	estar	ir	saber	ser
dé	esté	vaya	sepa	sea
des	estés	vayas	sepas	seas
dé	esté	vaya	sepa	sea
demos	estemos	vayamos	sepamos	seamos
deis	estéis	vayáis	sepáis	seáis
den	estén	vayan	sepan	sean

The present subjunctive of **hay** is **haya** (*there is/are*).

Since the first and third person singular forms of the present subjunctive are identical, subject pronouns are used when necessary to avoid ambiguity.

¿Quieres que vaya yo o prefieres que vaya ella?	*Do you want me to go, or do you prefer that she go?*

 ## PRACTICA*

Dé la persona indicada del presente del subjuntivo.

1. **yo**: hablar, romper, escribir, pensar, dormir, ser, ir, tener
2. **nosotros**: cuidar, comer, existir, volver, morir, estar, decir, traer
3. **Ud.**: lavar, correr, insistir, cerrar, medir, ser, hacer, venir
4. **ellos**: respetar, leer, abrir, oír, perder, pedir, dar, poner, ver
5. **tú**: mandar, vender, discutir, contar, sugerir, salir, saber, caer
6. **vosotros**: criar, beber, asistir, recordar, seguir, reír

24. USES OF THE SUBJUNCTIVE: PERSUASION

mode of percieving things

As you know, the subjunctive occurs in subordinate clauses only when the main clause has certain characteristics. One characteristic that requires the subjunctive is a verb in the main clause that requests someone else to do something (persuasion). The action that may or may not occur as a result of the request is beyond the speaker's objective reality; for this reason, it is expressed with the subjunctive.

Esperan que llevemos una vida feliz.	*They hope (that) we lead a happy life.*
Prefiero que no me visiten con tanta frecuencia.	*I prefer that they not visit me so frequently.*
Es necesario que disciplinen a sus hijos.	*It is necessary for you to discipline your children.*

Verbs of communication, like **decir** and **escribir** (Section 9), can either transmit information or convey a request. When information is transmitted, the indicative is used in the subordinate clause; when a request is conveyed, the subjunctive is used in the subordinate clause.

INFORMATION:	El les dice que **van** al parque.	*He tells them (that) they are going to the park.*
REQUEST:	El les dice que **vayan** al parque.	*He tells them to go to the park.*

should go to the park

---

*There are more exercises on this grammar point in subsequent sections.

Note that the indirect object pronoun corresponds to the subject of the subjunctive verb: **Juan** *me* **escribe que** *venga*; **Juan** *nos* **escribe que** *vengamos*; and so on.

¡OJO! It is impossible to give a list of all the verbs that can express persuasion. Remember that it is the *concept* of persuasion in the main clause that results in the use of the subjunctive in the dependent clause.

The following expressions of persuasion and their negative forms occur in the exercises in this chapter. Be sure you know their meanings before beginning the exercises.

es importante que	aconsejar que *advisable*	pedir (i, i) que
es (im)posible que	decir (i, i) que	permitir que
es necesario que	desear que *desire*	preferir (ie, i) que
es preferible que	escribir que	prohibir que
importa que	esperar que	querer (ie) que
	insistir en que	recomendar (ie) que
	mandar que *to order*	sugerir (ie, i) que *suggest*

How many examples of the use of the subjunctive for persuasion can you find in the following paragraph?

¿Jóvenes alguna vez? ¿Los padres? ¡Imposible! Encuentran defectos a mis amigas y amigos; me critican la ropa, el peinado,° la música… En fin, me lo critican todo. Me prohíben salir durante la semana pero no me dejan hablar mucho por teléfono. No hacen caso de mis problemas y hasta me critican delante de mis amigos.

    haircut

Definitivamente no voy a ser como ellos. Voy a dejar que mis hijos hablen todo lo que quieran por teléfono porque la comunicación es importante. Voy a dejar que se vistan como quieran y que se peinen a su gusto. Al fin y al cabo,° ¡es su pelo! Si tienen problemas, quiero que me los cuenten y que tengan confianza en mí. Es imprescindible° que nunca los critique frente a sus amigos y que les dé mucha libertad personal, pues así aprenderán° a ser personas felices e independientes.

    Al... After all

    absolutamente necesario

    they will learn

Mi madre me dice que ella se hizo las mismas promesas° a mi edad, pero no me lo creo. Todas las madres dicen eso.

    promises

PRACTICA

A. Un amigo le hace preguntas sobre las reglas de su casa. Conteste sus preguntas según las indicaciones.

1. ¿Es posible llegar tarde sin avisar (*giving notice*)? —No, prefieren que *tú* se lo digas antes. (Uds., nosotros, yo, Carlos)
2. ¿Se puede salir sin pedir permiso? —No, es necesario que *Ud.* pida permiso. (tú, yo, nosotros, ellos)

3. ¿Se debe ayudar en casa? —Claro, es importante que *nosotros* ayudemos.
(yo, Uds., Laura, tú)
4. ¿Hay discusiones y conflictos? —¡Nunca! Insisten en que *Uds.* se lleven
bien con todos. (Ud., tú, yo, nosotros)

B. Las siguientes oraciones expresan algunos deseos paternos comunes. En su
opinión, ¿por qué quieren que sus hijos hagan o no hagan estas acciones?

1. Sugieren que los niños no miren mucho la televisión. 2. No permiten
que los hijos jueguen con pistolitas. 3. Prefieren que los hijos no escuchen
la música de Prince o Madonna. 4. Recomiendan que los hijos vayan a la
universidad. 5. No desean que los hijos coman entre las comidas.
6. Esperan que los hijos les escriban con frecuencia. 7. Insisten en que
sean bien educados. 8. Esperan que se casen y que tengan hijitos. 9. No
quieren que los niños se griten ni que se peguen.

C. Pat nunca hace lo que la gente le dice. Las siguientes oraciones describen las
acciones de Pat. ¿*Qué* quieren que haga? ¿*Quién* quiere que lo haga?
Incorpore el verbo señalado en su respuesta.
MODELO Pelea con sus hermanitos. (decir) →
Sus padres le dicen que no pelee con sus hermanitos.

1. Pone los pies en los muebles (*furniture*). (pedir)
2. Nunca tiene sus libros en clase. (mandar)
3. Pone música rock muy fuerte a las 12:30 de la mañana. (preferir)
4. Se quita los zapatos en clase. (recomendar)
5. Nunca da las gracias por los favores que le hacen. (sugerir)
6. Nunca hace la cama ni limpia su cuarto. (pedir)
7. Fuma en los lugares donde hay letreros que dicen «No fumar». (decir)
8. Habla en voz alta en la biblioteca. (aconsejar)
9. Sale con otros hombres/otras mujeres. (prohibir)
10. Bebe alcohol antes de conducir su auto. (recomendar)
11. Usa la ropa de su compañero sin pedirle permiso. (preferir)
12. Mastica chicle en clase. (no permitir)
13. Invita a amigos a cenar en casa sin avisar. (querer)

D. María Luisa se prepara para su primera cita. Todos sus parientes y amigos le
dan consejos. Explique los consejos que le dan, siguiendo el modelo.

MODELO padre: decir / volver temprano →
Su padre le dice que vuelva temprano.

1. madre: aconsejar / ir con otra pareja
2. hermana menor: pedir / no volver tarde
3. hermana mayor: decir / ponerse una falda larga y botas
4. abuela: querer / tener cuidado porque hay mucho tráfico
5. mejor amiga: sugerir / llevar un perfume exótico
6. chico con quien va a salir: pedir / traer dinero

E.   ▣ **¡Necesito compañero!** ▣   Imagine que su compañero viene a pasar un mes en su casa. Quiere que Ud. le explique un poco «las reglas». Empleando la siguiente escala y formando oraciones con el subjuntivo, explique la importancia de las siguientes acciones en sus respectivas familias.

1 = es necesario   3 = es preferible
2 = es importante   4 = no importa

MODELO   hablar con respeto a sus padres →
En mi familia, es necesario que hables con respeto a mis padres.

1. hablar con respeto a los padres
2. no dejar la ropa en el suelo
3. no decir palabrotas (*curse words*)
4. ayudar un poco con el trabajo de casa
5. decir «por favor» y «gracias»
6. estar en casa a cierta hora por la noche
7. pedir permiso para usar el coche
8. avisar antes de salir de noche
9. no poner los pies sobre los muebles
10. ir a la iglesia los domingos

F.   Usando las siguientes preguntas como guía, describa lo que quieren las personas en los dibujos a continuación.

- ¿Cómo son las personas?
- ¿Quiénes son? (¿Cuál parece ser la relación entre ellos?)
- ¿Dónde están?
- ¿Cuál es el dilema?
- ¿Cómo van a resolverlo?

VOCABULARIO ÚTIL: el supermercado, hacer cola, pagar la cuenta, el chicle, pedir la galleta, la cena

1.

2.

1.

2.

3.

G. Situaciones y preguntas

1. En todas las familias hay reglas, y en algunas hay una o dos «reglas absolutas» que los hijos absoluta e imprescindiblemente tienen que obedecer. ¿Hay alguna «regla absoluta» en su familia? ¿Qué pasa si uno no la obedece? En su opinión, ¿es importante que los hijos mayores respeten las mismas reglas que los hijos menores? Explique. ¿Qué pasa normalmente cuando los hijos mayores les imponen reglas a los menores?

2. En su familia, ¿es posible que los hijos les impongan ciertas reglas a los padres? Por ejemplo, ¿es necesario que los padres pidan permiso para entrar en el cuarto de los hijos? ¿que los padres les permitan escoger la ropa o el corte de pelo? ¿que no les censuren la música o la televisión? ¿que no interfieran en sus amistades? ¿Qué reglas deben respetar los padres en su casa?

3. En su opinión, ¿es importante que los esposos estén de acuerdo con respecto a la crianza de los hijos antes de empezar una familia? ¿Por qué sí o por qué no? ¿Es necesario que los dos participen en la disciplina de los hijos? ¿en la educación de los hijos? En el pasado, cuando el divorcio no era tan frecuente, se pensaba que los hijos de familias con un solo padre siempre salían malos. ¿Es verdad eso hoy en día? En realidad, ¿es necesario que los hijos tengan dos padres para ser bien equilibrados (*well-adjusted*)? Explique.

⊓ ESTRATEGIAS PARA LA COMUNICACION ⊓

Por favor

OR

How to Get People to Do Things

You have practiced the use of direct commands, polite questions, and embedded commands (**Es necesario que..., Quiero que...**) to convey requests to others. Another way to communicate a request is to use an expression of obligation. One such expression that you have already practiced is **deber** + *infinitive*, which suggests that a person has a duty to perform a certain action. A more forceful expression that indicates personal or individual obligation is **tener que** + *infinitive*. **Hay que** + *infinitive* indicates necessity in a general or impersonal sense. It may also express *to have to do something* when no specific person is indicated as performing the action.

Ud. debe decirme la verdad.	*You should (ought to) tell me the truth.*
Ellos no deben estar fuera a estas horas.	*They shouldn't (ought not to) be out at this hour.*
Ud. tiene que hacerlo.	*You have to (must) do it.*
Uds. tienen que ayudarme.	*You have to (must) help me.*
Hay que tomar el autobús número cinco.	*It's necessary to (One must) take bus number five.*

Hay que estudiar mucho para aprobar el examen.	*One has to (It is necessary to) study a lot in order to pass the test.*

A. Practice these expressions by rephrasing each of the following direct commands in at least two ways.

1. Salga Ud. por esta puerta.
2. Entregue el trabajo inmediatamente.
3. Baje Ud. en la Avenida Juárez.
4. Compre los libros para mañana.

5. Beba Ud. menos alcohol.
6. Lleve siempre el carnet (*card*) de identidad.

B. ⊡**¡Necesito compañero!** ⊡ Un médico que no sabe español les pide a Ud. y a su compañero que le comuniquen los siguientes mandatos a una señora mayor y muy distinguida que no entiende inglés. Exprésenlos de manera cortés, usando una de las expresiones de obligación/necesidad que acaban de practicar. Recuerden usar las estrategias para expresar las palabras o expresiones que no saben decir con exactitud.

1. Take these pills twice a day; they should be taken in the morning and in the evening.   2. Get 8 hours of sleep every night.   3. Stop smoking.   4. Get more exercise—regular walking would be good.   5. No more spicy foods.   6. Check back with the doctor once every two months.

25. IMPERATIVES: INFORMAL DIRECT COMMANDS

Unlike formal (**Ud., Uds.**) commands, the informal **tú** and **vosotros/as** commands have two different forms: one for affirmative and one for negative.

A.   *Tú* Commands

With only a few exceptions, affirmative **tú** commands are identical to the third person singular present indicative. Meaning is made clear by context.

AFFIRMATIVE **tú** COMMANDS		
-ar VERBS	**-er** VERBS	**-ir** VERBS
hablar: habla pensar: piensa	comer: come entender: entiende	vivir: vive pedir: pide

The following verbs have irregular affirmative **tú** command forms.

decir:	**di**	ir:	**ve**	salir:	**sal**	tener:	**ten**
hacer:	**haz**	poner:	**pon**	ser:	**sé**	venir:	**ven**

The negative **tú** command for all verbs is the second person singular of the present subjunctive.

NEGATIVE **tú** COMMANDS		
-ar VERBS	**-er** VERBS	**-ir** VERBS
hablar: no hab**les**	comer: no com**as**	vivir: no viv**as**
pensar: no pien**ses**	entender: no entiend**as**	pedir: no pid**as**
almorzar: no almuer**ces**	hacer: no ha**gas**	salir: no sal**gas**

B. *Vosotros* Commands

The **vosotros/as** affirmative commands for all verbs are formed by replacing the **-r** ending of the infinitive with **-d**.

AFFIRMATIVE **vosotros** COMMANDS		
-ar VERBS	**-er** VERBS	**-ir** VERBS
hablar: habl**ad**	comer: com**ed**	vivir: viv**id**
pensar: pens**ad**	entender: entend**ed**	pedir: ped**id**
almorzar: almorz**ad**	hacer: hac**ed**	salir: sal**id**

Negative **vosotros** commands, like negative **tú** commands, are the corresponding form of the present subjunctive.

NEGATIVE **vosotros** COMMANDS		
-ar VERBS	**-er** VERBS	**-ir** VERBS
hablar: no habl**éis**	comer: no com**áis**	vivir: no viv**áis**
pensar: no pens**éis**	entender: no entend**áis**	pedir: no pid**áis**
almorzar: no almorc**éis**	hacer: no ha**gáis**	salir: no salg**áis**

C. Summary of Direct Command Forms

Remember that, with the exception of affirmative **tú** and affirmative **vosotros** commands, all command forms are the present subjunctive.

COMMAND FORMS OF **hablar**			
PERSON	SUBJUNCTIVE	NEGATIVE COMMANDS	AFFIRMATIVE COMMANDS
tú	hables	no hables	habla
vosotros	habléis	no habléis	hablad
Ud.	hable	no hable	hable
Uds.	hablen	no hablen	hablen

⌐ DE PASO

In modern Spanish, the infinitive is increasingly used to give impersonal commands, for example on signs in public places.

No fumar. *No smoking.*   No entrar. *Do not enter.*

PRACTICA

A. A veces los padres no están de acuerdo sobre lo que debe o no debe hacer un niño. Este niño, por ejemplo, cuando le hace las siguientes preguntas a su mamá, recibe una contestación negativa, pero cuando se las hace a su papá, recibe una contestación positiva. Dé las contestaciones positivas y negativas que recibe, incorporando complementos pronominales cuando sea posible.

MODELO   ¿Puedo mirar *Miami Vice*? → No, no lo mires.
                                    → Sí, míralo.

1. ¿Puedo poner los discos?
2. ¿Puedo lavar el gato?
3. ¿Puedo comer estos chocolates?
4. ¿Necesito hacer la cama?
5. ¿Puedo contarte el chiste que me contó Julito?
6. ¿Puedo beber esta cerveza?
7. ¿Puedo ir al cine?
8. ¿Puedo cortarme el pelo?
9. ¿Puedo salir afuera?
10. ¿Puedo invitar a mi amigo a pasar la noche conmigo?
11. ¿Puedo ponerme mi mejor ropa ahora?
12. ¿Puedo ayudarte?

B. Conteste las siguientes preguntas con mandatos informales.

1. ¿En qué lengua debo hablarle al profesor de español dentro de la clase? ¿y fuera? 2. Si vamos juntos a la universidad, ¿a qué hora vengo a recogerte? ¿a las 9 de la mañana? ¿a las 7? 3. Si el precio no es ningún obstáculo, ¿qué puedo regalarle a mi madre para su cumpleaños? 4. ¿Qué

regalo quieres que te traiga de España? ¿de México? 5. ¿Dónde se puede comer bien y barato aquí en la universidad? 6. ¿Cómo puedo dejar de fumar? 7. ¿A qué hora debo llamarte esta noche si no quiero interrumpirte la cena? 8. ¿Cómo puedo conseguir $100 inmediatamente? 9. ¿Dónde debo dejar mi coche?

C. ◨ **¡Necesito compañero!** ◨ Es posible que el mandato sea la forma verbal que los niños escuchan con más frecuencia. Con su compañero, haga una lista de los mandatos (por lo menos *dos* para cada situación) que los niños oyen con más frecuencia en las siguientes situaciones. Traten de usar tantos verbos diferentes como puedan.

1. en la escuela
2. en una tienda elegante
3. en la iglesia
4. en un restaurante o en una cafetería
5. en un vehículo (coche, tren, autobús, avión, etcétera)

D. Complete las siguientes oraciones de manera original, usando la forma apropiada del mandato familiar.

1. Si quieres ser feliz, _____.
2. Si quieres tener muchos amigos, _____.
3. Si quieres sacar una A en esta clase, _____.
4. Si quieres irte al cielo (*heaven*), _____.
5. Si quieres conocer a personas rarísimas, _____.
6. Si quieres una comida excelente, no _____.
7. Si quieres estudiar con tranquilidad, no _____.
8. Si quieres evitarte problemas románticos, no _____.

E. Explíquele a su amigo Luis—que no habla inglés—cómo se hacen estas cosas. Use las formas apropiadas de los mandatos familiares.

1. dejar y agregar (*to add*) una clase 2. sacar un permiso de conducir 3. encontrar un apartamento 4. sacar un libro de la biblioteca 5. tener buenas notas en su primer semestre aquí 6. usar una lavadora automática 7. usar una tarjeta bancaria electrónica

F. Use las siguientes preguntas como guía para describir lo que pasa en los dibujos a continuación. Exprese el mandato más típico que se usaría (*one would use*) en cada situación. ¡OJO! En cada caso es necesario decidir si el mandato más apropiado es **Ud., Uds.** o **tú**. ¿Puede Ud. expresarlo *de otra manera sin* usar un mandato directo? Recuerde usar todas las estrategias para la comunicación.

- ¿Quiénes son esas personas?
- ¿Dónde están?
- ¿Cuál es el dilema?
- ¿Qué mandato van a usar?
- ¿Cómo se va a resolver el dilema?

1.   2.   3.   4.

1. el sillón, el periódico
2. fumar, el humo, toser (*to cough*)
3. la biblioteca, molestar, hacer ruido
4. el camarero, una cena elegante, una cena informal, pedir

¡OJO!

ponerse–volverse–llegar a ser–hacerse

English *to become* has several equivalents in Spanish. Use **ponerse** to express *to become* to indicate a change in physical or emotional state. **Ponerse** can be followed by an adjective only.

Se puso enfermo.	*He got (became) sick.*
Se van a **poner** furiosos.	*They're going to get angry.*
A veces **me pongo** colorado.	*Sometimes I turn red.*

Volverse also indicates a change in physical or emotional state, and, like **ponerse**, is usually followed by an adjective only. In contrast to **ponerse, volverse** signals a sudden, dramatic change, often irreversible. It is frequently used with natural events to indicate a long-lasting physical change.

Se volvió loco.	*He went (became) crazy.*
En pocas semanas las orugas **se vuelven** mariposas.	*In a few weeks, the caterpillars will turn into butterflies.*
Cuando lo conocí, se **estaba volviendo** sordo.	*When I met him, he was going deaf.*

Llegar a ser is used when *to become* implies *to get to be*, that is, a gradual change over a period of time. It does not imply any particular effort on the part of the subject. It can be followed by either nouns or adjectives.

Llegó a ser un pintor famoso.	*He became a famous painter (in time).*

|Después de muchos años **llegó a ser** rico.|*After many years he became rich.*|

Hacerse is the most versatile of the Spanish equivalents for *to become*. It can be followed by adjectives or nouns. Here are two of its basic uses.

1. With reference to people, **hacerse** implies *becoming through conscious effort.*

|**Se hizo** médico después de muchos sacrificios personales.|*He became a doctor after much personal sacrifice.*|
|**Se hizo** rica trabajando día y noche.|*She became rich by working day and night.*|

2. **Hacerse** can also express *to become* with reference to general situations. **Ponerse** and **volverse** can also be used in this manner, but only with adjectives.

|La situación **se hizo (se puso)** imposible.|*The situation became impossible.*|

cerca–cercano–íntimo–unido

When *close* refers to the physical proximity of people or objects, Spanish **cerca** (adverb), **cerca de** (preposition), or **cercano** (adjective) is used. **Cercano** can also describe the degree of blood relationship between relatives.

Nuestra casa está muy **cerca de** la playa.	*Our house is very close to the beach.*
La ciudad más **cercana** es Albuquerque.	*The closest city is Albuquerque.*
Mi pariente más **cercano** es mi padre.	*My closest relative is my father.*

When *close* describes friendship or emotional ties, **íntimo** is used. **Unido** is used to express the closeness of family ties (but not blood relationship).

|Elena y Mercedes son **íntimas** amigas.|*Elena and Mercedes are close friends.*|
|En contraste con la familia de los Estados Unidos, la familia hispanoamericana está muy **unida**.|*In contrast to the family in the United States, the Latin American family is very close-knit.*|

importar–cuidar

When *to care* has the meaning of *to be interested in*, it is expressed in Spanish by **importar**. This construction works just like **gustar**: the person who is interested is expressed by an indirect object pronoun; the subject of the verb is the item that provokes the interest. This same construction is often equivalent to English *to mind, to matter to.*

¿**Te importa** si abro la ventana?	*Do you care (mind) if I open the window?*
No **les importa** lo que piensan los otros.	*They don't care (It doesn't matter to them) what the others think.*
¿A qué hora salimos? —No **me importa**.	*What time shall we leave? —I don't care. (It doesn't matter.)*
¿**Te importan** las notas?	*Do you care about grades? (Do grades matters to you?)*

To care for *or* to take care of *is expressed with* **cuidar**. *It is often used reflexively.*

La señora Pérez **cuidó** a su madre por muchos años.	*Mrs. Pérez cared for her mother for many years.*
Si no **te cuidas**, te vas a enfermar.	*If you don't take care of yourself, you are going to get sick.*

PRACTICA

A. Dé la palabra española que se corresponde mejor con la palabra *en letras cursivas*. En varios casos, puede haber más de una sola respuesta correcta.

1. The woman *became* a doctor after many years of studying. 2. The tone of the meeting *was becoming* nasty. 3. The child *became* upset after he was scolded. 4. In the play *Sempronio*, an old man *becomes* radioactive. 5. Beethoven *went* deaf during his adulthood. 6. They *got* very ill after eating in the school cafeteria. 7. Perhaps, with the passage of time, things will *get* better. 8. Inés is a very *close* friend of mine. 9. They live very *close* to the ocean. 10. My sister is my *closest* relative. 11. I don't *care* if you work all night—this has to be finished tomorrow! 12. Will you take *care* of my dog while I'm gone? 13. In some societies, the mother *cares* for the children while the father works outside the home. 14. Can we use pencil to write this exam? —I don't think it *matters*. 15. A lot of people really don't *care* what happens in the future.

B. Indique la palabra o frase que mejor complete la oración. ¡OJO! Hay también palabras de los capítulos anteriores.

1. Yo _____ furiosísima cuando alguien no me _____ algo que le he prestado (*lent*). (*get/return*)
2. El joven _____ enfermo _____ su palidez, pero _____ no creo que tenga nada. (*looks/because of/this time*)
3. Pensamos _____ un _____ viaje por Africa; _____ si cuesta mucho dinero. (*to take/short/we don't care*)
4. En _____, la criada (*maid*) _____ los niños cuando su padre no _____ del bosque. (*this story/cares for/returns*)
5. Los padres _____ alarmados _____ sus hijos _____ tanto tiempo en _____ a casa. (*got/because/took/return*)
6. A mis _____ _____ mucho la familia y la amistad. (*close friends/matter*)

7. Después de ____ ____ en un hospital, decidió ____ médica. (*working/ once/to become*)

C. Situaciones y preguntas

1. ¿Quién es su pariente más cercano? ¿Vive Ud. cerca de él o de ella? Si no, ¿lo (la) visita con frecuencia? ¿Tiene Ud. una familia grande? ¿Cree Ud. que las familias grandes están más unidas que las familias pequeñas? ¿Tiene Ud. una familia muy unida? ¿Tiene un amigo íntimo entre sus parientes?

2. ¿Cree Ud. que se ha hecho (*has become*) más difícil ser padre en la actualidad? ¿Es más difícil criar una familia hoy que en el pasado? ¿Por qué sí o por qué no? ¿Cuáles son algunos de los problemas que tienen los padres actuales que no tenían *sus* padres? ¿Cree Ud. que los padres de hoy cuidan más a sus hijos que en el pasado? ¿Qué ventajas puede tener esto?

3. En su opinión, ¿quién de sus compañeros de clase va a llegar a ser famoso? ¿Quién va a llegar a ser rico? ¿abogado? ¿millonario? ¿músico? ¿vagabundo (*bum*)? ¿inventor? En este momento, ¿a sus padres les importan sus planes para el futuro? ¿Están ellos de acuerdo con sus planes?

En la cultura hispana, como en muchas otras, es importante que se mantenga el contacto entre las generaciones. Este abuelo español sale a pasear con su nietecito. ¿Recuerda Ud. actividades que hacía con sus abuelos?

REPASO

A. Complete la historia, dando la forma correcta del verbo. Cuando se dan varias palabras entre paréntesis, escoja la palabra apropiada.

LA NIÑEZ DE MI PADRE

Cuando yo (*hacerse/ponerse*[1]) irritado (*por/porque*[2]) mis problemas y dificultades, mi padre siempre (*contestarme*[3]):

—Hijo mío, tú no (*tener*[4]) ninguna idea de lo que son verdaderos problemas. No (*decir*[5]) tú nada más. Tu vida es facilísima en comparación con la que° (*llevar*[6]) yo cuando (*ser/estar*[7]) más joven. Tus tíos y yo (*tener*[8]) un horario° muy duro, te lo aseguro. Nosotros (*vivir*[9]) en la finca de tus abuelos y (*empezar*: nosotros[10]) el día antes que los pájaros porque (*ser*[11]) necesario (*ayudar*[12]) con todo el trabajo. Cada mañana (*trabajar*: nosotros[13]) desde las cinco hasta las siete. (*Limpiar*[14]) el establo y (*dar*[15]) de comer a los animales. (*Ya que/Porque*[16]) yo (*ser/estar*[17]) el menor,° siempre (*tener*[18]) que ayudar a tu abuela con el desayuno. Y después todas las mañanas tus tíos y yo (*caminar*[19]) diez millas hasta la escuela....

Cada vez que mi padre (*contar*[20]) la historia, el número de millas (*hacerse*[21]) más grande.

...porque no (*haber*[22]) autobuses como el que° Uds. (*tener*[23]) ahora. La escuela (*ser/estar*[24]) pequeña y el maestro (*ser/estar*[25]) un hombre (*que/quien*[26]) creía firmemente en el valor del trabajo duro. Hace cuarenta años que (*pasar*[27]) todo esto y todavía hoy lo (*recordar*: yo[28]) perfectamente. (*Recitar*: nosotros[29]) los números y las conjugaciones verbales. (*Aprender*[30]) de memoria las tablas de multiplicación—¡no (*contar*[31]) con° esas bonitas máquinas que (*usar*[32]) Uds. hoy en día! Y cada noche el maestro (*darnos*[33]) montones de trabajo. Y si uno no (*hacerlo*[34]), ¡pobre diablo! Lo (*pagar*[35]) al día siguiente cuando el maestro (*pegarle*[36]) delante de todos con un gran palo° que (*guardar*[37]) especialmente para estas ocasiones. No, hijo mío, no (*venirme*: tú[38]) con quejas.° Te recomiendo que (*leer*[39]) un libro de historia. ¡Uds. hoy lo (*pasar*[40]) muy bien!

la... that which

schedule

youngest

el... the one that

contar con: to have access to

stick

complaints

B. ▢ **¡Necesito compañero!** ▢ Con un compañero de clase, haga preguntas con el subjuntivo para averiguar qué tipo de padre será (*will be*) en el futuro. Haga otras preguntas para explicar en más detalle las respuestas de «depende».

¿Vas a permitir que tus hijos... ?

1. fumarse (*to cut*) las clases	Sí	No	Depende
2. usar las drogas alucinógenas	Sí	No	Depende
3. ver mucho la televisión	Sí	No	Depende
4. tener más libertad de la que tú tenías a su edad	Sí	No	Depende
5. pelearse entre sí	Sí	No	Depende
6. vivir en casa después de los 21 años	Sí	No	Depende
7. llevar la ropa que quieran	Sí	No	Depende

¿Vas a insistir en que tus hijos... ?

1. asistir a la universidad	Sí	No	Depende
2. respetar a sus mayores	Sí	No	Depende
3. trabajar desde la adolescencia	Sí	No	Depende
4. pagar sus propias cuentas	Sí	No	Depende
5. ayudar en casa	Sí	No	Depende
6. tener buenos modales (*manners*)	Sí	No	Depende
7. cuidar a sus hermanos menores	Sí	No	Depende
8. aprender otra lengua	Sí	No	Depende

CAPITULO CINCO

BOGOTA, COLOMBIA

GEOGRAFIA, DEMOGRAFIA, TECNOLOGIA

La geografía influye mucho en el estilo y en el nivel de vida de los habitantes de un lugar. En las ciudades, los sistemas de transporte público son mejores que los de las regiones rurales. También, los sistemas de comunicación (el teléfono, la televisión) están más avanzados en las ciudades que en las regiones rurales. En su opinión, ¿cuáles de las personas que se nombran a continuación van a preferir vivir en la ciudad? ¿en una región rural? ¿en ambos lugares? ¿Por qué?

1. un labrador (*farmer*)
2. un aficionado al cine
3. un adolescente
4. un matrimonio jubilado (*retired*)
5. un veterinario
6. un periodista
7. una muchacha de 8 años
8. un científico
9. un deportista
10. un cirujano cardiólogo

¿Dónde prefiere vivir Ud., en una ciudad grande o en el campo? ¿Qué aspectos de la vida le agradan (gustan) más? ¿Cuáles le desagradan? ¿Por qué?

PRIMER PASO

Vocabulario para conversar

la **alfabetización** *literacy*
el **ambiente** *environment*
el **analfabetismo** *illiteracy*
   analfabeto *illiterate*
el **arquitecto** *architect*
la **computadora*** *computer;*
   calculator
   desnutrido *undernourished*
la **despoblación rural**
   movement away from the
   land
   diseñar *to design*
   el **diseño** *design*
el **edificio** *building*
   en vías de desarrollo
   developing

el **hambre** *hunger*
la **informática** *computer*
   science
   instruido† *well educated*
la **modernización**
   modernization
   plantear *to plant, present*
   (a problem)
la **población** *population*
la **pobreza** *poverty*
el **porvenir** *future*
   programar *to program (a*
   computer)
   la **programación**
   computer programming
los **recursos** *resources*

resolver (ue) *to solve,*
   resolve
la **sobrepoblación**
   overpopulation
la **tecnología** *technology*
   tener en cuenta *to take into*
   account; to keep in mind
   urbanizar *to urbanize*
   el **urbanismo** *urban*
   development; city planning
   la **urbanización** *migration*
   into the cities; subdivision
   or residential area
la **vivienda** *housing*

LA VIVIENDA

   alquilar *to rent*
   el **alquiler** *rent*
la **calefacción** *heating*
el **dueño** *owner, landlord*

la **electricidad** *electricity*
la **fontanería** *plumbing*
el **gas** *gas*

el **inquilino** *renter, tenant*
la **luz** *light; electricity*
el **vecino** *neighbor*

Practiquemos

A. Busque antónimos en la lista del vocabulario.

   1. la riqueza
   2. olvidarse de

   3. el analfabetismo
   4. el pasado

   5. resolver

B. ¿Qué palabra de la lista del vocabulario completa cada serie? ¿Por qué?

   1. el sueño, la sed, el miedo, _____
   2. el dibujo, el plan, la creación, _____
   3. la biblioteca, la casa, la construcción, _____
   4. Apple, IBM, Commodore, _____
   5. la casa, el apartamento, el condominio, _____
   6. la calefacción, la electricidad, el gas, _____

---

*In Latin America, both **el computador** and **la computadora** are frequently used for *computer*. In Spain
el ordenador is used.

†Remember that the word **educado** means *educated* in the sense of well-mannered.

C.   ¿Son exactas o inexactas las siguientes afirmaciones? Explique.

1. Carlos tiene 4 años. No sabe leer ni escribir. Es analfabeto. 2. Una persona desnutrida no come mucho. 3. Pilar acaba de graduarse en la escuela secundaria. Es muy inteligente. Es una persona instruida. 4. Un país en vías de desarrollo es muy pobre; no tiene muchos recursos económicos. 5. El alquiler es el dinero que pagas cada mes.

D.   ¿Qué relación existe entre los siguientes pares de palabras?

1. programar/computador
2. el arquitecto/el edificio
3. el alquiler/el dueño
4. el urbanismo/el ambiente
5. los vecinos/la urbanización
6. el inquilino/el dueño
7. la despoblación rural/la urbanización
8. la fontanería/el dueño

E.   ¿Qué asocia Ud. con cada una de las siguientes palabras?

1. la modernización
2. la tecnología
3. el ambiente
4. la informática

Conversemos

A.   En el dibujo A, ¿qué tipo de diseño le muestra el arquitecto al político? ¿Qué problemas piensan resolver? ¿Qué quiere el político? ¿Por qué sugiere eso?

B.   ¿Quiénes son las personas que se ven en el dibujo B? ¿En qué piensa la mujer? Para ella, ¿cómo es la vivienda ideal? ¿Qué necesidades tienen ella y su familia?

C.   ¿Qué cambio se observa en el dibujo C? ¿Están todos contentos en el nuevo edificio? Explique. ¿En qué son diferentes la nueva casa y la casa ideal de la mujer?

D.   ¿Qué hace el arquitecto en el dibujo D? ¿Cree Ud. que su nuevo diseño va a ser mejor que el primero? ¿Por qué opina Ud. eso? ¿Qué información debe tener en cuenta el arquitecto para mejorar su diseño?

E.   ¿Cree Ud. que el ambiente en que se vive afecta mucho a las personas? ¿En qué sentido? ¿Nos afecta la arquitectura? ¿Cómo reacciona Ud. en los siguientes lugares?

1. un cuarto sin ventanas 2. un lugar donde todos los muebles son de metal, vidrio (*glass*) o plástico 3. un lugar donde todos los muebles son de madera 4. un cuarto pintado de rojo (amarillo, azul, blanco)

F.   ¿Vive Ud. en una zona de los Estados Unidos donde la sobrepoblación es un problema? ¿En qué lugares es un problema la despoblación rural? ¿Cuáles son algunos de los factores que explican estas migraciones?

G. ¿Cree Ud. que la modernización siempre ayuda a resolver los problemas? Por ejemplo, ¿puede eliminar el problema de la pobreza? En general, ¿cree Ud. que la tecnología mejora la vida? ¿Cree Ud. que tenemos control sobre la tecnología o que la tecnología nos controla a nosotros? ¿Puede Ud. identificar un ejemplo de un punto de vista pesimista y otro optimista con respecto a esta cuestión en la televisión o el cine actual? ¿en la literatura?

H. Imagine que el rector (*president*) de la universidad le pide sugerencias para mejorar el aspecto físico de la universidad. ¿Qué le recomienda Ud.? Y si el dueño de su apartamento (casa, residencia) quiere mejorarlo, ¿qué le sugiere?

GRAMATICA

26. REVIEW OF *QUE* AND *QUIEN*

Remember that complex sentences are frequently formed in Spanish with the relative pronouns **que** and **quien** (Section 21). The second occurrence of the noun is replaced by a relative pronoun at the point where the two simple sentences are joined.

David compró **el disfraz. El disfraz** estaba en la tienda.	David compró **el disfraz que** estaba en la tienda.
No conocen **al hombre.** Hablabas **del hombre**.	No conocen **al hombre de quien** hablabas.

Remember that English *that/which/who* are generally expressed in Spanish by **que**.

Hay muchos problemas **que** la tecnología ayuda a resolver.
Son problemas de **que** todos estamos conscientes.
Todos los arquitectos **que** colaboraron en el diseño recibieron un premio.

Quien *may* be used after a comma (nonrestrictive clause) and *must* be used after a preposition to express *who/whom*.

Los programadores, **que** (**quienes**) trabajaron todo el fin de semana, por fin pudieron resolver el problema.
¡Ese es el actor de **quien** hablábamos!

PRACTICA

A. Complete las siguientes oraciones con **que** o **quien(es)** según el contexto. A veces puede haber más de una respuesta correcta.

1. Los jóvenes _que_ acaban de entrar son mis vecinos.
→ 2. ¿Cuáles son los recursos a ~~cuales~~ te refieres? _que_
3. El dueño es un individuo _que_ posee algunos recursos.
4. Mis bisabuelos, ~~quien~~ llegaron a este país en 1920, vinieron de Italia. _or que_
→ 5. Las personas para _que_ se construyeron estos apartamentos merecen (*deserve*) mucho más.
6. Esa no es la manera en _que_ Ud. debe hablarme.

B. Junte las dos oraciones con **que** o **quien(es)** según el contexto. ¡OJO! Cuidado con la colocación (*placement*) de la preposición.

1. María Luisa es una persona. Es muy difícil trabajar con ella.   2. El hambre y la desnutrición son problemas graves. Encontramos estos problemas en casi todas partes del mundo.   3. El apartamento es muy pequeño. Comparto el apartamento con otras dos personas.   4. Tus ideas no son muy prácticas. Tus ideas me parecen muy interesantes.   5. ¿Es ese el libro? Me hablaste del libro.

27. MORE RELATIVE PRONOUNS

A. *Que* and *cual* Forms: Referring to People and Things in a More Formal Way

The simple relative pronouns **que** and **quien** are preferred in speaking in most parts of the Hispanic world. But after a preposition and after a comma, English *that/which/who* can also be expressed by compound forms, which are preferred in writing and in more formal situations by many native speakers.*

	TO REFER TO	
	people	*things*
	AFTER A PREPOSITION	
informal: quien que	Llegó el arquitecto **con quien** trabajamos el año pasado. Ellos son personas **en quienes** confiamos totalmente.	¿Cuáles son los recursos **con que** podemos contar? Es una casa **en que** se encuentran muchos ejemplos del diseño moderno.

---

*Since the **que** and **cual** forms are more frequently used in writing and in formal situations (unlike the classroom atmosphere in the United States), the majority of practice with them in the *Pasajes* series is in the *Cuaderno*.

formal: el/la que los/las que el/la cual los/las cuales	Llegó el arquitecto **con el que** (**con el cual**) trabajamos el año pasado. Ellos son personas **en las que** (**en las cuales**) confiamos totalmente.	¿Cuáles son los recursos **con los que** (**con los cuales**) podemos contar? Es una casa **en la que** (**en la cual**) se encuentran muchos ejemplos del diseño moderno.
	AFTER A COMMA	
informal: quien que	Van a mandar la comida a los pobres, **quienes** (**que**) la necesitan más. El inquilino, **quien** (**que**) actualmente paga la mayoría de las reparaciones, se beneficia del programa.	Los problemas, **que** se plantearon ayer, fueron discutidos por todos. La informática, **que** parece ser un campo dinámico, atrae a más estudiantes cada año.
formal: el/la que los/las que el/la cual los/las cuales	Van a mandar la comida a los pobres, **los que** (**los cuales**) la necesitan más. El inquilino, **el que** (**el cual**) actualmente paga la mayoría de las reparaciones, se beneficia del programa.	Los problemas, **los que** (**los cuales**) se plantearon ayer, fueron discutidos por todos. La informática, **la que** (**la cual**) parece ser un campo dinámico, atrae a más estudiantes cada año.

As the preceding examples show, the compound relatives, or "long forms," can refer to both people and things. Through the definite article they show gender and number agreement with the noun to which they refer.

¡OJO! Like the relative pronoun **quien(es)**, the long forms can occur only after a preposition or a comma. When there is no preposition or no comma, only **que** can be used.

B. Choosing Between *que* and *cual* Forms

In many cases, **que** and **cual** forms are interchangeable; choosing between them is, to some extent, a matter of personal preference (like the choice between *that* and *which* in many contexts in English). However, there are contexts where one or the other is necessary or preferred. The following are some general tendencies in Spanish.

1. After the short prepositions **a, de, en,** and **con,** either the **que** or the **cual** forms can be used, but the **que** forms are more frequent.

Los problemas **de los que** (**de los cuales**) nos hablaron son realmente graves.	*The problems (**that**) they spoke to us about are really serious.*
Conoció a los arquitectos **con los que** (**con los cuales**) su hija iba a trabajar.	*She met the architects **with whom** her daughter was going to work.*

2. After prepositions of more than one syllable (**cerca de, durante**, and so on), the **cual** forms are preferred. Use of the **que** forms is infrequent in this context.

Este es un asunto **sobre el cual** no es posible llegar a un compromiso.	*This is a matter **on which** no compromise is possible.*
Allí hay unas casas **al lado de las cuales** querían construir una carretera.	*Over there are some houses **next to which** they wanted to build a highway.*

3. So that there is no confusion with the conjunctions **porque, para que**, and **sin que**, the **cual** forms also appear after the short prepositions **por, para**, and **sin**. **Quien(es)** can also be used to refer to people.

El diseñador destruyó el plan, **sin el cual** no podemos continuar.	*The designer destroyed the plan, **without which** we cannot continue.*
El arquitecto habló con el ingeniero **para el cual** (**quien**) trabajamos.	*The architect spoke with the engineer **for whom** we work.*

PRACTICA

¿Cómo se pueden cambiar las siguientes oraciones para darles un tono más formal?

1. Todas las personas *con quienes* trabajamos estudiaron en la universidad.
2. La desnutrición, *que* afecta gran parte de la población, es el resultado de la sequía (*drought*) de los últimos años.
3. ¿Cómo es el programa de alfabetización *de que* me hablaste?
4. El señor Gutiérrez, *quien* es el dueño de la fábrica (*factory*), piensa modernizarla.
5. ¿Cuáles serán (*might be*) los cambios en *que* piensa?

C.   *Cuyo*

The relative pronoun **cuyo** (**cuya/cuyos/cuyas**) expresses noninterrogative *whose*. It functions as an adjective, agreeing with the thing possessed rather

than with the possessor. Remember that interrogative *whose* is expressed by
¿de quién?

> Los analfabetos, **cuya** opinión es importante, también están contentos con el programa.
>
> *The illiterates, **whose** opinion is important, are also pleased with the program.*
>
> La casa, **cuyo** diseño estoy preparando ahora, será muy moderna.
>
> *The house, **whose** design I am preparing now, will be very modern.*
>
> **¿De quién** es este libro?
>
> ***Whose** book is this?*

D. Other Uses of the *que* Forms

The **que** forms can also express *he who, she who, those who,* or *the ones who.* As such, they function as subjects or as predicate nominatives in a main clause, rather than as relative pronouns.

> **El que** habla mucho poco dice.
>
> *One (He) who talks a lot says little.*
>
> Ellas son **las que** lo compraron.
>
> *They are the ones who bought it.*

Lo que can also be used as a subject, predicate nominative, or direct object. As such, it expresses *that which* or noninterrogative *what.* Remember that interrogative *what* is expressed by **¿qué?, ¿cuál?,** or **¿cómo?**

> **Lo que** Ud. dice es verdad.
>
> *What you say is true.*
>
> Es **lo que** ella me escribió.
>
> *It's what she wrote me.*
>
> **¿Qué** es esto? **¿Cuál** es la capital?
>
> *What is this? What is the capital?*
>
> **¿Cómo?** No entiendo **lo que** Uds. dicen.
>
> *What? I don't understand what you're saying.*

PRACTICA

A. En cada oración a continuación se dan tres posibles respuestas. *Dos* de las respuestas son gramaticalmente aceptables. ¿Cuál de las tres respuestas *no* es aceptable? ¿Por qué no?

1. Los residentes en (*cual, quienes, los que*) pensabas viven ahora en otra urbanización.
2. Van a hablar con los dueños, (*que, quienes, lo que*) pasan la mayor parte del año en la Florida.
3. Los niños para (*que, quienes, los cuales*) habías traído los regalos ya estaban dormidos cuando llegaste.
4. Estos edificios, (*que, lo que, los cuales*) representan billones de dólares en trabajo y materiales, fueron construidos en menos de dos años.
5. El Kitty Hawk es el avión en (*que, el que, cual*) los hermanos Wright hicieron su famoso vuelo, ¿verdad?

B. Junte las oraciones, omitiendo la repetición innecesaria. Acuérdese de colocar las preposiciones delante de los pronombres relativos. En todos los casos, hay más de una manera de juntar las oraciones.

MODELOS   Ese hombre es un famoso filántropo. Recibieron un regalo de ese hombre. →

Ese hombre de quien recibieron un regalo es un famoso filántropo.

Recibieron un regalo de ese hombre que es un famoso filántropo.

Recibieron un regalo de ese hombre, quien es un famoso filántropo.

1. Esa es la señora bogotana. Dimos una fiesta para esa señora bogotana.
2. Vamos a visitar a mis amigos neoyorquinos. El ingeniero vive al lado de mis amigos neoyorquinos.
3. La alfabetización de toda la población adulta es un proyecto enorme. La alfabetización de toda la población adulta va a requerir millones de dólares.
4. No tuvieron en cuenta las ideas. Les hablamos de las ideas ayer.
5. Carlos estudia arquitectura. Las hermanas de Carlos son programadoras.
6. Cuando urbanizaron esta área tuvieron que destruir varios árboles muy viejos. Esto no les gustó a los naturalistas.
7. El inventor se llamaba Alexander Graham Bell. Inventó el teléfono.

C. ¿Cómo se puede distinguir entre los elementos de los siguientes pares? Explíquelo brevemente, usando el pronombre relativo apropiado.

MODELO   Empire State Building / Sears Tower →
El Empire State Building es el que está en Nueva York. El que está en Chicago es el Sears Tower.

1. Larry Hagman / John Forsythe
2. la manzana / la naranja
3. el Día de los Difuntos / Halloween
4. la palabra «ordenador» / la palabra «computadora»
5. John Wilkes Booth / Lee Harvey Oswald
6. los dueños / los inquilinos
7. una persona instruida / una persona educada

D. Defina las siguientes palabras y frases en español. Cuidado con los pronombres relativos.

1. un huérfano
2. un compañero de cuarto
3. una mochila (*backpack*)
4. una pluma, un lápiz y un bolígrafo
5. una cartera (*wallet*)
6. un arquitecto

E. ◻¡Necesito compañero! ◻   ¿Qué (no) le gustaría a Ud. (*would you* [*not*] *like*) en el futuro? Con un compañero, haga y conteste preguntas para averiguar sus preferencias, y la razón de ellas. Luego comparta con la clase lo que ha aprendido. Cuidado con las formas de los pronombres relativos.

MODELO persona / hablar con →
¿Quién es la persona con quien te gustaría hablar algún día?
—El presidente es la persona con quien me gustaría hablar, porque quiero hacerle algunas sugerencias.

1. compañía / trabajar para
2. lugar / hacer un viaje a
3. problema / resolver
4. película / ver
5. persona / hablar con
6. libro / leer

7. persona / conocer
8. lugar / vivir en
9. lugar / *no* vivir en
10. invento / vivir sin
11. invento / *no* vivir sin
12. persona / salir con

28. POSITIVE, NEGATIVE, AND INDEFINITE EXPRESSIONS

POSITIVE		NEGATIVE	
algo	*something*	nada	*nothing*
alguien	*someone*	nadie	*no one*
algún (alguno/a/os/as)	*some*	ningún (ninguno/a/os/as)	*none*
también	*also*	tampoco	*neither*
siempre	*always*	nunca, jamás	*never* strong NO
a veces	*sometimes*	ni	*nor*
o	*or*	ni... ni	*neither . . . nor*
o... o	*either . . . or*	ni siquiera	*not even*
aun	*even*	ya no	*no longer*
todavía	*still*	todavía no	*not yet*
		apenas	*hardly*

A. Patterns for Expressing Negation

Negation is expressed in Spanish with one of two patterns.

1. **no** + *verb*
   no + *verb* + *negative word*

   No trabajaron.
   No hicieron nada.

2. *negative word* + *verb*
   negative word + *verb* + *negative word*

   Nadie viene.
   Yo tampoco veo a nadie.

There must *always* be a negative before the verb: either **no** or another negative word such as **nadie** or **tampoco**. Additional negative words may follow the verb. Unlike English, Spanish can have two or more negative words in a single sentence and maintain a negative meaning. Once a negative is placed before the verb, all indefinite words that follow the verb must also be negative.

No vi a nadie. *I didn't see anyone.*
Nunca hace nada por nadie. *He doesn't ever do anything for anyone.*

B.   Use of *alguno/ninguno* and *alguien/nadie*

1. **Alguno/ninguno** mean *someone/no one* from a particular group; **alguien/ nadie** express *someone/no one* without reference to a group.

   Alguien/Nadie llama a la puerta. *Someone/No one is knocking at the door.*
   Hay tres niños en casa. **Alguno** (de ellos)/**Ninguno** (de ellos) va a abrir la puerta. *There are three children at home. Someone/None of them will open the door.*

2. **Alguno/ninguno** and **alguien/nadie** must be preceded by the object marker **a** when they function as direct objects.

   Veo a alguien en el pasillo. *I see someone in the hall.*
   No conozco a ninguno. *I don't know any of them.*

3. As adjectives, **alguno/ninguno** agree in number and gender with the nouns they modify. They shorten to **algún/ningún** before masculine singular nouns.

   Hay algunos chicos de España en esa clase. *There are some guys from Spain in that class.*
   No tengo ningún amigo. *I don't have any friends.*

   ¡OJO! Spanish **no** cannot be used as an adjective: *no child* = **ningún niño**, *no person* = **ninguna persona**, and so on.

4. As an adjective, the plural form of **ninguno** is rarely used. The singular is preferred.* As a pronoun, **ninguno** should always be used in the singular.

   ¿Tienes **algunas clases** de programación este semestre? *Do you have any programming classes this term?*
   ADJECTIVE   —No, no tengo **ninguna clase** de programación este semestre. *—No, I don't have any programming classes this term.*

---

*However, if the Spanish noun always occurs in the plural form, the negative adjective will also be plural: **ningunos pantalones** (*no pants*), **ningunas tijeras** (*no scissors*), and so on.

PRONOUN —No, no tengo **ninguna** este semestre. —*No, I don't have any this term.*

C. Use of Other Positive, Negative, and Indefinite Expressions

1. When two subjects are joined by **o... o** or **ni... ni**, the verb may be either singular or plural. Spanish speakers tend to make the verb plural when the subject precedes the verb and singular when the subject follows.

Ni mi padre ni mi madre me visitan.
No me visita ni mi padre ni mi madre. } *Neither my father nor my mother visits me.*

2. **Algo/nada** can be used as adverbs to modify adjectives.

Pues, sí, es algo interesante. *Well, yes, it's somewhat interesting.*

No, no es nada interesante. *No, it isn't interesting at all.*

3. English *more than* (*anything, ever, anyone*) is expressed with negatives in Spanish: **más que** (**nada, nunca, nadie**).

Más que nada, me gusta leer. *More than anything, I like to read.*

PRACTICA

A. Su amigo Mario Contrario siempre hace el papel de abogado del diablo (*devil's advocate*). Todo lo negativo lo cambia en positivo; todo lo positivo lo cambia en negativo. ¿Qué dice Mario cuando oye las siguientes oraciones?

MODELO Hoy es un día para hacer algo bueno. →
    MARIO: Hoy no es un día para hacer nada bueno.

1. Angela tiene algo que hacer. 2. No quiero hacer nada hoy. 3. No hay nadie en la fábrica. 4. Algunos artículos lo demuestran. 5. Nunca veo a mis amigos de la escuela secundaria. 6. Hay alguien allí. 7. Su libro es algo grande. 8. Aun los hombres quieren hacerlo. 9. El vio algunas películas y yo también. 10. Todavía vivo en el campo con mis padres. 11. Nadie habló, ni siquiera don Carlos. 12. O el dueño o el inquilino debe repararlo. 13. Algunos de ellos lo tienen en cuenta.

B. Exprese las siguientes oraciones en español, utilizando dos maneras según el modelo.

MODELOS No one is coming tomorrow. → Nadie viene mañana.
    No viene nadie mañana.

1. Neither modernization nor technology is the answer.   2. No one wants you to go.   3. The old people don't live here either.   4. Not even the architect solved the problem.   5. None of them takes any of his ideas into account.   6. No house is perfect.

C. Siempre hay opiniones pesimistas y también optimistas sobre cualquier tema. ¿Qué diría (*would say*) el pesimista con respecto a los siguientes temas? ¿Qué diría el optimista? Trate de usar diferentes expresiones positivas/negativas en cada oración.

> MODELO   el hambre en el mundo →
>> EL PESIMISTA: Nunca vamos a resolver el problema del hambre.
>> EL OPTIMISTA: No, algún día vamos a encontrar una solución.

1. el agotamiento (*using up*) de los recursos naturales   2. la energía nuclear   3. la ciencia moderna   4. la pobreza   5. la tecnología y la industrialización

D. Situaciones y preguntas

1. ¿Cree Ud. que el ambiente y el clima tienen algún efecto en la conducta humana? ¿en nuestros sentimientos? ¿Tienen algún efecto las estrellas en el hombre? ¿Lee Ud. siempre la sección del horóscopo en el periódico? ¿Por qué sí o por qué no? ¿Puede alguien realmente predecirnos el porvenir?

2. ¿Cree Ud. que va a visitar la luna algún día? ¿Tiene algún interés en explorar el espacio? ¿en colonizar algún planeta? ¿en comunicarse con algún habitante de otro mundo? ¿Cómo se imagina Ud. a un marciano? ¿A cuántos marcianos conoce Ud.? ¿A Ud. le gustan las novelas o películas de ciencia ficción? ¿Cree Ud. que éstas tienen alguna función educativa? Explique.

3. ¿Tiene Ud. una computadora personal? ¿Cuánto tiempo hace que la tiene? ¿Para qué la compró? ¿Cree Ud. que la computadora es importante para tener éxito en los estudios universitarios? ¿Por qué sí o por qué no? En su opinión, ¿es posible que la computadora pronto reemplace a la máquina de escribir? ¿Por qué sí o por qué no? ¿Qué entiende Ud. por *computer literacy*? ¿Piensa Ud. que las universidades deben exigir de todos los estudiantes cursos en *computer literacy* como requisito para la graduación? ¿Cree Ud. que en el año 2000 la programación será un factor imprescindible para conseguir un trabajo?

4. Muchos dichos (*sayings*) ingleses y españoles contienen palabras negativas. Exprese los dichos españoles en inglés y luego explique—¡en español!—el significado de cada uno.
   a. Nunca se debe decir «nunca».
   b. Ningún hombre es una isla.
   c. Más vale tarde que nunca.
   d. No dejes para mañana lo que puedas hacer hoy.
   e. No es oro todo lo que brilla.
   f. Perro que ladra (*barks*) no muerde.

g. En boca cerrada no entran moscas.
h. No hay rosa sin espinas (*thorns*).
i. El hábito no hace al monje.

E.   ◫ **¡Necesito compañero!** ◫   Con un compañero de clase, hagan el papel de urbanistas (*city planners*) que están a cargo del diseño de la perfecta ciudad del futuro. Recuerden que pueden incorporar todos los avances de la tecnología moderna. ¿Cómo va a ser la ciudad? Descríbanla completando estas oraciones.

1. Algunos ____. Nadie ____.
2. La gente siempre ____. Nunca ____.
3. Todavía ____ pero ya no ____.
4. Hay algunos ____ pero ya no hay ningún ____.
5. ____ es todavía un problema serio pero ____ no lo es.

F.   ◫ **¡Necesito compañero!** ◫   Muchas personas creen que sería (*it would be*) mucho mejor dejar la ciudad y el mundo tecnológico para volver al campo a una vida más simple y «natural». Ud. y su compañero deciden hacerlo. Sólo pueden llevar *un* aparato moderno. ¿Cuál de los siguientes aparatos van a llevar con Uds.? ¿Por qué es necesario?

una radio
un televisor
un coche
una máquina de escribir
una computadora
un refrigerador

un aparato para calentar el agua
una lámpara
un aire acondicionado
una lavadora
¿otro aparato?

29. USES OF THE SUBJUNCTIVE: CERTAINTY VERSUS DOUBT

Certainty versus doubt is another of the main clause characteristics that determine the use of indicative or subjunctive in the subordinate clause. The subjunctive is generally used when the speaker wishes to describe something about which he or she has no knowledge or certainty. In contrast, the indicative is used to describe something about which the speaker is knowledgeable or certain, something considered objective reality.

Note the use of the indicative and subjunctive to express certainty and doubt in the following paragraphs.

Parece que el futuro se presenta conflictivo para las nuevas generaciones. Frente a la tecnología que avanza y la modernización que llega a más personas, siguen existiendo° problemas que no se han podido resolver: el analfabetismo, el desempleo, el hambre, la despoblación rural son hoy todavía una realidad.

siguen... continue to exist

Es dudoso que los planes del gobierno eliminen totalmente el analfabetismo ya que muchos jóvenes abandonan la escuela para buscar trabajo: es difícil pensar en los estudios cuando uno tiene hambre. Es posible que el progreso tecnológico resulte en un crecimiento de la industria y que esto proporcione° muchos trabajos nuevos. Al mismo tiempo es probable que esta misma tecnología disminuya el número de empleados no cualificados° que se necesitan. No hay duda que el joven que abandona la escuela para buscar trabajo luego puede encontrarse en una situación aún más precaria.

ofrezca, dé

no... unskilled

Es cierto que hay agencias que estudian formas de resolver estos problemas, pero no creo que la solución esté cerca. ¿Qué recomienda Ud.?

CERTAINTY: INDICATIVE	UNCERTAINTY: SUBJUNCTIVE
Parece que el futuro se presenta...	**Es dudoso** que los planes del gobierno eliminen...
No hay duda que el joven que abandona la escuela para buscar trabajo luego puede...	**Es posible** que el progreso tecnológico resulte... y que esto proporcione...
Es cierto que hay...	Al mismo tiempo **es probable** que esta misma tecnología disminuya...
	...**no creo** que la solución esté...

Some impersonal Spanish expressions consistently introduce the subjunctive, even when their English equivalent indicates a greater degree of certainty. In Spanish, probability and improbability and possibility and impossibility are always considered degrees of uncertainty with impersonal expressions, and therefore they always introduce the subjunctive.

CERTAINTY: INDICATIVE		UNCERTAINTY: SUBJUNCTIVE	
Es seguro que		(No) Es (im)posible que	
Es cierto que		(No) Es (im)probable que	
Es verdad que	viene.	(No) Puede ser que	venga.
Es obvio que		No es seguro que	
Es evidente que		No es cierto que	
		Es dudoso que	

PRACTICA

A. ¿Demuestran seguridad o falta de seguridad las siguientes oraciones?

1. Es evidente que a él no le gusta el cambio. 2. No estamos seguros de que aspire a ser arquitecto. 3. Vemos que Uds. tienen muchos diseños. 4. No creo que participen en la manifestación. 5. Existe la posibilidad de que haya más igualdad en el futuro.

B. Dé la forma correcta del verbo, según el contexto.

1. Es importante que ellos _____ los planes. (traer)
2. Es verdad que Ud. _____ muy bien el piano. (tocar)
3. Todos creen que la tecnología _____ buena. (ser)
4. Es posible _____ a tiempo si empezamos ahora. (terminar)
5. No dudo que Ud. _____ el problema. (tener en cuenta)
6. Es probable que el viejo _____ durante la noche. No creo que _____ resistir hasta la mañana. (morir, poder)
7. Sí, saben que tú _____ desde las 7 de la mañana. (trabajar)
8. Es preciso que Uds. _____ el asunto. (resolver)
9. Espero que tú me _____ lo que necesito. (dar)
10. Puede ser que los analfabetas _____ más contentos así. (estar)
11. No creo que ellos _____ usar la computadora. (saber)
12. Ojalá _____ yo unos consejos buenos. (recibir)

C. ¿Qué opina Ud.? Usando una de las expresiones a continuación, reaccione a cada una de las siguientes afirmaciones. Luego justifique su respuesta brevemente. ¡OJO! En algunos casos será necesario poner el verbo en el subjuntivo.

Es (im)posible	Es verdad
Es (im)probable	Es cierto
No creo	Sé
Dudo	Estoy seguro
Espero	Creo

1. Vamos a tener colonias en la luna en el año 2000. 2. Se puede eliminar el hambre en el mundo. 3. Las computadoras ayudan a los jóvenes a aprender mejor. 4. Es más importante proteger (to protect) los recursos naturales que aprovecharse de (to take advantage of) ellos. 5. Los países desarrollados deben ayudar a los países en vías de desarrollo. 6. La industrialización trae graves problemas sociales. 7. Los científicos no son responsables de los usos de sus invenciones. 8. Vivimos mejor ahora que hace 50 años. 9. Se vive mejor en el campo que en la ciudad. 10. Hay una conexión entre el analfabetismo y la televisión.

D. Usando las siguientes preguntas como guía, describa lo que pasa en los dibujos a continuación. Cuidado con el uso del subjuntivo.

- ¿Quiénes son esas personas?
- ¿Dónde están?

- ¿Cuál es la situación?
- ¿Cuál es su reacción?

1.   2.   3.   4.

1. el vendedor, la cafetera (*coffee maker*), la batidora (*beater*), la máquina para hacer palomitas (*popcorn popper*), amasar (*to knead*), la máquina de moler (*grinder*)
2. volar (ue) (*to fly*), la cometa (*kite*), el motor
3. el policía, ponerle una multa (*to fine*), estacionar (*to park*)
4. los juguetes, la pelota de fútbol, la muñeca (*doll*)

E. ◧**¡Necesito compañero!** ◧ Con un compañero de clase, comente las siguientes oraciones. Uno debe leer una oración; el otro debe reaccionar, usando una de las expresiones a continuación. Justifiquen las respuestas en cada caso. ¡OJO! No siempre es necesario usar el subjuntivo.

Creo	Dudo
Es cierto	Es importante

1. Muchos vicios de la civilización moderna se originan en las ciudades. 2. Es más fácil y mejor criar a los niños en el campo. 3. La tecnología es un aspecto positivo de la vida moderna. 4. Lo rural va desapareciendo. En el futuro, no va a haber más zonas rurales. 5. El hambre es el peor crimen del siglo XX. No se debe tolerar. 6. Es necesario aprender la lengua de un país para conocer su cultura. 7. Es más fácil aprender una segunda lengua que conocer una nueva cultura. 8. En el mundo de hoy, el ordenador tiene más importancia que el televisor.

30. USES OF THE SUBJUNCTIVE: EMOTION

The subjunctive is used in subordinate clauses that follow the expression of an emotion or the expression of a subjective evaluation or judgment.

Siento mucho que la vivienda sea tan cara.	*I am very sorry that housing is so expensive.*

Me pone triste que haya tanta
   hambre en el mundo.
Estoy contento que puedan
   hacerlo.

It makes me very sad that there is
   so much hunger in the world.
I am happy that they can do it.

Impersonal expressions that describe <u>emotional responses</u> to reality or a subjective commentary on it are also followed by the subjunctive in subordinate clauses.

opinion

¡Qué lástima que piensen
   destruir ese edificio!

What a shame that they are
   planning to destroy that
   building!

Es bueno que investiguemos las
   causas del problema.
Es escandaloso que haya tantos
   crímenes.

It is good that we are investigating
   the causes of the problem.
It's awful that there are so many
   crimes.

In contrast to the uses of the subjunctive that you have learned so far, the situation described in the preceding subordinate clauses is real or experienced, and thus is part of the speaker's reality. However, the experience of the reality causes an emotional reaction on the part of the speaker, who uses the subjunctive to convey its subjective (emotional) impact. It is impossible to give a complete list of all the expressions of emotion that can trigger the use of the subjunctive in the subordinate clause. Remember that it is the *concept* of emotion—and not a specific expression—that is important. The following <u>expressions of emotion</u> are used in the exercises that follow this section. Be sure you know their meaning.

estar contento/triste
   que
sentir (ie, i) que
tener miedo que
   to have
   fear

me enoja/enfada* *angry*
   que
(no) me gusta que
me pone triste/ *sad*
   contento que
me preocupa que

es bueno (escandaloso, fantástico, increíble, interesante, malo, sorprendente, tremendo, triste) que
¡Qué bueno (escandaloso, fantástico) que… !

PRACTICA

A. Examine los verbos subrayados en el siguiente pasaje. ¿Cuáles están en indicativo? ¿Cuáles están en subjuntivo? En el caso de los subjuntivos, ¿puede Ud. identificar la razón de su uso?

---

*All the expressions in this column are used like **gustar**, with indirect object pronouns.

   Le (Les) pone contento que seas arquitecto.
   Me (Nos) preocupa que llegues tan tarde.

El control de la natalidad no ha sido aceptado° entre la clase baja por muchas razones. Ahora que los gobiernos y ciertos grupos se dan cuenta de° la necesidad de controlar el aumento de la población, recomiendan a la mujer que tenga menos hijos. No es sorprendente que ella rechace el control de la natalidad, ya que ella mide su propio valor dentro de la sociedad según el número de hijos que tiene. Si la sociedad no le ofrece otro papel o actividad que le permita* dar sentido° a su vida, es muy difícil que renuncie al papel de madre prolífica que le han dado° en el pasado. La poca aceptación del control de la natalidad, en combinación con la reducción espectacular de la tasa de mortalidad, hace que el crecimiento demográfico de Hispanoamérica sea el más alto del mundo después de Africa.

no... has not been accepted

se... realize

meaning

le... was given to her

B. ¿Cuál es su opinión acerca de los siguientes hechos? Exprésela usando una de las expresiones de la lista a continuación y dé una breve justificación de ella. Cuidado con el uso del subjuntivo en la oración subordinada.

Es bueno	(No) Es sorprendente	Es increíble
Es malo	Es fantástico	Es triste

1. Muchos jóvenes usan calculadoras y computadoras en la escuela primaria. 2. Muchos jóvenes aprenden otras lenguas en la escuela primaria. 3. Muchas familias ya no pueden ganarse la vida (*to earn a living*) en la agricultura. 4. Muchas personas ya no pueden ganarse la vida en el campo (*field*) de la educación. 5. La lluvia ácida está destruyendo los monumentos históricos de Europa. 6. Los japoneses controlan un gran porcentaje del mercado automovilístico de los Estados Unidos. 7. La mayoría de las personas que viven en la pobreza son mujeres y niños. 8. Hay más de 16 millones de habitantes en la Ciudad de México; el 45 por ciento de ellos tiene menos de 15 años. 9. Nadie sabe qué hacer con los desperdicios (*wastes*) radioactivos. 10. Muchos adultos norteamericanos son analfabetos.

C. Situaciones y reacciones. Reaccione a las siguientes situaciones, agregando frases que expresen sus emociones.

MODELO Mi mejor amigo viene a mi próxima fiesta. →
Estoy contento que mi mejor amigo venga a mi próxima fiesta.

1. Hace buen/mal tiempo hoy. 2. Un amigo va de *camping* por Europa. 3. (No) Hay otro examen dentro de poco en la clase de español. 4. (No) Voy a vivir en una residencia estudiantil. 5. Se cancelan todas las clases hoy. 6. Mis padres se mudan al campo. 7. Mis hermanitos tocan mis discos. 8. Mi novio estudia para arquitecto. 9. Mi familia es grande/pequeña. 10. La mayoría de mis parientes viven cerca/lejos.

---

*This use of the subjunctive will be discussed in Section 33.

D. ▣ **¡Necesito compañero!** ▣   Con un compañero de clase, prepare un comentario positivo y otro negativo sobre *tres* de los siguientes temas. Para formular sus comentarios, use las expresiones de la lista que se da a continuación. Luego compare sus comentarios con los de sus otros compañeros de clase.

POSITIVOS: es tremendo, estamos contentos, nos gusta, es interesante
NEGATIVOS: nos preocupa, tenemos miedo, no nos gusta, nos enfada

1. La tecnología
2. La explosión demográfica
3. El analfabetismo
4. Las posibilidades de una paz mundial

5. Los recursos naturales
6. La contaminación (*pollution*) del medio ambiente
7. La educación

E. Narre en el tiempo presente la siguiente historia de una invención que ha tenido gran impacto en la vida moderna. Incorpore complementos pronominales cuando sea posible y use cada una de las siguientes expresiones por lo menos una vez.

cree que…
duda que…
recomienda que…

pide que…
es necesario que…
es triste que…

está muy contento que…

VOCABULARIO ÚTIL: la bolsa (*bag*), el carrito (*shopping cart*), las asas (*handles*), el/la cliente (*customer*), la rueda (*wheel*), pedir un préstamo (*to ask for a loan*)

◫ ESTRATEGIAS PARA LA COMUNICACION ◫

¡No me gusta nada!

OR

Talking About Likes and Dislikes

The English verb *to like* is generally expressed in Spanish with **gustar**. However, likes and dislikes exist in varying degrees. You can like something so much that you love it or dislike something so much that you hate it. You may also want to change the way you communicate your likes and dislikes according to the context of the conversation.

For example, if a professor recommended a movie to you that you saw and heartily disliked, which of the following would be a more probable response to your professor's question, "How did you like it?"

The movie made me sick. It was a complete waste of time.	La película me dio asco. Fue una pérdida total de tiempo.
I didn't enjoy it as much as you did.	A mí no me gustó tanto como a Ud.

Here are some useful expressions for talking about your likes and dislikes. Note that all are conjugated like **gustar**.

STRONGLY POSITIVE	encantar	*to delight*
	fascinar	*to fascinate*
POSITIVE	gustar	*to be pleasing to*
	importar	*to be important to*
	interesar	*to be interesting to*
NEUTRAL	dar igual	*to be the same*
	no importar	*to not matter*
NEGATIVE	no gustar	*to not be pleasing to*
STRONGLY NEGATIVE	ofender	*to be offensive to*
	disgustar	*to annoy, irk*
	molestar	*to bother, annoy*
	dar asco	*to turn one's stomach*
	no gustar nada*	*to dislike strongly*

Todo este ruido nos molesta.	*All this noise bothers us.*
Me fascinaron sus diseños.	*Your designs fascinated me.*
¿Prefieres café o té? —Me da igual.	*Do you prefer coffee or tea? —It's all the same. (It doesn't matter to me.)*

A. ◫**¡Necesito compañero!** ◫ Con un compañero de clase, haga y conteste preguntas para averiguar los gustos de cada uno con respecto a lo siguiente.

¿Cuál es tu reacción a... ?

1. las películas de ciencia ficción 2. la música de Madonna 3. los chistes raciales o sexuales 4. la política (*the policies*) del presidente 5. la comida que se sirve en la

---

*The verb **odiar** (*to hate*) is used by most Spanish speakers to express extremely strong passion, of the type that might lead to murder, for example.

residencia   6. las personas que fuman en los lugares donde se prohíbe fumar   7. las personas que hablan durante las películas   8. el arte de Escher (Picasso, Andy Warhol)

B.   Con un compañero de clase, decida la manera en que cada una de las personas indicadas va a reaccionar a cada fenómeno. Luego, comparta sus decisiones con el resto de la clase, justificándolas brevemente.

1.   FENOMENO: la urbanización
     INDIVIDUOS: los primeros residentes de la ciudad, un dueño de apartamentos, el jefe de policía, un sociólogo
2.   FENOMENO: la tecnología
     INDIVIDUOS: un campesino (*country person*), un obrero (*worker*), un médico, un estudiante
3.   FENOMENO: la exploración del espacio
     INDIVIDUOS: un científico, un militar, un pobre, un hombre «medio» (*man on the street*)

¡OJO!

doler–lastimar–hacer daño–ofender

To hurt meaning *to ache* in a physical, mental, or emotional sense is expressed with **doler (ue)** in Spanish. Other English verbs that correspond to **doler** are *to grieve* and *to distress*.

When *to hurt* means *to cause* someone *bodily injury*, use **hacer daño** or **lastimar**. **Hacer daño** can also be used in a figurative sense to mean *to hurt* someone's *standing or status*.

When *to hurt* means *to injure* someone's *feelings*—through insult or slight, for example—the appropriate Spanish verb is **ofender**.

Me **duelen** mucho los pies.	*My feet hurt me a lot.*
Trabajar en ese ambiente **le hizo daño a** (**lastimó**) los pulmones.	*Working in that environment hurt (damaged) her lungs.*
Se marchó sin despedirse y eso me **dolió/ofendió**.	*She left without saying good-bye, and that hurt (grieved) me.*

tener éxito–lograr–suceder

Tener éxito means *to be successful* in a particular field or activity; it emphasizes the condition of being successful. **Lograr** means *to succeed* in doing something, *to obtain* or *achieve* a goal; it emphasizes the action of achieving that goal. It can also mean *to manage to* do something. **Suceder** means *to follow in succession*, or *to occur*, *to happen*.

María siempre **tiene éxito** en las competiciones.	*María is always successful in competitions.*
¿Creen los aficionados que el equipo va a **tener éxito** este año?	*Do the fans think the team will be successful this year?*
Julio nunca **logra** bajar de peso.	*Julio never manages to lose weight.*
Los maestros esperan **lograr** un aumento de sueldo.	*The teachers hope to obtain a salary increase.*
No saben qué va a **suceder**.	*They don't know what is going to happen.*
Reagan **sucedió** a Carter como presidente.	*Reagan succeeded Carter as president.*

pero–sino–sino que–no sólo

English *but* is expressed as **pero, sino**, or **sino que** in Spanish. All three are conjunctions; they join two elements of a sentence. When the element preceding *but* is affirmative, **pero** is used.

Joaquín es muy inteligente **pero** estudia mucho de todas formas.	*Joaquín is very bright, but he studies a lot anyway.*

Pero can also be used after a negative element to mean *but* in the sense of *however*. It introduces information that *contrasts with or expands* the previously mentioned concepts.

Joaquín no es muy inteligente **pero** es buen estudiante.	*Joaquín isn't very bright, but he is a good student.*
Pedro no es muy simpático **pero** trabaja muy bien con nosotros.	*Pedro isn't very nice, but he works very well with us.*

The connectors **sino** and **sino que** are used only after a negative element. They introduce information that *contradicts and replaces* the first element. Their English equivalent is *but* in the sense of *rather*. **Sino** connects a word or phrase (but not a clause) to the sentence. **Sino que** connects a clause.

El coche no es nuevo **sino** viejo.	*The car isn't new but (rather) old.*
No van a caminar **sino** manejar.	*They're not going to walk but (rather) drive.*
No quiero que me ayudes **sino que** te vayas.	*I don't want you to help me but (rather) (that you) go away.*
No quiero que juegues ahora **sino que** estudies.	*I don't want you to play now but (rather) study.*

English *not only . . . but (also)* is expressed in Spanish by **no sólo... sino/sino que**.

No sólo trajeron pan **sino** también queso.	*They brought not only bread but cheese also.*
No sólo vino **sino que** trajo a sus amigos.	*She not only came but (also) brought her friends.*

PRACTICA

A. Dé la palabra española que se corresponde mejor con la palabra en *letras cursivas*.

1. The teacher *hurt* my hand with the ruler. 2. He *succeeded* in delaying the match. 3. The thief didn't *hurt* my hand *but rather* my foot. 4. She is always very *successful*. 5. I don't want you to help me *but rather* to go away. 6. He wants his son to *succeed* him. 7. His hand *hurts* from the accident. 8. Juanito isn't very intelligent *but* he is a good student. 9. It *hurt* me a lot when he called me a liar. 10. The shirt isn't new *but rather* quite old.

B. Indique la palabra o frase que mejor complete la oración. ¡OJO! Hay también expresiones de los capítulos anteriores.

1. Hizo una _____ presentación que francamente me _____. (*short/offended*)
2. _____ el estómago cada _____ que como carne. (*Hurts me/time*)
3. El hijo creía que iba a _____ su padre como presidente de la compañía y _____ furioso cuando nombraron a su primo. (*succeed/became*)
4. Esto _____ muy difícil. ¿Tiene Ud. _____ para ayudarme con las instrucciones? (*looks/time*)
5. Juan no quiere estudiar español _____ sí le interesan las ciencias, porque piensa _____ químico (*chemist*). (*but/become*)
6. María _____ sus llaves, y _____ dos horas en encontrarlas. (*looked for/took*)
7. _____ tiene mucho trabajo, Magda me dijo que no me podría (*would be able to*) _____ los libros hasta la semana que viene. (*Because/return*)
8. ¿_____ a Ud. no tener muchos amigos _____ aquí en la universidad? (*Do you mind/close*)
9. _____ me lo trajo ayer _____ me lo presentó personalmente. (*Not only/but also*)
10. Al presidente le _____ la situación en Europa. (*hurt his standing*)
11. _____ nuestro equipo nunca _____ en los partidos contra esa universidad, mucha gente _____ a casa temprano sin ver el final. (*Since/was successful/returned*)
12. El coche no es muy elegante, _____ todavía _____ muy bien. (*but/works*)

C. Situaciones y preguntas

1. ¿Tiene Ud. éxito en esta clase? ¿en todas sus clases? ¿Tuvo mucho éxito el semestre pasado? ¿Cree Ud. que va a lograr buenas notas en todas sus clases este semestre? ¿Va a sacar una A en esta clase? ¿Qué va a suceder si Ud. saca una F?

2. ¿Hay deportes u otras actividades en las que Ud. tiene éxito? ¿en las que Ud. no tiene éxito nunca? ¿Cuáles son? ¿Le ofenden las personas que se quejan (*complain*) cuando pierden en un partido? Cuando Ud. practica deportes, ¿le duelen mucho los músculos al terminar? ¿Qué parte del cuerpo le duele más? ¿Se hizo daño alguna vez practicando un deporte?

3. ¿Qué piensa Ud. con respecto a la tecnología? ¿Cree que es peligrosa pero inevitable? ¿Qué piensa Ud. de la ingeniería genética? ¿Cuáles son las ventajas que puede tener este tipo de tecnología? ¿las desventajas? ¿los peligros?

GUADALAJARA, MEXICO

REPASO

A. Complete el párrafo, dando la forma correcta del verbo entre paréntesis.

¡EL «HACELOTODO», MAQUINA DEL PORVENIR!

¿Se siente Ud. agobiada° por el trabajo? ¿Quiere que su vida (*ser*[1]) más interesante? ¿Quiere (*pasar*[2]) más tiempo con sus amigos o con sus familiares? ¡(*Escuchar*[3])! Ya es posible que la vida (*ser*[4]) más fácil y más divertida. ¡(*Comprar*[5]) Ud. un hermoso «hacelotodo»! ¿No tiene tiempo de preparar la comida? ¡Es mejor que (*preparársela*[6]) él! ¿Está demasiado cansada para lavar la ropa? ¡Es posible que (*lavársela*[7]) él! ¿Le molesta ir al banco y hacer las compras? ¿No quiere escribir cartas y visitar a sus suegros? ¡No (*preocuparse*[8])! ¡Permita Ud. que (*hacérselo*[9]) todo el «hacelotodo»! En la casa, en la escuela, en la oficina, el maravilloso «hacelotodo» está a sus órdenes. De ahora en adelante, ¡(*empezar*[10]) Ud. a vivir de verdad!

°Se... *Do you feel overwhelmed*

En una gran variedad de modelos y colores… a un precio realmente increíble… satisfacción garantizada… el maravilloso «hacelotodo». Sólo en las tiendas más elegantes.

B. En el futuro, muchos aparatos de hoy van a ser muy distintos. Identifique Ud. los siguientes aparatos del futuro. ¿Cuáles son sus funciones? ¿En qué son diferentes de los aparatos de hoy? ¿Cuáles son los aspectos de cada aparato que le gustan más? ¿los que no le gustan nada? ¿Cuál de los aparatos le parece más útil? ¿menos útil? Explique.

VOCABULARIO ÚTIL: la pantalla (*screen*), oler → huele (*to smell*), secar (*to dry*), planchar (*to iron*), doblar (*to fold*)

CAPITULO SEIS

SAN JOSE, COSTA RICA

EL HOMBRE Y LA MUJER EN EL MUNDO ACTUAL

Muchas personas creen que en el momento de nacer, todos los bebés son iguales, con excepción de las diferencias físicas. Los rasgos llamados «femeninos» o «masculinos» aparecen durante la juventud como resultado del contacto con la sociedad (los padres, los amigos, las escuelas). ¿Qué comportamiento esperaban sus padres de Ud.? ¿Qué expectativas tenían con respecto a las siguientes acciones?

1 = siempre   2 = con frecuencia   3 = a veces   4 = nunca

Mis padres creían que debía...

_____ a. tener éxito en los estudios
_____ b. participar en los deportes
_____ c. ayudar con las tareas domésticas *dentro* de la casa (lavar los platos, limpiar mi cuarto, etcétera)
_____ d. ayudar con las tareas domésticas *fuera* de la casa (limpiar el garaje, cortar el césped [*lawn*], etcétera)
_____ e. participar en las reuniones familiares
_____ f. tener buenos modales (*manners*)
_____ g. demostrar una actitud respetuosa y obediente
_____ h. desarrollar una actitud independiente
_____ i. ayudar con el cuidado de los hermanos menores
_____ j. aprender a bailar
_____ k. aprender a tocar un instrumento musical
_____ l. trabajar fuera de casa para ganar dinero

¿Esperaban el mismo comportamiento de Ud. y de su hermano/a? Si tenían diferentes expectativas, identifique algunas de ellas.

Vocabulario para conversar

la abnegación *abnegation, self-denial*
abnegado *self-denying*
el ama de casa (*f.*) *housewife; homemaker*
aspirar a *to aspire to*
la aspiración *aspiration, goal*
el cambio *change*
la carrera *career, profession; university specialty (major)*
la custodia *custody*

educar* *to socialize, form social habits*
la educación *socialization*
en cuanto a *as far as . . . is concerned*
la expectativa *expectation*
femenino *feminine*
hacer el papel (de) *to play the role (of)*
la igualdad *equality*
el juguete *toy*
la juventud *childhood; youth*

la mano de obra *work force*
masculino *masculine*
la meta *goal, aim*
la muñeca *doll*
la pelota *ball*
el puesto *job*
la responsabilidad *responsibility*
sensible *sensitive*
el sueldo *salary*

Practiquemos

A. ¿Qué palabra o frase de la columna B asocia Ud. con cada palabra o frase de la columna A? Explique en qué basa su asociación. ¿Son sinónimos? ¿antónimos? ¿Es una un ejemplo de la otra?

A		B	
el puesto	la transformación	la vejez (*old age*)	el sueldo
masculino	en cuanto a	el cambio	impersonal
el ama de casa	el salario	la muñeca	con respecto a
	el juguete	el trabajo	la tarea doméstica
sensible		femenino	
la juventud			

B. ¿Con qué asocia Ud. cada una de las siguientes palabras o frases? ¿Por qué?

1. aspirar a
2. la carrera
3. la meta
4. hacer un papel
5. educar
6. la igualdad

C. Relacione cada persona de la lista A con una palabra de la lista B. Luego justifique su respuesta.

A	B	
una mujer	1. la abnegación	7. criar
una muchacha	2. la pelota	8. la muñeca
un hombre	3. la mano de obra	9. sensible
un muchacho	4. la responsabilidad	10. la carrera
	5. la custodia	11. el cambio
	6. la juventud	12. la expectativa

*There do not seem to be Spanish terms that have the universal use or acceptance that *to socialize/socialization* have in English. Perhaps **educar/la educación** come closest. One can speak of parents who **inculcar valores** or **enseñar valores** to their children, but these expressions do not include the broad range of meanings that **educar/la educación** do. In many circles, the terms **socializar** and **la socialización** are beginning to be used with the same meaning as **educar** and **la educación**.

Conversemos

A. Describa las actividades de las niñas en los años 20. ¿Eran diferentes sus juegos y sus juguetes de los de los años 80? ¿A qué carreras aspiraban las niñas? ¿y los niños? ¿Hay alguna relación entre los juegos y las aspiraciones de los niños y las niñas? ¿Piensa Ud. que realmente ocurría tal socialización? ¿Piensa que todavía ocurre? ¿Nos socializan por completo las actividades de la niñez? ¿Qué otras influencias hay?

B. ¿En qué son diferentes las actividades femeninas de los años 80 de las de los años 20? ¿Hay diferencias entre los juegos masculinos de los 20 y los de los 80? ¿Sugiere el dibujo algunos cambios socioculturales? ¿Cuáles? ¿Qué cambios se van a producir entre este año y el año 2020 en cuanto a las actividades de ambos (*both*) sexos?

C. ¿Hay igualdad en cuanto a los papeles que ambos sexos hacen en la sociedad hoy en día? ¿en cuanto a su participación en las distintas carreras? ¿en cuanto a los sueldos? ¿Hay más igualdad que en 1920? Explique. ¿Puede Ud. identificar alguna(s) carrera(s) en la(s) que participen hoy en día las mujeres pero en la(s) que antes participaban solamente los hombres? ¿Hay algunas carreras en las que todavía predominen o las mujeres o los hombres? ¿Cuáles son? ¿Cree Ud. que los hombres son más sensibles hoy en día?

D. ¿Refleja el dibujo la realidad de su comunidad o de su grupo? ¿En qué sentido? ¿Cuál es el papel de la mujer en su grupo? ¿el papel del hombre? En general, ¿hace la mujer el papel de líder en nuestra sociedad? ¿Tiene el hombre la libertad suficiente para manifestar su sensibilidad? ¿para ser ama de casa?

GRAMATICA

31. PRESENT PERFECT INDICATIVE

Both Spanish and English have simple and compound verb forms. A simple form has only one part: the verb with its appropriate ending (*I spoke*, **hablé**). A compound form has two parts: an auxiliary verb plus a participle of the main verb. In both languages there are two sets of compound forms: the progressives and the perfects.

EL PROGRESIVO	PROGRESSIVE
estar + *participio presente*	*to be* + *present participle*
Los estudiantes **están trabajando**.	*The students are working.*

Estamos **comiendo** y **bebiendo**.	*We are eating and drinking.*
¿Qué **estás escribiendo**?	*What are you writing?*

EL PERFECTO	PERFECT
haber + *participio pasado*	*to have* + *past participle*
Ellos ya **han terminado** el trabajo.	*They have already finished the work.*
Lo **hemos comido** y **bebido** todo.	*We have eaten and drunk up everything.*
¿**Has escrito** el poema?	*Have you written the poem?*

All simple verb forms have a corresponding progressive and perfect form. The auxiliary verbs show person/number, tense, and mood. The participles themselves do not change form. The progressives are presented in Chapter 12. The perfect forms are presented in this section, in Section 32, and, in Chapter 11, in Sections 56 and 57.

A. Forms of the Present Perfect Indicative

Haber is the auxilliary used in the Spanish perfect forms. The present perfect indicative uses the present indicative of **haber**. Other perfect forms use other tenses and moods of **haber**. The form of the past participle does not change.*

EL PRESENTE DEL INDICATIVO DE **haber**	+ PARTICIPIO PASADO		
	-ar	-er	-ir
he	hablado	comido	vivido
has	trabajado	podido	admitido
ha	cambiado	tenido	asistido
hemos	educado	aprendido	venido
habéis	ganado	comprendido	salido
han	escuchado	vendido	seguido

B. Uses of the Perfect Forms

With these forms the word *perfect* implies *completion*; that is, the action described by the verb is viewed as completed with respect to some point in time. The present perfect expresses an action completed prior to a point in the present.

He decidido cambiar de carrera.	*I have decided to change careers.*
El ama de casa **ha hecho** las tareas domésticas.	*The homemaker has done the household chores.*

---

*In Chapter 1, Section 4, there is more information on the formation of the past participle, including a list of the most common irregular forms.

In the preceding sentences, the point in the present is the moment of speaking: the decision was made and the chores were done before that time.

In most cases the use of the Spanish perfect forms corresponds closely to the use of the English perfect forms. Unlike English, however, no words can come between the elements of the Spanish perfect forms.

No lo **he visto** nunca.   *I have never seen him.*

DE PASO

The present perfect is used more frequently in Spanish than in English. In the Spanish spoken in Spain, it occurs particularly as a substitute for the preterite. The distinction between the two is subtle or—in some dialects—nonexistent. In general, however, the use of the perfect forms implies that the action described is more relevant to the present time, particularly when the action has had some emotional impact.

Lo **he hecho** esta mañana. }
Lo **hice** esta mañana.   }   *I did it this morning.*

Mi padre **ha muerto**. }
Mi padre **murió**.   }   *My father died.*

In the first pair of sentences, either the present perfect or the preterite can be used in most dialects, with little difference in meaning. In the second pair either choice is possible, but the use of the present perfect implies an emotional impact that continues to be felt.

PRACTICA

A. Dé el participio pasado.

1. cambiar	6. saber	11. hacer
2. aspirar	7. ir	12. ser
3. establecer	8. pedir	13. estar
4. ver	9. escribir	14. romper
5. conocer	10. decir	15. poner

B. ¿Lo ha hecho alguna vez? Reaccione a las siguientes preguntas usando la forma correcta del presente perfecto del indicativo. ¡Diga la verdad y elabore su respuesta con más información!

1. ¿hacer un viaje a un lugar exótico?   2. ¿preparar una comida sin usar ningún ingrediente instantáneo o enlatado (*canned*)?   3. ¿correr en un maratón?   4. ¿escribir un poema?   5. ¿ver a una persona famosa? 6. ¿ganar un premio (*prize*)?   7. ¿reparar un aparato mecánico?   8. ¿actuar en una obra dramática?   9. ¿tener un encuentro con la policía?   10. ¿hacer una prenda (artículo) de vestir?

C. En las siguientes oraciones, identifique ejemplos del presente perfecto y dé el infinitivo del verbo en cada caso. Luego, dé una paráfrasis de la oración en español.

MODELO Como en otras partes del mundo, el papel de la mujer en la sociedad hispana ha cambiado mucho en los últimos 20 años. →

el presente perfecto: ha cambiado
el infinitivo: cambiar

La paráfrasis: La importancia de la mujer en la sociedad, las cosas que ella hace y las que puede hacer, son diferentes ahora de lo que eran en el pasado. Esto ocurre en la cultura hispana y también en otras culturas del mundo.

1. La mujer de las clases privilegiadas ha llegado incluso a intervenir en el mundo científico y político.
2. Muchas mujeres norteamericanas han comentado con sorpresa que, en los niveles más altos de la cultura hispana, hay menos obstáculos para la mujer que en la sociedad norteamericana.
3. En el campo (*field*) de la educación, la situación de la mujer hispana ha mejorado mucho en los últimos años.
4. La legislación de los países hispanos siempre ha tratado de proteger a la mujer, en particular a la que trabaja.
5. Es importante reconocer que en muchos países la presión de los grupos feministas ha cambiado, o está cambiando, las leyes (*laws*).
6. Como en todo el mundo, el cambio de actitud hacia la mujer ha sido muy rápido y todavía está en proceso de modificación.
7. A pesar de que la tradición machista es más fuerte en la cultura hispana que en las culturas anglosajonas, la mujer hispana es con frecuencia tan liberada como la de los Estados Unidos. En algunos casos, ha logrado derechos que provocan la envidia de la mujer norteamericana.

D. Situaciones y preguntas
1. ¿Por qué no has asistido a clase todos los días este semestre? ¿Es verdad lo que has dicho o te lo has inventado? ¿En qué otras ocasiones has mentido? ¿Has mentido a tus padres alguna vez? ¿a un profesor? ¿Por qué? ¿Tus padres te han mentido a ti alguna vez? Explica.
2. ¿Qué ha decidido hacer Ud. para que (*so that*) este año sea estupendo? ¿Ha cumplido algunas de las resoluciones que ha tomado? ¿Ha resuelto algún problema importante? ¿Cuál fue? ¿Qué ha hecho para resolverlo?
3. ¿Ya has escogido una carrera? ¿Te ha dado consejos tu familia al respecto? ¿tus profesores? ¿Quién te ha ayudado más a tomar la decisión? ¿Por qué has decidido seguir esa carrera? ¿Has considerado las posibilidades de trabajo en el futuro? ¿Has pensado en el sueldo? ¿Qué clases has tomado para prepararte para tu futura carrera? En tu opinión, ¿es necesario que los estudios universitarios lo preparen a uno para una profesión? Explica.

E. ■¡Necesito compañero! ■ Una persona busca trabajo como periodista para el periódico universitario. Con un compañero, prepare una lista de preguntas para entrevistarle. Use las actividades de la pagina 178 como guía, y agregue (*add*) por lo menos tres preguntas más. Trate de usar el presente perfecto cuando el contexto lo permita.

estudiar	trabajar
tener experiencia	ganar en el puesto anterior
dejar el puesto anterior	escribir

Cuando haya completado su lista de preguntas, úsela para entrevistar a otro compañero de clase.

⊡ ESTRATEGIAS PARA LA COMUNICACION ⊡

¿Ud. quiere decir que... ?

OR

Double-checking Comprehension

Communication sometimes breaks down because the ideas being discussed are complex and lend themselves to more than one possible interpretation. In addition to asking for more information, you can check your understanding in other ways, such as those that follow.

Paraphrase what the other person has said, and ask whether that is what he or she meant: **¿Quiere Ud. decir que... ?** Paraphrasing lets the person you are talking with know exactly what you have understood.

If you understand the words but not the message, you can indicate this by asking: **¿Qué quiere Ud. decir con eso?** In this way, you make sure that the other person knows that what you need is an explanation, not a repetition.

You can also ask for an example of the point or idea that you don't fully understand: **¿Podría Ud. darme un ejemplo de eso?** or **¿Como qué, por ejemplo?** This is an excellent strategy to use in reverse as well: when you aren't sure how to express something, try to give an example of what you mean.

A. You have heard the following statements. Paraphrase each of them to express what you think is the main idea.

   1. El aprendizaje de una segunda lengua debe ser obligatorio en todas las escuelas de este país.
   2. Manifestar los sentimientos es propio de (*most appropriate for*) mujeres.
   3. La tecnología tiene como resultado la pérdida (*loss*) o la corrupción de los valores humanos. Sólo tenemos que hablar con un científico para saber esto.
   4. La actividad criminal es producto de la sociedad, no del individuo.

B. ⊡ **¡Necesito compañero!** ⊡   With a classmate, discuss briefly the following topics in Spanish. Try to communicate clearly and understand fully what the other person is saying. Then write a brief summary in Spanish of your partner's views.

   1. No se debe permitir que las chicas jueguen al fútbol americano.
   2. Cuando los padres se divorcian, los hijos deben vivir con la madre.
   3. Todavía existe mucho sexismo en los Estados Unidos: todavía no hemos elegido a una mujer como presidente o vicepresidente del país.
   4. El hombre ha sufrido a causa de la lucha de la mujer por la igualdad de derechos.
   5. No creo que el ama de casa tenga que ser abnegada para asegurar el bienestar de la familia.

32. PRESENT PERFECT SUBJUNCTIVE

There are only two forms of the perfect subjunctive: the present perfect and the pluperfect (past perfect). The pluperfect subjunctive is presented in Section 57. The present perfect subjunctive is formed with the present subjunctive of **haber** plus the past participle.

EL PRESENTE DEL SUBJUNTIVO DE	+ PARTICIPIO PASADO		
haber	**-ar**	**-er**	**-ir**
haya	hablado	comido	vivido
hayas	trabajado	podido	admitido
haya	cambiado	tenido	asistido
hayamos	educado	aprendido	venido
hayáis	ganado	comprendido	salido
hayan	escuchado	vendido	seguido

The cues for the choice of the perfect forms of the subjunctive versus the perfect forms of the indicative are the same as for the simple forms of the subjunctive; the difference is only in the time reference. The present subjunctive always refers to an action that occurs at the same time or at a future time with respect to the main verb; the present perfect subjunctive refers to an action that has occurred before the main verb.*

CUE	EL PRESENTE (PRESENT, FUTURE)	EL PRESENTE PERFECTO (PAST)
la duda	No puedo creer que el padre **gane** la custodia.	No puedo creer que el padre **haya ganado** la custodia.
	I can't believe that the father is winning (will win) custody.	*I can't believe that the father has won custody.*
	Dudo que **sean** buenos padres.	Dudo que **hayan sido** buenos padres.
	I doubt that they are (will be) good parents.	*I doubt that they have been good parents.*

---

*Expressions of will or persuasion almost always imply that the subordinate action will occur some time in the future. For this reason, the use of the present perfect subjunctive, which expresses a completed action, is infrequent after these constructions.

CUE	EL PRESENTE (PRESENT, FUTURE)	EL PRESENTE PERFECTO (PAST)
la emoción	Es una lástima que no **tenga** metas más altas. *It is a shame that you do not (will not) have higher goals.* Me pone furioso que no nos **ayude**. *It makes me furious that she does not (will not) help us.*	Es una lástima que no **haya tenido** metas más altas. *It is a shame that you have not had higher goals.* Me pone furioso que no nos **haya ayudado**. *It makes me furious that she has not helped us.*

PRACTICA

A.   Dé oraciones nuevas según las palabras que aparecen entre paréntesis.

La sociedad actual es menos sexista que antes, pero...

1. es triste que (*nosotros*) no *hayamos* hecho más cambios. (los negocios, tú, el gobierno, yo, vosotros)
2. dudo que la sociedad haya *combatido el sexismo.* (eliminar los estereotipos, ver el último de los cambios, resolver todos los problemas, acabar con la discriminación, comprender las dimensiones del problema)
3. *es bueno* que el gobierno haya escrito nuevas leyes (*laws*). (no creo, es verdad, me gusta, pensamos, es importante)

B.   Complete las siguientes oraciones con la forma correcta del presente perfecto—del indicativo o del subjuntivo, según el contexto—del verbo en *letras cursivas*.

1. Es necesario que en el futuro *eviten* el sexismo en los cuentos infantiles; no creo que lo _____ en el pasado.
2. Es importante que en el futuro *eduquen* a los niños sin estereotipos; es triste que no los _____ así en el pasado.
3. No quiero que *exista* discriminación en el futuro aunque todos sabemos que _____ en el pasado.
4. Es bueno que ahora los hombres *estén* más liberados emocionalmente; dudo que lo _____ en el pasado.
5. Esperamos que los negocios *cooperen* ahora; creo que no _____ mucho en el pasado.

Siga completando las oraciones; puede usar el mismo verbo u otro que tenga sentido dentro del contexto.

6. Es necesario que las mujeres aprendan a ser más independientes; es una lástima que en el pasado...

7. Es importante que entendamos ahora los efectos del sexismo; (no) creo que en el pasado...

8. Es interesante que muchas mujeres no acepten el femenismo; (no) creo que en el pasado...

9. Es fundamental que las niñas y los niños tengan buenos modelos a quienes imitar; (no) creo que en el pasado...

10. Muchas veces creemos que el pasado ha sido menos complicado y mejor que la época actual; con respecto a las relaciones entre los sexos, (no) es verdad que en el pasado...

C. ¿Qué han hecho? Describa los siguientes dibujos con una forma apropiada del presente perfecto del indicativo o del subjuntivo. En su descripción, identifique a cada persona, describa la situación o el contexto general y especule sobre lo que le(s) va a pasar después.

MODELO

→ Lisa es una estudiante universitaria que está en su cuarto. Está muy contenta de que haya terminado por fin un trabajo para su clase de inglés. Ahora es probable que salga a tomar una cerveza.

1.   2.   3.   4.

5.   6.

D. ◫ **¡Necesito compañero!** ◫   ¿Se acuerda Ud. del cuento «La bella durmiente»? Imagine que Ud. acaba de despertarse después de haber dormido durante 10 años consecutivos. Ha habido cambios de diferentes tipos, algunos de los cuales le gustan y otros no. Con un compañero de clase, haga una lista de *dos* maneras que reflejen cómo han cambiado durante este tiempo *cuatro* de los siguientes temas. Luego, exprese su opinión acerca de cada cambio. Cuidado con el uso del subjuntivo.

MODELO la energía → El precio de la gasolina ha bajado un poquito.
Me gusta mucho que haya bajado.

1. el estilo de ropa o la música
2. los automóviles
3. la política
4. la educación secundaria
5. el cine o la televisión
6. la liberación femenina
7. la situación del hombre y de la mujer

33. USES OF THE SUBJUNCTIVE: ADJECTIVE CLAUSES

A clause that describes a preceding noun is called an *adjective clause.*

La informática es una carrera **que paga buenos sueldos**.	*Computer science is a career that pays good salaries.*

Here **que paga buenos sueldos** is an adjective clause that modifies the noun **carrera**. Adjective clauses are generally introduced by **que**, or, when the adjective clause modifies a place, by **donde**.

Busco una librería **que** venda literatura feminista.	*I'm looking for a bookstore that sells feminist literature.*
Busco una librería **donde** vendan literatura feminista.	*I'm looking for a bookstore where they sell feminist literature.*

When an adjective clause modifies an entity about which the speaker has knowledge, the indicative is used.

Me interesa la carrera que **paga** buenos sueldos.	*I'm interested in the career that pays good salaries.*

This sentence indicates that the speaker knows of a career that pays good salaries and that he or she is interested in that specific career. The career is part of the speaker's objective reality.

However, when an adjective clause modifies an entity with which the speaker has had no previous experience, or an entity that may not exist at all, the subjunctive is used.

Me interesa una carrera que **pague** buenos sueldos.	*I'm interested in a career that pays good salaries.*

This sentence indicates that the speaker is interested in a career—any career—that pays good salaries. The speaker has no direct knowledge of such a career; for him or her, the career is part of the unknown.

Note the contrast between the indicative and the subjunctive in these sentences.

Necesito **el libro que trata** el problema de la sobre-población.	*I need the book that deals with the problem of overpopulation.*
Necesito **un libro que trate** el problema de la sobre-población.	*I need a book that deals with the problem of overpopulation.*

But it is the meaning of the main clause—and not the use of a particular word—that signals the choice of mood. Note the use of the indefinite article and the indicative in the following sentence.

Tengo **un libro que trata** el problema de la sobre-población.	*I have a book* (and therefore have direct knowledge of it) *that deals with the problem of overpopulation.*

Regardless of the way a particular sentence is phrased, the subjunctive is used in the subordinate clause whenever the main clause indicates that the person or thing mentioned is outside the speaker's knowledge or experience. Compare:

KNOWN OR EXPERIENCED REALITY: INDICATIVE	UNKNOWN: SUBJUNCTIVE
Busco a una mujer que **es** médico.	Busco una mujer que **sea** médico.
I'm looking for a woman who is a doctor. (Speaker knows that this specific person exists.)	*I'm looking for a woman who is a doctor.* (Speaker is not looking for any specific person; does not know if she exists.)
Cómpreme los juguetes que le **gustan**.	Cómpreme los juguetes que le **gusten**.
Buy me the (specific) *toys that you like.*	*Buy me the toys* (whichever ones they may be) *that you like.*
Hay un hombre aquí que **sabe** cambiarle el pañal al niño.	¿Hay un hombre aquí que **sepa** cambiarle el pañal al niño?
There is a (specific) *man here who knows how to change the child's diaper.*	*Is there any man here who knows how to change the child's diaper?*
Conozco a una mujer que **quiere** ser químico.	No conozco a nadie que **quiera** ser químico.
I know a woman (she exists, is a specific person) *who wants to be a chemist.*	*I don't know anyone who wants to be a chemist.* (There is no person within my experience that has this characteristic.)

Note that the use of the subjunctive in an adjective clause meets both of the necessary conditions for the use of the subjunctive in general. First, there is a subordinate clause in the structure of the sentence. Second, the meaning expressed in the subordinate clause concerns the speaker's unknown.

PRACTICA

A. Dé la forma correcta de los infinitivos señalados, presente del indicativo o presente del subjuntivo, según el contexto. Luego, indique si Ud. está de acuerdo o no con la oración.

1. Hay muchos niños que (*jugar*) con muñecas. 2. La CIA busca personas que (*saber*) hablar ruso. 3. No hay mujeres que (*manejar*) camiones. 4. Hay más mujeres que hombres que (*ser*) abnegadas con su familia. 5. Más científicos deben buscar una medicina que (*curar*) el cáncer. 6. No hay ningún cuento infantil que (*tener*) una heroína fuerte e independiente. 7. No hay nadie en la clase que (*estudiar*) tanto como yo. 8. Los estudiantes siempre buscan profesores que (*dar*) buenas notas y (*enseñar*) de una manera interesante. 9. Tengo un amigo que (*acabar*) de ganar un premio en la lotería. 10. El rector (*president*) de esta universidad es una persona a quien le (*gustar*) el fútbol.

B. Complete las siguientes oraciones con la forma correcta del subjuntivo del verbo indicado. Luego, ponga las oraciones en el orden que mejor represente la importancia que cada una tiene para Ud.

Quiero vivir en una sociedad que...

_____no (*permitir*) ningún tipo de discriminación.
_____(*dar*) trabajo a todos los que quieren trabajar.
_____(*ofrecer*) seguridad económica a los que no pueden trabajar.
_____(*estar*) libre del crimen y de la violencia.
_____(*haber*) eliminado la pobreza.
_____(*proteger*) la libertad individual de todos sus miembros.

C. ◘¡**Necesito compañero!** ◘   Con un compañero de clase, haga y conteste preguntas para averiguar la siguiente información. Cuidado con el uso del subjuntivo o del indicativo, y elabore cada respuesta con más información. Luego, comparta lo que han aprendido con el resto de la clase.

¿Conoces a alguien que... ?

1. (*haber*) tenido una A en todas sus clases el semestre pasado 2. nunca (*ponerse*) furioso 3. (*saber*) hablar más de dos lenguas 4. (*haber*) dejado de fumar 5. nunca (*haber*) tomado una bebida alcohólica 6. (*estudiar*) español *todas* las noches 7. (*ir*) a cambiar la historia del mundo (un poquito) 8. (*tener*) mucho talento artístico 9. nunca les (*haber*) pedido ayuda económica a sus padres 10. (*haber*) visitado la China

D. Situaciones y preguntas. ¡OJO! Hay también usos del subjuntivo ya estudiados en los capítulos anteriores.

1. ¿Conoce Ud. a alguien que sea extravagante? ¿cómico? ¿muy conservador? Descríbalo.
2. ¿Busca Ud. profesores que sean aburridos y poco exigentes? ¿Prefiere Ud. que sus profesores sean interesantes? ¿Busca un esposo (una esposa) que sea rico/a? ¿Por qué sí o por qué no? ¿Prefiere Ud. que sus hijos sean listos u obedientes? ¿Prefiere que ganen mucho algún día o que sean felices?
3. ¿Qué tipo de automóvil prefieres? ¿uno que sea cómodo y gaste mucha gasolina? ¿uno que sea algo incómodo pero pequeño y económico? ¿Qué tipo de casa quieres tener algún día? ¿una casa que tenga jardín? ¿piscina (*pool*)? ¿mucho césped (*lawn*)? ¿dos pisos (*floors*)? Explica. ¿Qué otras características quieres que tenga tu casa?
4. ¿Qué tipo de novio/a buscas? ¿alguien que sea inteligente? ¿que sea rico/a? ¿que sea de tu misma religión? ¿que sea del mismo grupo étnico? ¿del mismo partido político? ¿que sea guapo/a? ¿que sea cariñoso/a? ¿que piense en el matrimonio? ¿que quiera tener una familia algún día? ¿que quiera viajar por el mundo? ¿que sea una persona liberada? De todas estas cualidades, ¿cuál te parece la más importante? ¿la menos importante? ¿Por qué?
5. ¿Qué tipo de carrera quieres seguir? ¿Vas a buscar un puesto con un buen sueldo o un puesto que sea interesante? ¿Crees que los hombres y las mujeres tienen distintas actitudes hacia el trabajo? Por ejemplo, ¿a quién se describe aquí, a un hombre, a una mujer o a los dos? ¡OJO! El que (*The fact that*) los adjetivos se den en masculino singular no significa nada.

   a. Está dispuesto a trabajar horas extra por la noche o los fines de semana.
   b. Considera que su trabajo es una manera de contribuir a la sociedad.
   c. Considera que su trabajo es primariamente una manera de ganar dinero.
   d. Considera que su trabajo es una manera de realizarse (*to fulfill himself/ herself*) personalmente.
   e. Está dispuesto a dejar su trabajo y buscar otro si su esposo encuentra un buen trabajo en otra ciudad.
   f. Está dispuesto a dejar el trabajo y quedarse (*stay*) en casa si un hijo se enferma gravemente.
   g. Está dispuesto a tomar un trabajo en un campo (*field*) distinto al de su especialización o que está a nivel más bajo de su preparación.
   h. Cree que el éxito en el mundo de los negocios depende fundamentalmente de la suerte personal.
   i. Cree que el éxito en el mundo de los negocios depende primariamente del talento y las habilidades de uno.

Si crees que hay algunas diferencias en la actitud de los hombres y las mujeres, ¿puedes sugerir las consecuencias que estas diferencias pueden tener en una profesión? Explica.

E. Describa las situaciones que se presentan en los dibujos a continuación. En su descripción, trate de identificar brevemente a los individuos, explique lo que necesitan o lo que buscan y explique por qué.

1.   2.   3.   4.

1. hacer una caminata (*to hike*) / haber perdido el camino / buscar abrigo (*shelter*) / poder descansar / el perro / traerles alcohol / el mapa / indicarles la ruta
2. el motor / haberse descompuesto / la grúa (*tow truck*) / llevar el coche / el garaje / estar cerca / el mecánico / saber reparar coches importados
3. una pareja profesional / demasiado trabajo / la criada / llevarse bien con los niños / venir a la casa / ayudar con los quehaceres domésticos / ser responsable / no pedir mucho dinero
4. la tienda de juguetes / buscar juguetes / no reforzar estereotipos / no enseñar la violencia / estimular la creatividad / servir para niños y niñas

F. Para tener una juventud contenta y estable, un niño necesita cierta estabilidad. Describa lo que hay que darle para que tenga una juventud sin problemas.

MODELO un padre → El niño necesita un padre que pase tiempo con él.

1. una madre
2. unos hermanos
3. unos amigos

4. una vecindad (*neighborhood*)
5. unos maestros
6. un dormitorio (*bedroom*)

¡OJO!

cuestión–pregunta

Question in the sense of *matter, subject,* or *topic of discussion* is expressed by the Spanish **cuestión**. The word **pregunta** refers to a *question* or *interrogation*. *To ask a question* is expressed in two ways in Spanish: **hacer una pregunta, preguntar**.

      Es una **cuestión** de gran importancia.   *It's a question of great importance.*

Nadie pudo contestar la **pregunta**.	*No one could answer the question.*
Ese niño **hace** muchas **preguntas** difíciles.	*That child asks a lot of difficult questions.*
La niña **preguntó** mucho sobre su abuela.	*The girl asked a lot of questions about her grandmother.*

soportar–mantener–apoyar

To support in a physical sense—as walls support roofs—is expressed by **soportar**. **Mantener** means *to support financially*, or *to sustain or maintain* emotionally or physically. **Soportar** can also mean *to tolerate* or *to put up with*. **Apoyar** means *to support* in the sense of *to back* or *to favor*.

Las columnas **soportan** el techo.	*The columns support the roof.*
Mi tío rico **mantiene** a toda la familia.	*My rich uncle supports the whole family.*
No puedo **soportar** su actitud.	*I can't stand her attitude.*
Lo **apoyo** en la actual campaña política.	*I'm supporting him in the current political campaign.*

dejar de–impedir–detener(se)

Each of these expressions means *to stop*. **Dejar de** + *infinitive* means *to stop doing something*. When used negatively, it means *to fail to* or *to miss doing something*. **Impedir** means *to get in the way*, or *to hinder, prevent, or stop someone from doing something*. With this meaning, **impedir** is often followed by the subjunctive. **Detener** means *to stop or detain* in the sense of *to slow down or hold up progress* and also in the sense of *to arrest*. In its reflexive form, **detenerse**, it means *to stop moving, to pause*.

Dejé de escribir cartas porque mis amigos no me respondían.	*I stopped writing letters because my friends didn't answer.*
No **dejes de visitar** las ruinas mayas.	*Don't fail to visit the Mayan ruins.*
¿Les **impidió** el paso la nieve? —Sí, nos **detuvo** por más de una hora.	*Did the snow stop you (get in your way)? —Yes, it detained us for more than an hour.*
Le van a **impedir** que se vaya.	*They are going to stop him from leaving.*
Detuvieron a los sospechosos en la frontera.	*They stopped (to question or to arrest) the suspects at the border.*
Al pasar por el escaparate, **me detuve** un momento para admirar la exposición.	*Upon passing the shop window, I stopped (paused) for a moment to admire the display.*

PRACTICA

A. Dé la palabra española que se corresponde mejor con las palabras en *letras cursivas.*

1. Mary *stopped* driving after the accident.   2. Three legs *supported* the table in a precarious fashion.   3. When they heard my voice, they *stopped* immediately.   4. It's a *question* of man's inhumanity to man.   5. Traditional attitudes *have stopped* many people from doing what they really want to do. 6. Does that answer your *question*?   7. Don't *fail* to see the documentary on childrearing.   8. I have a few *questions* to ask you later on.   9. I can't *stand* that class.   10. The Republican party *supported* his candidacy with money and publicity.   11. Known smugglers are frequently *stopped* at customs. 12. They all *supported* me when I complained to the dean.   13. I think this fence will *stop* the dog from getting out. Now, if only he would *stop* barking. 14. My parents *supported* me while I finished my studies.

B. Escriba una oración original e interesante para cada palabra de la lista a continuación. ¿Puede Ud. usar dos o más palabras en la misma oración? ¡OJO! Hay también palabras de los capítulos anteriores.

1. la cuestión	5. mantener	9. la pregunta
2. soportar	6. hacerse	10. funcionar
3. dejar de	7. cuidar	11. lastimar
4. tener éxito	8. detener	12. unido

REPASO

A. Lea el siguiente párrafo y decida si el verbo en *letras cursivas* indica el medio de la acción o no. Luego dé la forma correcta del verbo entre paréntesis, usando *el imperfecto* o *el pretérito.*

LA HISTORIA DE UN EX NOVIO

I looked up (**levantar la cabeza**[1]) and *saw* (**ver**[2]) Hector running toward me. His face *was* (**estar**[3]) red and angry, but *I wasn't thinking about that* (**pensar en eso**[4]). *I knew* (**saber**[5]) that *I could* (**poder**[6]) outrun him. "Take that, you rat!" *I yelled* (**gritar**[7]), and *took off* (**salir corriendo**[8]) down the street in the opposite direction. "I guess I showed him!" *I was thinking* (**pensar**[9]) when *I arrived home* (**llegar a casa**[10]). When *I opened* (**abrir**[11]) the door, my mother *was coming out* (**salir**[12]) of the kitchen. "Where have you been?" *she asked me* (**preguntarme**[13]). "Oh, down by Jane's house," *I answered* (**responder**[14]) casually. "She's the new girl at school." My mother *smiled* (**sonreír**[15]) and then *explained* (**explicar**[16]) that Jane's family *was coming* (**venir**[17]) to our house for dinner that evening and that *she was happy* (**gustarle**[18]) that Jane and I were already friends. *I tried* (**querer**[19]) to think of an excuse to get me out of dinner: *I had* (**tener**[20]) an exam, *I said* (**decir**[21]), and *needed* (**necesitar**[22]) to study. But my mother already *knew* (**conocer**[23]) that one, so *it couldn't* (**poder**[24]) convince her. Finally, *I told her* (**decirle**[25]) that Jane and I *were* (**ser**[26]) not exactly the best of friends. "What *were you doing* (**hacer**[27]) down by her house this afternoon, then?" *she wanted* (**querer**[28]) to know. "*We were agreeing* (**ponernos de acuerdo**[29]) to be enemies." My mother *looked at me* (**mirarme**[30]) strangely. "Perhaps this evening could be the turning point, then," *she suggested* (**sugerir**[31]), and *returned* (**volver**[32]) to the kitchen. "But, Mom . . . !" *I sputtered* (**balbucear**[33]). *It was no use* (**no haber remedio**[34]). I would have to go through with it. *I sat down* (**sentarme**[35]) to figure out my strategy for the evening.

B. Narre en el tiempo presente lo que pasa en la siguiente serie de dibujos. En su narración, incluya información sobre:

LOS PERSONAJES: ¿Quiénes son? ¿Cómo son?

LA ACCION: ¿Qué pasa? ¿Qué quiere el uno que el otro haga? ¿Por qué? ¿Qué le ha pasado?

EL DILEMA: ¿Qué descubre el hombre? ¿Cómo se lo explica a la mujer? ¿Cuál es la reacción de ella? ¿Duda que… ? ¿Se pone furiosa que… ?

LA RESOLUCION: Invente Ud. el final del cuento: ¿qué va a pasar luego? ¿Le va a pedir la mujer al hombre que haga algo? ¿Qué le va a pedir el hombre a la mujer?

VOCABULARIO UTIL: la mecánica (*mechanic*), una llanta (que está) desinflada (*flat tire*), el camión (*truck*)

CAPITULO SIETE

CIUDAD DE MEXICO, MEXICO

EL MUNDO DE
LOS NEGOCIOS

En todo el mundo, durante las últimas dos décadas ha habido una tendencia hacia la creación de la tienda general (el almacén) donde se pueden comprar varias cosas en el mismo lugar. En España existen las Galerías Preciados y El Corte Inglés, en los EEUU, Macy's y Bloomingdale's. La meta de estas tiendas es ofrecer al comprador una gran variedad de mercaderías a precios asequibles (*affordable*). ¿Qué otras ventajas tiene una tienda grande? ¿Tiene desventajas? En su opinión, ¿cuáles son las ventajas y desventajas de las pequeñas tiendas especializadas? Para comprar los artículos que aparecen a continuación, ¿prefiere Ud. ir a un almacén o a una tienda especializada? ¿Por qué?

la ropa	los productos de	los zapatos
las joyas	limpieza	los juguetes
los discos	el champú y otros	una grabadora de
una cámara	cosméticos	vídeo
fotográfica		

¿Dónde prefiere Ud. tener su cuenta bancaria, en un banco grande o en uno pequeño? ¿Dónde le gusta comprar la comida, en un supermercado o en una tienda especializada? ¿Por qué?

Vocabulario para conversar

las acciones *stock*
   el accionista *stockholder*
el anuncio *advertisement*
los archivos *files*
la bancarrota *bankruptcy*
   estar en bancarrota *to be bankrupt*
   ir a la bancarrota *to go bankrupt*
la Bolsa *stock market*
la cafetera *coffeepot*
la compañía *company*
el corredor de Bolsa *stockbroker*
declararse en huelga *to strike*
   la huelga *strike*

el despacho *office (specific room)*
el empleado *employee*
la empresa *corporation*
escribir a máquina *to type*
exportar *to export*
   la exportación *export*
las ganancias *earnings, profits*
la gerencia *management*
   el gerente *manager, director*
el hombre, la mujer de negocios *businessman/woman*
importar *to import*
   la importación *import*

invertir (ie, i) *to invest*
   las inversiones *investments*
la libre empresa *free enterprise*
la marca *brand (name)*
la oficina *office (general term)*
las pérdidas *losses*
prestar *to lend*
   pedir prestado *to borrow*
   el préstamo *loan*
el secretario *secretary*
el sindicato *labor union*
el socio *partner, associate*

EL DINERO

ahorrar *to save*
el almacén *department store*
cobrar *to charge (someone for something)*
   cobrar un cheque *to cash a check*
la cuenta *account*
   la cuenta corriente *checking account*

la cuenta de ahorros *savings account*
gastar *to spend*
   los gastos *expenses*
el mercado *market*
pagar a plazos *to pay in installments*

pagar en efectivo *to pay in cash*
la tarjeta de crédito *credit card*
la tienda* *store*

Practiquemos

A. Complete las siguientes oraciones con la palabra apropiada de la lista del vocabulario.

1. Un accionista es una persona que _____ dinero en una empresa.
2. Un _____ trabaja para mejorar las condiciones del empleado.
3. Las _____ representan el dinero que recibe el accionista como resultado de sus inversiones en la Bolsa.
4. Durante la Gran Depresión muchos individuos y bancos también _____.
5. Cuando una empresa no trata bien a sus empleados, _____ es el último recurso.

---

*The names of smaller specialty shops are frequently based on the item or article sold: una *panadería*, bakery; una *carnicería*, butcher shop; una *zapatería*, shoe store, and so on.

6. Para ganar dinero en el extranjero (*abroad*), las empresas _____ sus productos.
7. En muchas oficinas, los empleados se reúnen cerca de _____ antes de empezar a trabajar.
8. La _____ es un sistema de negocios en cuyo funcionamiento el gobierno no interviene.
9. Muchas personas piden un _____ para comprar un carro nuevo.
10. Los EEUU _____ muchos carros del Japón.
11. Normalmente, para _____ es necesario tener dos tipos de identificación.

B. Defina brevemente en español. ¡OJO! Trate de evitar una definición que contenga otra forma de la misma palabra.

1. los archivos
2. el anuncio
3. el despacho
4. el empleado
5. la tarjeta de crédito
6. el hombre de negocios
7. la huelga
8. la marca
9. el secretario
10. el socio

C. ¿Qué palabra no pertenece al grupo? Explique por qué.

1. la gerencia   el empleado   la secretaria   el sindicato
2. gastar   cobrar   prestar   comprar
3. los gastos   la bancarrota   la huelga   las pérdidas
4. el accionista   el sindicato   las inversiones   el corredor de Bolsa
5. la marca   ahorrar   las ganancias   invertir
6. escribir a máquina   los archivos   las acciones   la oficina

D. Explique la diferencia entre cada grupo de palabras.

1. pagar en efectivo / pagar a plazos
2. tomar / pedir prestado
3. la empresa / la compañía
4. la cuenta de ahorros / la cuenta corriente
5. la tienda / el almacén / el mercado

Conversemos

A. En el dibujo se ven actividades de los empleados de la compañía Dineral, S.A.* un viernes por la tarde. ¿Quién es el gerente? ¿Por qué lo cree Ud.? ¿Con quién habla? En su opinión, ¿es un buen gerente o no? ¿Por qué tiene esa impresión? ¿Qué indica el cartel (*poster*) que está en la pared de su despacho?

B. ¿Qué hacen Pedro y Carmen? A las 4:45 de la tarde, ¿es posible que tomen café? Si Ud. contesta que no, ¿cómo puede explicar lo que hacen? ¿De qué cree Ud. que hablan? ¿Qué hace Arturo? ¿Qué quiere él?

---

*The initials **S.A.** stand for **Sociedad Anónima**, the Spanish equivalent of *Inc.*

C. ¿Cómo es Lola? ¿Qué hace ella? En su opinión, ¿es una secretaria modelo? ¿Por qué piensa Ud. eso? ¿Qué hace Isabel? ¿Por qué mira el reloj? ¿Qué le trae Jorge? ¿Qué quiere él que haga Isabel? ¿Cómo se va a poner ella al ver los archivos?

D. ¿Por qué no trabaja Ramón? En su opinión, ¿qué tipo de persona es Ramón *fuera de* la oficina? ¿Es el mismo tipo de persona *dentro de* la oficina?

E. Según sus impresiones de la compañía Dineral, S.A. y sus empleados, comente las siguientes afirmaciones usando una de las expresiones a continuación. Cuidado con el contraste entre el subjuntivo y el indicativo, igual que el contraste entre el presente y el presente perfecto del subjuntivo.

Dudo...   Es posible...   Creo...

1. Lola recibe un salario muy alto.
2. Ramón trabaja sobretiempo esta noche.
3. Jorge quiere ser socio de la empresa algún día.
4. La compañía Dineral, S.A. ha ganado mucho dinero todos los años.
5. El señor Panzón ha dado aumentos (*raises*) a todos sus empleados todos los años.
6. Isabel va a trabajar el sábado.
7. Arturo y Carmen son novios.
8. A Pedro y a Carmen les gusta el café.
9. Pedro y Carmen beben mucho café durante el día.

F. De las escenas que se ven en el dibujo, ¿cuál le parece la más típica de una oficina? ¿Qué otras escenas típicas no se han incluido?

G. Es posible que Ud. no sepa estas palabras en español. Si necesita expresarlas y no tiene a mano un diccionario, ¿cómo puede hacerse entender?

1. *swivel chair* 2. *wastebasket* 3. *photocopier* 4. *typewriter ribbon*

GRAMATICA

34. REVIEW OF PRETERITE TENSE

Since the forms of the past subjunctive (Section 36 of this chapter) are based on the third person plural of the preterite, the past subjunctive will be easier to learn if you first review the irregularities found in that preterite form.

Remember that preterite forms fall into four main groups (Section 18):

A. verbs that are regular in the preterite (all regular verbs and **-ar** and **-er** stem-changing verbs)

B. **-ir** stem-changing verbs
C. verbs with both irregular preterite stems and irregular endings
D. the verbs **dar, ir,** and **ser**

Irregularities in the third person plural of the preterite occur only in groups B, C, and D.

B. *-ir* Stem-changing Verbs

These verbs show the following stem changes in the present: **e → ie, o → ue,** and **e → i.** In the preterite, there is a slightly different change, in the third person singular and plural forms only: **e → i, o → u,** and **e → i.** After reviewing this information, can you complete the preterite tense conjugation of these verbs?

e → i	o → u	e → i
PREFERIR: preferí...	MORIR: morí...	PEDIR: pedí...

C. Verbs with Irregular Preterite Stems and Endings

All verbs in this group use the same preterite endings, but on stems different from their infinitive stems. **Poner** is an example of this type of verb.

PONER:	puse	pusimos
	pusiste	pusisteis
	puso	pusieron

Can you give the third person plural preterite form for these infinitives: **andar, decir, estar, hacer, poder, producir, querer, saber, tener, traer, venir?** If you do not know these forms well, review Section 18.

D. *Dar, ir,* and *ser*

The preterite of **dar** is formed with the endings of regular **-er/-ir** verbs, but without the accents. The preterite forms of **ir** and **ser** do not follow any of the above patterns. Can you complete the conjugations of these verbs?

DAR: di...   IR: fui...   SER: fui...

RECUERDE UD.

You have seen how a *demonstrative adjective + noun* sequence can be replaced with a demonstrative pronoun in order to avoid unnecessary repetition.

No quiero este puesto; quiero **ese puesto** → quiero **ése.**
No me traiga esos archivos; tráigame **aquellos archivos** → tráigame **aquéllos.**

Possessive adjective + noun sequences can also be replaced by possessive pronouns. The form of the pronoun reflects the number and gender of the noun that is replaced. Here are the possessive pronouns.

| POSSESSIVE PRONOUNS | | | |
| singular | | plural | |
masculine	feminine	masculine	feminine
mine — el mío	la mía	los míos	las mías
yours — el tuyo	la tuya	los tuyos	las tuyas
his / hers / yours — el suyo	la suya	los suyos	las suyas
ours — el nuestro	la nuestra	los nuestros	las nuestras
yours — el vuestro	la vuestra	los vuestros	las vuestras
theirs / yours — el suyo	la suya	los suyos	las suyas

If you need more review on the use of these forms, see Appendix 5.

PRACTICA

A. Conteste en el pretérito según el modelo.

MODELO ¿Está Ud. hoy en el despacho? (ayer) →
No, pero estuve allí ayer.

1. ¿Se hacen ricos este año los socios de la compañía Dineral, S.A.? (el año pasado)
2. ¿Se declaran hoy en huelga los estudiantes? (el año pasado)
3. ¿Es López Portillo el presidente de México? (hace unos años)
4. ¿Se cierran a las dos y media los bancos? (anteayer)
5. ¿Vas a la Bolsa con tu tío, el accionista? (el lunes)
6. ¿Duerme esta noche en un hotel tu padre? (el mes pasado, durante un viaje de negocios)
7. ¿Se divierten los empleados en todas las fiestas de la compañía Dineral, S.A.? (una fiesta el año pasado)
8. ¿Mueren muchas personas en México como resultado de los terremotos? (del terremoto de 1985)
9. ¿Habla el gerente de la compañía Dineral, S.A. con el jefe del sindicato esta mañana? (la semana pasada)
10. ¿Vas a la cafetería a tomar café ahora? (por la mañana)

B. ¿Qué hizo Ud.? ¿Qué hicieron los otros? Conteste la pregunta según las indicaciones y explique también lo que hicieron los demás.

MODELO ¿Qué coche compró? → yo,   tú,   los Sres. Dólares
Honda   Reliant   Cadillac

Yo compré un Honda. Tú compraste un Reliant. Los Sres. Dólares compraron un Cadillac. Mi coche es pequeño y económico. El tuyo lo es también, pero el suyo es muy grande y no es muy económico. Gasta mucha gasolina.

PERSONAS: yo, tú, los señores Dólares

1. ¿Qué novela leyó?	*Salem's Lot*	*The Godfather*	*Das Kapital*
2. ¿Qué acciones compró?	Nestlé	Chrysler	IBM
3. ¿Qué tarjeta de crédito usó?	Amoco	Visa	American Express
4. ¿Qué restaurante recomendó?	Wendy's	McDonald's	La Tour d'Argent
5. ¿Qué vino pidió?	Gallo	el vino de casa	un vino de Francia

C. Narre las siguientes secuencias en el pretérito, añadiendo otras palabras y haciendo los cambios necesarios. Use pronombres cuando sea posible para evitar la repetición innecesaria. (/ / = nueva oración o cláusula)

1. **accionistas** / invertir / dinero / empresa / / sacar / ganacias / grande
2. **empleados** / declararse en huelga / / gerencia no hacerles caso / / pedir más trabajo a los empleados / / nunca dar aumentos a los empleados
3. **empresa** / gastar mucho dinero / / no obtener ganancias / / despedir / mucho / empleados / / perder mucho dinero / / pedir préstamos a los bancos / / no poder devolver el dinero prestado a los bancos / / ir a la bancarrota
4. **nosotros** / trabajar mucho / / recibir bueno / sueldos / / decidir ahorrar / todo / dinero / / poner / parte / dinero / cuenta de ahorros / / invertir / dinero / Bolsa
5. **tú** / ver anuncios para _____ / / ir al centro / / no querer pagar las compras en efectivo / / pagar las compras a plazos
6. **yo** / buscar trabajo / / escribir un buen curriculum vitae / / vestirse profesionalmente / / ir / varios / compañías / / pedir entrevistas / / llenar / mucho / solicitudes / / hablar / jefes / / impresionar / jefes / / empezar / trabajar / el lunes

D. Situaciones y preguntas

1. Describa lo que pasó la última vez que Ud. fue al cine. ¿Cuándo fue? ¿Con quién fue? ¿Cómo fue? ¿Qué película vieron? ¿Les gustó? Ahora, siguiendo el modelo de las preguntas anteriores, describa lo que pasó la última vez que Ud. _____.
   a. dio una fiesta
   b. compró un abrigo nuevo
   c. usó una tarjeta de crédito
   d. recibió un regalo
   e. comió algo realmente delicioso

    f. hizo algo increíble
    g. estuvo en la biblioteca

2. ¿Qué era inevitable que hicieran las siguientes personas ayer? ¿Qué acciones eran sólo probables? Por ejemplo: Sé que ayer Dan Rather presentó las noticias en la televisión; es probable que también haya hablado con varias personas por teléfono. Dé el nombre de una persona concreta en cada categoría.
    a. un artista de la televisión, del cine o del teatro
    b. una persona muy rica
    c. un político importante
    d. un estudiante típico de esta universidad
    e. una persona muy conocida de esta universidad
    f. un deportista famoso
    g. un pariente suyo

3. ¿Cuándo fue la última vez que compraste un producto importado? ¿Qué compraste? ¿De qué país vino? ¿Por qué no compraste ese producto hecho en los EEUU? En los últimos diez o quince años, los norteamericanos hemos comprado muchos carros japoneses y alemanes. ¿Ha sido beneficioso para la economía norteamericana? ¿Qué efectos negativos ha tenido? ¿Qué otras áreas del mercado tienen muchos productos importados? ¿Qué se puede hacer para disminuir la compra de productos importados?

▣ ESTRATEGIAS PARA LA COMUNICACION ▣

Luego... Y después...

OR

How to Narrate Events

The difference between a list of isolated events and a story can be seen in the manner in which the events are connected within the story. Isolated events can be told in random order; a story, however, has a chronology (sequence). When a sequence of events is narrated, the parts are linked together with words or expressions that define the chronology. Each event occurs in a given order in the sequence. For example:

> This morning I got up and took a shower. *Then* I ate breakfast. *Afterwards* I got dressed and, *before* leaving for school, I called my friend Jonathan.

The italicized words link the events, outlining the sequence for the listener.
    Here are some frequently used words for recounting events in Spanish.

primero *first (in a list)*   luego *then, next, later*
al principio *at first*   en seguida *immediately (after)*

antes (de eso) *before (that)*	anteriormente *before, earlier*
al mismo tiempo *at the same time*	por último *last (in a list)*
después (de eso) *after (that)*	por fin *finally*
mientras (que) *while*	finalmente *finally*
entonces *then, at that same moment*	al final *at the end*

Esta mañana me levanté y me bañé. **Luego** tomé el desayuno. **Después** me vestí y, **antes de** salir para la universidad, llamé a mi amigo Jonathan.

Remember that in narrating events, the preterite and imperfect are used according to context (see Section 20). A series of events completed in the past is generally narrated with the preterite. Two or more events that occur simultaneously in the past, as well as feelings, thoughts, and time expressions, are usually told in the imperfect. To describe an event completed in the past while another is ongoing, the preterite and the imperfect, respectively, are used.

SERIES OF COMPLETED EVENTS:	Carlos **arrancó** el carro, **salió** de la estación de gasolina y se **fue** hacia el centro. *Carlos started up the car, left the gas station, and went off toward the downtown area.*
SIMULTANEOUS EVENTS:	Juanito **lloraba** y Emilita **gritaba**. *Juanito was crying and Emilita was screaming.*
ONGOING ACTION INTERRUPTED BY ANOTHER EVENT:	Jorge me **llamó** mientras (que) **comía** el almuerzo. *Jorge called me while I was eating lunch.*

Try to use linking words in the following activities.

A.   You are a detective who wants to report the following events to a client. Use the infinitives in the order given. The parenthetical cues will help you decide which tense to use.

MODELO   el Sr. Gato: levantarse, vestirse, ir al cine *(series)* →
          Primero el Sr. Gato se levantó. Luego se vistió y fue al cine.

1. la criada: visitar a su hermana, comprar leche, regresar a casa *(series)*
2. el niño, su hermano mayor: comer las galletas, mirar la televisión, lavar los platos *(simultaneous events)*
3. Miguel: hablar con un amigo, entrar su hermana, gritar «socorro» *(ongoing action interrupted by another event)*
4. el profesor, los estudiantes: enseñar la materia, practicar los ejercicios, sonar el timbre *(bell) (your choice)*
5. el ladrón *(thief)*: estar en la cárcel *(jail)*, hacer planes, salir de la cárcel, comprar una pistola, robar un banco *(your choice)*
6. el marido, la esposa: estar descontento, salir con otro, querer a otro, querer divorciarse, hablar con un abogado *(your choice)*

B.   ¡**Necesito compañero!**   La siguiente secuencia de dibujos presenta—de manera *muy* esquemática—un día en la vida de Carmen Quintero y su esposo Andrés

Pereda. Narre la historia en el pasado, usando el pretérito o el imperfecto según las circunstancias. Agregue *por lo menos* 2 o 3 detalles más (otras acciones o puntos de información) cuando explique cada dibujo.

35. REVIEW OF THE USES OF THE SUBJUNCTIVE

The functions of tense and mood are different. Remember that tense indicates when an event takes place—present, past, future—and that mood designates a particular way of perceiving an event (Section 23). Through choice of mood, the speaker indicates a specific perception of reality. In general, the indicative mood signals that the speaker perceives an event as fact (objective reality). In contrast, the subjunctive mood is used to describe the unknown (what is beyond the speaker's knowledge or experience).

Remember the two conditions that must be met for the subjunctive to be used.

A.   Sentence Structure

The subjunctive is used in sentences that contain a subordinate clause; the subject of the main clause is different from the embedded subject. The subjunctive is used in the subordinate clause.

SIMPLE SENTENCE: Nuestra compañía quiere dominar el mercado.
Our company wants to dominate the market.

SENTENCE PLUS
SUBORDINATE CLAUSE: Yo quiero que nuestra compañía domine el mercado.
I want our company to dominate the market.

B.   Meaning

Certain meanings cue the use of the subjunctive. Those that you have already studied are given below. For each, the verb in the subordinate clause is in the subjunctive when the subject of the main clause

1. tries to *persuade* or *influence* the behavior of the subject of the subordinate clause (Section 24)

Prefiero que hables primero con el sindicato.   *I prefer that you speak with the union first.*

2. expresses a *lack of knowledge or certainty* regarding the subject of the subordinate clause (Sections 29 and 33)

No creo que tengan despachos grandes.   *I don't think they have large offices.*

No hay nadie aquí que me preste $20.   *There's no one here who will lend me $20.*

3. expresses a *value judgment* or an *emotional reaction* to the reality indicated in the subordinate clause (Section 30)

> Me alegro de que hayan terminado la huelga.

> *I am happy that they have ended the strike.*

PRACTICA

A. Dé la forma correcta del verbo, según el contexto. Luego explique brevemente por qué se ha usado el indicativo o el subjuntivo en cada caso.

1. Me sorprende que Emilia _____ comprado acciones de la compañía Dineral, S.A. (*haber*)
2. Los empleados lo _____, probablemente. (*saber*)
3. No estoy seguro/a que José _____ el nombre del negocio. (*recordar*)
4. Es verdad que se _____ muchos productos al extranjero. (*exportar*)
5. Busco el restaurante en el que Juan y yo _____ el sábado pasado. (*comer*)
6. Los socios quieren _____ allí. (*comer*)
7. El señor Motoco me pide que le _____ con las inversiones. (*ayudar*)
8. No puedo creer que Ud. siempre _____ a plazos. (*pagar*)
9. ¿Conoce Ud. una empresa que _____ motocicletas? (*importar*)
10. Es necesario buscar un puesto que _____ un salario mejor. (*ofrecer*)
11. ¿Quieres _____ a comer el domingo? (*venir*)
12. ¿No hay ninguna tienda que _____ cafeteras? (*vender*)
13. Es posible que se _____ la Bolsa a las 8:30. (*abrir*)
14. Sí, yo sé que Eloísa _____ venir a hablarme. (*querer*)
15. Es escandaloso que la gerencia _____ dinero de los accionistas. (*aceptar*)

B. Haga oraciones usando palabras de la lista de la derecha.

> MODELO   tengo un(a) _____ que // quiero un(a) _____ que →
> Tengo un despacho que es muy pequeño. Quiero uno que sea más grande.

1. tengo un(a) _____ que // quiero un(a) _____ que
2. hay muchos/as _____ que // no hay ningún (ninguna) _____ que
3. es evidente que _____ // es preferible que _____
4. la compañía necesita un(a) _____ que // la compañía ya tiene un(a) _____ que
5. todos sabemos que _____ // dudamos que _____
6. me gusta que _____ // me preocupa que _____

jefe
empleado
las grandes empresas
tarjeta de crédito
secretaria
sindicato
gerencia
puesto
anuncio
cuenta

C. 🔲¡Necesito compañero!🔲   Con un compañero, haga y conteste preguntas para averiguar la importancia que los siguientes conceptos tienen en su

visión personal del mundo. Use frases como éstas para valorar cada cosa:
No es (nada) importante... Es importante... No es tan importante... Es muy
importante...

MODELO ¿ganar mucho dinero? → No es importante que gane mucho
dinero.

1. ¿trabajar en una ciudad grande? 2. ¿tener un puesto de prestigio?
3. ¿trabajar en una compañía de prestigio? 4. ¿ganar mucho dinero?
5. ¿ser respetado por los colegas? 6. ¿saber hacer algo muy, muy bien?
7. ¿ser famoso/a? 8. ¿ayudar a resolver un problema humano? 9. ¿tener
un despacho grande y elegante? 10. ¿estar casado/a? 11. ¿vivir en un
barrio exclusivo? 12. ¿tener un coche carísimo? 13. ¿tener un título (*title*,
e.g., Division Head)? 14. ¿poder jubilarse a los 40 años?

D. Situaciones y preguntas

1. ¿Tienes trabajo ahora? Descríbelo. ¿Cómo lo conseguiste? ¿Cuántas horas
a la semana trabajas? En tu opinión, ¿es bueno que un estudiante trabaje
mientras todavía es estudiante? ¿Por qué sí o por qué no? ¿Has aprendido
algo en tu trabajo actual que consideres que va a ayudarte en el futuro?
Explica.

2. Una palabra que se escucha mucho hoy en día en el mundo de los
negocios es *percs*. ¿Qué entiendes por esta palabra? De las siguientes
ideas, ¿cuáles son ejemplos de *percs*? ¿Quiénes son las personas que
gozan (*enjoy*) de estos *percs*?
   a. tener un coche de la compañía
   b. tener un despacho propio
   c. tener teléfono en el coche
   d. poder viajar en clase turística
   e. tener teléfono en el despacho
   f. tener una secretaria
   g. poder hacer fotocopias gratis
   h. tener una cuenta para gastos relacionados con el trabajo (*expense
   account*)

   En el trabajo que tú consideras ideal, ¿es necesario que recibas algunos
   percs? ¿Cuáles son los más importantes desde tu punto de vista?

3. En tu opinión, ¿es mejor ser gerente o ser empleado? ¿Por qué? ¿Prefieres
trabajar para otra persona o trabajar para ti mismo? ¿Por qué? ¿Qué es lo
mejor de trabajar para otra persona? ¿y lo peor?

4. ¿Tienes tarjetas de crédito? ¿De qué tipo son? ¿Cuántos años tenías
cuando las usaste por primera vez? ¿Las usas con frecuencia? ¿Por qué sí
o por qué no? Desde el punto de vista del consumidor, ¿qué es lo bueno
de tener una tarjeta de crédito? ¿y lo malo? ¿Y desde la perspectiva del
negociante? Cuando vas de compras, ¿prefieres pagar con cheque, con
tarjeta de crédito o en efectivo? ¿Qué factores determinan tu decisión?

36. PAST SUBJUNCTIVE: CONCEPT, FORMS

A. Concept

To use the past subjunctive (**el imperfecto del subjuntivo**) correctly, you do not have to learn any additional subjunctive cues but only the past subjunctive forms. Almost all the cues that signal the use of the subjunctive mood are applicable to both present subjunctive and past subjunctive. The use of present subjunctive versus past subjunctive is determined by the tense of the verb in the main clause (Section 37).

B. Forms of the Past Subjunctive

Without exception, the stem for the past subjunctive is the third person plural of the preterite minus -on: **hablaron → hablar-; comieron → comier-; vivieron → vivier-**. The endings for the past subjunctive for all verbs are **-a, -as, -a, -amos, -ais, -an**. Note the accent mark on all **nosotros** forms.

REGULAR -ar		REGULAR -er		REGULAR -ir	
hablara	habláramos	comiera	comiéramos	viviera	viviéramos
hablaras	hablarais	comieras	comierais	vivieras	vivierais
hablara	hablaran	comiera	comieran	viviera	vivieran

-Ar and **-er** stem-changing verbs do not show a stem change in the third person plural of the preterite; therefore, no stem change occurs in the past subjunctive forms: **comenzara, mostrara, entendiera**, and so on. The stem change in the third person plural of the preterite of **-ir** stem-changing verbs is reflected in all persons of the past subjunctive of those verbs.

preferir: prefirieron		morir: murieron	
prefiriera	prefiriéramos	muriera	muriéramos
prefirieras	prefirierais	murieras	murierais
prefiriera	prefirieran	muriera	murieran

Verbs with different stems in the preterite show that stem throughout the whole past subjunctive conjugation, as do **dar** (**diera, dieras**, and so on), **ir**, and **ser** (**fuera, fueras**, and so forth).

tener: tuvieron		decir: dijeron	
tuviera	tuviéramos	dijera	dijéramos
tuvieras	tuvierais	dijeras	dijerais
tuviera	tuvieran	dijera	dijeran

The past subjunctive of **hay** (**haber**) is **hubiera**.

DE PASO

The past subjunctive forms described previously are referred to as the *-ra set*. A second set of past subjunctive forms, known as the *-se set*, has **-se** wherever the **-ra** set has **-ra**:

hablar		**comer**		**vivir**	
hablase	hablásemos	comiese	comiésemos	viviese	viviésemos
hablases	hablaseis	comieses	comieseis	vivieses	vivieseis
hablase	hablasen	comiese	comiesen	viviese	viviesen

Of the two sets of forms, the **-ra** set is more common, although usage varies among countries and, within any country, according to social class. Only the **-ra** forms will be practiced in *Pasajes: Lengua*, but you should learn to recognize the **-se** forms as well, for you will see them frequently.

PRACTICA

Dé la persona indicada del imperfecto del subjuntivo.

1. **yo**: dominar, ofender, abrir, recordar, morir, invertir, andar, estar, saber
2. **nosotros**: importar, romper, discutir, despertarse, comprar, prestar, hacer, tener, lavarse
3. **vosotros**: pegar, suceder, descubrir, sentarse, sacar, mirarse, pedir, decir, poder, traer
4. **ellos**: ganar, leer, admitir, pedir, dormir, preferir, producir, poner, venir
5. **tú**: ganar, vender, asistir, afeitarse, vestirse, seguir, traducir, querer, perder, dar, ir

37. SEQUENCE OF TENSES: PRESENT SUBJUNCTIVE VERSUS PAST SUBJUNCTIVE

In Spanish, the tense of the subjunctive—present or past—used in the subordinate clause is determined by the tense used in the main clause. The following chart summarizes the main clause → subordinate clause tense correspondences for the verb tenses you have studied thus far.

MAIN CLAUSE	SUBORDINATE CLAUSE
present present perfect command	present subjunctive
preterite imperfect	past subjunctive

When the verb in the main clause is in the present or present perfect, or is a command, a form of the present subjunctive* is generally used in the subordinate clause. When the verb in the main clause is in the preterite or imperfect, a form of the past subjunctive is used in the subordinate clause.†

PRESENT → PRESENT SUBJUNCTIVE
El director **dice** que Ud. **asista.**   *The director tells you to attend.*

PRESENT PERFECT → PRESENT SUBJUNCTIVE
El director **ha dicho** que Ud. **asista.**   *The director has told you to attend.*

COMMAND → PRESENT SUBJUNCTIVE
DIRECTOR: **Dígale** que **asista.**   DIRECTOR: *Tell him to attend.*

PRETERITE → PAST SUBJUNCTIVE
El director **dijo** que Ud. **asistiera.**   *The director told you to attend.*

IMPERFECT → PAST SUBJUNCTIVE
El director **decía** que Ud. **asistiera.**   *The director was telling you to attend.*

PRACTICA

A. «*The bad old days.*» Dé oraciones nuevas según las indicaciones.

1. ¿Trabajaban muchas horas entonces? —Sí, era necesario que *trabajaran muchas horas.* (empezar a trabajar temprano, ser siempre puntuales, hacer mucho trabajo manual, venir a trabajar 6 ó 7 días)

---

*Forms of the present subjunctive include the simple present and the present perfect: **hable, haya hablado; coma, haya comido**. Forms of the past subjunctive include the simple past and the pluperfect: **hablara, hubiera hablado; comiera, hubiera comido**. You will study the forms of the pluperfect subjunctive in Section 57.

†The use of the future and conditional with the subjunctive is practiced in Sections 52 and 58.

2. ¿Tenían los obreros otras dificultades también? —Sí, los jefes no permitían que *tomaran vacaciones con sueldo.* (recibir atención médica gratis, tener breves descansos durante el día, llegar tarde de vez en cuando, volver al trabajo después de una larga enfermedad)
3. ¿Recibían algunos beneficios? —No tenían muchos. Por ejemplo, no había ninguna compañía que *pagara sobretiempo por trabajar sobretiempo.* (pedir sólo 40 horas a la semana, ofrecer un seguro médico, siempre mantener buenas condiciones de trabajo, seguir pagando a los empleados después de la jubilación, permitir alguna participación en la gerencia)
4. ¿Cuál fue la reacción general al movimiento sindicalista? —Muchos *pensaban* que esto representaba la destrucción de la economía. (temían, creían, estaban seguros, dudaban, sabían, esperaban)

B. Isabel, una estudiante de esta universidad, está para graduarse en economía y español. Hace unos días, mientras se preparaba para una entrevista con la empresa AT&T, todos sus amigos, sus profesores y sus parientes le daban consejos. Repita los consejos que le daban, según el modelo.

MODELO padre: decir / no estar nerviosa →
Su padre le dijo que no estuviera nerviosa.

1. madre: decir / tener confianza en su preparación académica
2. profesor de economía: recomendar / pedir un sueldo en concreto
3. mejor amigo: aconsejar / vestirse de manera conservadora
4. novio: pedir / expresar interés en obtener un trabajo en el extranjero
5. profesora de español: sugerir / demostrar su capacidad para comunicarse en esa lengua
6. abuelo: decir / hablar despacio (*slowly*) y con seguridad
7. padre: recomendar / mostrar confianza en sí misma

C. Complete las siguientes oraciones en una forma lógica. Cuidado con el contraste entre el subjuntivo y el indicativo al igual que el contraste entre el tiempo presente y el tiempo pasado.

1. En el pasado, era necesario que las mujeres trabajadoras ____. Ahora es mejor que (ellas) ____.
2. En el pasado, los gerentes esperaban que sus empleados ____. Hoy en día quieren que (ellos) ____.
3. En el pasado, casi no había ningún ejecutivo en el mundo de los negocios que ____. Hoy en día hay muchos ejecutivos que ____.
4. Hoy en día muchas empresas permiten que sus empleados ____. En el pasado las empresas no querían que (ellos) ____.
5. En el pasado, muchos jóvenes creían que una carrera en el mundo de los negocios ____. Hoy en día muchos jóvenes piensan que ____.
6. En el pasado, los jefes querían que sus secretarias ____. Hoy las secretarias piden que sus jefes ____.

D. ¡Necesito compañero! Con el tiempo cambian nuestras actitudes—no sólo con respecto a los negocios sino también hacia muchas otras cosas. Trabajando con un compañero de clase, complete las siguientes oraciones para indicar si han cambiado sus actitudes o sentimientos (*feelings*) hacia los siguientes temas. Cuidado con el uso del presente y del pasado del subjuntivo.

1. Cuando era niño, me parecía muy importante que _____. Ahora me parece más importante que _____.
2. De niño, dudaba que mis padres _____. Ahora (dudo/estoy seguro de) que ellos _____.
3. Creo que en el pasado mis padres dudaban que yo _____. Ahora (dudan/saben) que yo _____.
4. En el pasado pensaba que la educación _____. Ahora (creo/no creo) que _____.
5. Antes, los jóvenes buscaban ropa que _____. (Todavía/Pero) hoy buscan ropa que _____.
6. Hace unos años, yo no creía que el matrimonio _____. (Todavía/Pero) hoy me parece que _____.

E. Situaciones y reacciones

1. Una vez, siendo niño, fuiste a pasar la noche en casa de un amiguito. ¿Qué te recomendó tu madre?
2. Algunos amigos que están en el primer año de español piensan pasar al segundo año. Quieren sacar buenas notas. ¿Qué les recomiendas?
3. Estudiabas en la biblioteca y dos estudiantes desconocidos se sentaron cerca y se pusieron a hablar en voz alta. ¿Qué les pediste?
4. Al final del semestre el rector de la universidad les pide sugerencias a los estudiantes sobre maneras de mejorar el sistema de seguridad y vigilancia en el recinto universitario (*campus area*), o de reducir la incidencia de delitos (*crimes*). ¿Qué le sugieren?
5. El presidente habló con Lee Iaccoca sobre el déficit nacional. Buscaba ideas para resolver el problema. ¿Qué le dijo Iaccoca?
6. El secretario del Departamento de Educación de tu estado te solicita unas recomendaciones sobre la mejor manera de atraer hacia puestos en las escuelas secundarias a los individuos más inteligentes y talentosos. ¿Qué le recomiendas?
7. Llegó el día en que ibas a examinarte para obtener la licencia de conducir. ¿Qué te recomendaron tus amigos o tus padres? ¿Qué te dijeron que *no* hicieras?
8. Tu novio/a va a conocer a tus padres. ¿Qué le sugieres?
9. Antes de ir a tu primera cita, recibiste un consejo muy bueno. ¿Quién te lo dio y qué te aconsejó?
10. Tu compañero/a de cuarto tiene unos amigos hispanos que quieren visitar este país y conocer sus aspectos más típicos. ¿Qué les recomiendas? ¿Qué les dices que *no* hagan?

F. Situaciones y preguntas

1. ¿Querían sus padres que Ud. viniera a esta universidad? ¿Por qué sí o por qué no? ¿Quería Ud. venir a esta universidad? ¿Por qué sí o por qué

no? ¿Cómo esperaba Ud. que fueran las clases? ¿los profesores? ¿las residencias? ¿los compañeros de clase? ¿Había algo que le sorprendiera al principio? ¿Todavía le sorprende? Explique.

2. ¿De qué tenía Ud. miedo cuando era más joven? ¿Qué quería Ud. que sus padres o hermanos hicieran para protegerle? ¿Tiene Ud. ahora miedo de algo? ¿Qué puede hacer para superar ese miedo?

3. ¿Qué te dijeron tus padres u otros mayores que tú no creías cuando eras más joven? ¿Por qué no lo creías? Y ahora, ¿hay algo que todos parezcan creer y que tú no creas? Explique.

4. ¿Qué clase de novio/a buscaba Ud. cuando era más joven? ¿Era importante que tuviera dinero? ¿que fuera guapo/a? Y ahora, ¿qué clase de novio/a busca? ¿Hay algún tipo de hombre (mujer) con quien no va a casarse de ninguna manera? Explique.

5. ¿Qué clase de trabajo buscaba Ud. cuando era más joven? ¿Quería un trabajo que fuera de tiempo completo o de tiempo parcial? ¿Por qué? ¿Quería un trabajo más de tipo intelectual o un trabajo manual? En realidad, ¿quería Ud. trabajar o era necesario que trabajara? ¿Era indispensable que ganara mucho dinero? ¿que recibiera algún entrenamiento especial? ¿Insistían sus padres en que Ud. trabajara? ¿Por qué sí o por qué no? ¿Cómo terminaban sus padres esta oración? «Queremos que tú trabajes porque así vas a ＿＿.»

- ganar mucho dinero
- obtener experiencia muy valiosa en el mundo de los negocios
- aprender a ser más independiente
- pasar menos tiempo delante del televisor
- ¿＿＿?

38. ADVERBIAL CLAUSES

An adverb is a word that indicates the manner, time, place, extent, purpose, or condition of a verbal action. It usually answers the questions *how, when, where,* or *why.*

| Vamos al cine **después**. | *Let's go to the movies afterward.* |

A clause that describes a verbal action is called an *adverbial clause.* It is joined to the main clause by an adverbial conjunction.

| Vamos al cine **después de que ellos cenen**. | *Let's go to the movies after they have dinner.* |

As you know, the existence of a subordinate clause is the structural requirement that must be met for the subjunctive to be used (Section 23). The subjunctive—not the indicative—is used in adverbial clauses when the following messages are communicated:

1. The adverbial clause describes the speaker's unknown.
2. The adverbial conjunction joins two clauses that are interdependent in special ways.

These two uses of the subjunctive are presented in Section 39 of this chapter and in Section 40 of Chapter 8.

39. USES OF THE SUBJUNCTIVE— ADVERBIAL CLAUSES: SPEAKER'S UNKNOWN

An action can be unknown to the speaker because it has not yet occurred, because it is outside his or her knowledge or experience, or because it does not exist at all. The following adverbial conjunctions are followed by the subjunctive or by the indicative depending on whether they express the speaker's unknown or the speaker's objective reality.

A.

cuando	*when*	hasta que	*until*
después de que	*after*	mientras (que)	*while, as long as*
en cuanto	*as soon as*	tan pronto como	*as soon as*

When the actions of the main clause and of the subordinate clause have not yet occurred (anticipated actions), the subjunctive is used in the subordinate clause. The indicative is used when the subordinate clause verb describes an experienced action, that is, an action that is habitual or an action that occurred prior to the action of the main verb.

ANTICIPATED ACTION: UNKNOWN SUBJUNCTIVE	EXPERIENCED ACTION: KNOWN INDICATIVE
Te van a dar más crédito **después de que pagues** el balance de la cuenta.	Te dan más crédito **después de que pagas** el balance de la cuenta.
They will give you more credit after you pay off the balance of the account.	*They give you more credit after you pay off the balance of the account.*
La compañía pensaba invertir en la Bolsa **hasta que fuera** a la bancarrota.	A veces las compañías invierten en la Bolsa **hasta que van** a la bancarrota.
The company was planning to invest in the stock market until it went bankrupt.	*Sometimes companies invest in the stock market until they go bankrupt.*

Piensan escribirlo a máquina **tan pronto como** se lo **demos**.
They are planning to type it as soon as we give it to them.

Lo escribieron a máquina **tan pronto como** se lo **dimos**.
They typed it as soon as we gave it to them.

Ibamos a hacer un viaje por el mundo **cuando se jubilara**.
We were going to take a trip around the world when she retired.

Hicimos un viaje por el mundo **cuando se jubiló**.
We took a trip around the world when she retired.

The adverbial conjunction **antes de que** is always followed by the subjunctive because, by definition, it introduces an anticipated event.

Cobró un cheque **antes de que fueran** de compras.
He cashed a check before they went shopping.

Siempre cobra un cheque **antes de que vayan** de compras.
He always cashes a check before they go shopping.

B. You have learned that a subordinate clause is usually present if a sentence contains two different subjects. However, one may exist even when there is no change of subject. Most of the adverbial conjunctions listed on page 211 *always* introduce a subordinate clause: **cuando, en cuanto, mientras (que), tan pronto como.**

Vengo **cuando** tengo tiempo.
I come when I have time.

Vengo **cuando** él me llame.
I come whenever he calls me.

The adverbial conjunctions **antes de que, después de que**, and **hasta que** can be followed by a conjugated verb when there is no change of subject. Alternatively, the **que** can be dropped and the preposition followed by an infinitive.

CONJUNCTION
PREPOSITION

Voy a salir **después de** $\left\{ \begin{matrix} \textbf{que termine} \\ \textbf{terminar} \end{matrix} \right\}$ esto.

PRACTICA

A. Dé oraciones nuevas según las palabras que aparecen entre paréntesis.

1. ¿Cuándo llamó por teléfono el jefe? —Llamó antes de que yo *saliera*. (llegar, volver, poder entrar, despertarse, venir)
2. ¿Cuándo vamos a empezar? —Vamos a empezar tan pronto como *lleguen* los socios. (estar aquí, dar su informe, sentarse, querer empezar, salir)
3. ¿Hasta cuándo iban a trabajar allí? —Ibamos a trabajar allí hasta que *recibiéramos un reloj de oro*. (jubilarse, tener 60 años, llegar a ser gerentes, encontrar otro puesto, morirse)
4. Piensas ahorrar dinero cuando *seas mayor*. (recibir un aumento, poder,

tener menos gastos, terminar los estudios, conseguir un buen puesto)
5. *Van a exportar* más productos cuando saquen más ganancias. (Exportan, Exportaron, Quieren exportar, Dígales que exporten, Exportaban, Iban a exportar, Piensan exportar)

B. Complete las oraciones en una forma lógica. Conjugue el verbo indicado en indicativo o subjuntivo según el contexto. Cuidado con la secuencia de tiempos.

REALIDADES	ANTICIPACIONES

Con respecto al trabajo

1. Cuando yo (*ser*) estudiante de la escuela secundaria, _____.
   Cuando yo (*no ser*) estudiante universitario, _____.

2. Depués de que yo (*graduarse*) en la escuela secundaria, _____.
   Después de que yo (*graduarse*) en la universidad, _____.

3. De joven, en cuanto yo (*ganar*) algún dinero, yo _____.
   En el futuro, en cuanto yo (*ganar*) algún dinero, yo _____.

Con respecto a los privilegios y responsabilidades

4. Cuando yo (*tener*) 9 años, mis padres _____.
   Cuando mis hijos (*tener*) 9 años, yo _____.

5. Tan pronto como yo (*llegar*) a casa después de la escuela, yo _____.
   Tan pronto como mis hijos (*llegar*) a casa después de la escuela, ellos _____.

6. Cuando yo (*sacar*) notas muy malas, (yo/mis padres) _____.
   Cuando mis hijos (*sacar*) notas muy malas, (ellos/yo) _____.

C. ◻¡**Necesito compañero!** ◻ En muchos aspectos de la vida se nos imponen ciertas condiciones para hacer o tener ciertas cosas. A continuación hay algunas «condiciones» que se oyen con alguna frecuencia. ¿Reconoce Ud. algunas? Con un compañero, complete las oraciones en una manera lógica. Agreguen una condición más a cada lista para que sus otros compañeros de clase las completen.

Dicen los padres a sus hijos:

1. No vas a poder manejar el auto hasta que _____.
2. Puedes mirar la televisión tan pronto como _____.
3. Puedes salir con chicos/as cuando _____.
4. No puedes comer el postre hasta que _____.
5. ¿_____?

Dicen los profesores a sus estudiantes:

1. No va a sacar buenas notas hasta que _____.
2. Puede sacar libros de la biblioteca en cuanto _____.
3. Va a ser uno de los primeros en escoger sus clases cuando _____.

4. Levante la mano cuando _____.

5. ¿_____?

Dicen los gerentes a sus empleados:

1. No va a tener éxito hasta que _____.

2. Va a recibir un mes de vacaciones después de que _____.

3. Le vamos a dar un reloj de oro cuando _____.

4. Le vamos a dar un puesto con *percs* tan pronto como _____.

5. ¿_____?

C.

aunque	*although, even if*	de modo que	*in such a way that*
como	*as; how*	donde	*where*
de manera que	*in such a way that*		

The subjunctive is used with these conjunctions to express the speaker's speculation about an action or situation. The indicative expresses what is actually known by the speaker or has been experienced by him or her.

UNKNOWN SITUATION SUBJUNCTIVE	KNOWN SITUATION INDICATIVE
Lo iba a hacer **aunque fuera** difícil.	Lo iba a hacer **aunque era** difícil.
He was going to do it although it might be difficult.	*He was going to do it although it was difficult.*
Ponlo **donde quieras**.	Ponlo **donde quieres**.
Put it wherever you want to.	*Put it where you want to.*
Habló **de modo que lo entendieran**.	Habló **de modo que lo entendieron**.
He spoke in such a way that they might understand him.	*He spoke in such a way (and the result was) that they understood him.*

D. The adverbial conjunctions **ahora que** (*now that*), **puesto que** (*since*), and **ya que** (*since*) are always followed by the indicative since they convey the speaker's perception of reality as being already completed or inevitable.

Ya que vas a venir, dime lo que quieres comer.	*Since you're going to come, tell me what you would like to eat.*
Ahora que estás en ventas, vas a viajar mucho.	*Now that you're in sales, you're going to travel a lot.*

PRACTICA

A. Exprese las siguientes oraciones en inglés. En cada caso, explique el uso del subjuntivo o del indicativo.

1. Aunque no tenga necesidad, creo que voy a trabajar. Aunque muchas personas no están de acuerdo conmigo, para mí el trabajo es interesante y hasta divertido.
2. En muchas escuelas secundarias se enseñan ahora las clases académicas de manera que los estudiantes ven la aplicación que tiene la materia en la vida práctica. Saben que, aunque un estudiante se haya graduado en la escuela secundaria, esto no significa que tenga suficientes conocimientos para funcionar en la sociedad moderna.
3. A mi parecer, es necesario que la universidad sea más responsable con respecto al futuro de sus estudiantes. Aunque no lo quieran admitir, el futuro está en los negocios. Los estudiantes pagan mucho para prepararse de modo que encuentren buenos empleos después de recibir su título. Por consiguiente, no es bueno que la universidad obligue a los estudiantes a tomar clases que no tengan nada que ver con sus intereses profesionales. La universidad busca estudiantes que sean maduros y serios. Es importante, entonces, que no los trate como niños. La universidad debe permitir que los estudiantes diseñen sus programas de estudios según sus futuros planes de trabajo.

B. Dé la forma correcta del verbo entre paréntesis según el contexto.

1. ¿Cuándo van a decidir si Juan puede trabajar sólo? —No lo vamos a decidir hasta que Juan ＿＿＿ (*tomar*) en serio las responsabilidades.
2. ¿Por qué trabajaron sobretiempo los empleados? —Lo hicieron de modo que la empresa les ＿＿＿ (*subir*) los sueldos. Todavía no sabemos si obtuvieron los resultados deseados.
3. ¿Cuándo puedes salir de vacaciones conmigo este verano? —No puedo salir hasta que me lo ＿＿＿ (*permitir*) el jefe, lo cual no es muy probable.
4. ¿Crees que vas a estar muy ocupado/a? —Claro. Ahora que ＿＿＿ (*tener*) el nuevo puesto, voy a tener mucho que hacer.
5. ¿Qué planes tiene tu hermana para el futuro? —Después de que ＿＿＿ (*criar*) a sus hijos, va a regresar al trabajo.
6. ¿Por qué has organizado así los archivos? —Los organicé de manera que todos ＿＿＿ (*poder*) encontrar la información más fácilmente. ¿Qué te parece?
7. ¿Por qué no les dio el total de días que han trabajado? —No puede hacerlo hasta que ＿＿＿ (*calcular*) los días de vacaciones.
8. ¿Has hablado con Juan? —Ahorita (*Very soon*) viene. Hablo con él cuando ＿＿＿ (*llegar*) a la oficina.
9. ¿Cómo prefieres que arreglemos el despacho? —No me importa. Arréglenlo como a Uds. les ＿＿＿ (*gustar*) más.
10. ¿Qué opinión tienes de Marisol? —Esa mujer es muy capaz. Puede conseguir un puesto donde ＿＿＿ (*trabajar*) mi vecino, si quiere.

C. Haga oraciones nuevas usando una frase de cada columna y una conjunción de la lista de la derecha. Hay más de una respuesta posible en cada caso.

trabajar Juan	no tener suficiente dinero	de manera que
traer María los documentos	llenar los formularios	hasta que puesto que
contestar José la carta	no tener muy buena fama	ahora que tan pronto como
consolidarse las compañías	terminar las negociaciones	después de que aunque
declararse en huelga los obreros	conseguir lo que quieran	
entregarle el dinero al corredor de Bolsa	graduarse en la universidad	
usar las tarjetas de crédito	pensar en algo original que decir	
formar yo una oración	contestar las preguntas de los accionistas	

D. Describa lo que pasa en los siguientes dibujos, usando las expresiones adverbiales y el vocabulario indicados. ¿Quiénes son esas personas? ¿Cómo son? ¿Qué hacen?

1.   2.   3.

1. hasta que, tan pronto como
   el piloto, el hombre de negocios, correr, llegar, el avión, despegar
2. aunque, cuando, de manera que
   ser famoso, viajar, llevar, la tarjeta de crédito, reconocerlo, poder comprar cosas
3. mientras, donde
   el mensajero, el paquete, pesado, hablar por teléfono, colocar

¡OJO!

perder–faltar a–echar de menos–extrañar

To miss an opportunity or a deadline because of poor timing is expressed in Spanish with **perder**. *To miss* an appointment or an event in the sense of not attending it is expressed with **faltar a**. *To miss* a person who is away or absent can be expressed by either **echar de menos** or **extrañar**.

María llegó tarde y **perdió** el tren.	*María arrived late and missed the train.*
Joaquín estaba enfermo y **faltó a** la reunión. Lo **echamos de menos**.	*Joaquín was sick and missed the meeting. We missed him.*

fecha–cita

Date has several equivalents in Spanish. A *calendar date* is expressed with **fecha**. An *appointment* or *social arrangement* is expressed with **cita**. Unlike the English word *date*, **cita** can never mean a *person*.

¿Cuál es la **fecha** de hoy?	*What is today's date?*
¿Con quién tienes una **cita**?	*With whom do you have a date?*
El me acompañó a la fiesta.	*He was my date for (accompanied me to) the party.*
Quiero presentarle a mi compañero.	*I'd like to introduce you to my date.*

Expressing both

English *both* is expressed in Spanish with **los/las dos** and **ambos/as**, which agree in gender with the nouns to which they refer. The English expression *both . . . and . . .* , however, is expressed in Spanish with **tanto... como...**, which is invariable.

Tengo dos hijas y voy al partido con **las dos** (**ambas**).	*I have two daughters and I'm going to the game with them both.*
Ambos (**Los dos**) socios quieren comprar las acciones.	*Both partners want to buy the stock.*
Tanto los perros **como** los gatos son carnívoros.	*Both dogs and cats are carnivorous.*

PRACTICA

A. Dé la palabra española que se corresponde mejor con la palabra en *letras cursivas*.

1. John *missed* the party because he had a previous *engagement*.   2. *Both* friends are going with us to the concert.   3. When Jane went off to college, her parents *missed* her a lot.   4. What is the *date* of the party? Oh, no! *Both* of my suits are at the cleaners!   5. *Both* professors and students attended the party.   6. Who is your *date* for the party? Can you *both* arrive early to help?   7. It's an important *date* in the history of Mexico for *both* the Indians and the Spaniards.   8. You can't imagine how much I *miss* him.

B. Indique la palabra o frase que mejor complete la oración. ¡OJO! Hay también palabras de los capítulos anteriores.

1. Hace mucho que no visito a mis padres y _____ mucho. (*they miss me*)
2. Tengo un poco de _____ libre esta tarde. ¿Quieres _____ al parque? (*time, return*)
3. Me _____ cuando tú _____ una de mis fiestas. (*it hurts, miss*)
4. No somos amigos _____, _____ sí nos conocemos bien. (*close, but*)
5. No quiero _____ la fiesta. ¿Cuál es _____? ¿Y _____? (*to miss, the date, the time*)
6. Ellos siempre _____ _____ su energía y determinación. Nunca _____ esforzarse. (*succeed, because of, they stop*)
7. Cuando _____ un viaje, es necesario _____ al perro a un lugar donde lo pueden _____. (*you take, to take, care for*)
8. _____ películas _____ buenas. ¿A qué _____ comienzan? (*Both, look, time*)
9. _____ el vendedor _____ el comprador _____ furiosos cuando el gobierno no _____ las medidas (*measures*) económicas. (*Both . . . and, become, support*)
10. Es _____ de qué candidato prefieres _____. (*a question, support*)

C. Situaciones y preguntas

1. ¿Eres una persona que generalmente pierde los límites absolutos (*deadlines*)? ¿Llegas a clase a tiempo? ¿Entregas las tareas cuando debes o después del límite? Cuando viajas, ¿a veces pierdes el tren o el avión por llegar tarde? En cuanto a las citas, ¿te fastidia una persona que falte mucho?
2. ¿Eres una persona obsesionada con la hora? ¿Tienes siempre presente la hora y la fecha? ¿Tienes un reloj que indique tanto la fecha como el día? Cuando haces citas, ¿llegas siempre antes o a tiempo? Cuando tienes citas con tu novio/a, ¿tienden ambos a llegar a tiempo? ¿Ves mucho a tu novio/a? ¿Se ven tanto durante los fines de semana como durante la semana? Cuando no se ven, ¿se echan mucho de menos?

REPASO

A. Complete el párrafo, dando la forma correcta del verbo. La historia empieza en el tiempo presente; luego cambia al pasado. Cuando se dan varias palabras entre paréntesis, escoja la palabra apropiada.

EL «MERCANTILISMO»

Aunque hay muchas diferencias entre el sistema político económico norteamericano y el de los países de Latinoamérica, es interesante notar que en los dos continentes hay varias coincidencias históricas. Se ha dicho que los exploradores ingleses (*venir*¹) al Nuevo Mundo para colonizar y desarrollar° la zona mientras que los españoles (*llegar*²) con la intención de conquistar y explotar estas tierras. Hay que admitir que eso (*ser/estar*³) verdad, pero sólo hasta cierto punto.

to develop

En ambos casos, la llegada de los europeos (*significar*⁴) el establecimiento de un sistema económico muy beneficioso para Inglaterra y España, pero desastroso para sus colonias. Este sistema (*llamarse*⁵) «mercantilismo». Se creía que la economía de una colonia (*deber*⁶) complementar la de la madre patria. Según el mercantilismo, la colonia (*dar*⁷) los productos que la madre patria (*necesitar*⁸) y a su vez° (*recibir*⁹) productos fabricados por su patrón. Pero no (*ser/estar/haber*¹⁰) libre empresa, ni mucho menos. Las naciones europeas— Inglaterra y España en este caso—querían que sus colonias (*tener/ser/estar*¹¹) éxito económico sólo si esto servía a sus propios intereses. (*Ser/Estar*¹²) bueno que las colonias (*producir*¹³) materias primas° y especialmente aquellos productos agrícolas que no (*cultivarse*¹⁴) en Europa, pero al mismo tiempo no se permitía el cultivo de ningún producto que (*poder*¹⁵) ser competitivo. Los comerciantes americanos, tanto los del norte como los del sur, (*odiar*¹⁶) las restricciones que (*imponerles*¹⁷) Inglaterra y España. Estas normas, además del deseo de lograr la libertad de expresión, luego (*convertirse*¹⁸) en una de las principales causas de las guerras por la independencia.

a... in turn

materias... raw materials

B. Complete las oraciones en una forma lógica. ¡OJO! A veces hay que usar el pasado del subjuntivo. Luego compare sus oraciones con las de los otros estudiantes de la clase. ¿Cuántas experiencias o creencias tiene en común con los demás?

1. Como niño, no pude creer que los bancos (no) _____.
2. Como adolescente, creía que como adulto querría (*I would want*) trabajar en una compañía que _____.
3. Cuando llegué por primera vez a la universidad, creía que _____.
4. Al terminar mi primer semestre (trimestre) aquí, estaba contento de (que) _____.
5. Cuando solicité una tarjeta de crédito, (no) sabía que _____.
6. Ayer me puse furioso de que _____.

CAPITULO OCHO

LA MEZQUITA EN CORDOBA, ESPAÑA

CREENCIAS E
IDEOLOGIAS

En la mayor parte de Hispanoamérica, el catolicismo y sus ritos ejercen una gran influencia sobre la vida de los ciudadanos. En los Estados Unidos también, especialmente en los pueblos pequeños, la religión tiene gran importancia. Las iglesias no sólo les ofrecen a sus miembros una educación religiosa, sino también actividades sociales.

¿Pertenece (o pertenecía) Ud. a una iglesia? ¿Puede Ud. nombrar algunas actividades de las iglesias que son sociales? ¿culturales? ¿deportivas? ¿En cuál(es) de estas actividades suele (o solía) Ud. participar? ¿Es difícil vivir en un pueblo pequeño de los EEUU sin pertenecer a una iglesia? ¿Es difícil vivir en una ciudad sin pertenecer a una iglesia? ¿Cree Ud. que la iglesia ejerce más influencia en la vida de los habitantes de una ciudad grande o de un pueblo? ¿Por qué es así?

¿Cree Ud. que las personas que no pertenecen a una religión pierden un aspecto importante de la vida? ¿Por qué sí o por qué no? ¿Cree Ud. que la religión limita el desarrollo de las personas o lo enriquece? En su opinión, ¿es más importante hoy la religión en la vida de los jóvenes que hace diez o quince años?

La religión también tiene—y ha tenido—mucha importancia en el desarrollo de la historia mundial. ¿Puede Ud. identificar los participantes en los siguientes acontecimientos (*happenings*) históricos en que la religión ha hecho un papel importante?

ACONTECIMIENTO	PARTICIPANTES
_____1. la creación de la Iglesia de Inglaterra	a. los cruzados y los musulmanes
_____2. las Cruzadas	b. los árabes y los israelitas
_____3. el conflicto irlandés-británico	c. los soldados y frailes españoles
_____4. el descubrimiento y la colonización del Nuevo Mundo	d. Enrique VIII y sus 6 esposas
_____5. el conflicto en el Medio Oriente	e. los protestantes y los católicos

Vocabulario para conversar

animar *to encourage*
cambiar de opinión *to change one's mind*
el clero *clergy*
competir (i, i) *to compete*
comprometerse *to make a commitment*
comprometido *committed*
convertir(se) (ie, i) *to convert*
la conversión *conversion*
cooperar *to cooperate*
la creencia *belief*

la cruzada *crusade*
el cura *priest*
dedicarse a *to dedicate oneself to*
el ejército *army*
la fe *faith*
fomentar *to promote, stir up*
la iglesia *church*
el militar *military man*
el misionero *missionary*
la monja *nun*

motivar *to give a reason for; to motivate*
negociar *to negotiate*
la oración *prayer*
el pastor *pastor, clergyman*
predicar *to preach*
predicar con el ejemplo *to practice what one preaches*
el propósito *purpose; end, goal*
el rabino *rabbi*
rezar *to pray*
la sinagoga *synagogue*
el valor *value*

CREENCIAS Y CREYENTES

el **agnóstico** *agnostic*
el **ateo** *atheist*
el **católico** *Catholic*

el **altruista** *altruist*
el **conservador** *conservative*
el **derechista** *rightist*

el **(no) creyente** *(non)believer*
el **judío** *Jew*
el **musulmán** *Moslem*

el **egoísta** *egotist*
el **hipócrita** *hypocrite*
el **izquierdista** *leftist*

el **pagano** *pagan*
el **protestante** *Protestant*

el **liberal** *liberal*
el **materialista** *materialist*

Practiquemos

A. ¿Qué palabra de la segunda columna asocia Ud. con una de la primera? Explique en qué basa su asociación.

_____1. comprometido
_____2. el ejército
_____3. el propósito
_____4. animar
_____5. la iglesia
_____6. el clero
_____7. el judío
_____8. el ateo
_____9. rezar

a. desinteresado
b. motivar
c. la oración
d. el cura
e. la sinagoga
f. el creyente
g. el musulmán
h. la meta
i. el militar

B. Las palabras a continuación tienen cognados en inglés. ¿Los reconoce Ud. en cada caso?

1. el agnóstico
2. el católico

3. convertir
4. la cruzada

5. fomentar
6. el hipócrita

7. el liberal   9. el pagano   11. el valor
8. el misionero   10. el protestante

C. ¿Cuál de las palabras del ejercicio B corresponde a las siguientes
    definiciones? Dé una definición para las palabras que quedan sin definición.

1. incitar, motivar, instigar (una rebelión)
2. el que profesa la doctrina que declara inaccesible el conocimiento de Dios
   o de su existencia
3. expediciones a la Tierra Santa contra los infieles durante la Edad Media
4. el que no es católico ni judío ni musulmán pero sí es creyente
5. el que dice una cosa y hace lo contrario

D. ¿Qué palabra no pertenece al grupo? Explique por qué.

1. sincero, generoso, egoísta, altruista
2. el conservador, el derechista, el materialista, el izquierdista
3. dedicarse, cambiar de opinión, comprometerse, cooperar
4. rezar, la oración, negociar, la fe

E. Defina brevemente en español. ¡OJO! Trate de evitar una definición que
    contenga otra forma de la misma palabra.

1. la conversión   3. negociar   5. la monja
2. competir   4. predicar

Conversemos

A. En el dibujo se ven varias escenas con elementos religiosos y político-
    militares. ¿Cuántas escenas puede Ud. identificar? ¿Quiénes son las
    personas retratadas? ¿Puede Ud. identificar las religiones que motivaron los
    conflictos? ¿Qué símbolos religiosos puede Ud. identificar?

B. Además de la defensa de la fe católica, ¿qué otros motivos fomentaron las
    Cruzadas? ¿la exploración del Nuevo Mundo por curas y militares? ¿la
    Inquisición española? ¿la creación de la Iglesia de Inglaterra? ¿el conflicto
    entre los católicos y los protestantes irlandeses? ¿Hay otros conflictos
    actuales que tengan motivos religiosos y también políticos? ¿Cuáles son?

C. ¿Qué relación hay entre el clero y el gobierno en los Estados Unidos? ¿Cuál
    fue el propósito de la separación de la iglesia y el estado en este país? Hoy
    en día, ¿hay grupos que quieran cambiar esta separación? ¿Cómo se llaman?
    ¿Cuáles son sus propósitos? ¿Qué relación hay entre el clero y el ejército en
    los Estados Unidos?

D. En su opinión, ¿es más importante en la cultura norteamericana la
    cooperación o la competencia? Cuando Ud. era niño, ¿qué tipo de
    actividades fomentaban más sus padres, aquéllas en que Ud. podía ganar
    premios (*awards, prizes*) o aquéllas en que Ud. debía ayudar a otros de
    alguna manera? ¿Era necesario que Ud. compartiera sus cosas o su cuarto
    con otro? ¿Cree Ud. que esto sea una experiencia positiva para un niño?

Explique. ¿Hay actividades en las que se combinen la competencia y la cooperación? Explique. ¿Hay casos en los que una u otra tenga un efecto negativo o dañino (*harmful*)? Explique.

E. Si Ud. no sabe o no recuerda la palabra exacta, ¿cómo puede hacer una paráfrasis de estas palabras en español?

   1. optimista 2. inmoral 3. el ideal 4. pesimista

GRAMATICA

40. USES OF THE SUBJUNCTIVE— ADVERBIAL CLAUSES: INTERDEPENDENCE

a condición de que	*provided that*	en caso de que	*in case*
a fin de que	*so that*	para que	*so that, in order that*
a menos que	*unless*	sin que	*without*
con tal de que	*provided that*		

In Section 39 you learned to use the subjunctive with adverbial conjunctions that express the speaker's unknown. The adverbial conjunctions in this section indicate that the actions in the two clauses are interdependent in special ways: when one event takes place, so does the other; one event will not take place unless the other does too; one event happens so that another will happen.

Mi propósito era hablarle **para que cambiara** de opinión.	*My purpose was to talk to him so that he might change his mind.*
Ud. no puede ganar la elección **a menos que tenga** el apoyo del pueblo.	*You cannot win the election unless you have the support of the people.*
No puedo ir **sin que me señalen** el camino.	*I can't go without your showing me the way.*

Unlike the adverbial conjunctions in Section 39, which take either the indicative or the subjunctive according to whether they refer to known or unknown realities, *the adverbial conjunctions of interdependence are always followed by the subjunctive when there is a change of subject.*

These adverbial conjunctions introduce the subjunctive in a subordinate clause when there is a change of subject. When there is no change of subject, however, the **que** is generally dropped and each is followed by an infinitive.

FOLLOWED BY CLAUSE	FOLLOWED BY INFINITIVE	FOLLOWED BY CLAUSE	FOLLOWED BY INFINITIVE
a condición de que	a condición de	después (de) que	depués de
a fin de que	a fin de	en caso de que	en caso de
a menos que	a menos de	hasta que	hasta
antes (de) que	antes de	para que	para
con tal (de) que	con tal de	sin que	sin

Trabajo **para sobrevivir**.	*I work in order to survive.*
Trabajo **para que sobrevivamos**.	*I work so that we can survive.*
Iba a votar por él **a condición de recibir** su ayuda más adelante.	*I was going to vote for him on the condition that I receive his help later on.*
Iba a votar por él **a condición de que recibiéramos** su ayuda luego.	*I was going to vote for him on the condition that we receive his help later on.*

PRACTICA

A. Dé oraciones nuevas según las palabras entre paréntesis.

1. ¿Les das dinero a los pobres? —Sí, claro, se lo doy *puesto que* trabajan más. (para que, sin que, ahora que, a fin de que, con tal de que, porque)
2. ¿Contribuía la gente a causas sociales? —Sí, lo hacía *después de que* se lo pidieron. (sin que, ya que, antes de que, cuando, con tal de que, a menos que)

B. A continuación hay unas oraciones sobre la historia de Cristóbal Colón. Junte las oraciones con las palabras entre paréntesis, usando palabras o frases de la lista a continuación. Use el subjuntivo, el indicativo o el infinitivo según el caso. Se puede usar una expresión más de una vez.

aunque	a fin de (que)	para (que)	de modo que
a menos de (que)	antes de (que)	hasta (que)	en cuanto
por	cuando	a condición de (que)	sin que

1. Cristóbal Colón creía que el mundo era redondo. (negarlo todos)
2. Colón no pudo hacer nada. (recibir dinero)
3. Colón le pidió dinero a Isabel, la reina católica. (poder hacer una expedición)
4. Isabel I de Castilla se lo dio. (conquistar él nuevas tierras en nombre de ella)
5. Muchos hombres querían unirse a la expedición. (hacerse ricos)
6. Colón quería seguir hacia el oeste. (encontrar ellos tierra)

7. Los marineros tenían miedo. (entrar los barcos en aguas desconocidas)
8. Los marineros se enfermaron muchas veces. (llegar la expedición al Nuevo Mundo)
9. Pero Colón sabía que los marineros se iban a poner contentos. (ver la tierra)
10. Los indios se sorprendieron. (desembarcar los europeos)
11. Colón les dio muchos regalos. (tener ellos confianza en él)

C. A continuación hay unas oraciones sobre la historia de los Casiano, una familia de inmigrantes. Usando palabras o frases de la lista del ejercicio B, junte las oraciones con las palabras entre paréntesis. Use el subjuntivo, el indicativo o el infinitivo según el caso. Al terminar el ejercicio, ¿qué sabe Ud. sobre los valores y creencias de los Casiano?

1. Los señores Casiano vinieron a Nueva York en 1985. (ser muy difícil dejar su patria)
2. Trabajaron mucho. (tener que comer sus hijos)
3. Nunca se compraron ropa nueva. (ser una necesidad absoluta)
4. Enseñaron a sus hijos mucho sobre la cultura de su patria de origen. (entender y apreciar los valores de esa cultura)
5. Nunca compraron un carro nuevo. (dejar de funcionar el viejo)
6. Trataron de mantener la unidad familiar. (ser esto parte de su tradición cultural)
7. Ahorraron dinero y por fin se mudaron a los barrios residenciales. (entrar en la escuela secundaria allí sus hijos)
8. Los padres insistieron en que continuaran sus estudios. (graduarse los hijos en la escuela secundaria)
9. Los padres querían que asistieran a la universidad. (tener buenas oportunidades de empleo)
10. Los hijos no se olvidaron de sus raíces (*roots*). (estar lejos de sus padres)

D. ▣¡Necesito compañero!▣   Dos valores que normalmente se asocian con el mundo de los negocios—la competición y el deseo de obtener ganancias— han llegado a influir en muchos otros aspectos de la vida. Con un compañero de clase, complete las siguientes oraciones como Uds. creen que lo harían (*would do*) los individuos indicados.

UN JUGADOR DE FUTBOL
1. No acepto su oferta para jugar en el equipo de su universidad a menos que _____.
2. Necesito tomar drogas puesto que _____.
3. Sólo pienso estudiar aquí hasta que _____.

UN EVANGELIZADOR
1. Es importante usar la televisión como medio de comunicación para que _____.
2. La comercialización de las fiestas religiosas (la Navidad y las Pascuas, especialmente) no se puede justificar ya que _____.
3. No es posible tener éxito evangelizando sin que uno _____.

UN POLITICO

1. Es verdad que muchos sólo contribuyen con dinero a una campaña política con tal de que _____.
2. Ningún representante vota por una ley a menos que _____.
3. Para ser político, el ser guapo es tan importante como ser inteligente ya que _____.
4. Hoy en día es imposible ganar una campaña política sin que uno _____.

E. Describa los dibujos de varias maneras incorporando estas palabras a la descripción.

para que	a fin de que	a menos que	sin que
puesto que	ya que	ahora que	en caso de que

1.   2.   3.   4.

1. cortar, estar sentado, ver mejor, ser bonito 2. despertarse, salir, beber, servir 3. casarse, saberlo nadie, tener 21 años, estar enamorados
4. predicar, no escuchar, aceptar, gritar

F. Situaciones y preguntas

1. En general, se escribe a máquina un trabajo para que se pueda leer con facilidad. ¿Con qué propósito hacen las siguientes personas estas acciones?

a. entrar en el ejército un joven
b. tatuarse un marinero
c. estudiar español un estudiante
d. mentir un candidato político
e. asistir a la universidad Uds.
f. pintarse los ojos una mujer
g. predicar con el ejemplo un padre
h. cambiar los datos en un experimento un científico
i. renovar un apartamento el dueño
j. bautizar a su hijo los padres
k. llevar un traje de tres piezas un hombre (una mujer) de negocios
l. consumir drogas una persona de clase media o alta
m. fumar una pipa un hombre
n. llorar un niño en el supermercado
o. negarse a votar un ciudadano (*citizen*)
p. asistir a la iglesia una persona

2. En general, nuestras acciones dependen de ciertas condiciones: se toman decisiones *con tal de que* existan determinadas circunstancias y *para que* ocurran otras cosas. ¿Con tal de *qué* decide Ud.... salir con un joven desconocido (una joven desconocida)? ¿participar en un experimento psicológico? ¿aceptar a un inquilino en su casa? ¿comprar una prenda (*article*) de vestir que sólo vio en un catálogo? ¿comprar un coche usado? ¿llevar a su hermanito al cine? ¿prestar dinero a un desconocido? ¿permitir que alguien maneje su coche? ¿comer un plato sin saber precisamente lo que es o lo que contiene?

41. *POR* AND *PARA*

Prepositions establish relationships between the noun that follows them and other elements in the sentence.

The book is **on** the table.   This is **for** you.

Although most prepositions have a specific meaning, their use is not always consistent with that meaning. For example, the English preposition *on* indicates a position over a surface, while *in* indicates location inside something; putting a paper *on* a box is quite different from putting a paper *in* a box. But we arbitrarily say to ride *on* a bus and to ride *in* a car, even though the relationship between the two vehicles and a passenger is the same.

A single preposition can have many different and seemingly unrelated meanings. Think about the many different uses of the preposition *on* in the following phrases: to turn *on* the lights, to be *on* the right, to be *on* fire, to be *on* time (which is quite different from to be *in* time), to put the dog's collar *on*, to be or get high *on* something, and so *on*.

In Spanish the use of prepositions can be equally arbitrary. Although each preposition has a basic meaning, the choice of the correct preposition for some situations depends on usage, and many Spanish prepositions have a number of English equivalents.

Two Spanish prepositions that have several different English equivalents are **por** and **para**. The choice between them can radically affect the meaning of a sentence.

A. *Por* Versus *para*: Cause and Effect

Por expresses the motive for an action or the agent performing the action. **Para** expresses the goal of an action or the recipient of the action. **Por** points back toward the cause (←); **para** points forward toward the effect (→).

POR (←)

Lo mataron por odio.
They killed him out of (motivated by) hate.

Lo hago por mi hermano.
I'm doing it for (on behalf of, on account of) my brother.

El libro fue escrito por Jaime.
The book was written by Jaime.

Mandaron por el médico.
They sent for the doctor (motive of the call).

Fue a la tienda por café.
He went to the store for coffee (motive of the errand).

PARA (→)

Estudia para ingeniera.
She is studying (in order) to become an engineer.

Lo hizo para sobrevivir.
He did it (in order) to survive.

El libro es para Ud.
The book is for you.

Son juegos para niños.
They are games for (to be used by) children.

Es una taza para café.
It's a coffee cup (a cup intended to be used for coffee).

Note also the use of **para** before infinitives to mean *in order to*. This meaning, often understood from context in English, must always be expressed in Spanish: **Estamos aquí para estudiar**. *We're here to study.*

B. *Por* Versus *para*: Movement Through Versus Movement Toward

To express movement in space and time, **para** retains its basic meaning of movement toward an objective (→|). **Por** takes on a different meaning of duration or movement through space or time with no destination specified (|→).

POR (|→)

Pablo va por el pueblo.
Pablo passes through the town.

Van a caminar por el parque.
They're going to walk along (through) the park.

Estaremos en clase por la mañana.
We will be in class during the morning.

Ana estará en México por tres días.
Ana will be in Mexico for a period of three days.

PARA (→|)

Pablo va para el pueblo.
Pablo heads toward the town.

Van a caminar para el parque.
They're going to walk toward the park.

Termínenlo para mañana.

Finish it by tomorrow.

Ana estará en México para el tres de junio.
Ana will be in Mexico by the third of June.

Note that many native speakers of Spanish use no preposition at all to express duration of time: **Ana estará en México tres días**.

C. *Por* Versus *para*: Other Uses

Por and **para** also have uses that do not fit into the preceding categories. **Por** expresses *in exchange for* or *per* in units of measurement as well as the means by which an action is performed.

Te doy cinco dólares por el libro.	*I'll give you five dollars for the book.*
El camión sólo corre 20 kilómetros por hora.	*The truck only goes 20 kilometers per hour.*
Lo mandaron por avión (barco).	*They sent it by plane (boat).*

Para expresses *in comparison with* and also *in the opinion of*.

Para (ser) perro, es muy listo.	*He's smart for a dog.*
Para mí, la fe tiene mucha importancia.	*For me, my faith is very important.*

◔ RECUERDE UD.

Remember that the prepositions that follow some English verbs are expressed by the simple verb form in Spanish.

buscar *to look for*	pagar *to pay for*
esperar *to wait for*	pedir *to ask for*

However, English *to ask after* or *about* someone is expressed with a preposition: **preguntar por**.

Preguntaron por ti en la reunión.	*They asked about you at the meeting.*

PRACTICA

A. Exprese en inglés. Luego explique el uso de **por** o **para**.

1. Anoche tuvimos que guardar la comida para el cura. 2. Permanecieron allí por las negociaciones. 3. Debido a la lluvia, los militares no salieron para las montañas. 4. Hicimos un tour por la catedral. 5. Las noticias corrieron por todo el partido liberal. 6. Para ser tan egoísta, muestra mucho interés en los otros. 7. Lo llamaron por teléfono. 8. Julio pagó $20,00 por la radio. 9. La conversión de su hijo fue muy importante para la madre. 10. Fueron a la tienda por helado.

B. Dé la palabra española que se corresponde mejor con la palabra en *letras cursivas*. ¡OJO! A veces puede ser que la palabra no se traduzca con preposición.

1. The Moslems were in Spain *for* 7 centuries. 2. They were looking *for* a better church. 3. The cross is *for* your mother. 4. We threw the ball *through* the window. 5. This homework is *for* next week. 6. Steve was

walking *along* the river.   7. More glasses *for* wine are still needed.   8. He came *because of* the candidate.   9. She's very old *for* a cat.   10. That story was first told *by* my mother.   11. I'm doing it *for* my parents. They've done so much *for* me.   12. He ran *for* the policeman.   13. I need glasses *to* see.   14. I asked the professor *for* 2 more weeks.   15. It's too hot *for* me today!

C. Cambie las palabras en *letras cursivas* por **para** o **por**.

1. *A causa de* la guerra, se perdieron todas las cosechas (*harvests*).   2. No podían respirar *a causa de* la contaminación.   3. El volcán estuvo en erupción *durante* un mes.   4. Corrieron *a lo largo de* la sinagoga.   5. Nos dio un regalo *a cambio de* nuestra ayuda.   6. Salieron *en dirección a* la ciudad.   7. Tengo que acabar el sermón *antes de* las 6:30.   8. Estudia *a fin de* ser clérigo.   9. Querían que la monja fuera *en busca del* cura.   10. Fueron a El Salvador *a fin de* trabajar como misioneros.   11. Le dieron un premio *debido a* sus sacrificios.   12. Me gusta mucho estudiar *durante* la mañana, cuando todo el mundo duerme todavía.

D. Complete el siguiente pasaje con las preposiciones apropiadas—o **por** o **para**—según el contexto.

«SOMOS EL MUNDO»*

En 1985 había hambre y gran sufrimiento ____¹ muchas personas de Africa, especialmente de Etiopía. Un grupo de músicos norteamericanos, encabezados° ____² Bob Geldorf y Harry Belafonte, decidieron grabar un concierto ____³ reunir° fondos ____⁴ ayudar a los hambrientos.° Vinieron más de 40 músicos, y trabajaron ____⁵ una noche entera ____⁶ grabar la canción «Somos el mundo», que fue escrita ____⁷ Michael Jackson y Lionel Richie especialmente ____⁸ este proyecto. La canción tuvo un éxito tremendo y el dinero de su venta se utilizó ____⁹ proporcionar° alimentos y medicinas a las personas de las zonas más necesitadas de Africa. Este esfuerzo° sirvió de modelo ____¹⁰ otros grupos de músicos—entre ellos un grupo de músicos latinos—quienes donaron su talento y su tiempo ____¹¹ la lucha contra el hambre en el mundo.

led

to raise / starving

to provide

effort

Algunos críticos dijeron después que los músicos lo habían hecho solamente ____¹² la fama. Sin embargo, cualesquiera que hayan sido° sus motivos, no hay duda que ____¹³ muchos africanos esta vez los fines han justificado los medios. ¿Qué opina Ud.?

cualesquiera...
  *whatever may have
  been*

---

*Este proyecto se incluyó como parte de la campaña llamada «*U.S.A. for Africa*». En este contexto, la palabra *for* expresa un sentimiento de solidaridad o apoyo y equivale a la preposición **con**: «U.S.A. con Africa».

⌧ ESTRATEGIAS PARA LA COMUNICACION ⌧

¡Cómo no!...

OR

How to Express and React to Personal Feelings

Using Spanish interjections at appropriate moments in a conversation will communicate your emotional response to what is being said and give your partner the kind of feedback that encourages a continuing conversation. Here are a few conversational rejoinders.

AMAZEMENT	¡Qué barbaridad!	¡Vaya!
DISBELIEF	¡No me digas!	¡Qué va!
AGREEMENT	¡Claro! ¡Claro que sí!	Por supuesto.
ACQUIESCENCE	¡Cómo no!	
DISMAY	¡Ay, no!	¡Qué desgracia!
	¡Qué horror!	¡Qué mala suerte!
CONGRATULATIONS	¡Qué bien!	¡Ay, qué bueno!
	¡Cuánto me alegro!	¡Enhorabuena!
	¡Te felicito!	¡Felicidades! (*on birthdays*)
COMMISERATION	¡Ay, mujer (hombre)!	¡Qué lástima!
	¡Eso sí que está malo!	¡Qué le vamos a hacer, pues!
INDIFFERENCE	¡Y (a mí) qué!	¡Me da igual!

⌧ ¡Necesito compañero! ⌧

A. While talking with your friend Pilar, you discover the following information. React, then ask questions to find out more information.

1. Pilar sacó una F en un examen importante. 2. El padre de Pilar es un izquierdista radical. 3. Se le murió el perro a Pilar. 4. Acaba de comprometerse (*to get engaged*) un amigo de Uds. que es un viejo solterón (*old bachelor*). 5. Hoy Pilar habla con los alumnos admitidos a la universidad para el año que viene. 6. Celebra hoy su cumpleaños. 7. Por fin dejó de fumar después de varios intentos inútiles. 8. La universidad no le dio «permanencia» (*tenure*) a su profesor favorito. 9. Acaba de saber que todas las clases que quiere tomar el semestre que viene están completas. 10. Acaba de ganar un premio en la lotería. 11. Vio un platillo volador (*flying saucer*) anoche. 12. Se fue a comprar leche.

B. Con un compañero, proponga una opinión sobre los temas siguientes. Sus opiniones no tienen que coincidir con sus creencias personales (pueden ser exageradas para provocar una fuerte reacción). Compártalas con sus compañeros de clase para que reaccionen usando las expresiones de la lista.

1. la censura de la música y de los vídeos 2. la oración en las escuelas públicas 3. el examen obligatorio para determinar si usan drogas los empleados públicos/los atletas profesionales/los estudiantes 4. el casarse con alguien muchísimo más joven (viejo) 5. la legislación para los derechos civiles de los homosexuales 6. el subsidio federal para las escuelas privadas

42. REVIEW OF REFLEXIVE CONSTRUCTIONS

In Section 14 you learned the difference between a reflexive pattern and a non-reflexive pattern.

NONREFLEXIVE	REFLEXIVE
La monja **mira** el altar.	La monja **se mira** en el espejo.
The nun looks at the altar.	*The nun looks at herself in the mirror.*
El cura **preparó** el sermón.	El cura **se preparó** para la ceremonia.
The priest prepared the sermon.	*The priest prepared himself for the ceremony.*

A structure is reflexive when the subject and the object of the action are the same. The reflexive concept is signaled in Spanish by the pronouns **me, te, se, nos, os**, and **se**. Note that the reflexive pronouns are identical to the object pronouns except in the third person singular and plural. Remember that the English reflexive pronouns end in *-self/-selves* and are not obligatory in all cases.

El niño se bañó y luego se secó rápidamente.   *The child bathed (took a bath) and then dried (himself) off quickly.*

PRACTICA

Exprese en español las palabras en *letras cursivas*. ¡OJO! No todas las acciones son reflexivas.

1. Please *don't touch* those papers.   2. I *wrote myself* a note *to help myself* remember the dates.   3. Shall we *take off* our gloves now?   4. In the army, they *shave* you pretty close.   5. The little girl *touched* her arm carefully to see if it was broken.   6. Do all men *shave* every day?   7. The soldiers *defended* the town successfully.   8. His words *motivated* us to try our hardest.   9. If you are cold, you can *put on* a sweater.   10. Emily and Jonathan *washed* and *dried* their hands before eating.   11. MacArthur *considered himself* a good soldier, but Truman did not agree.   12. The bishop *defended himself* against the criticism.   13. *Did* you *find* that in Ecuador? —Yes, I *bought* it *for myself* for my birthday.   14. John, please *comb* your hair; I want to be able *to see* your eyes.   15. We *can motivate ourselves* if we have to.

43. PROCESS *SE*

Several of the verbs in the vocabulary of this chapter and that of previous chapters are used with reflexive pronouns, but without the reflexive meaning discussed in Sections 14 and 42.

Enrique **se convirtió** al protes-
tantismo el año pasado.

*Enrique converted to Protestantism
last year.*

Al principio Carolina no **se llevó**
bien con Alberto, pero luego
se enamoró de él y **se casaron**
hace un año.

*At first Carolina did not get along
well with Alberto, but later she
fell in love with him and they got
married a year ago.*

With these verbs the reflexive pronouns signal inner feelings or processes, especially changes of physical, emotional, or mental state or of position (location). This process **se** is frequently expressed in English with *become, get,* or an *-en* suffix: *to become bright, to get bright, to brighten.* However, in contrast to reflexive constructions, English does not have a special way to indicate a process. For example, in the phrases *the water freezes* and *the snow melts,* it is clear from the context that the water and the snow are not performing actions. Rather, each is undergoing a process, in this case a change in physical state. In Spanish, a process is always signaled by a reflexive pronoun.

El niño **se enfermó**.

The child got sick.

Todos **nos levantamos** cuando
entró y luego **nos sentamos** a
la vez.

*We all stood when he entered, and
then we sat down at the same
time.*

Me puse furiosa al recibir las
noticias.

*I became (got) furious upon
receiving the news.*

Because both reflexive and process constructions use the same set of reflexive pronouns, the two structures look very similar. In addition, many verbs can be used with both meanings:

El niño **se secó** después del
baño.

*The child dried himself off after his
bath.*

El café **se seca** al sol por varias
semanas.

*The coffee dries (out) in the sun for
several weeks.*

Actually, the process use of **se** is much more common than the reflexive use. You may find that being aware of the process meaning can help you to interpret many constructions more accurately when context makes the reflexive meaning unlikely.

The following verbs are frequently used to signal processes.*

PHYSICAL CHANGE:
acostarse (ue) *to lie down; to go to bed*
calentarse (ie) *to get warm*
despertarse (ie) *to wake up, awaken*
dormirse (ue, u) *to fall asleep*
enfermarse *to get sick*
enfriarse *to get cold*

*Most of these verbs can also be used without the reflexive pronouns. They then have a nonprocess meaning. For example, **acostar** means *to put someone to bed,* **despertar** is *to wake someone up,* **dormir** is *to sleep,* **levantar** is *to raise* or *to lift,* and **sentar** means *to seat someone.*

PHYSICAL CHANGE:

levantarse *to rise, get up*
mojarse *to get wet*
secarse *to become dry*
sentarse (ie) *to sit down*

EMOTIONAL OR MENTAL CHANGE:

alegrarse (de) *to get happy (about)*
asustarse (de) *to become frightened (of)*
casarse (con) *to get married (to)*
comprometerse (a) *to make a commitment (to)*
divertirse (ie, i) *to enjoy oneself, have a good time*
divorciarse (de) *to get divorced (from)*
enamorarse (de) *to fall in love (with)*
enfadarse (con) *to get angry (with)*
enojarse (con) *to get angry (with)*
oponerse (a) *to be opposed (to)*
preocuparse (de/por) *to worry (about)*
quejarse (de) *to complain (about)*

An alternate way of describing a process is to use the verbs **ponerse, volverse**, or **hacerse** (all meaning *to become*) plus an adjective or noun. The use of these verbs is discussed in the ¡OJO! section of Chapter 4. Note that process verbs, like other ways of expressing emotion, take the subjunctive when followed by a subordinate clause.

Nos alegramos mucho de estar con Uds.	*We are very happy to be with you.*
but:	
Nos alegramos mucho de que Uds. puedan estar con nosotros.	*We are very happy that you can be with us.*
Los demócratas se opusieron a esa acción.	*The democrats were opposed to that action.*
but:	
Los demócratas se opusieron a que el gobierno recortara los fondos.	*The democrats were opposed to the government's cutting of funds.*

PRACTICA

A. Complete las oraciones en una forma lógica usando los verbos indicados. Cuidado con el uso del subjuntivo y del indicativo.

1. En esta clase no hay nadie que _____. (preocuparse por, oponerse a, asustarse de)
2. En mi iglesia, hay algunos que _____. (enojarse con, alegrarse de, comprometerse a)
3. Todos mis amigos _____. (preocuparse de, alegrarse de, quejarse de)
4. De niño, no me gustaba que (*nombre de una persona*) _____. (enojarse con, enamorarse de, quejarse de)

B. Situaciones y preguntas

1. De niño, ¿te importaba mucho el dinero? ¿Cómo conseguías dinero cuando lo necesitabas? ¿Qué solías comprar? ¿Se oponían tus padres a algunas de tus compras? Explica. Normalmente, ¿te ponías contento/a al comprar algo nuevo? ¿Te divertías mucho con la nueva compra o te aburrías rápidamente?

   Hoy, ¿cómo gastas tu dinero? ¿Cuál de las siguientes sería (*would be*) tu manera preferida de manejar cien dólares? ¿Por qué?

   - invertirlo o ponerlo en el banco
   - comprar algún artículo de uso personal (ropa, zapatos, etcétera)
   - comprar algo para tu diversión (un disco, un juego, un libro, una revista, etcétera)
   - pagar boletos para un concierto, una cena en un restaurante, boletos para hacer un viaje, etcétera
   - comprar un regalo para otra persona

2. En esta universidad, ¿has conocido (*have you met*) a muchas personas? Normalmente, ¿cómo llegas a conocer a la gente? ¿en las clases? ¿en la residencia? ¿en los bares? ¿De qué hablan Uds. cuando están juntos? ¿Discuten la política o la religión? ¿Discuten los asuntos del gobierno de la universidad? ¿Con respecto a qué asunto están más de acuerdo? ¿Y menos de acuerdo? Cuando hay desacuerdos entre tú y tus amigos, ¿suelen Uds. tratar de resolver las diferencias o respeta cada uno el punto de vista del otro? Explica.

   En tu opinión, ¿entre cuál(es) de estos grupos suele existir más (y más graves) diferencias de opinión? Explica.

   - personas de distintas generaciones
   - personas de distintas religiones
   - personas de distintos partidos políticos
   - personas de distintas razas
   - los hombres y las mujeres
   - personas de distintos grupos étnicos
   - personas de distintas clases sociales

3. ¿Cómo escoges a tus amigos? ¿Te importan sus creencias políticas? ¿su religión? ¿su origen étnico? ¿Te diviertes con un amigo que es muy optimista? ¿altruista? ¿temerario (*foolhardy*)? ¿prudente? ¿Te pones furioso/a con un amigo que tiende a ser egoísta o pesimista?

44. REFLEXIVE VERBS WITH NONPATTERNED MEANING CHANGES

As you have seen, the use of the reflexive pronoun can signal a reflexive action (the subject performs an action on himself or herself) or a process (a subject changes from one physical, emotional, or mental state to another). With other verbs, the use of the reflexive pronoun causes a change in meaning, but not according to one predictable pattern. The meaning of these verbs must be learned individually.

Here are some of the most common verbs of this type. Note that the reflexive form is often accompanied by a preposition.

despedir (i, i) *to fire*	despedirse (i, i) de *to say good-bye to*
ir *to go*	irse *to go away*
llevar *to take, carry*	llevarse *to take away, carry off*
negar (ie) *to deny*	negarse (ie) a *to refuse to*
parecer *to seem*	parecerse a *to resemble (physically)*
quedar *to be located; to be left*	quedarse *to remain, stay*
reír (i, i) *to laugh*	reírse (i, i) de *to laugh at*

Olvidar also has a reflexive form, **olvidarse de**. There is no perceptible change in meaning between the two forms.

Sentir has a reflexive form, **sentirse**. Both forms mean *to feel*, but the nonreflexive form is used with nouns and the reflexive form with adjectives. This verb is practiced in more detail in the ¡OJO! section of this chapter.

PRACTICA

A. The following paragraphs, taken from García Márquez's «**La siesta del martes**», contain a variety of the uses of **se** that you have learned. Can you identify some of them?

La niña tenía doce años y era la primera vez que viajaba. La mujer parecía demasiado vieja para ser su madre, a causa de las venas azules en los párpados° y del cuerpo pequeño, blando° y sin formas, en un traje cortado como una sotana.° Viajaba con la columna vertebral firmemente apoyada contra el espaldar° del asiento, sosteniendo en el regazo° con ambas manos una cartera de charol desconchado.° Tenía la serenidad escrupulosa de la gente acostumbrada a la pobreza.

eyelids

soft / cassock

back / lap

charol... peeling patent leather

A las doce había empezado el calor. El tren se detuvo diez minutos en una estación sin pueblo para aprovisionarse° *to fill up* de agua. Afuera, en el misterioso silencio de las plantaciones, la sombra° tenía un aspecto limpio. Pero el aire estancado *shade* dentro del vagón° olía a° cuero sin curtir.° El tren no volvió *railroad car* / *olía…* a acelerar. Se detuvo en dos pueblos iguales con casas de *smelled of* / *cuero…* madera pintadas de colores vivos. La mujer inclinó la cabeza *uncured leather* y se hundió en el sopor.° La niña se quitó los zapatos. Des- *se… sank into* pués fue a los servicios sanitarios a poner en agua el ramo° *drowsiness* de flores muertas. *bouquet*

Buscando siempre la protección de los almendros,° la *almond trees* mujer y la niña penetraron en el pueblo sin perturbar la siesta. Fueron directamente a la casa cural.° La mujer raspó *del cura* con la uña la red metálica° de la puerta, esperó un instante *raspó… scratched the* y volvió a llamar. En el interior zumbaba° un ventilador *metal screen with her* eléctrico. No se oyeron los pasos. Se oyó apenas el leve *fingernail* crujido° de una puerta y en seguida una voz cautelosa° muy *hummed* cerca a la red metálica: «¿Quién es?» La mujer trató de ver *leve… soft creak* / a través de la red metálica. *prudente*

B. ¡**Necesito compañero!** Con un compañero de clase, use las siguientes expresiones para hacerse preguntas. Luego comparta con la clase lo que ha aprendido.

1. a quién / familia / parecerse más
2. gustar / quedarse en casa por la noche / salir
3. hora / levantarse / no tener clase
4. reaccionar / alguien reírse de Ud.
5. aspecto / universidad / quejarse más
6. con qué postura política / enojarse más
7. en qué situación / divertirse más
8. en qué situación / ponerse nervioso
9. qué solución / usar / calmarse

C. A continuación hay un episodio en la vida de la familia Valdebenito. Ocurrió el año pasado, e incluye varios verbos que pueden expresar conceptos reflexivos, recíprocos o de proceso. Descríbalo usando los verbos que aparecen debajo de cada dibujo y añadiendo todos los detalles que Ud. cree necesarios. ¡OJO! En cada caso hay que decidir si la forma reflexiva es necesaria o no.

- ¿Quiénes son esas personas y cuál es la relación entre ellas?
- ¿Cuál era el contexto del episodio? ¿Qué planeaba el protagonista? ¿Cuáles eran sus motivos?
- ¿Qué pasó?
- ¿Cómo reaccionaron los miembros de la familia? ¿Por qué?

VOCABULARIO UTIL: calvo, el ejército, el peligro, peligroso, el recluta, el sargento, el soldado, el uniforme

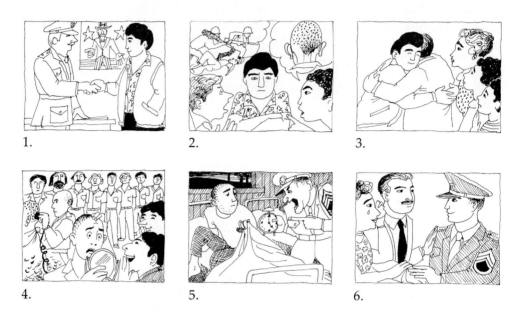

1.   2.   3.

4.   5.   6.

1. animar(se), entusiasmar(se), comprometer(se), alistar(se), estrechar(se) (*to shake*) la mano
2. asustar(se), preocupar(se), disuadir, luchar, cambiar de opinión, convencer(se)
3. despedir(se), abrazar(se), sentir(se), quedar(se)
4. afeitar(se), mirar(se), horrorizar(se), hacer cola, reírse de
5. enojar(se), gritar(se), motivar(se), levantar(se), acostar(se), predicar con el ejemplo
6. volver(se), vestir(se), alegrar(se), sentir(se)

45. REVIEW OF THE SUBJUNCTIVE: AN OVERVIEW

Two conditions must be met for the subjunctive to be used. The first has to do with sentence structure. The sentence must contain at least two clauses, an independent or main clause and a dependent or subordinate clause. The subjunctive generally occurs in the subordinate clause.

Los liberales se alegraron de que nombráramos a una mujer.

The liberals were happy that we named (nominated) a woman.

Los conservadores se pusieron furiosos de que gastáramos tanto dinero en el bienestar social. | *The conservatives became furious that we spent so much money on social welfare.*

The second condition has to do with meaning. There are three basic types of messages that cue the subjunctive.

1. NONEXPERIENCE: when the subordinate clause describes or refers to something that is unknown to the speaker, that is, beyond his or her experience, and is thus not considered real or factual

    PERSUASION
    Prefiero que no vayas a Europa. | *I prefer that you not go to Europe.*

    DOUBT
    Dudaban que fuera tan egoísta. | *They doubted that he was such an egotist (so egotistical).*

    DESCRIPTION OF SOMETHING UNKNOWN OR NONEXISTENT
    El optimista buscaba una solución que les ayudara a todos. | *The optimist looked for a solution that would help everyone.*

    Van a firmar el acuerdo después de que se arreglen los detalles. | *They are going to sign the agreement after the details are fixed.*

2. SUBJECTIVE REACTION: when the main clause makes a value judgment or expresses a subjective, emotional reaction

    Es increíble que sea tan derechista. | *It's incredible that she is so rightist (politically to the right).*

3. INTERDEPENDENCE: when the main clause describes the conditions under which the event in the subordinate clause will take place

    Te entrego el dinero con tal de que me des las fotos. | *I will hand the money over to you provided that you give me the pictures.*

PRACTICA

A. Los ultraliberales y los ultraconservadores representan puntos de vista extremos. En su opinión, ¿cómo reaccionarían (*would react*) estos individuos a las siguientes noticias? Use una de las frases de la lista para comentar sus reacciones. Luego explique por qué piensa Ud. que reaccionan así.

    se preocupa de   se enoja de   se opone a
    se alegra de   se escandaliza de

MODELO   El gobierno legaliza la mariguana. →

El ultraliberal se alegra de que el gobierno legalice la mariguana ya que no la considera una droga realmente peligrosa. El ultraconservador se opone a que el gobierno la legalice porque cree que va a contribuir al deterioro de la sociedad.

1. El gobierno aumenta los impuestos a las grandes corporaciones.   2. El gobierno aprueba el bombardeo de Irán y Libia.   3. El congreso recorta el presupuesto (*budget*) militar para poder proporcionar más dinero a los programas sociales.   4. El congreso insiste en publicar las papeletas de voto (*ballots*) en varias lenguas además del inglés.   5. El gobierno prohíbe la oración en las escuelas públicas.   6. La Corte Suprema prohíbe el aborto.

¿Tiene Ud. más ideas en común con un ultraliberal o con un ultraconservador?

B.   Usando las frases del ejercicio anterior, comente cómo reaccionan un pacifista y un soldado tipo Rambo a las siguientes noticias. Luego explique por qué piensa Ud. que reaccionan así.

1. Los Estados Unidos declara la guerra a Nicaragua.   2. El gobierno declara ilegal la venta de toda clase de armas de fuego.   3. Los Estados Unidos y Rusia deciden abandonar definitivamente la carrera de armas.   4. Una mujer es elegida presidente.   5. El gobierno prohíbe la entrada al país de refugiados o exiliados políticos.   6. Un grupo de ciudadanos (*citizens*) norteamericanos lleva medicinas y alimentos a Libia después del bombardeo de las fuerzas aéreas de los Estados Unidos.

¿Tiene Ud. más ideas en común con un pacifista o con un soldado tipo Rambo?

C.   ▣ **¡Necesito compañero!** ▣   ¿Cuáles son sus propios valores? Conteste el siguiente cuestionario con un compañero de clase, dando el presente del subjuntivo de los verbos entre paréntesis. Luego haga preguntas para averiguar el por qué de sus respuestas. Luego comparta con la clase lo que ha aprendido.

1. Si tengo una opinión, no cambio de idea a menos que ＿＿＿.
   a. (*hablar*) con mis padres
   b. varios de mis amigos (*pensar*) lo contrario
   c. (*haber*) bastante información en los libros o en los periódicos que me convenza
   d. (*convencerme*) alguna autoridad religiosa o política respetada

2. Si me decido a trabajar por alguna causa, es probable que ＿＿＿.
   a. (*proteger*) a los animales o el medio ambiente (*environment*)
   b. (*luchar*) por los niños o los jóvenes
   c. (*dedicarme*) a los pobres o a los inválidos
   d. (*tener*) algún propósito político

3. Cuando me comprometo a una causa, normalmente lo hago ＿＿＿.
   a. después de muchas investigaciones sobre lo que representa la causa y quiénes son sus proponentes (*supporters*)

    b. impulsivamente, siguiendo alguna intuición personal

    c. porque muchos amigos míos trabajan por la misma causa

    d. porque no me exige (*demand*) mucho

4. Con respecto a diversas causas, es probable que yo _____.

    a. (*donar*) dinero

    b. (*contribuir*) con mi tiempo, como voluntario

    c. (*ofrecer*) consejos

    d. no (*dar*) nada; normalmente no contribuyo a ninguna causa

5. Si pudiera (*I could*) descubrir una cura definitiva para solamente uno de los siguientes problemas, me gustaría inventar una píldora (*pill*) que eliminara _____.

    a. el SIDA (*AIDS*)

    b. el hambre

    c. la violencia

    d. el egoísmo

6. Las personas muy comprometidas me _____.

    a. inspiran admiración

    b. ponen nervioso/a

    c. molestan

    d. dan igual

¡OJO!

mudarse–trasladar(se)–moverse

When *to move* means to change residence, use **mudarse**. *To move* or *to be moved* from place to place—from city to city or from office to office, for example—is expressed with **trasladar(se)**. Use **moverse (ue)** to express *to move* an object or a part of the body.

Como mi padre era militar, **nos mudábamos** mucho.	*Since my father was in the military, we moved a lot.*
La compañía la **trasladó** a otra oficina.	*The company moved (transferred) her to another office.*
¡Hijo! No **te muevas**. Tienes una abeja en el brazo.	*Son! Don't move. You have a bee on your arm.*

realizar–darse cuenta (de)

Both of these verbs mean *to realize*. **Realizar** means *to achieve* a goal or an ambition, that is, *to accomplish* something. **Darse cuenta (de)** means *to realize* as in *to be aware* or *to understand*.

El estudiante **realizó** su sueño; sacó una A en el curso.	*The student realized his dream; he got an A in the course.*
No **me di cuenta de** que había una venta.	*I didn't realize that there was a sale.*

sentir–sentirse

Both of these verbs mean *to feel*. **Sentir** is always followed by nouns, **sentirse** by adjectives.

Yo **siento** un gran **alivio** sabiendo que vas a estar conmigo.	*I feel a great relief knowing that you're going to be with me.*
Yo **me siento** muy **aliviada** sabiendo que vas a estar conmigo.	*I feel very relieved knowing that you're going to be with me.*

Neither **sentir** nor **sentirse** can express *to feel* in the sense of *to believe* or *have the opinion*. These concepts must be expressed with **pensar, creer**, or **opinar**.

Piensan (**Creen, Opinan**) que es una poeta excelente.	*They feel that she is an excellent poet.*

Sentir can also mean *to regret*.

Lo **siento**.	*I'm sorry. (I regret it.)*

PRACTICA

A. Dé la palabra española que se corresponde mejor con la palabra en *letras cursivas*.

1. The missionary hopes *to move* to Chile next year, although *he realizes* that it will be difficult to convince his superiors, who *feel* that it would be better for him to stay here.   2. After that meal, I *feel* so stuffed that I can't even *move*!   3. Don't you *feel* warm? If you *move* the curtains back a little, we'll be able *to feel* the breeze a bit more.   4. Although he can't *move* his arms at all, the specialists *feel* that his condition will surely improve.   5. She is an overachiever, *realizing* goals that seem way beyond her ability.   6. I *felt* awful that he fell down because I *had moved* the chair.   7. When Jane *moved* to her own apartment she began *to feel* more independent, although she *realized* that she would be lonely sometimes, too.   8. *I'm sorry* that *they moved* to Cleveland, but most people *feel* that it was for the best.

B. Dé la forma correcta de la palabra o frase que mejor complete la oración, según las palabras indicadas entre paréntesis. ¡OJO! Hay también palabras de los capítulos anteriores.

1. No es ＿＿＿ de gustos. ＿＿＿ la Sra. Benítez cambió de trabajo, era preciso que ＿＿＿ a Lima. (*question/Since/she move*)

2. ¿_____ si _____ a casa ahora? Tengo una _____ esta noche y quiero vestirme con cuidado. (*Do you care/I return/date*)

3. Me _____ cuando tú _____ una de mis fiestas, pero _____ que hay _____ que no puedes hacer otra cosa. (*it hurts/miss/I realize/times*)

4. _____ se sabe que el fumar causa el cáncer, ¿_____ que _____ deben _____ fumar? (*Since/do you feel/both of you/stop*)

5. Si tú _____ a San Francisco, _____. (*move/we are going to miss you*)

6. En vez de caminar a su casa, _____ he decidido _____ el tren. Así puedo _____ conmigo varios regalitos. (*this time/to take/to take*)

7. Si esos zapatos _____ quizás debes _____. Puedes _____ otro par un poco más grande. (*hurt you/return them/look for*)

8. Mi padre trataba de _____ el sofá cuando _____ la espalda. Mi madre lo _____ al hospital porque _____ realmente mal. (*to move/he hurt/took/he felt*)

C. Situaciones y preguntas

1. ¿Cuántas veces se mudó Ud. antes de cumplir los 18 años? ¿Sintió Ud. mucho que se mudara su familia? ¿Qué problemas le puede causar una mudanza a un niño? Imagínese que Ud. tiene que mudarse ahora. ¿A qué sitio quisiera ir? ¿Por qué?

2. ¿Qué sueños importantes realizó Ud. durante la primera década de su vida? ¿Qué sueños quiere realizar durante la próxima década? ¿Tiene Ud. un sueño imposible de realizar? ¿Cuál es? ¿Por qué no lo va a poder realizar?

3. ¿Cuándo se dio Ud. cuenta de que quería hacer estudios universitarios? ¿Cuándo se dio cuenta de que quería estudiar en esta universidad? ¿Cuándo se dieron cuenta sus padres de que Ud. ya era adulto?

4. ¿Cómo te sientes ahora que ya estás en la universidad? ¿Te sientes contento/a con tu vida? ¿Cómo te sentías durante la primera semana de clases? ¿Te fue fácil o difícil acostumbrarte? ¿Por qué?

REPASO

A. Complete el párrafo, dando la forma correcta del verbo y expresando en español las frases en inglés. Cuando se dan dos palabras entre paréntesis, escoja la palabra apropiada.

EL MITO DEL QUINTO SOL

Todas las religiones, tanto las modernas como las antiguas, tienen una explicación de la creación del mundo. Probablemente no hay nadie de la tradición judeocristiana que no conozca la historia bíblica. Los aztecas tenían una explicación más complicada de la creación. Se llamaba la historia del Quinto Sol.

Según este mito, (*many, many years ago*[1]) no había nada en el mundo. A los dioses no les gustaba que el universo (*ser*[2]) tan oscuro y por eso un día (*reunirse*[3]) para resolver el problema. El malévolo dios de la noche (*hablar*[4]) primero. «Es evidente que nosotros (*necesitar*[5]) un sol. Y para que Uds. (*ver*[6]) mi poder y mi fuerza,° ¡yo lo crearé!°»

De repente, (*aparecer*[7]) un sol grande y esplendoroso. Pero todavía no había hombres que (*habitar*[8]) la tierra, sólo gigantes monstruosos. Al cabo° de trece siglos, unos jaguares enormes los (*devorar*[9]) y (*destruir*[10]) el sol. Por eso los dioses le (*poner*[11]) a este primer sol el nombre de sol del Jaguar.

Entonces fue necesario que los dioses (*empezar*[12]) de nuevo. Como cada dios quería que los otros dioses lo (*admirar*[13]), uno tras° otro, los dioses trataron de crear un sol duradero.° Ninguno tuvo suerte. Unos huracanes horribles (*devastar*[14]) el segundo sol; sólo hubo unos hombres (*who*[15]) (*poder*[16]) escapar. Subieron a los árboles y se convirtieron en monos. Una tercera y una cuarta vez los dioses usaron su magia sin que ninguno (*tener*[17]) éxito. Durante el tercer sol apareció una misteriosa lluvia de fuego, (*which*[18]) quemó toda la tierra menos a algunos hombres, que se convirtieron en pájaros. Después de la creación del cuarto sol, una terrible inundación° (*cubrir*[19]) el mundo. Algunos hombres sobrevivieron al convertirse en peces.°

Después del cuarto sol los dioses (*decidir*[20]) reunirse una vez más. (*Saber: ellos*[21]) que no (*ir*[22]) a poder crear un sol perfecto a menos que (*hacer*[23]) un sacrificio especial, un sacrificio divino. Dos dioses se ofrecieron para el sacrificio. Mientras ellos (*were preparing themselves*[24]), los otros dioses construyeron un gran fuego. Al quinto día, los dos dioses (*arrojarse*°[25]) al fuego. Los otros dioses esperaron nerviosos. Pronto (*descubrir*[26]) su error: por el cielo subían dos discos rojos. ¡Qué horror!

No era posible que (*vivir: ellos*[27]) con dos soles. El calor sería° demasiado intenso. Por eso, uno de los dioses (*arrojar*[28]) un conejo° contra uno de los soles, reduciendo así un poco su luz. Este sol se convirtió en la luna. (Hasta hoy los mexicanos no hablan del hombre de la luna (*pero/sino*[29]) del *conejo* de la luna.)

Pero el otro sol todavía (*estar*[30]) muy débil. «Puedo empe-

strength
shall create

final

después de
lasting

flood
fish

to throw oneself

would be
rabbit

zar a cruzar el cielo—les anunció ese sol—con tal de que
Uds. (*darme*[31]) sus corazones.»

Todos los dioses (*arrojarse*[32]) al fuego y el sol (*comer*[33])
sus corazones. El quinto sol, ahora fuerte y brillante, empezó
a caminar lentamente por el cielo, donde lo podemos ver
hoy. Los otros soles se pueden ver también en el famoso
calendario azteca que hay en el Museo de Antropología de
México.

B. Los mitos no son totalmente fantásticos. Muchos aspectos de los mitos se
basan en la realidad y en los esfuerzos del hombre por comprenderla.
¿Dónde ve Ud. la influencia de los siguientes datos en el mito mexicano de
la creación?

1. En México, se encuentran restos de muchos dinosauros.   2. En el
pasado, México era una tierra con muchos volcanes activos.   3. La costa
mexicana fue inundada en varias ocasiones por maremotos (*tidal waves*)
causados por huracanes violentos.

¿Conoce Ud. algunos mitos norteamericanos que expliquen los siguientes
fenómenos naturales? Si no conoce un mito verdadero, intente inventar uno.

- la diferencia de color entre las razas humanas
- por qué cambian las estaciones del año
- por qué hay tantas lenguas diferentes en el mundo
- el sonido del trueno (*thunder*)

CAPITULO NUEVE

LA CALLE BROADWAY EN LOS ANGELES

LOS HISPANOS EN LOS ESTADOS UNIDOS

Los hispanos son sólo uno de los muchos grupos étnicos que han emigrado a los Estados Unidos. ¿Sabe Ud. dónde viven y cuándo llegaron los siguientes grupos? ¡OJO! En algunos casos hay más de una respuesta posible.

1. los cubanos	a. Minnesota	(1) siglo XVI
2. los alemanes	b. California	(2) siglo XVII
3. los escandinavos	c. la Florida	(3) siglo XVIII
4. los irlandeses	d. Ohio	(4) siglo XIX
5. los polacos	e. Boston	(5) siglo XX
6. los españoles	f. Virginia	
7. los ingleses	g. Michigan	
8. los chinos	h. Nuevo México	

¿Pertenecían sus antepasados a alguno de estos grupos? ¿De dónde vinieron y cuándo llegaron a los Estados Unidos?
¿Conoce Ud. a los siguientes hispanos famosos?

PERSONAS

_____ 1. Alberto Salazar
_____ 2. Henry Cisneros
_____ 3. Toney Anaya
_____ 4. Rita Moreno
_____ 5. Nancy López
_____ 6. José Feliciano
_____ 7. César Chávez
_____ 8. Maurice Ferré
_____ 9. Rubén Blades
_____10. Roberto Clemente

IDENTIDADES

a. cantante panameño
b. golfista chicana profesional
c. beisbolista puertorriqueño
d. maratonista cubanoamericano
e. organizador del sindicato de los trabajadores agriculturales
f. alcalde mexicanoamericano de San Antonio
g. cantante mexicanoamericano
h. actriz puertorriqueña
i. alcalde cubano de Miami
j. gobernador mexicanoamericano de Nuevo México

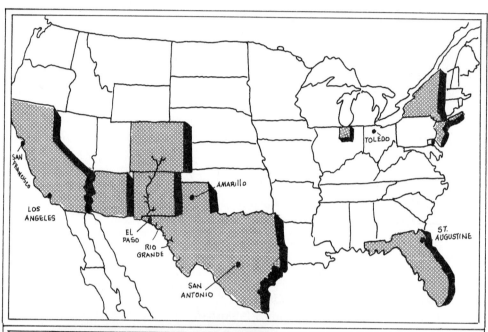

Vocabulario para conversar

acostumbrarse *to become accustomed*
adaptarse *to become adapted*
el anglo(sajón) *Anglo(-Saxon)*
aportar *to bring, contribute*
el aporte *contribution*
asimilarse *to become assimilated*
bilingüe *bilingual*
el ciudadano *citizen*
la ciudadanía *citizenship*

el crisol *melting pot*
cubano *Cuban*
chicano *Chicano, Mexican-American**
emigrar *to emigrate*
la emigración *emigration*
el emigrante *emigrant*
establecerse *to get settled*
el exiliado *exile (person)*
la identidad *identity*

inmigrar *to immigrate*
la inmigración *immigration*
el inmigrante *immigrant*
el orgullo *pride*
orgulloso *proud*
la patria *native land*
puertorriqueño *Puerto Rican*
el refugiado *refugee*

OTROS INMIGRANTES

el costarricense *Costa Rican*
el guatemalteco *Guatemalan*
el haitiano *Haitian*

el hondureño *Honduran*
el nicaragüense *Nicaraguan*
el panameño *Panamanian*

el salvadoreño *Salvadoran*

Practiquemos

A. Busque antónimos o sinónimos en la lista del vocabulario.

1. emigrar 2. acostumbrarse 3. mexicanoamericano

B. Explique la diferencia entre cada par de palabras.

1. el anglosajón/el norteamericano
2. el cubano/el puertorriqueño
3. la inmigración/la emigración
4. el exiliado/el ciudadano

C. Dé ejemplos de las siguientes personas, grupos o conceptos.

1. un inmigrante
2. un crisol
3. un grupo bilingüe
4. el aporte de distintos grupos a los EEUU

D. Defina brevemente en español.

1. establecerse
2. el orgullo
3. la patria
4. asimilarse
5. la identidad

---

*Within the Mexican-American community, there is considerable discussion about the acceptability of this term, which originally had very radical connotations. At one time the younger generation preferred **chicano**, while others preferred **mexicanoamericano** o **méxicoamericano**. Now, however, the word **chicano** is gaining wide acceptance as a term for describing people with Mexican ancestry who were born and brought up in the United States.

Conversemos

A. ¿Dónde se nota más la presencia hispánica en los Estados Unidos? ¿Cuáles son los grupos hispánicos que predominan en cada área? ¿Dónde hay más chicanos (mexicanoamericanos)? ¿más puertorriqueños? ¿más cubanos? ¿Puede Ud. explicar estas concentraciones regionales de hispanoparlantes?

B. ¿Qué grupo étnico vive desde hace varios siglos en lo que es hoy territorio de los Estados Unidos? ¿Qué grupos tienen una concentración de exiliados políticos? ¿de inmigrantes recién llegados? ¿Por qué cree Ud. que muchos hispánicos inmigraron a los Estados Unidos y no a otros países? ¿Por qué dejaron su patria? ¿Qué sentimientos puede tener un emigrante antes de emigrar? ¿Qué puede sentir al llegar a los Estados Unidos?

C. ¿Cuáles son algunos de los problemas que los inmigrantes tienen que enfrentar en los Estados Unidos? ¿Es difícil establecerse y adaptarse? Explique. ¿Es necesario que se asimilen o deben mantenerse separadas las personas de distinto origen étnico? ¿Qué entiende Ud. por «asimilarse»? ¿Cree Ud. que la educación bilingüe beneficia la asimilación de los inmigrantes? ¿Por qué sí o por qué no? ¿Qué efecto tendría la eliminación de la educación bilingüe en los grupos de distinto origen étnico? ¿Qué entiende Ud. por «crisol»? En su opinión, ¿es los Estados Unidos un crisol?

D. Si Ud. no sabe o no recuerda la palabra, ¿cómo puede expresar estas palabras en español?

1. *bilingual* 2. *an exile* 3. *native land* 4. *an emigrant*

GRAMATICA

46. PASSIVE VOICE

A. Concept of the Passive Voice

In both English and Spanish, actions that have objects can be expressed either actively or passively. In the active voice (**la voz activa**), the agent, or doer, of the action is the subject of the sentence, and the receiver of the action is the direct object. In the passive voice (**la voz pasiva**), the functions are reversed: the receiver of the action is the subject, and the agent, or doer, is expressed with a prepositional phrase (*by* + agent). The passive voice is expressed with a form of the verb *to be* plus the past participle.

ACTIVE VOICE (LA VOZ ACTIVA)

subject/agent	verb	object/recipient
Laura	*painted*	*the house.*
Laura	pintó	la casa.
The government	*helped*	*the exiles.*
El gobierno	ayudó	a los exiliados.
The immigrants	*requested*	*citizenship.*
Los inmigrantes	solicitaron	la ciudadanía.

PASSIVE VOICE (LA VOZ PASIVA)

subject/recipient	*to be* + past participle	agent
The house	*was painted*	*by Laura.*
La casa	fue pintada	por Laura.
The exiles	*were helped*	*by the government.*
Los exiliados	fueron ayudados	por el gobierno.
Citizenship	*was requested*	*by the immigrants.*
La ciudadanía	fue solicitada	por los inmi-grantes.

B. Formation of the Spanish Passive Voice

In the Spanish passive voice, *to be* is always expressed with the verb **ser**. The past participle functions as an adjective, agreeing in gender and number with the subject.

subject/recipient	singular	plural
MASCULINE	El libro fue escrito por Patricia.	Los libros fueron escritos por Patricia.
FEMININE	La fotografía fue sacada por Carlos.	Las fotografías fueron sacadas por Carlos.

With the **ser** passive voice construction, the agent of the action is either stated in the sentence or very strongly implied. When mentioned, the agent is generally introduced by the preposition **por**.

AGENT MENTIONED — Los países hispanoamericanos fueron colonizados **por** los españoles en el siglo XVI.

AGENT IMPLIED BY PREVIOUS CONTEXT — Los españoles llegaron al Nuevo Mundo a finales del siglo XV. América fue descubierta en 1492 y los países hispanoamericanos fueron colonizados en el siglo XVI.

C.   Avoidance of the Passive Voice in Spanish

The passive voice with **ser** is generally avoided in spoken Spanish, and it appears only slightly more frequently in writing. In some cases where English uses the passive, the Spanish passive with **ser** is incorrect. For example, in English, both direct and indirect objects can be the subject of passive sentences.

ACTIVE

Relatives sent *money* (= direct object) to the exiles.

The government sells *machines* (= direct object) to many countries.

They sent money to the *exiles* (= indirect object).

The government sells machines to *many countries* (= indirect object).

PASSIVE

Money was sent to the exiles by relatives.

Machines are sold to many countries by the government.

The exiles were sent money by them.

Many countries are sold machines by the government.

1. In Spanish, only *direct* objects can be the subject of a **ser** passive sentence. To avoid a **ser** passive with an indirect object subject, use an active sentence or a passive **se** construction if the agent is not known.

ACTIVE

Los parientes mandaron **dinero** (= complemento directo) a los exiliados.

El gobierno vende **máquinas** (=complemento directo) a muchos países.

Los parientes mandaron dinero a **los exiliados.**

El gobierno vende máquinas a **muchos países** (= complemento indirecto).

PASSIVE

possible: **El dinero** fue mandado a los exiliados por los parientes.

possible: **Las máquinas** son vendidas a muchos países por el gobierno.

impossible: Use active voice or passive **se** (see rule 2).

impossible: Use active voice or passive **se** (see rule 2).

2. As mentioned before, when the **ser** passive is used, the presence of an agent is always strongly implied. When the agent of the action is

unknown or is unimportant, the idea should be expressed either by using a passive **se** construction or by using an active construction with the third person plural of the verb.

ENGLISH PASSIVE
The exiles were sent money. (Who sent the money is not known or is unimportant.)

Spanish active: Mandaron dinero a los exiliados.
passive se: Se mandó dinero a los exiliados.

Many machines were bought. (Who bought them is not known or is unimportant.)

Spanish active: Compraron muchas máquinas.
passive se: Se compraron muchas máquinas.

3. The verb **nacer** (*to be born*) is never expressed in the passive voice.

Nací en 1947.   *I was born in 1947.*

D. Summary

1. The English passive voice can be expressed with a **ser** passive in Spanish when
   a. subject/recipient = direct object
   b. agent stated or strongly implied in the context

The newcomers were mistreated by their neighbors.

The government did many things to help the newcomers. For example, new schools were established. (By the government is implied by the previous context.)

Los recién llegados fueron maltratados por sus vecinos.

El gobierno hizo muchas cosas para ayudar a los recién llegados. Por ejemplo, nuevas escuelas fueron establecidas.

---

2. The English passive voice cannot be expressed with a **ser** passive in Spanish when
   a. subject/recipient = indirect object
   b. agent is unknown or is unimportant to message

   The idea can be expressed by:
   a. simply using the active form, with the verb in third person plural
   b. using a passive **se** construction

The immigrant experience is a difficult one. In many places, the newcomers are given free food. (Subject/recipient = indirect object. Person or institution responsible for the action is not known or is unimportant.)	La experiencia de ser inmigrante es difícil. En muchos lugares, dan comida gratis (se da comida gratis) a los recién llegados.
While at the same time, their language and culture are frequently looked down on. (Not important to specify by whom.)	Y al mismo tiempo con frecuencia se desprecian su lengua y su cultura (desprecian su lengua y su cultura).

PRACTICA

A. Conteste las siguientes preguntas según el modelo.

> MODELO ¿Quién llamó al inmigrante? (el jefe) →
> El inmigrante fue llamado por el jefe.

1. ¿Quién puso los archivos en el despacho? (la secretaria)
2. ¿Quiénes extrañaron al viejo jefe? (muchos empleados)
3. ¿Quiénes abandonaron su patria? (algunos cubanos)
4. ¿Quién empleó a ese grupo de exiliados? (la compañía Dineral, S.A.)
5. ¿Quién cubrió el cuerpo del niño muerto? (el médico)
6. ¿Quién pronunció el discurso? (un nuevo ciudadano)

B. Imagine que Ud. conoce a Rodolfo Cortina, un inmigrante cuya familia llegó a los EEUU hace tiempo ya. Describa algunas de las actividades de Rodolfo y su familia, usando la voz pasiva según el modelo.

> MODELO los hijos menores: matricular, colegio, madre →
> Los hijos menores fueron matriculados en el colegio por su madre.

1. una casa: alquilar, padre
2. un carro usado: comprar, padres
3. unas cartas a los viejos amigos: escribir, los hijos
4. la atención médica: conseguir, padres
5. el permiso de conducir: solicitar, Rodolfo
6. unos muebles de segunda mano: regalar, amigos de la familia

C. Exprese las siguientes oraciones en inglés y luego explique por qué ha expresado así las palabras subrayadas. En cada caso, ¿existe otra manera de expresar la parte subrayada? Explique.

1. Se estudiaron las leyes con mucho cuidado. 2. Los niños nacieron en este país pero sus padres no. 3. ¿En qué año fue limitada la entrada de

inmigrantes orientales? 4. <u>Dieron</u> $40 a cada familia. 5. Este barrio <u>fue destruido</u> por un fuego el año pasado, pero luego <u>fue reconstruido</u> por las familias sin ninguna ayuda del gobierno federal. 6. A veces <u>se ofrece</u> dinero a los recién llegados cuando lo que más <u>se necesita</u> es la compasión. 7. Los padres quieren que sus hijos <u>sean aceptados</u> por los demás. 8. En estos barrios <u>se oían</u> muchas lenguas diferentes. 9. Muchos de ellos salieron porque <u>eran perseguidos</u> por su gobierno. 10. Les <u>explicaron</u> las leyes a los inmigrantes.

D. Exprese en español, usando la voz pasiva con **ser** donde sea apropiado. ¡OJO! Hay que usar *la voz activa* en algunas oraciones.

1. The scientist was given a prize (**premio**) for his work. 2. The meal was prepared by the servants. 3. Harry S Truman was born in Missouri. 4. The children were taught Spanish by their parents. 5. The *Quijote* was finished in 1615. 6. The exiles were given 10 days to leave. 7. The city was destroyed by the hurricane (**el huracán**). 8. The grass (**el césped**) was cut by a neighbor. 9. The Cubans were brought to the United States in a boat. 10. The car was fixed by our mechanic.

E. Dé información sobre los siguientes individuos y hechos, usando oraciones pasivas.

MODELO América → América fue descubierta en 1492.

1. Abraham Lincoln
2. la bombilla eléctrica y el fonógrafo
3. la ciudad de Hiroshima
4. la Declaración de Independencia de los Estados Unidos
5. Ronald Reagan y George Bush
6. las civilizaciones indígenas de Sudamérica
7. la viruela (*smallpox*)
8. esta universidad

47. MORE ON THE PASSIVE *SE*

Passive with *ser* Versus Passive *se*

You have now studied the two passive constructions in Spanish: the passive with **ser** (Section 46) and the passive **se** (Section 8). These two constructions differ in meaning as well as in form.

An agent is always strongly implied in a passive with **ser** construction, regardless of whether or not it is actually mentioned in the sentence. In contrast, the agent is either unknown or unimportant to the message in a passive **se** sentence; the speaker simply wants to communicate that an action is or was being done to someone or something. For this reason, when the speaker focuses on the *agent* of an action, the passive with **ser** construction or the active voice must be used. When the speaker focuses on the *recipient* of the action, the passive **se** construction is used. In contrast to the passive with **ser**, the passive **se** construction is used frequently in both written and spoken Spanish.

Even though its English equivalent contains the verb *to be*, the passive **se** construction does not. It always has these three parts.

se + third person verb + recipient (object) of the action

Se reciben miles de peticiones cada año.	*Thousands of petitions are received each year.*
Se aprueba sólo **un pequeño porcentaje** de ellas.	*Only a small percentage of them is approved.*

The passive **se** verb agrees in number with the recipient of the action (**miles, porcentaje**). When the recipient of the action is another verb, the passive **se** verb is generally in the singular form.*

Se necesita aprobar nuevas leyes.	*New laws need to be passed.*
Se empieza a entender mejor los problemas.	*The problems are beginning to be understood better.*

The following paragraph about the settling of the American Southwest shows a number of examples of the various uses of **se** as well as the two passive forms. How many can you recognize?

La enorme extensión del territorio permitía que los recién llegados se establecieran y siguieran viviendo de acuerdo con sus costumbres y tradiciones, manteniéndose al margen de los mexicanos. Al principio el gobierno mexicano estaba contento de tener pobladores de cualquier origen, pero al notar la rápida americanización de su territorio empezó a alarmarse. En 1830 la inmigración procedente de los EEUU fue prohibida, pero ya era demasiado tarde. Para muchos americanos un plan divino° parecía haber dispuesto que todo   = el Destino Manifesto
el territorio entre el río Misisipí y el océano Pacífico formara parte de los Estados Unidos. Motivado en parte por el deseo de realizar este plan y en parte por otros conflictos políticos y económicos, el territorio de Texas se rebeló en 1836 y logró

---

*Two common exceptions to this rule are **poder** and **deber**. In the passive **se** form, these two verbs can agree with the *object of the following verb*.

Se debe (puede) aprobar una nueva **ley**.	*A new law should (can) be passed.*
Se deben (pueden) aprobar nuevas **leyes**.	*New laws should (can) be passed.*

independizarse de México. Pronto Texas votó para incorporarse a los EEUU y, para evitar que México recuperara
este territorio, tuvo lugar la guerra entre los EEUU y México
en 1846. El Tratado de Guadalupe Hidalgo puso fin a esta
guerra en 1848, dando a los EEUU las tierras de Texas, Nuevo
México, Arizona, y parte de California, Nevada y Colorado.
México había perdido la mitad de su territorio total, y los
EEUU había ganado un tercio° del suyo. A los 75.000 ciu-   *un... one-third*
dadanos mexicanos que se encontraban en lo que era ahora
territorio norteamericano se les ofreció la alternativa de volver a México o de convertirse en ciudadanos norteamericanos. La gran mayoría decidió quedarse y aceptar la
ciudadanía. Fueron éstos los primeros méxicoamericanos...
que llegaron a serlo, no por medio de una inmigración deli-
berada, sino por medio de la conquista. No se puede comprender la historia de los chicanos sin reconocer este
acontecimiento° decisivo.   *event*

PRACTICA

A. En las siguientes oraciones activas no se menciona un agente específico. Por
lo tanto, también se puede usar la voz pasiva con **se**. Haga este cambio.

1. Siempre anuncian las noticias importantes en la televisión.
2. Abandonaron la patria por razones económicas. 3. Repartieron (*They
distributed*) los cuestionarios entre todos los inmigrantes. 4. Hicieron una
investigación de sus actividades políticas previas. 5. Primero firman los
documentos y luego tienen que jurar (*swear*) lealtad al nuevo gobierno.
6. Organizaban una manifestación y denunciaban los abusos del gobierno.
7. Aportaron nuevas ideas a la fábrica. 8. Siempre aprobaban nuestras
decisiones. 9. Vieron la estatua al entrar en el puerto (*port*). 10. No
quisieron aceptar sus documentos.

B. Conteste las preguntas según el modelo.

MODELO Por lo general, ¿a qué hora abren las tiendas por la mañana? →
Se abren a las 10.

1. ¿Cuándo compra la gente muchos regalos? 2. ¿Cuándo van muchas
personas de vacaciones? 3. ¿Cómo viajan muchas personas a Europa?
4. ¿A qué edad empiezan los jóvenes a estudiar en el colegio? 5. ¿Cómo
ganaban dinero muchas personas en el siglo pasado? 6. ¿Cómo entraba
mucha gente en los Estados Unidos durante el siglo pasado?

C. Imagine que Ud. se ha decidido a emigrar a otro país. ¿Adónde quiere ir?
Conteste según el modelo. ¡OJO! Como no es un país específico, ya
conocido, tiene que usar el subjuntivo.

MODELO ayudar la asimilación →
Quiero ir a un país donde se ayude la asimilación.

1. cometer menos crímenes 2. ofrecer mejores sueldos 3. tener más libertad de expresión 4. ofrecer muchas oportunidades para instruirse 5. disfrutar (*to enjoy*) un mejor nivel de vida 6. poder vivir cerca de la naturaleza 7. prohibir la discriminación (racial, étnica, religiosa, entre hombres y mujeres) 8. no pagar tantos impuestos 9. proteger los derechos humanos 10. no necesitar prestar servicio militar 11. hablar inglés

D. ◙ **¡Necesito compañero!** ◙ Para viajar al extranjero, hay que tener pasaporte. A continuación hay una lista de pasos (*steps*) y requisitos que pueden o no ser necesarios para conseguir pasaporte en los Estados Unidos. Con un compañero,

- decida qué acciones son necesarias para conseguir pasaporte
- transforme esas acciones necesarias en acciones pasivas con **se**
- ponga las acciones en el orden apropiado

_____ conseguir dos fotos idénticas
_____ obtener pruebas de ciudadanía estadounidense
_____ llevar alguna prueba de identificación
_____ tomar un examen de ciudadanía
_____ pedir permiso al gobierno
_____ ir a la oficina del *County Clerk*
_____ llenar una solicitud (*application form*)
_____ explicar los motivos del viaje
_____ presentar los documentos necesarios
_____ mostrar evidencia de ser inocente de cualquier actividad criminal
_____ averiguar (*to find out*) si es necesario vacunarse
_____ pagar las cuotas (*fees*)

E. ◙ **¡Necesito compañero!** ◙ Repase los usos del **se** impersonal (Section 8). Luego, con un compañero de clase, expresen las siguientes oraciones en inglés. Luego piensen si existen otras alternativas gramaticales para expresar la misma idea en español en cada caso. ¿Pueden Uds. explicar también los usos del subjuntivo? Prepárense para justificar sus respuestas. Las alternativas gramaticales son:

voz pasiva con **ser**   se impersonal
voz pasiva con **se**   voz activa con tercera persona plural

1. En 1979 era necesario que se importaran estos productos. 2. Se dieron muchos libros a Mary para su cumpleaños. 3. La nueva ley fue aprobada por el Congreso en 1962 después de ser enmendada varias veces. 4. Cortaron la inmigración del Oriente durante esa época. 5. El primer alcalde (*mayor*) méxicoamericano fue elegido en Texas, ¿verdad? 6. Se vive mejor en los países donde no se cometen tantos crímenes. 7. Se va a conceder la ciudadanía a los Romero tan pronto como se presenten los

documentos necesarios. 8. Muchos programas especiales para adultos fueron diseñados por la escuela. 9. Dudan que la educación bilingüe haya mejorado la situación. 10. No hay ningún problema que haya sido resuelto por ese comité.

F. Situaciones y preguntas

1. ¿Qué les pasa a los grupos que inmigran a los Estados Unidos hoy en día? ¿Son aceptados con entusiasmo por los ciudadanos de los Estados Unidos? ¿Hay algunos grupos que sean aceptados con menos entusiasmo? ¿Por qué?

2. ¿Qué hay que hacer para hacerse ciudadano de los Estados Unidos? ¿Cuánto tiempo hay que esperar? Y para trabajar en los EEUU, ¿qué hay que hacer? ¿Cómo se puede conseguir la tarjeta del seguro social?

3. ¿Qué no se permite hacer en tu residencia? ¿en tu casa? ¿en una tienda? ¿en un cine? ¿en la sala de clase? ¿en la iglesia? ¿Estás de acuerdo con todas estas reglas? ¿Cuáles se deben cambiar?

4. ¿Qué se dice de los impuestos en este estado? ¿en este país? ¿Es necesario que se paguen los impuestos? ¿Por qué sí o por qué no? ¿Qué se puede hacer si no se está de acuerdo con la cantidad de los impuestos? ¿Se pagan impuestos más altos o más bajos en Europa? ¿en la América Latina?

5. ¿Se venden más coches de fabricación nacional o más coches importados en los Estados Unidos? ¿Por qué? ¿Se venden aquí más coches pequeños o más coches grandes? ¿Por qué? ¿Es Ud. dueño de un coche o en su familia tienen sólo uno? ¿Qué clase de coche es? ¿Por qué lo compró?

G. ▣ **¡Necesito compañero!** ▣ Con un compañero de clase, haga y conteste preguntas para descubrir la siguiente información. Luego comparta con la clase lo que ha aprendido.

Donde tú vives, ¿qué se hace generalmente en los siguientes casos?

1. El dinero ＿＿＿.
   a. se ahorra (*is saved*) b. se gasta c. se da a causas políticas o sociales

2. Los papeles importantes ＿＿＿.
   a. se encuentran por todas partes b. se ordenan con cuidado
   c. se pierden con frecuencia

3. Las cuentas ＿＿＿.
   a. se pagan inmediatamente b. se acumulan por varios meses
   c. se mandan a los padres

4. Los estudios ＿＿＿.
   a. se consideran muy importantes b. se consideran poco importantes
   c. se consideran fuente de un gran sufrimiento

5. El refrigerador ＿＿＿.
   a. se abre sólo tres veces al día b. se abre con frecuencia
   c. se encuentra siempre vacío (*empty*)

6. La música _____.
   a. se oye a todas horas b. se oye principalmente por la tarde
   c. se toca a un volumen muy alto

7. La comida _____.
   a. es preparada por el individuo que la va a comer
   b. es preparada colectivamente c. se compra ya preparada

8. La televisión _____.
   a. se mira todo el tiempo b. se mira sólo como escape o como diversión
   c. se mira solamente para informarse

48. RESULTANT CONDITION VERSUS PASSIVE VOICE

In Section 4 you learned about the use of **estar** with the past participle to express a state or condition resulting from some prior action.

Los niños rompieron la ventana jugando al béisbol; todavía **estaba rota** cuando yo fui de visita dos días después.	*The children broke the window playing baseball; it was still broken when I went visiting two days later.*

English sometimes distinguishes between an action and a condition by using two different verb forms.

ACTION	CONDITION
The window was *opened* by the inspector.	The window was *open* when I got here.
The cans were *flattened* by a special machine.	The cans were so *flat* that thousands could fit into the box.
The soup is *thickened* by adding flour.	This soup is so *thick* you need a fork!

In general, however, English uses the same verb form to indicate both an action and a condition. In the following examples, *closed* and *broken* can indicate either an action or a condition that results from an action. The exact interpretation is determined by context.

The window was *broken* by the thief.	I couldn't open the window because it was *broken*.
The stores were *closed* by the police to prevent looting.	By six o'clock all the stores were *closed*.

In Spanish, however, the action/condition contrast is always marked by the choice between **ser** and **estar**.

ACTION: **ser**

La ventana **fue rota** por el ladrón.

Las tiendas **fueron cerradas** por la policía.

CONDITION: **estar**

La ventana **estaba rota**.

Todas las tiendas **estaban cerradas**.

  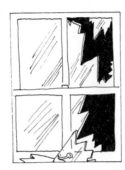 

Ser plus the past participle indicates a passive action. Since passive actions usually focus on the completion of the event, **ser** in the past is conjugated in the preterite. **Estar** plus the past participle expresses the condition that results from an action. Since description of a condition generally focuses on the middle aspect, **estar** in the past is conjugated in the imperfect. Note that with both **ser** and **estar**, the past participle functions as an adjective in these constructions and must agree in gender and number with the noun modified.

PRACTICA

A. Indique las oraciones que se corresponden mejor con cada dibujo.

1.   2.   3.   4.

a. La leña (*firewood*) fue hacinada (*stacked*).
b. La cena está preparada.
c. La cena fue preparada.

d. La leña está cortada.
e. La leña está hacinada.
f. La mesa fue puesta.

B. Escoja el verbo correcto según el contexto.

1. Los cubanos que llegaron a los Estados Unidos en la segunda oleada (*wave*) no (*estaban/fueron*) tan bien recibidos como los de la primera oleada.

2. Al principio, los inmigrantes pueden experimentar choques culturales ya que (*están/son*) acostumbrados a otro ritmo de vida.

3. En el pasado, grandes cantidades de inmigrantes (*estaban/fueron*) traídos a este país en barco y pasaron incluso semanas en el viaje.

4. No necesitábamos ayudarlos porque cuando los conocimos ellos ya (*estaban/fueron*) bien establecidos.

5. Los papeles de ciudadanía que les dieron a los inmigrantes (*están/son*) escritos en inglés.

6. ¿Cuándo (*estuvieron/fueron*) trasladados (*transferred*) los refugiados al otro campamento?

⌐ ESTRATEGIAS PARA LA COMUNICACION ⌐

Gracias, pero no...

OR

How to Decline Invitations

It is hard enough to say "no" politely in one's own native language. How can you refuse an invitation or get out of a difficult situation in Spanish without being rude or insulting? Just as in English, you need to be firm but polite. You can avoid rude answers and still firmly turn down an unwanted invitation. It is helpful if you follow up a refusal with a concrete reason for declining and with specific expressions of sincerity. Here is a list of useful expressions.

¡Cuánto me gustaría, pero de veras... !	*How I would like to, but really . . . !*
Lamento (Siento) mucho no poder..., pero...	*I am really sorry (I regret very much) not to be able to . . . , but . . .*
Lo siento, pero ya tengo un compromiso/tengo un compromiso anterior.	*I'm sorry, but I already have an engagement/I have a previous engagement.*
Es Ud. muy amable, pero...	*You are very kind, but . . .*
Me encantaría... , pero...	*I would love to . . . , but . . .*
No, gracias.	*No, thank you.*
Quizás otro día.	*Maybe another day.*
No, no tengo la costumbre de...	*No, I don't usually (am not in the habit of) . . .*

More important than specific words is the need to project confidence. This means that you should not even appear to hesitate. Try to answer firmly, in brief but complete sentences.

A. Answer the following invitations with concrete reasons for why you cannot accept. Use some of the expressions of courtesy listed above and in other chapters in combination with a firm refusal. Some situations require less courtesy and more firmness than others. Choose the appropriate strategy according to the situation.

1. You are sitting in a sidewalk café and a young man (woman) sits down with you and asks you for a date.
2. You have just been introduced to a boring friend of a friend and he/she asks you to go and have a **copa**.
3. You are visiting the relatives of some friends; they insist you stay for dinner.
4. A couple who shares none of your interests invites you to accompany them on a day trip to a nearby tourist attraction.

B. ⊡ **¡Necesito compañero!** ⊡ Working with a classmate, write a dialogue between a native Argentinian and a visiting American. The Spanish speaker is a business acquaintance and obviously feels that it is his/her responsibility to entertain the visitor during the 3 days the American is spending in Buenos Aires. The Argentinian makes a number of suggestions concerning visits to museums, restaurants, the theater, and so on. The American would really prefer to explore on his/her own but doesn't want to hurt the Argentinian's feelings and would not mind having some guidance in finding his/her way around. Be creative, polite, but firm.

49. "NO FAULT" *SE* FOR UNPLANNED OCCURRENCES

The passive **se** construction is also used with a group of Spanish verbs to indicate unplanned or unexpected occurrences.

A Elena se le perdieron los papeles.	*Elena lost her papers. (Her papers "got lost on her.")*
Se me olvidó el asunto.	*I forgot about the matter. (The matter slipped my mind.)*
A nosotros se nos robó la propiedad.	*The property was stolen from us.*

Note that, since these are passive **se** constructions, the third person verb agrees with the recipient: **papeles, asunto, propiedad**. The indirect object indicates the person or persons involved—usually as "innocent victims"—in the unplanned occurrence.

Here are some verbs that are frequently used in the "no fault" construction. You have already used most of them in active constructions.

acabar	Se me acabó la gasolina.	*I ran out of gas.*
caer	Se le cayeron los libros.	*He dropped his books.*
escapar	Se nos escapó el oso.	*The bear got away from us.*
ocurrir	¿Se te ocurre alguna solución?	*Can you come up with a solution?*
olvidar	Se le olvidaron las gafas.	*She forgot her glasses.*
perder	Se me perdió el carnet.	*My I.D. got lost.*

quedar	Se les quedó el discurso en casa.	*They left the speech at home.*
romper	Se le rompieron los pantalones.	*Her pants split (tore).*

PRACTICA

A. Exprese en inglés.

1. Al niño se le rompió la camisa.   2. Se les ocurrió trabajar como corredores de Bolsa.   3. Se me quedaron las gafas en el hotel.   4. Bueno, ya se nos acabó la hora; son las 10.   5. ¡Cuidado! No quiero que se te caigan los platos.   6. Se me durmió la pierna.

B. Exprese en español.

1. Oh! My watch broke!
2. We ran out of funds (**los fondos**).
3. His books got lost.

4. They forgot the word in English.
5. She dropped her keys (**las llaves**).
6. A great idea just hit us!

C. ¡El pobre señor Pereda! El señor Pereda trabaja en la oficina de Inmigración. Ayer tuvo un día malísimo. Explique lo que le pasó, usando el pretérito y el imperfecto según las circunstancias. ¡OJO! La historia contiene varios usos de **se**.

VOCABULARIO UTIL: el artista, cortar(se), el cuarto de baño, estar resignado, el lavabo, el lienzo, mojar(se), mojado, la maquinilla de afeitar, manchar(se), la mancha, el pijama, (poner) el despertador

50. OTHER PROBLEMATIC PREPOSITIONS: *A* AND *EN*

In most languages prepositions do not have a single meaning. Even though we generalize and say that the preposition *on* in English means *on top of*, we also say things like *get on the bus* (we are really *in* it), *hang the picture on the wall* (it is not really the same as *on the shelf*), and *arrive on time* (no relation whatsoever to *on top of*). In Spanish the prepositions **a** and **en** generally mean *to* and *in*, respectively, but there are numerous cases in which they are used without this exact meaning.

A. The Uses of *a*

1. movement toward: **A** basically expresses movement toward in a literal and figurative sense. Note that this same idea is sometimes expressed with *to* in English when the movement is directed toward a noun, but is usually not expressed with any preposition at all when the movement is directed toward another verb.

Fue **a la oficina**.	*She went to the office.*
Les mandó el paquete **a sus abuelos**.	*He sent the package to his grandparents.*
Comenzaron **a llegar** en 1981.	*They began to arrive in 1981.*
Aprendí **a esquiar** cuando tenía diez años.	*I learned to ski when I was ten years old.*

Some of the most common verbs that are followed by the preposition **a** to imply *motion toward* are

acostumbrarse	comenzar (ie)	ir
adaptarse	empezar (ie)	salir
aprender	enseñar	venir (ie)
asimilarse	invitar	volver* (ue)

2. by means of: **A** occurs in a number of set phrases to indicate means of operation or locomotion, or how something was made. English often uses *by* to express the same idea.

Está hecho **a mano**.	*It is made by hand.*
Lo hicieron **a máquina**.	*They made it by machine.*
Viajó **a caballo**.	*He traveled by horse (on horseback).*
Salió Ud. **a pie**, ¿verdad?	*You left on foot, right?*

---

*The expression **volver a** + *infinitive* means *to do something again*.

Volvió a leer el párrafo.	*He read the paragraph again.*

3. a point in time or space, or on a scale: English *at* is expressed in Spanish by **a** when *at* expresses a particular point in time or on a scale, or when a point in space means position relative to some physical object.

Tengo clase **a las ocho**.	*I have class at eight.*
Al principio, no querían quedarse.	*At the beginning (At first), they didn't want to stay.*
Los compré **a diez dólares** la docena.	*I bought them at ten dollars a dozen.*
Manejó **a ochenta millas** la hora.	*She drove at eighty miles an hour.*
Todos se sentaron **a la mesa**.	*Everyone sat down at the table.*
¿Quién está **a la puerta**?	*Who is at the door?*

B.   The Uses of *en*

1. position on or within: **En** normally expresses English *in, into,* or *on.*

Viven **en una casa vieja**.	*They live in an old house.*
Los pusieron **en la maleta**.	*They put them into the suitcase.*
La carta está **en la mesa**.	*The letter is on the table.*

In time expressions **en** has the sense of *within.*

Lo hicimos **en una hora**.	*We did it in (within) an hour.*
Tendremos el dinero **en dos días**.	*We will have the money in (within) two days.*

English sometimes uses the preposition *at* to express the idea of *within an enclosure.* Spanish uses **en**.

¿Has estudiado **en la universidad**?	*Have you studied at the university?*
Estaban **en casa** cuando ocurrió el robo.	*They were at home when the robbery occurred.*
Comimos **en un restaurante** peruano fantástico.	*We ate at a fantastic Peruvian restaurant.*

2. observation of, or participation in, an event: English distinguishes between being *at* an event as an observer and being *in* an event as a participant. Spanish does not, using the preposition **en** for both meanings. Additional context usually clarifies the sense intended.

¿Estuviste en la boda?	*Were you $\left\{ \begin{array}{l} in \\ at \end{array} \right\}$ the wedding?*
Estuvieron en el partido.	*They were $\left\{ \begin{array}{l} in \\ at \end{array} \right\}$ the game.*

Some of the more common verbs that take the preposition **en** are

consistir	insistir
convertirse (ie, i)	tardar

PRACTICA

A. Describa los dibujos incorporando el vocabulario indicado y utilizando las preposiciones **a** o **en** según el contexto.

1. el trono (*throne*), el príncipe, la princesa, besar

2. convertirse, la rana (*frog*), correr

1. manejar, seguir, pensar, ponerle una multa (*fine*)

2. insistir, (no) exceder el límite de velocidad, explicar, la hija, el hospital

B. Haga oraciones juntando elementos de la columna A con otros de la columna B. No se olvide de usar todas las preposiciones necesarias.

A		B	
ir	llegar	el mercado	la oficina
inmigrar	volver	otro país	estudiar
insistir	convertirse	aprender	la universidad
estar	empezar	el cine	otra persona
establecerse		emigrar	

C. Repase las reglas para el uso de **por** y **para** (Sección 41). Luego complete el siguiente pasaje con la preposición apropiada según el contexto: **a, en, de, por, para**. ¡OJO! No se necesita preposición en todos los contextos.

EL CRISOL

(*Por, Para*[1]) muchos americanos, la cultura de los Estados Unidos está representada (*por, para*[2]) el concepto del crisol. (*Por, Para*[3]) muchos años los inmigrantes han venido (*a, en*[4]) los Estados Unidos. Vienen (*por, para*[5]) barco y avión y cuando llegan, no saben (*a, en, de*[6]) hablar inglés y desconocen las costumbres del país. Pero, según ellos, el crisol empieza (*a, en, de*[7]) funcionar desde los primeros momentos y los inmigrantes no tardan (*a, en, de*[8]) aprender (*a, en, de*[9]) expresarse en el nuevo idioma y buscan (*por, para*[10]) maneras de adaptarse a la cultura. (*Por, Para*[11]) este deseo de asimilación, muchos padres inmigrantes prefieren no enseñar a sus hijos (*a, en, de*[12]) hablar su lengua nativa. Dentro de una o dos generaciones, la familia inmigrante se encontrará totalmente «americanizada», sin que nadie la tome (*por, para*[13]) extranjera.

Otros niegan la existencia del crisol. (*Por, Para*[14]) ellos, la realidad es otra. El inmigrante en realidad nunca se convierte (*a, en, de*[15]) un «americano» en el sentido de dejar (*a, en, de*[16]) ser lo que era. (*A, En, De*[17]) el contrario, el hijo de inmigrantes suele conservar muchas de las costumbres y creencias de sus padres o abuelos. Después de tres o cuatro generaciones, el italiano católico sigue siendo° católico y el escandinavo protestante, protestante. (*Por, Para*[18]) razones de su cultura y de su religión, el judío suele casarse (*con, en, a*[19]) otro judío, y el anglosajón muchas veces espera (*por, para, a*[20]) alguien de su mismo origen étnico. No es que no haya ninguna mezcla, pero es menos frecuente y menos rápida de lo que se cree.

sigue... *continues being*

¡OJO!

pensar–pensar en–pensar de

Used alone, **pensar** means *to think* referring to mental processes. It is also synonymous with **creer**, meaning *to have an opinion* about something. Followed by an infinitive, **pensar** means *to intend* or *to plan* to do something.

Pienso; luego existo.	*I think; therefore I am.*
Piensa (**Cree**) que está muy bien asimilado.	*He thinks* (*believes*) *that he is well assimilated.*
¿**Piensan** venir con nosotros?	*Are they planning to come with us?*

Un viejo matrimonio es inspirado a bailar por la música mariachi de este grupo, que toca en un café de Texas. A los visitantes al suroeste de los EEUU no se les olvida fácilmente el sabor hispano de la región.

Both **pensar en** and **pensar de** mean *to think of*, but each is used in a slightly different context. **Pensar en** means *to have general thoughts about* someone or something. **Pensar de** indicates an opinion or point of view.

Pensaba en mi novio todo el día.	*I thought about my fiancé all day.*
Si **pienso en** la guerra, me pongo triste.	*If I think about war, I become sad.*

¿Qué **piensas de** este libro?	*What do you think of (about) this book? (What is your opinion of it?)*
No **pienso** nada **de** su familia.	*I don't think much of their family. (I don't have a high opinion of them.)*

consistir en–depender de

Two frequently used verbs that take different prepositions in English and Spanish are **consistir** and **depender**. The English *to depend on* corresponds to Spanish **depender de**; *to consist of* is expressed with **consistir en**. The English expression *it depends* is expressed in Spanish with **depende**.

Dependen de sus hijos económica y emocionalmente.	*They depend on their children financially and emotionally.*
La clase **consiste en** ejercicios prácticos.	*The course consists of practical exercises.*
¿Te gustan las películas de ciencia ficción? —**Depende.** No me gustan si son violentas.	*Do you like sci-fi films? —It depends. I don't like them if they're violent.*

enamorarse de–casarse con–soñar con

To fall in love with someone is expressed by **enamorarse de alguien**. *To marry* is expressed by **casarse**, followed by the preposition **con** when the person one marries is specified. English *to dream of* is **soñar con**.

Se enamoró de la hija de unos exiliados chilenos.	*He fell in love with the daughter of Chilean exiles.*
Mi abuelo **se casó** por segunda vez **con** una ciudadana rusa.	*My grandfather got married for the second time to a Russian citizen.*
Soñó con caer de un acantilado.	*She dreamed of falling off a cliff.*

PRACTICA

A. Dé la palabra española que se corresponde mejor con la palabra en *letras cursivas*.

1. She *married* a younger man.   2. *Are you thinking about* your vacation plans?   3. Many immigrants *depend on* their relatives for support.   4. What *are you planning* to do this summer?   5. The nuclear family *consists of* parents and children.   6. The little boy *dreamed of* flying.   7. What *do you think of* the solution?   8. I *fell in love with* him the first time I met him.

B. Elija la palabra que mejor complete la oración. ¡OJO! Hay también palabras de los capítulos anteriores.

1. La decisión de (*volver/devolver*) estos documentos no depende (*en, de*) mí.
2. Carlota se enamoró (*de/con*) mi primo, (*pero/sino que/sino*) sus padres estaban en contra y ella nunca (*sucedió/logró*) hacerles cambiar de idea. Por fin él se (*mudó/trasladó*) a otra ciudad y ella (*sentía/se sentía*) triste al principio pero luego se olvidó de él.
3. (*Como/Porque*) en las escuelas no les piden mucho trabajo escrito, los jóvenes no (*realizan/se dan cuenta de*) la importancia de escribir bien.
4. Estoy pensando (*en/de/—*) todo el trabajo que me queda esta semana. En realidad, ¡(*mira/parece/busca*) una semana horrible!
5. De niña, soñaba (*con/de*) monstruos (*muchas veces/muchos tiempos*) (*por/ya que*) mis hermanos siempre me contaban (*cuentos/cuentas*) de horror.
6. Mi padre debe (*detener/dejar de*) fumar, pero no (*le importa/cuida*). Se (*pone/hace*) furioso cada vez que se lo decimos.
7. ¿Por qué piensas (*de/en/—*) consultar con un siquiatra? Yo te puedo asegurar que estás perfectamente (*cuerdo/sano*).
8. Cuando llegó (*la hora/el tiempo/la vez*) de su boda, la princesa insistió en que no quería (*casarse con/casar*) él.
9. El estudiante (*faltó a/echó de menos*) la clase (*como/porque*) pensó que sólo consistía (*en/de*) ejercicios aburridos.
10. ¿Piensas (*en/de/—*) (*llevar/tomar/hacer*) un viaje este verano? —No, tengo que (*cuidar/importar*) a mis hermanitos.

C. Situaciones y preguntas

1. ¿Cree Ud. que todavía depende de su familia? ¿En qué aspectos? ¿En qué aspectos *no* depende de ella? ¿En qué consiste una familia unida? ¿En qué consiste un matrimonio feliz?
2. ¿Te importa casarte con una persona de tu misma religión? ¿de tu mismo grupo étnico? ¿Tienen tus padres la misma opinión?
3. ¿Por qué crees que tu padre se enamoró de tu madre? ¿y ella de él? ¿Se casa uno a veces con una persona que no tiene nada que ver con el ideal con que siempre soñaba? ¿Fue éste el caso de tus padres? ¿Por qué sí o por qué no?
4. ¿Qué piensa Ud. hacer después de clase hoy? ¿esta noche? ¿este fin de semana? ¿después de terminarse el semestre (trimestre)?
5. ¿Piensa Ud. mucho en sus amigos de la escuela secundaria? Ahora que Ud. asiste a la universidad, ¿qué piensa de su escuela secundaria?

REPASO

A. Complete el párrafo, dando la forma correcta del verbo y expresando en español las frases en inglés. Cuando se dan dos palabras entre paréntesis, escoja la palabra apropiada.

EL BARRIO PILSEN

(*Ten years ago*[1]) si uno caminaba (*por/para*[2]) el barrio Pilsen en Chicago, (*se sentía, sentía*[3]) profundamente deprimido.° El barrio (*mirar/parecer*[4]) quieto y apagado, casi a punto de derrumbarse.° Hoy la misma caminata° produce una impresión completamente distinta. No hay duda que una parte de Pilsen—una buena parte dirían° algunos—todavía (*tener*[5]) el aspecto gris y monótono de cualquier barrio pobre. Pero acá° y allá (*are seen*[6]) brillantes colores rojos, verdes y amarillos. Ahora viejos autos Ford y Chevrolet comparten las calles con héroes de la historia de México. Gigantescas figuras aztecas y mayas luchan contra el deterioro urbano. (*It is*[7]) el muralismo.

°depressed

°to fall apart / °walk

°would say

°here

Durante la revolución mexicana de la década de los 20, el arte mural (*ayudar*[8]) a crear una nueva conciencia nacional entre los mexicanos, un nuevo orgullo cultural. Aquí en Pilsen, el pequeño México de Chicago, (*ser/estar*[9]) evidente que los murales (*tener*[10]) el mismo objetivo y el mismo efecto. El arte mural de hoy (*surgir*[11]) de la inquietud de la década de los 60 en los Estados Unidos. (*Por/Para*[12]) ser un arte público, el muralismo (*prestarse*[13]) fácilmente a expresar los objetivos y las ansias de una generación de artistas (*who*[14]) trataron de afirmar su propia identidad cultural. La mayoría de los murales sugieren que la clave° del progreso (*por/para*[15]) los hispanos actuales (*ser/estar*[16]) en su pasado indio, no en la tradición europea.

°key

(*A short while back*[17]) las obras de los muralistas (*were exhibited: exhibir*[18]) (*por/para*[19]) el Museo de Arte Contemporáneo de Chicago como parte de una exposición itinerante de arte hispano, «Raíces° Antiguas/Visiones Nuevas», que (*was shown: exponer*[20]) en diez museos de los Estados Unidos. Sin embargo, (*por/para*[21]) los muralistas, el impacto de su arte en su propia comunidad es más importante. Este arte callejero° (*is welcomed: acoger*[22]) con entusiasmo por los residentes de Pilsen; (*this*[23]) no debe sorprendernos, ya que los murales (*are aimed: dirigir*[24]) a la comunidad y (*ser/estar*[25]) pintados por artistas (*who*[26]) viven en ella. En el barrio, donde antes (*haber*[27]) una melancólica decadencia, ahora (*is found*[28]) un naciente sentimiento de orgullo y nuevas ansias de reconstrucción.

°Roots

°of the streets

B. Imagine que Ud. tiene que dejar los Estados Unidos como emigrante. ¿Qué circunstancias o problemas pueden motivar su emigración? ¿A qué país quiere ir y por qué?

Ahora imagine que tiene que emigrar pero que sólo puede escoger entre los siguientes lugares. ¿A cuál le va a ser más difícil adaptarse? ¿Por qué?

1. un país poco desarrollado en el que faltan las comodidades—electricidad, teléfonos, agua corriente—a que Ud. está acostumbrado/a 2. un país con un clima radicalmente diferente del de los Estados Unidos 3. un país en el que no hay oportunidades de trabajo para los de su sexo 4. un país en el que hay muy poca libertad de expresión 5. un país en el que su aspecto físico hace que se le considere una persona inferior 6. un país en el que se habla una lengua que Ud. no sabe 7. un país en el que es obligatorio ser ateo

CAPITULO DIEZ

MADRID, ESPAÑA

HABITOS Y
DEPENDENCIAS

La siguiente lista contiene algunas acciones que llegan a ser habituales en la vida de muchas personas. Estudie la lista y luego indique cuáles de esas acciones Ud. hace todos los días, cuáles hace sólo de vez en cuando y cuáles no hace nunca. Luego compare sus respuestas con las de otros miembros de la clase para determinar cuáles son las más habituales para todos.

1 = todos los días   3 = a veces   5 = nunca

_____ 1. tomar café
_____ 2. beber Coca-Cola (Pepsi, etcétera)
_____ 3. fumar cigarrillos (cigarros)
_____ 4. comer algo a las 10 de la noche
_____ 5. hacer ejercicio
_____ 6. leer un periódico
_____ 7. mirar la televisión
_____ 8. escuchar la radio
_____ 9. hablar por teléfono
_____10. lavarse el pelo
_____11. comprar billetes de lotería

¿Son «dependencias» todas las acciones habituales? ¿Por qué sí o por qué no? ¿Cuál es la diferencia?

Vocabulario para conversar

el alcohol *alcohol*
  aprobar (ue) *to approve*
  la aprobación *approval*
el cigarrillo *cigarette*
el coctel *cocktail, drink*
  comilón (comilona) *heavy eater*
  comportarse *to behave*
  consumir drogas *to take drugs*
el contrabando *contraband, smuggling*

depender de *to depend on*
  la dependencia *dependence*
desaprobar (ue) *to disapprove*
drogarse *to take drugs*
emborracharse *to get drunk*
  la borrachera *drunkenness*
  borracho *drunk*
goloso *sweet-toothed, greedy (about food)*

prohibir *to forbid, prohibit*
la televisión *television (programming)*
el televisor *television set*
  tomar una copa *to have a drink*
la toxicomanía *(drug) addiction*
  el toxicómano *drug addict*
el vicio *bad habit*

Practiquemos

A. ¿Qué palabra no pertenece al grupo? Explique por qué.
  1. el alcohol, el coctel, el toxicómano, la borrachera
  2. comilón, el cigarrillo, goloso, los dulces
  3. la toxicomanía, consumir drogas, drogarse, aprobar

B. Defina brevemente en español.

  1. borracho
  2. el contrabando
  3. desaprobar
  4. tomar una copa
  5. un vicio
  6. el televisor

C. Haga una pregunta para la clase utilizando las siguientes palabras.

  1. comportarse
  2. prohibir
  3. depender de
  4. la televisión
  5. emborracharse

Conversemos

A. Describa Ud. lo que pasa en cada apartamento. ¿Cuáles son los hábitos que se ven? Póngalos en orden de gravedad, justificando su clasificación. ¿Hay actividades que no sean dependencias? Explique.

B. ¿Cómo se siente una persona después de consumir alcohol? ¿Cómo se comporta? ¿Cómo se siente y se comporta uno después de consumir café? ¿tabaco? ¿mariguana? ¿cocaína? ¿después de comer una comida rica enorme? ¿después de mirar la televisión muchas horas? En su opinión, ¿cuáles de estas actividades se practican con más frecuencia entre los jóvenes de hoy? ¿entre los mayores?

C. Algunos creen que el hábito de consumir drogas o de emborracharse nace del deseo de escaparse de los aspectos desagradables de la vida. ¿Está Ud. de acuerdo? ¿Qué otras razones hay para el consumo de las drogas? ¿Cree Ud. que el consumo del tabaco varía según la clase social? ¿según el país o la cultura? Explique. ¿Y el uso del alcohol y de las drogas? ¿Por qué cree que algunos no usan nunca estos estimulantes o, por lo menos, los usan muy poco? Entre los miembros de algunos grupos—los artistas de cine y los músicos, por ejemplo—se dice que el uso de las drogas es muy frecuente. ¿A qué se debe esto?

D. ¿Se debe prohibir el uso de la mariguana? ¿el uso del tabaco? ¿el uso del alcohol? ¿el uso de las drogas más fuertes? Explique. ¿Por qué fue prohibido el uso del alcohol en los Estados Unidos durante los años 20? ¿Por qué se cambió luego la ley? ¿Se cambiaron recientemente las leyes de los Estados Unidos sobre el uso de la mariguana? ¿sobre el uso del tabaco? ¿Cree Ud. que van a cambiarse las leyes en el futuro?

E. ¿Piensa Ud. que se debe limitar el uso de la televisión de alguna manera? ¿Hay semejanzas entre los intentos de controlar la televisión y los intentos de controlar la venta de tabaco? ¿Es posible controlar a las personas muy comilonas, ya que se hacen daño a sí mismas?

F. De todas estas dependencias, ¿cuáles tienen mayores repercusiones en la vida de los amigos y familiares de la persona adicta? ¿Por qué? ¿Es Ud. una persona adicta a ciertos estimulantes? ¿Fuma? ¿Se emborracha a veces? ¿Pasa muchas horas delante del televisor? ¿Es Ud. muy goloso/a?

GRAMATICA

51. FUTURE AND CONDITIONAL

The Spanish future corresponds to English *will*, the conditional to English *would*.

A. Forms of the Future and Conditional

Unlike other verb forms you have learned, both the future and conditional are formed with the entire infinitive as the stem. Note the familiar person/number cues: **tú → -s, nosotros → -mos, vosotros → -is, ellos/ellas/Uds. → -n**.

FUTURE		CONDITIONAL	
hablaré	hablar**emos**	hablar**ía**	hablar**íamos**
hablar**ás**	hablar**éis**	hablar**ías**	hablar**íais**
hablar**á**	hablar**án**	hablar**ía**	hablar**ían**
comer**é**	comer**emos**	comer**ía**	comer**íamos**
comer**ás**	comer**éis**	comer**ías**	comer**íais**
comer**á**	comer**án**	comer**ía**	comer**ían**
vivir**é**	vivir**emos**	vivir**ía**	vivir**íamos**
vivir**ás**	vivir**éis**	vivir**ías**	vivir**íais**
vivir**á**	vivir**án**	vivir**ía**	vivir**ían**

Eleven frequently used verbs have irregular stems in the future and in the conditional.

decir:	diré	diría		**saber:**	sabré	sabría
haber:*	habré	habría		**salir:**	saldré	saldría
hacer:	haré	haría		**tener:**	tendré	tendría
poder:	podré	podría		**valer:**	valdré	valdría
poner:	pondré	pondría		**venir:**	vendré	vendría
querer:	querré	querría				

Compound verbs will have the same irregularity: *componer:* **compondré, compondría;** *deshacer:* **desharé, desharía;** and so on.

B.   Use of the Future and Conditional

In Spanish and in English, the most important use of the future and conditional is to indicate subsequence (what will happen later). The future describes an action that will take place sometime after a *present* reference point; the conditional describes an action that will take place sometime after a *past* reference point.

REFERENCE POINT		SUBSEQUENT ACTION
PRESENT	Promete que	no **se emborrachará**.
PAST	Prometió que	no **se emborracharía**.

REFERENCE POINT		SUBSEQUENT ACTION
PRESENT	*He promises that*	*he will not get drunk.*
PAST	*He promised that*	*he would not get drunk.*

---

*Forms of **haber** will be practiced in Section 56.

The use of the future tense, however, is less frequent in Spanish than in English. Actions that will occur in the immediate future are usually expressed in the simple present tense.

Los estudiantes **se reúnen** con el decano en diez minutos.	*The students will meet with the dean in ten minutes.*
¡Está bien! **Hablo** con ellos hoy.	*Very well! I will speak with them today.*

Another common way of expressing subsequence in both English and Spanish is with the **ir a** + *infinitive* (*to be going to* + *infinitive*) construction. To express the future, **ir** is conjugated in the present tense; to express the conditional, it is conjugated in the imperfect.

Pedro **va a asistir** mañana. } Pedro **asistirá** mañana. }	*Pedro is going to attend (will attend) tomorrow.*
Sara pensaba que todos **iban a llegar** temprano. Sara pensaba que todos **llegarían** temprano.	*Sara thought that everyone was going to arrive (would arrive) early.*

The **ir a** + *infinitive* construction occurs more frequently than the future and conditional in everyday language usage. The simple future can imply a stronger commitment or sense of purpose on the part of the speaker than the **ir a** construction.

¡**Iré** al concierto!	*I **will** go to the concert!*
Voy a ir al concierto esta noche.	*I'm going to go to the concert tonight.*

As in English, commands can also be expressed by the future in Spanish.

Comerás las espinacas.	*You **will** eat your spinach.*
No **matarás**.	*Thou shalt not kill.*

C.   Future and Conditional of Probability

Besides indicating subsequence, the future and conditional have another major use in Spanish: to express conjecture or uncertainty. The future expresses English *probably* + *present tense*, and the conditional expresses English *probably* + *past tense*. Compare these sentences.

	EXPRESSION OF A FACT	PROBABILITY OR CONJECTURE
present	¿Qué hora **es**? *What time is it?* **Son** las tres. *It is three o'clock.*	¿Qué hora **será**? *I wonder what time it is.* **Serán** las tres. *It's probably three o'clock.*

	EXPRESSION OF A FACT	PROBABILITY OR CONJECTURE
past	¿Cuántos años **tenía**? *How old was she?* **Tenía** treinta años. *She was thirty years old.*	¿Cuántos años **tendría**? *I wonder how old she was.* **Tendría** treinta años. *She was probably thirty years old.*

D. Other Ways of Expressing *will* and *would*

English *will* and *would* do not always correspond to Spanish future and conditional. Note the following uses.

1. When English *will* and *would* express willingness to perform an action, they are expressed with **querer**.

¿Quieres abrir la ventana?	*Will you open the window?*
No quiso abrir la botella.	*He wouldn't (refused to) open the bottle.*

2. Polite requests with *would* in English are frequently expressed with the imperfect subjunctive in Spanish.

¿Quisieras abrir la ventana?	*Would you please open the window?*
¿Pudiera Ud. ayudarme?	*Would you (please) help me?*

3. English *would* meaning *used to* is expressed with the imperfect tense in Spanish.

Caminábamos a la escuela todos los días.	*We would (used to) walk to school every day.*

PRACTICA

A. Paco es un adolescente de 15 años. No le gusta obedecer a sus padres para nada y, por lo tanto, cada vez que ellos le indican que haga algo, les contesta que lo hará al día siguiente. ¿Cómo contesta Paco las siguientes órdenes de sus padres? No se olvide de usar los complementos pronominales cuando sea posible.

MODELO Paco, por favor, limpia tu habitación. → La limpiaré mañana.

1. Paco, por favor, saca la basura. 2. Paco, por favor, deja de fumar.
3. Paco, por favor, echa esos cigarrillos a la basura. 4. Paco, por favor, lee este libro. 5. Paco, por favor, ¿podrías poner la mesa? 6. Paco, por favor, tráeme unas galletas. 7. Paco, por favor, ¿me puedes hacer un postre para la fiesta? 8. Paco, por favor, sal a tomar el aire.

B. ▫**¡Necesito compañero!** ▫ Hágale estas preguntas a un compañero de clase. Luego comparta con la clase lo que ha aprendido, usando el condicional según el modelo.

MODELO ESTUDIANTE A: ¿Qué harás al salir de esta clase?
ESTUDIANTE B: Iré a mi clase de biología.
ESTUDIANTE A: Roberto dijo que iría a su clase de biología.

1. ¿Qué harás al salir de esta clase? 2. ¿Qué harás al llegar a casa esta noche? 3. ¿Qué harás antes de cenar? 4. ¿Qué harás para ser más feliz el próximo semestre (trimestre)? 5. ¿Qué harás para continuar tu educación? 6. ¿Qué harás este año para ayudar a otra persona? 7. ¿Qué vicio dejarás en el futuro? ¿Cómo lo dejarás?

C. Cuando Ud. era más joven, ¿cómo creía que reaccionaría ante las siguientes experiencias? Use los verbos indicados e invente una oración con otro verbo para cada una de las experiencias. ¡OJO! No es necesario usar los verbos en una sola oración, ni usarlos en el mismo orden en que aparecen a continuación.

MODELO la universidad (asistir, vivir, aprender, __?__) →
Creía que asistiría a una universidad lejos de mi casa, que viviría en la residencia durante mi primer año, que aprendería muchas cosas nuevas y que conocería a mucha gente interesante.

1. la primera cita (salir, pagar, llevar, __?__)
2. las drogas (consumir, experimentar, gustar, __?__)
3. el examen para conseguir la licencia de manejar un coche (tener problemas, practicar, chocar, __?__)
4. el primer trabajo (emplear, poder, ganar, __?__)
5. la primera experiencia con el alcohol (tomar, emborracharse, descubrir, __?__)
6. vivir lejos de la familia (ser difícil/fácil, estar, escribir, __?__)

D. ▫**¡Necesito compañero!** ▫ Los diez mandamientos. Con un compañero de clase, elija una de las siguientes clasificaciones y prepare una lista de diez mandamientos, usando el tiempo futuro.

MODELO para los compañeros de cuarto →
No monopolizarás el teléfono.
No fumarás en el cuarto.

1. para los hermanos menores
2. para los profesores
3. para los estudiantes del primer año
4. para los estudiantes del cuarto año
5. para los que fuman mucho
6. para los golosos
7. para los comilones
8. *Sugiera un grupo a la clase.*

E. Exprese en español las palabras en *letras cursivas.*

1. *Would you please approve* the investment? 2. *You will wash* the dishes! 3. *Will you wash* the dishes, please? 4. *We will visit* them next month.

5. *They would* always *have a drink* with us.   6. We said *we would adapt* to the situation.   7. *They wouldn't take drugs* because they knew it was illegal.   8. I knew *you would know* it.

F.   Situaciones y reacciones. Reaccione a las siguientes situaciones, usando una petición o un mandato apropiado según el caso.

MODELOS   Ud. entra en una tienda y necesita ayuda. →
¿Pudiera Ud. ayudarme?

Ud. quiere que su hermana menor salga de su cuarto. →
¡Sal de aquí y déjame en paz!

1. Ud. tiene los brazos cargados (*loaded*) de libros y quiere que un desconocido le abra la puerta.   2. Un perro tiene su libro de español en la boca.   3. Ud. está cuidando a su sobrinito e insiste en que él se acueste.   4. Ud. está en la cafetería y quiere sentarse en una mesa donde hay otras personas sentadas.   5. Ud. está jugando al fútbol y grita a un compañero que le tire la pelota.   6. Ud. está en un ascensor (*elevator*) y no quiere que un desconocido fume.   7. Ud. no quiere que un amigo fume los cigarrillos que Ud. acaba de comprar.   8. Ud. es Dios y tiene que darles unos mandamientos a Adán y Eva en el paraíso.   9. Ud. no quiere que el profesor dé un examen final este semestre (trimestre).   10. *Invente una situación para la clase.*

G.   Ud. no conoce a las personas que aparecen en estos dibujos pero, fijándose en los detalles de cada dibujo, puede especular sobre su personalidad, sobre su estilo de vida, sobre su pasado, etcétera. Use el futuro o el condicional según el caso.

MODELO   Los niños tendrán 10 años. Esta será la primera vez que fuman. Una de las mujeres será la madre de los niños y la otra será la esposa de un clérigo. La madre.... La otra mujer... Los niños...

1.

2.

52. *IF* CLAUSES WITH SIMPLE TENSES

In *if*-clause sentences, the conjunction *if* joins two clauses: the *if* clause and the result clause. The *if* clause can introduce three different perceptions of reality: (1) as possible or probable, (2) as improbable, or (3) as false. The speaker's perception determines the mood of the verbs that occur in the two clauses.

A. Indicative in *if*-Clause Sentences

If the situation is perceived as possible or probable, the indicative mood—present or past—is used in both clauses.

POSSIBLE/PROBABLE:

Lo **veré** si **voy** a España.
I'll see him if I go to Spain (which is entirely possible).

Si **fue** al hospital, es que **estaba** muy enfermo.
If he went to the hospital (which is very possibly true), *then he was really sick.*

The *if* clause can precede or follow the result clause.

B. Past Subjunctive and Conditional in *if*-Clause Sentences

When the situation is perceived as improbable or false, the past subjunctive is used in the *if* clause, and the result clause verb is in the conditional.

Si _past subjunctive_ , _conditional_ .
or: _Conditional_ **si** _past subjunctive_ .

IMPROBABLE:

Si no **saliera** bien en el examen, **dejaría** el curso.
If I failed the exam (but I don't think I did) *I would drop the course.*

Tendría que buscar un puesto si **me graduara** el año que viene.
I would have to look for a job if I were to graduate next year (I probably won't).

FALSE:

Si **tuviera** mucho dinero, **compraría** un avión.
If I had a lot of money (but I don't), *I would buy an airplane.*

Cambiaría esa ley si **fuera** presidente.
I would change that law if I were the president (but I'm not).

In most dialects of Spanish, the present subjunctive *never* occurs in an *if* clause. When a situation is perceived as improbable or false, it must be expressed in the past subjunctive in Spanish.

Sometimes the *if* clause is only implied, not explicitly stated. In this case the result clause is still expressed in the conditional.

¿Qué **haría** Ud.? — *What would you do?* (if you were in that situation, if you were me, etc.)

No lo **diría** yo, claro. — *I wouldn't say that, of course.* (if I were to be asked, etc.)

C. Past Subjunctive with *como si*

The phrase **como si** (*as if*) is always followed by the past subjunctive in Spanish because it signals improbability.

Habla **como si fuera** toxicómano. — *He speaks as if he were an addict.*

Anda **como si estuviera** ciega. — *She walks as if she were blind.*

PRACTICA

A. Diga si se debe usar *el subjuntivo* o *el indicativo* en las siguientes oraciones. Luego exprese en español las palabras en *letras cursivas*.

1. If *this is* a French restaurant, *I'll eat* my hat. 2. If *I knew* the answer, *I wouldn't ask.* 3. If *he weren't* drunk, *he wouldn't say* that. 4. If *I lost* 10 pounds overnight, *I would go* to the party. 5. The city *has* a record of it if *she died* there. 6. *You can call* if *you need* anything. 7. *He speaks* as if *he approved* of it all. 8. My friends *would understand* if *I arrived* late. 9. If *you come, bring* an umbrella. 10. If *I see* him, *we* usually *watch* television.

B. Pasamos mucho tiempo pensando en cómo sería nuestra vida si cambiáramos alguno de nuestros hábitos. En la lista que sigue aparecen algunos de los hábitos que tienen ciertas personas. Explique qué pasaría si dejaran esos hábitos.

MODELO Antonio consume drogas. →
Si no las consumiera, sacaría mejores notas en la escuela.

1. María Pilar es muy comilona. 2. Antoñito mira la televisión todo el día. 3. Pedro se emborracha todas las noches. 4. Angela fuma cigarros. 5. Rafael escucha música rock todo el día. 6. Amalia bebe 10 tazas de café al día.

C. Situaciones y reacciones. Reaccione a las siguientes situaciones, completando las oraciones con 3 frases por lo menos.

1. Yo no fumo. Pero si fumara, _____.
2. Tengo dos clases esta tarde pero no quiero ir. Si no voy a las clases, _____.
3. No pienso hacer una carrera política ni me interesa mucho la política. Pero si fuera presidente (presidenta), _____.

4. No tengo hijos, pero si los tuviera, con respecto a las drogas, yo _____.
5. Me gusta vivir aquí en los Estados Unidos pero también me interesan las otras culturas del mundo. Si yo viviera en Latinoamérica, por ejemplo, _____.
6. Los programas de televisión son demasiado (violentos/infantiles/deprimentes/aburridos/__?__). Si yo fuera director(a) de televisión, _____.

D. Todos tenemos nuestra manera de manejar las pequeñas molestias (hassles) de todos los días. ¿Cómo reacciona Ud. en las siguientes situaciones comunes? Puede usar una de las soluciones que se dan en la lista de la derecha, o agregar otras.

SITUACION COMUN
1. Si estoy nervioso/a, _____.
2. Si estoy aburrido/a, _____.
3. Si estoy preocupado/a por mis clases, _____.
4. Si llueve todos los días durante la semana, _____.
5. Si tengo mucho trabajo y poco tiempo, _____.
6. Si tengo mucho tiempo y poco trabajo, _____.

REACCIONES POSIBLES
ir al bar
ir de compras
llamar a un amigo
dormir
mirar la televisión
fumar
hacer ejercicio
comer chocolate
sonreír
_____

¿Qué haría Ud. en una situación menos común?

7. Si me suspendieran en un examen importantísimo, _____.
8. Si ganara un millón de dólares en la lotería, _____.
9. Si me robaran el coche (el estéreo), _____.
10. Si mi novio/a me escribiera una carta del tipo «Querida María/Querido Juan», _____.
11. Si todos los pantalones me quedaran demasiado estrechos (tight), _____.
12. Si tuviera 5 exámenes en una sola semana, _____.
13. Invente una situación para la clase.

E. Situaciones y preguntas

1. ¿Aprenderían Uds. si no tuviéramos exámenes? ¿si no tuviéramos que asistir a clases? ¿si no hubiera profesores? ¿En qué se basarían las notas?
2. ¿Cómo sería la vida si no saliera nunca el sol? ¿si no hubiera estaciones? ¿si todos hablaran el mismo idioma? ¿si se pudiera «oír» los pensamientos de otros? ¿si siempre se tuviera que decir la verdad? ¿si todos fuéramos inmortales? ¿Si no se prohibiera el consumo de alcohol a los menores de 21 años?
3. Si pudieras ser cualquier persona del mundo, ¿quién serías? ¿Por qué? ¿Qué persona no serías nunca de ninguna manera? ¿Por qué? Si pudieras cambiar algún aspecto de tu personalidad o de tu cuerpo, ¿qué cambiarías? ¿Por qué? ¿Qué aspecto no cambiarías nunca? Si pudieras cambiar un aspecto de la personalidad de otra persona, ¿quién sería y qué cambiarías?

4. Si ganaras un viaje para dos por todo el mundo, ¿a quién invitarías? ¿Adónde irían? ¿Qué harían durante el viaje? ¿Por qué harían el viaje de esa manera concreta?

5. ¿Qué haría Ud. si no tuviera que ganarse la vida? ¿Qué sueño realizaría? ¿Qué no haría nunca más (*anymore*)? Si pudiera tener mucho éxito en una cosa, ¿cuál sería?

6. ¿Qué haría si tuviera un amigo que se emborrachara con frecuencia? ¿un amigo que consumiera muchas drogas? ¿Podría Ud. ayudarle a cambiar?

F. ◨**¡Necesito compañero!** ◨ Con un compañero de clase, haga y conteste las siguientes preguntas. Luego comparta con la clase lo que ha aprendido sobre su pareja.

1. Si estuvieras en la calle y encontraras 100 dólares, ¿qué harías? ¿y si encontraras el dinero en la biblioteca de la universidad? ¿Por qué? 2. Si manejaras tu coche a solas por la noche y vieras que una persona atacaba a otra, ¿qué harías? 3. Si vieras a un compañero haciendo trampas (*cheating*) durante un examen, ¿qué harías? 4. Si un profesor te diera un 0 en un examen, diciendo que habías hecho trampas, y no fuera verdad, ¿qué harías? ¿Qué harías si fuera verdad? 5. Si el gobierno te seleccionara para ir a vivir en otro planeta, ¿irías? 6. Si la MGM te «descubriera» y quisiera llevarte a Hollywood para ser artista de cine, ¿irías? 7. Si dieras una fiesta y un invitado te preguntara si se puede fumar mariguana, ¿qué le dirías? 8. Si el gobierno prohibiera el consumo de la Coca-Cola, ¿qué harías?

◨ ESTRATEGIAS PARA LA COMUNICACION ◨

Puede ser, pero...

OR

Ways to Comment and Explain

When you travel in another country, you may want to comment on customs and habits that seem different from those in the United States. Similarly, if you meet Hispanics who have either traveled to the United States or read about it or known other Americans, they will probably have their own observations concerning U.S. culture. It is important to remain objective and open in these situations and to try to use them to learn more about both cultures. It is especially important to maintain a courteous, nonargumentative tone; otherwise, the conversation may quickly become a debate about the virtues and defects of the respective cultures.

You have already learned how to talk about facts and opinions and likes and dislikes. You have also practiced agreeing and disagreeing and expressing personal feelings. In this chapter you have studied the future and the conditional, and those forms, along with many expressions of conjecture requiring the subjunctive, will help make your comments sound more objective and sensitive.

(No) Me parece que + *indicative*
Sería raro que + *imperfect subjunctive*
A veces ocurre que + *indicative*
Es muy frecuente que + *subjunctive*
Es probable que + *subjunctive*
En los Estados Unidos, + *future of probability*
Puede ser, pero… + *indicative*

A. Ud. está estudiando en una universidad donde hay muchos estudiantes de otros países. Uno de ellos le hace los siguientes comentarios sobre la cultura norteamericana. Primero, asegure que Ud. entiende lo que quiere decir con sus comentarios. Luego, trate de dar posibles explicaciones a las conductas que él ha observado. Utilice todas las estrategias aprendidas hasta ahora para mantener un tono cordial.

1. Los norteamericanos no ayudan a los extranjeros cuando no hablan bien el inglés.
2. Aunque los Estados Unidos es un país muy poderoso política y económicamente, los ciudadanos saben muy poco de lo que pasa fuera de su país. 3. Los norteamericanos son un poco fríos. En las calles no hablan mucho y en los autobuses ni le miran a uno. 4. Aunque muchos norteamericanos están obsesionados por estar delgados, hay otros que son enormemente gordos. 5. Los estudiantes universitarios pasan mucho tiempo mirando las telenovelas (*soap operas*). Esto no me parece una actividad que estimule el intelecto.

B. 🔲 **¡Necesito compañero!** 🔲 Con un compañero de clase, dramatice un diálogo entre un extranjero y un norteamericano sobre uno de los siguientes temas. Trate de usar varias de las estrategias que ya se han practicado; por ejemplo, háganse preguntas para averiguar lo que el otro quiere decir; expresen sus propias opiniones de manera clara pero a la vez cortés; etcétera.

1. La importancia de los deportes y la competencia en el sistema educativo de los Estados Unidos 2. La preocupación por el tiempo, la puntualidad y la rapidez en la sociedad norteamericana 3. La falta de interés en los Estados Unidos por aprender otras lenguas

53. COMPARISONS

Comparisons establish equality (*as big as, as small as*, etc.) or inequality (*bigger than, smaller than*, etc.) between two or more objects. Comparisons may involve adjectives, nouns, adverbs, or verbs.

ADJECTIVE: *He is **as tall as** she is.*
NOUN: *We have **as many books as** they do.*
ADVERB: *She runs **as fast as** you do.*
VERB: *We **read as much as** Henry does.*

The form of Spanish comparisons is determined by what is being compared and by whether the statement expresses equality or inequality.

A. Comparisons of Equality

Comparisons of equality are expressed in three forms: one for adjectives and adverbs, one for nouns, and one for verbs. All contain the word **como.**

$$\text{tan} + \begin{Bmatrix} \textit{adjective} \\ \textit{adverb} \end{Bmatrix} + \textbf{como}$$

$$\left.\begin{matrix} \textbf{tanto, tanta,} \\ \textbf{tantos, tantas} \end{matrix}\right\} + \textit{noun} + \textbf{como}$$

$$\textit{verb} + \textbf{tanto como}$$

When adjectives are involved, the adjective always agrees with the first noun mentioned. Adverbs do not show agreement.

ADJECTIVE:	La cerveza es **tan embriaga-dora como** el vino.	*Beer is as intoxicating as wine.*
	El vino es **tan embriagador como** la cerveza.	*Wine is as intoxicating as beer.*
ADVERB:	La cerveza no te afecta **tan rápido como** el vino.	*Beer does not affect you as quickly as wine.*

When nouns are involved, **tanto** agrees with the noun in number and gender.

Ud. tiene **tantos amigos como** un millonario.	*You have as many friends as a millionaire (does).*
Le darán a él **tanta ayuda como** a los otros.	*They'll give as much help to him as to the others.*

When verbs are the point of comparison, the expression **tanto como** follows the verb. This expression shows no agreement.

Trabaja **tanto como** un mulo.	*He works as hard as a mule.*
Beben **tanto como** yo.	*They drink as much as I do.*

Note that subject pronouns are used after **como.**

In addition to their comparative meanings, expressions with **tan(to)** also have quantitative meanings: **tanto** = *so much/many;* **tan** = *so.*

¡Tengo **tantos problemas**!	*I have so many problems!*
¡Era **tan joven**!	*He was so young!*
No debes **fumar tanto**.	*You shouldn't smoke so much.*

B. Comparisons of Inequality

Comparisons of inequality are expressed in two forms in Spanish. Both forms contain **más/menos** and **que.**

$$\textbf{más/menos} + \left\{ \begin{array}{l} \textit{adjective} \\ \textit{adverb} \\ \textit{noun} \end{array} \right\} + \textbf{que}$$

$$\textit{verb} \quad + \quad \textbf{más/menos} \quad + \textbf{que}$$

As in comparisons of equality, the adjective agrees with the first noun. Adverbs do not show agreement.

ADJECTIVE:	El tabaco es **menos peligroso que** la cocaína.	*Tobacco is less dangerous than cocaine.*
ADVERB:	La mariguana se consume hoy **más frecuentemente que** en el pasado.	*Marijuana is used more frequently today than in the past.*
NOUN:	Hay **más tráfico de drogas** hoy **que** en el pasado.	*There is more drug trafficking today than in the past.*
VERB:	Cristóbal merece **ganar más que** su patrón.	*Cristóbal deserves to earn more than his boss.*

As with comparisons of equality, when a pronoun follows **que**, the subject pronoun is used.

When a number (including any form of the indefinite article **un**) follows an expression of inequality, **que** is replaced by **de**.*

No tienen **más de un** dólar.	*They do not have more than one dollar.*
Tenemos **más de diez** dólares.	*We have more than ten dollars.*

C. Irregular Comparative Forms

A few adjectives have both regular and irregular comparative forms.

ADJECTIVES	REGULAR	IRREGULAR
grande	más grande(s)	mayor(es)
viejo	más viejo (-a, -os, -as)	
pequeño	más pequeño (-a, -os, -as)	menor(es)
joven	más joven (jóvenes)	
bueno	más bueno (-a, -os, -as)	mejor(es)
malo	más malo (-a, -os, -as)	peor(es)

---

*The word **que** is retained with numbers in the expression **no** + *verb* + **más que** + *number*, meaning *only*; that is, when no comparison is implied: **No tenemos más que diez dólares**. (*We have only ten dollars.*)

The regular comparative forms for **grande** and **pequeño** refer primarily to the size of people or things.

Angelito es **más grande que** su hermana.	*Angelito is bigger than his sister.*
Esta mesa es **más pequeña que** ésa.	*This table is smaller than that one.*

The irregular forms **mayor/menor**, when used with things, indicate a difference in importance or degree. With people, they usually refer to age.

Los efectos de la cocaína son **mayores que** los de la mariguana.	*The effects of cocaine are greater than those of marijuana.*
Angelito es **menor que** su hermana.	*Angelito is younger than his sister.*

The age of objects is described with **más/menos nuevo** and **más/menos viejo (antiguo)**.

El estadio es **más antiguo que** la biblioteca.	*The stadium is older than the library.*

The regular comparative forms for **bueno** and **malo** refer primarily to the moral characteristics of people. **Mejor** and **peor** are used to describe physical abilities and the characteristics of things.

Teresa es **más buena que** su hermana.	*Teresa is a better person than her sister.*
Uds. son **mejores** jugadores **que** ellos.	*You're better players than they are.*
Esta película es **mejor que** la otra.	*This movie is better than the other one.*

Mejor and **peor** are also the irregular comparative forms of the adverbs **bien** and **mal**.

No, no cantas **tan mal como** Ernesto. Cantas **peor que** él.	*No, you don't sing as badly as Ernesto does. You sing worse.*

PRACTICA

A. Combine las dos oraciones para expresar una comparación de igualdad.

1. Paco es comilón. Su hermana Celia es comilona también. 2. Se toma mucha cerveza aquí. También se toma mucho vino. 3. El abuelo nos escribió frecuentemente. También nos escribió frecuentemente el bisabuelo. 4. La casa se quemó rápidamente. El garaje se quemó rápidamente también. 5. Hay mucho humo aquí. También hay mucho humo en el comedor. 6. El alcohol hace daño al cuerpo. El tabaco también hace daño. 7. Juan se emborrachaba con frecuencia. Su padre se emborrachaba mucho también.

8. Tú tienes problemas. Yo tengo problemas también.   9. Los cigarrillos franceses son muy fuertes. También lo son los cigarrillos españoles.

B.   ¿Son ciertas o falsas las siguientes oraciones? Corrija las oraciones falsas.

1. El vino es tan embriagador como la cerveza.   2. Se toma tanto alcohol aquí como en España.   3. Las mujeres se emborrachan tanto como los hombres.   4. Se fuma menos hoy que antes.   5. Los adultos consumen menos azúcar que los niños.   6. El café crea más adicción que la mariguana. 7. Se consumen menos drogas entre los miembros de la clase alta que entre los de la clase baja.   8. Los cigarrillos sin filtro hacen menos daño que los cigarrillos con filtro.   9. Respirar el humo de otro hace menos daño que cuando uno mismo fuma.   10. La miel (*honey*) tiene menos calorías que el azúcar.   11. El azúcar sin refinar es mejor para el cuerpo que el azúcar refinado.   12. La televisión es tan peligrosa para los adultos como para los niños.

C.   Exprese sus opiniones sobre los siguientes asuntos, usando comparaciones de igualdad o de desigualdad según sea necesario.

MODELO   difícil: aprender a hablar un idioma, aprender a escribirlo →
Es más (menos) difícil aprender a hablar un idioma que aprender a escribirlo.

1. interesante: el español, la historia
2. bueno: un coche nacional, un coche importado
3. fácil: pedir dinero, prestarlo
4. inteligente: los perros, los gatos
5. peligroso: las drogas, el alcohol
6. cómico: Steve Martin, Dudley Moore
7. importante: trabajar, divertirse
8. hacer daño al cuerpo: fumar, beber
9. hacer daño al cuerpo: el azúcar, la cafeína
10. malo: ser toxicómano, ser alcohólico
11. agradable: dar regalos, recibirlos
12. bueno: vivir solo, tener un compañero

54. COMPARISON OF CLAUSES

She studies more than John.
She studies more than you think.

Although both of the preceding sentences express comparisons, the first has only one clause, while the second has two clauses.

In Spanish a special comparative structure is required for comparisons involving two clauses. If the point of comparison is a noun, the phrase **de** + *article* + **que** is used to join the two clauses.

He hecho **más viajes de los que** puedes imaginar.

I've taken more trips than you can imagine.

Carmen necesitaba **más ropa de la que** podía comprar.

Carmen needed more clothing than she was able to buy.

Note that the article agrees with the noun compared: **del que, de la que, de los que, de las que.**

If the point of comparison is anything other than a noun, the invariable phrase **de lo que** is used to join the two clauses.

El ciego ve **más de lo que** se supone.

The blind man sees more than (what) is assumed.

Lo siento pero es **más caro de lo que** puedo gastar.

I'm sorry, but it's more expensive than what I can afford (spend).

Prometió escribirnos aun **más pronto de lo que** esperábamos.

He promised to write to us even sooner than (what) we hoped.

PRACTICA

A. Complete las oraciones con la comparación adecuada según el contexto.

MODELO Juan es muy inteligente. Creíamos que sería tonto. →
Juan es más inteligente <u>de lo que creíamos</u>.

1. María compró 10 libros. Leyó 4 de ellos. Ella compró más libros _____.
2. Rodolfo tiene 20 camisas. Necesita 4. Tiene más camisas _____.
3. Marta fuma muchísimo. No debe fumar nada. Ella fuma más _____.
4. La calle era muy estrecha. Imaginábamos que sería ancha. La calle era más estrecha _____.
5. Comimos 15 galletas (*cookies*). Mi madre hizo 4 docenas. Comimos menos galletas _____.
6. Dieron a los estudiantes 50 palabras nuevas. Ellos sólo pueden aprender la mitad (*half*). Les dieron más palabras _____.
7. Nos levantamos a las 6:00. Era necesario que nos levantáramos a las 7:00. Nos levantamos más temprano _____.
8. Susana merecía un sueldo de 20 mil. Le ofrecieron 10 mil. Susana merecía un sueldo más alto _____.
9. El coctel cuesta $5,00. Creíamos que costaría $3,00. El coctel cuesta más _____.
10. Trajeron 3 «paquetes de 6» a la fiesta. Bebieron 2. Bebieron menos cervezas _____.

B. Exprese en español.

1. This is easier than you think. 2. We left earlier than they did. 3. I can understand more than I can say. 4. I can understand more than you. 5. They approved a smaller loan than we needed. 6. Those television sets are better than the ones that are made here.

55. SUPERLATIVES

A statement of comparison requires two elements: one bigger (smaller, better, and so forth) than the other. In a superlative statement more than two elements are compared, with one being set apart from the others as the biggest (smallest, best, and so forth) of the group.

	COMPARATIVE	SUPERLATIVE
John is *tall*.	John is *taller* than Jim.	John is the *tallest* (in the group).

In Spanish the superlative of adjectives and nouns is formed by adding the definite article to the comparative form.

	COMPARATIVE	SUPERLATIVE
Juana es **alta**.	Juana es **más alta** que Jaime.	Juana es **la más alta** (del grupo).
Nevada es un estado **grande**.	Texas es **más grande** que Nevada.	De todos los estados, Texas y Alaska son **los más grandes**.
Este helado es **bueno**.	Este helado es **mejor** que ése.	Este helado es **el mejor** (del mundo).

A comparison group, when mentioned, is preceded by the preposition **de** (**del grupo**). Note the following contrast between Spanish and English in the word order of superlative statements.

SPANISH

$$\text{article} \quad + \quad \text{noun} \quad + \quad \begin{Bmatrix} \textbf{más} \\ \textbf{menos} \end{Bmatrix} \quad + \quad \text{adjective}$$

la   profesora   más   interesante

ENGLISH

$$\text{article} \quad + \quad \begin{Bmatrix} \textit{most} \\ \textit{least} \end{Bmatrix} \quad + \quad \textit{adjective} \quad + \quad \textit{noun}$$

the   most   interesting   professor

However, the four irregular forms **mayor/menor/mejor/peor** precede rather than follow the noun: **Es *la mejor profesora* de la universidad**.

PRACTICA

A. Gilda Jactanciosa siempre insiste en que sus amigos, parientes o experiencias son mejores o peores que los de todos los demás. ¿Qué contestaría Gilda a las siguientes afirmaciones? No se olvide de usar las expresiones de concesión que aprendió en las Estrategias para la comunicación (página 289).

MODELO PEDRO: Mi calle es muy segura. →
GILDA: Puede ser, pero mi calle es la más segura de la ciudad.

1. PEDRO: Estos cigarrillos son muy caros.
2. JAVIER: El tráfico en mi país es terrible.
3. ANA MARIA: El tratamiento de la toxicomanía es muy bueno en mi país.
4. OSCAR: Mi sobrino es muy goloso.
5. GABRIELA: Mi bisabuela es muy vieja.
6. TERESA: El consumo del alcohol es muy alto entre mis amigos.

B. Describa los elementos indicados, usando frases comparativas o superlativas.

1. mi profesor de español, los otros profesores de esta universidad 2. mi padre, yo 3. yo, los otros de la clase 4. un cigarro, un cigarrillo 5. un borracho, una persona que no bebe

C. A continuación hay una serie de descripciones de varios aspectos de la vida en los Estados Unidos al principio de este siglo. Compare la vida de aquel entonces (*back then*) con la de ahora, usando expresiones comparativas y superlativas cuando sea posible.

MODELO Se hacía la compra de comestibles diariamente y se comía sólo comida fresca (no congelada, no enlatada [*canned*]). →
En aquel entonces se hacía la compra con más frecuencia que hoy en día, pero no se compraban tantos productos cada vez que se iba de compras. Se comía más comida fresca que hoy, y se comía menos comida enlatada.

1. Muchos hombres fumaban, pero sólo usaban tabaco. Las mujeres «decentes» no fumaban; tampoco bebían mucho.
2. Sólo las familias muy ricas tenían coche. La mayoría de la gente todavía montaba a caballo.
3. No había muchos teléfonos. Uno se comunicaba con los amigos y parientes que vivían en otra parte por carta. También se mandaban muchos telegramas. En la ciudad donde uno vivía, cuando uno quería ponerse en contacto con alguien, se mandaba a un niño con un recado (*message*).
4. Casi todas las familias—aun las familias de clase media—tenían una criada que vivía en la misma casa con la familia.
5. Los abuelos y bisabuelos vivían con sus hijos. Muchas veces una hija soltera vivía en casa durante toda su vida para cuidar a sus padres.
6. No había refrigeradores. Una vez a la semana (con más frecuencia en el verano) se llevaba a casa un bloque de hielo para refrigerar la comida.

D.   ◧ **¡Necesito compañero!** ◧   Con un compañero de clase, dé 3 cosas, animales o tipos de personas que pertenecen a las siguientes categorías. Luego compárelas según el modelo.

MODELO   tres profesores → los profesores de idiomas
los profesores de química
los profesores de psicología

Los profesores de psicología son los más locos de los 3. Los profesores de idiomas son los más habladores de los 3. Los de química son los más serios.

1. tres animales
2. tres bebidas
3. tres cosas que se fuman
4. tres coches
5. tres milagros (*miracles*) de la
ciencia moderna

6. tres programas de televisión
7. tres adicciones
8. *Invente una categoría.*

E.   Situaciones y preguntas

1. ¿Qué marca de coche es la mejor? ¿Qué marca de café instantáneo? ¿Qué marca de desodorante? ¿Qué marca de helado? ¿Por qué?
2. ¿Es esta clase más fácil o más difícil de lo que Ud. creía que iba a ser? ¿más interesante o más aburrida? Explique. ¿Fue su primer semestre (trimestre) en la universidad tal como lo imaginaba? Explique.
3. ¿Son los estudios universitarios más o menos difíciles que los de la escuela secundaria? ¿Qué otras diferencias hay entre los dos niveles? ¿Es Ud. diferente ahora de lo que era cuando asistía a la secundaria? ¿Son mejores sus hábitos de estudio? ¿En qué sentido(s)?
4. Describa a los miembros de su familia y compárelos entre sí.
5. ¿En qué se diferencian la mujer liberada y la mujer tradicional? ¿el esposo de hoy día y el esposo del siglo pasado? ¿la generación estudiantil de hoy y la de hace 10 años? ¿los políticos demócratas y los republicanos? ¿los *teaching assistants* y los profesores?

¡OJO!

ahorrar–salvar–guardar

All of these words express *to save*. **Ahorrar** is used to refer to money (savings). **Salvar** refers to *rescuing* or *saving* a person or thing from danger. *To save* in the sense of *to set aside* is expressed with **guardar**, which also means *to keep*.

Hoy en día es difícil **ahorrar**.   *Nowadays, it's difficult to save (money).*

El salvavidas **salvó** al niño.   *The lifeguard saved the child.*

La madre **guardó** un pedazo de pan para su hijo.

¿Te lo **guardo**?

The mother saved a piece of bread for her son.

Shall I keep it for you?

asistir a–atender–ayudar

Asistir is a false cognate. Its primary meaning is *to attend* a function or *to be present* at a class, a meeting, a play, and so on. *To attend* meaning *to take into account, to take care of,* or *to wait on* is expressed with **atender (ie)**. *To assist* meaning *to help* is expressed with **ayudar**. **Asistir** is always followed by the preposition **a**.

Mucha gente **asistió** a la reunión.

El jefe va a **atender** a los clientes.

Nos **ayudaron** durante la ceremonia.

Many people attended the meeting.

The boss will take care of the clients.

They assisted us during the ceremony.

dejar–salir

Both verbs express *to leave*. **Dejar** is used to express *to leave* in the sense of *to abandon* or *to leave behind*. **Dejar de** + *infinitive* means *to stop or quit* doing something.

Salir is a verb of motion used to express a person's physical movement away from a place or location. It is used with **de** when followed by a noun.

La estudiante **dejó** su libro en la clase.

Matilde **dejó de** escribir el trabajo a las once.

Aunque el médico **saliera** ahora mismo, no podría salvar al niño.

¿Cuándo **salen** Uds. **de** Madrid?

The student left her book in the classroom.

Matilde stopped writing the paper at eleven o'clock.

Even if the doctor left now, he couldn't save the child.

When are you leaving Madrid?

intentar–tratar de–tratar–probar(se)

All these words can express English *to try*. **Intentar** means *to try* or *to make an attempt*, as does **tratar de**, which is always followed by an infinitive in this meaning. In contrast, **intentar** can be used alone or with **lo**. **Probar** means *to try* someone in the sense of testing him or her.

Voy a **intentarlo**. No sé si tendré éxito.

No sé. **Trataré de** hacer todo lo posible.

Van a **probarte**. No les digas nada.

I'll try. I don't know if I'll succeed.

I don't know. I'll try to do all I can.

They're going to test you. Don't tell them anything.

Tratar de can also mean *to deal with*. The fixed expression **se trata de** expresses *it's about* or *it's a question of*; it can never be used with a specific subject. When used without **de**, **tratar** means *to treat* someone or something in a particular way.

Se trata de la justicia.	*It's a question of justice.*
Este libro **trata de** La Raza.	*This book deals with La Raza.*
Los **trató** sin respeto.	*He treated them without respect.*

Probarse means *to try on* (an article of clothing).

Pruébeselo antes de comprarlo.   *Try it on before buying it.*

PRACTICA

A. Dé la palabra española que se corresponde mejor con la palabra en *letras cursivas*.

1. Mr. Serrano *saves* a part of his earnings each week. 2. He *left* his family and joined the army. 3. Elsa expects *to attend* the meeting with us. 4. The members *will take care of* a variety of matters. 5. The dog *saved* the boy's life. 6. John *tried* to complete the work on time. 7. *Try it on* and see for yourself. 8. He *left* at 7:00 and *tried* to call us later. 9. Are you going *to be* in class today? If so, I can *help* you. 10. Don't worry—I'll *save* your seat for you.

B. Dé oraciones usando las siguientes palabras en cualquier orden.

1. camarera, familia, atender, a causa de
2. ahorrar, dejar, banco, hermano
3. guardar, pedir, silla, ti, como
4. salir, perro, perder, puesto
5. programa, asistir, salvar, intentar

C. Situaciones y preguntas

1. ¿Trata Ud. de ahorrar algo todos los meses? ¿Por qué sí o por qué no? Si uno quiere ahorrar, ¿qué debe hacer? ¿Es mejor ahorrar dinero o invertirlo? ¿Le parece una buena idea guardar comida en caso de emergencia? ¿Qué otras cosas se deben guardar?
2. ¿Qué se debe hacer para salvar a una persona que cayó al agua y que no sabe nadar? ¿para salvar a alguien que ha sufrido (*has had*) un ataque al corazón? ¿para salvar a alguien que es toxicómano?
3. ¿Asistes a muchos conciertos en la universidad? ¿a muchas conferencias? ¿A qué funciones asistes?
4. Si Ud. entra en una tienda y no lo/la atienden, ¿qué hace? ¿Cree Ud. que los dependientes atienden a cierta clase de gente antes que a otra? ¿A cuál atienden más rápidamente? ¿Por qué? ¿Ha decidido no comprar algo porque no lo/la atendían bien? Explique brevemente qué pasó en aquella ocasión.
5. ¿Has intentado dejar un hábito alguna vez? ¿Qué te ayudó a dejarlo? ¿Qué le recomiendas a una persona que quiere dejar algún mal hábito?

REPASO

A. Complete el párrafo, dando la forma correcta del verbo y expresando en español las frases en inglés. Cuando se dan dos palabras entre paréntesis, escoja la palabra apropiada.

UN HABITO PELIGROSO

En todas partes (*are heard*[1]) graves advertencias° sobre las consecuencias del uso de las drogas y (*are organized*[2]) campañas nacionales para educar y convencer al público de su peligro. En Washington y en otras capitales del mundo, hay organizaciones (*that*[3]) se dedican a tratar de detener el tráfico mundial de las drogas. Aparte de los traficantes, parece que no hay nadie que (*apoyar*[4]) su consumo. Es evidente que las drogas (*causar*[5]) mucho sufrimiento y muchos problemas.
warnings

Sin embargo, hay muchos que (*afirmar*[6]) que aun si (*were eliminated*[7]) la mariguana y la heroína todavía habría otro hábito igual de peligroso—según ellos—y aún más extendido. ¿Qué dependencia es ésta que (*empezar*[8]) antes de los siete años de edad y nos (*acompañar*[9]) hasta la muerte? ¿Qué hábito es éste, causa principal de un gran número de enfermedades mentales y físicas, y hasta de un deterioro general de todo el sistema biológico? Los científicos lo (*conocer/ saber*[10]) como $C_{12}H_{22}O_{11}$ o la sacarosa refinada. (*It is bought*[11]) y (*consumed*[12]) en grandes cantidades bajo el nombre de azúcar.

El azúcar (*ser/estar*[13]) tan peligroso porque su consumo produce calorías vacías, es decir, energía sin nutrimentos. En realidad, el consumo del azúcar (*imponer*[14]) exigencias° al sistema digestivo, quitándoles vitaminas y minerales a otras partes del sistema. Para un funcionamiento eficaz, (*ser/ estar/hay*[15]) necesario (*mantener*[16]) en el organismo humano un delicado equilibrio químico. La ingestión excesiva de azúcar produce un constante desequilibrio que tarde o temprano (*afectar*[17]) todos los órganos del cuerpo, incluso el cerebro. Está comprobado° que el azúcar (*ser/estar*[18]) el factor principal en el nacimiento de caries dentales, que (*causar*[19]) obesidad y (*provocar*[20]) síntomas de diabetes, cáncer y enfermedades del corazón. Puede que el azúcar (*producir*[21]) energía momentánea pero su efecto a largo plazo° es la fatiga, la nerviosidad y una debilidad general. ¿Cuánto azúcar consume Ud.?
demands
proven
a... in the long run

B. Con un compañero de clase, invente y describa una droga nueva, uno de los milagros de la ciencia futura. ¿Para qué servirá la droga? ¿Qué enfermedades curará? ¿Por qué será mejor que la marca X? ¿Cuáles serían las consecuencias si la gente la usara? ¿y si no la usara?

CAPITULO ONCE

GUARDIA CIVIL EN GRANADA, ESPAÑA

LA LEY Y LA
LIBERTAD
INDIVIDUAL

Hay algunas infracciones de la ley que son más serias que otras y hay algunas que casi todos cometemos alguna vez. ¿Cuáles de las siguientes infracciones ha cometido Ud.? ¿Cuáles piensa Ud. que podría cometer en el futuro? Explique en qué situaciones las ha cometido o las cometería. Si Ud. cree que nunca cometería ninguna, explique por qué.

1. Manejar su coche a más de 55 millas por hora
2. Cruzar la calle cuando la señal le indica que espere
3. Tomar una toalla o un cenicero de un hotel
4. Salir de un restaurante sin pagar la cuenta
5. Manejar un coche sin tener permiso para conducir
6. Beber alcohol siendo menor de edad
7. Tirar basura en la calle (*To litter*)
8. Fumar mariguana
9. Vender mariguana (u otras drogas ilegales)
10. No informar sobre una acción ilegal que ha cometido un conocido

Vocabulario para conversar

el abogado *lawyer*
las autoridades *authorities*
  cometer un crimen (una
    infracción) *to commit a
    crime*
el crimen *crime (in general);
  murder*
  el criminal *criminal*
la delincuencia *delinquency;
  criminality*
  el delincuente
  delinquent, criminal

el delito *crime, criminal act*
  encarcelar *to imprison*
    la cárcel *prison*
    la cadena perpetua *life
    imprisonment*
  hacer trampas *to cheat*
  juzgar *to judge*
    el juez *judge*
  obedecer *to obey*
  la pena de muerte *death
    penalty*
  la policía *police force**

el policía *policeman*
  poner una multa *to fine*
    la multa *fine*
  proscribir *to outlaw,
    prohibit*
    proscrito *forbidden;
    illegal*
  seguro *safe, secure*
la víctima *victim*
  violar (infringir) la ley *to
    break the law*
la violencia *violence*

LOS DELITOS

asaltar *to attack, assault*
  el asalto *attack, assault*
asesinar *to murder*
  el asesinato *murder*
  el asesino *murderer*
atracar *to hold up*
  el atraco *holdup, mugging*

el chantaje *blackmail*
la estafa *graft*
el ladrón *thief, robber*
  raptar *to kidnap*
    el rapto *kidnapping*
robar *to rob, steal*
  el robo *theft, robbery*

secuestrar *to kidnap*
  el secuestro *kidnapping*
violar *to rape*
  la violación *illegal act;
  rape*

Practiquemos

A. ¿Qué palabra no pertenece al grupo? Explique por qué.

1. las autoridades, el juez, el criminal, el policía
2. el ladrón, el abogado, el delincuente, proscrito
3. seguro, el delito, el crimen, robar
4. la violencia, atracar, asaltar, ayudar
5. obedecer, castigar, encarcelar, proscribir

B. ¿Cuáles de los siguientes delitos acaban en violencia a la persona? ¿Cuáles son más bien impersonales? Explique.

1. el asesinato
2. el atraco
3. la estafa
4. el chantaje
5. la violación
6. el rapto

C. Explique la diferencia entre cada par de palabras.

1. el policía/la policía
2. detener/proscribir
3. violar la ley/castigar
4. el robo/el secuestro
5. la víctima/el criminal
6. hacer trampas/asaltar

D. ¿Cuáles son los delitos que Ud. asocia con los siguientes castigos?

1. poner una multa
2. encarcelar
3. la cadena perpetua
4. la pena de muerte

---

*The phrase **la mujer policía** is used to express *policewoman* in many Hispanic countries.

Conversemos

A. Imagine que Ud. es testigo del episodio que se ve en el dibujo. Describa a los personajes y narre lo que pasa. ¿Qué motivos explican la acción del motociclista? Si Ud. fuera el policía, ¿le pondría una multa? ¿Por qué sí o por qué no?

B. Mencione algunas leyes que se asocian con el conducir. ¿Cuáles de estas leyes que Ud. acaba de mencionar protegen al conductor? ¿Cuál es el propósito de las otras? ¿Cuáles se desobedecen con mayor frecuencia? ¿Qué otras acciones deben ser proscritas? En su opinión, ¿qué motivos tienen los que las desobedecen?

C. ¿Hay más o menos violencia en la actualidad (*right now*) que hace 10 años? ¿que hace 20 años? ¿que en el siglo pasado? ¿Cómo se puede explicar este cambio? ¿Qué actos violentos parecen ser más frecuentes hoy? ¿Ha sido Ud. testigo de alguno? ¿Cuál fue? ¿Cómo y dónde ocurrió?

D. ¿Cómo se trata a los criminales en nuestra sociedad? ¿Qué factores determinan la clase de castigo que recibe un criminal? ¿Debería ser menos grave el castigo que se da por un delito político? ¿y por un delito donde no hay ninguna víctima? ¿Es posible la rehabilitación de un asesino? ¿de un ladrón? ¿Qué opina Ud. de la pena de muerte?

E. ¿Se siente Ud. seguro/a en todo momento en el lugar donde vive? ¿Cuándo no se siente seguro/a? ¿Sale Ud. a solas (*alone*) por la noche con frecuencia? ¿Por qué sí o por qué no? ¿Sabe Ud. defenderse contra un asalto?

F. Si Ud. no sabe o no recuerda la palabra, ¿cómo puede expresar estas palabras en español?

1. *mace*   2. *a burglar alarm system*   3. *a safe*   4. *a pickpocket*

GRAMATICA

56. THE OTHER FORMS OF THE PERFECT INDICATIVE

Each simple tense in Spanish has a corresponding perfect form. Remember that the perfect forms consist of a conjugated form of **haber** plus the past participle of the main verb. The conjugation of **haber** shows person/number, tense, and mood. The past participle does not change.*

---

*The form of the past participle does change when it occurs with either **ser** or **estar**. See Section 48.

A. Forms of the Perfect Indicative

In Section 31 you learned that the present perfect indicative is formed with the present tense of **haber** and the past participle: **he comido, he estudiado, he vivido**. The other forms of the perfect indicative are

PERFECT FORM	TENSE OF **haber**	EXAMPLE
pluperfect	imperfect	había comido
future perfect	future	habrá comido
conditional perfect	conditional	habría comido

PLUSCUAMPERFECTO*		FUTURO PERFECTO		CONDICIONAL PERFECTO	
había	andado	habré	vivido	habría	visto
habías	andado	habrás	vivido	habrías	visto
había	andado	habrá	vivido	habría	visto
habíamos	andado	habremos	vivido	habríamos	visto
habíais	andado	habréis	vivido	habríais	visto
habían	andado	habrán	vivido	habrían	visto
I had walked		*I will have lived*		*I would have seen*	

B. Uses of the Perfect Forms

With these forms the word *perfect* implies *completion*; that is, the action described by the verb is viewed as completed with respect to some point in time. The present perfect expresses an action completed prior to a point in the present; the pluperfect expresses an action completed prior to a point in the past.

Remember that the simple future and conditional are both used to indicate subsequence (what will happen later). The future shows anticipation of events from a present reference point: **sé que lo harán mañana**. The conditional shows anticipation of events from a past reference point: **Sabía que lo harían al día siguiente**.

Similarly, the future and conditional perfect forms express actions that will be completed before an anticipated time in the future.

---

*Literally, the *imperfect perfect*. There are also preterite perfect forms in Spanish: **hube trabajado, hubiste trabajado, hubo trabajado**, and so on. However, the preterite perfect is gradually disappearing; its use is now limited primarily to literature.

Lo detuvieron porque había cometido tres asaltos.*	*They arrested him because he had committed three assaults.*
Sé que lo habrán detenido para mañana.	*I know they will have arrested him by tomorrow.*
Sabía que lo habrían detenido para el día siguiente.	*I knew that they would have arrested him by the next day.*

As with the simple future and conditional, the future and conditional perfect forms can also express conjecture or probability.

Son tan flexibles que ya se habrán adaptado.	*They're so flexible that they've probably already adapted.*
¿Creía el asesino que los vecinos lo habrían denunciado?	*Did the murderer think that the neighbors would (might) have turned him in?*

In most cases the use of the Spanish perfect forms corresponds closely to the use of the English perfect forms. Unlike English, however, no words can come between the elements of the Spanish perfect forms.

No lo **he visto** nunca.	*I **have** never **seen** him.*

PRACTICA

A. Conteste según el modelo, usando complementos pronominales en los casos en que sea posible.

MODELO   ¿Por qué no quería Ud. visitar el museo? →
No quería visitarlo porque ya lo había visitado antes.

1. ¿Por qué no quería Ud. practicar la canción? 2. ¿Por qué no quería correr Tomás? 3. ¿Por qué no les pusieron una multa a los conductores? 4. ¿Por qué no iban a proscribir esa actividad? 5. ¿Por qué no le ibas a decir la historia?

B. Complete las oraciones en una forma lógica, usando la forma apropiada del perfecto de un verbo lógico, según las indicaciones.

> Punto de referencia: el presente
>
> Acción completada antes del punto de referencia

1. Este semestre yo _____ 2 o 3 películas realmente buenas.
2. ¿Alguna vez en tu vida _____ ancas de rana (*frogs' legs*)?

---

*In this example, the point in the past is indicated by the verb **detuvieron**: he had committed the assaults before that point.

> Punto de referencia: el presente
>
> Acción completada antes de otro momento en el futuro

3. Cuando yo me gradúe, mis padres ＿＿＿ miles y miles de dólares.
4. Creo que en el año 2001 (nosotros) ＿＿＿ el problema del hambre.

> Punto de referencia: el pasado
>
> Acción completada antes del punto de referencia

5. Antes de conocer a mi novio/a, yo ya ＿＿＿ muchos otros/muchas otras.
6. Pudieron identificar al ladrón porque él ＿＿＿ muchos muebles en la casa y no ＿＿＿ guantes.

> Punto de referencia: el pasado
>
> Acción completada antes de otro momento en el futuro

7. Cuando yo era niño/a, creía que a los 20 años yo ya ＿＿＿ algo increíble.
8. Los agricultores no se preocupaban porque pensaban que para el día siguiente ＿＿＿ lo suficiente para salvar la cosecha (*harvest*).

C. Complete las oraciones en una forma lógica, usando la forma apropiada del perfecto de un verbo lógico.

MODELO Cuando yo tenía 10 años, ya ＿＿＿. →
Cuando yo tenía 10 años, ya había aprendido a montar en bicicleta.
bicicleta.

1. Cuando yo tenía 10 años, ya ＿＿＿.
2. Cuando tenga 80 años, ya ＿＿＿.
3. Mi padre me dijo que a los 10 años, él ya ＿＿＿.
4. Antes de llegar a esta universidad, yo nunca ＿＿＿.
5. Este mes, por primera vez en mi vida, yo ＿＿＿.
6. Se dice que el delincuente típico, antes de cumplir los 20 años, ya ＿＿＿.
7. Cuando los detectives llegaron, el criminal ya ＿＿＿.
8. El ladrón pudo entrar fácilmente en la casa porque nadie ＿＿＿.
9. De niño pensaba que cuando tuviera la edad que tengo ahora, ya ＿＿＿.

D. Situaciones y preguntas

1. ¿Por qué no has asistido a clase todos los días este semestre (trimestre)? ¿Es verdad lo que has dicho o te lo has inventado? ¿En qué otras

ocasiones has mentido? ¿Has mentido a tus padres alguna vez? ¿a un profesor? ¿Por qué? ¿Tus padres te han mentido alguna vez? Explica.

2. ¿Qué ha decidido hacer Ud. para que este año sea estupendo? ¿Ha cumplido algunas de las resoluciones que ha tomado? ¿Ha resuelto algún problema importante? ¿Cuál fue? ¿Qué ha hecho para resolverlo? ¿Por qué no lo había resuelto antes? Yo también he tomado algunas resoluciones. ¿Cuáles cree Ud. que habrán sido las mías? ¿Por qué dice Ud. eso?

3. ¿Qué habrán hecho el fin de semana pasado las siguientes personas? ¿tus padres? ¿el presidente y su esposa? ¿un estudiante de tu escuela secundaria? ¿unos *seniors* de esta universidad? ¿yo?

4. ¿Qué acciones están proscritas en esta universidad? ¿Se han violado algunas de las prohibiciones este semestre (trimestre)? ¿Cuál(es)? ¿Qué motivos se pueden tener para no obedecer las leyes universitarias? ¿Ha habido algún crimen en la universidad este año? Explique brevemente las circunstancias del crimen. ¿Qué pasó? ¿Cómo ocurrió? ¿Qué hacían las personas que estaban cerca cuando ocurrió? ¿Qué se hizo después para detener al criminal?

5. Según las estadísticas, es mucho mayor la probabilidad de sufrir daños en un accidente que en un crimen. Entonces, ¿por qué piensa Ud. que todos tenemos más miedo al crimen que a los accidentes?

6. Dentro de la cultura norteamericana, ¿son considerados los criminales figuras positivas o negativas? ¿Puede Ud. dar algunos ejemplos de criminales que sean—o hayan sido—admirados o respetados? ¿envidiados? ¿A qué se debe este fenómeno? ¿Es probable que la figura del criminal siga siendo idealizada en el futuro? ¿Por qué sí o por qué no?

7. ¿Es positiva o negativa la imagen del policía en los Estados Unidos? ¿Cree Ud. que esta imagen esté cambiando hoy día? ¿Por qué sí o por qué no?

E. ¡**Necesito compañero!** Con un compañero de clase, haga y conteste las siguientes preguntas. Luego comparta con la clase lo que ha aprendido sobre su pareja.

1. ¿Qué habías hecho antes de venir a esta universidad que influyó en tu decisión de venir?

2. Desde que llegaste, ¿qué experiencia(s) ha(n) tenido un gran impacto en tu vida? ¿qué persona(s)? Explica.

3. ¿En qué sentido ha sido diferente este semestre (trimestre) del semestre (trimestre) pasado? ¿Ha sido mejor o peor? ¿Por qué?

4. ¿Qué han hecho recientemente tus padres (o tus amigos) para que tu vida sea más cómoda o más feliz? ¿Qué favor le has hecho tú a alguno de tus amigos?

5. ¿Qué *no* has hecho este año que, de haberlo hecho (*if you had done it*), le habría causado problemas a otra persona?

6. Nombra tres cosas que seguramente habrás hecho antes de graduarte, y tres cosas que nunca habrías hecho de no haber venido (*if you hadn't come*) a esta universidad.

57. PERFECT SUBJUNCTIVE

There are only two perfect subjunctive forms: the present perfect, which you learned in Section 32, and the pluperfect.

PRESENTE PERFECTO DEL SUBJUNTIVO	PLUSCUAMPERFECTO DEL SUBJUNTIVO
haya leído hayas leído haya leído hayamos leído hayáis leído hayan leído	hubiera comprado hubieras comprado hubiera comprado hubiéramos comprado hubierais comprado hubieran comprado
I may have read	*I might have bought*

The cues for the choice of the perfect forms of the subjunctive versus the indicative are the same as for the simple forms of the subjunctive (Section 45). Like the present perfect indicative, the present perfect subjunctive expresses an action completed prior to the point in the present indicated by the main verb. The pluperfect subjunctive expresses an action completed prior to the point in the past indicated by the main verb.

Me alegro de que me haya escrito.	*I'm glad that she has written me.*
Me alegraba de que me hubiera escrito.	*I was glad that she had written me.*

In both examples, the act of writing is completed before the act of becoming glad.

PRACTICA

A. Conteste las preguntas según el modelo.

MODELO ¿Qué le molestaba al juez? (criminal / haber violar la ley) →
Le molestaba que el criminal hubiera violado la ley.

1. ¿De qué dudaba el rector (*president*) de la universidad? (estudiante / haber mentir)
2. ¿En qué insistía el policía? (yo / haber conducir / 80 millas por hora)
3. ¿Qué les enfadó a los jueces? (los abogados / no haber llegar / a tiempo)
4. ¿Qué no le gustaba al ladrón? (los perros / haber seguir / la pista [*trail*])

5. ¿Qué esperaba el delincuente? (amigo / haber traer / una lima [*file*])
6. ¿Qué soñaban los Moreno? (su hijo / haber ganar / un premio en la lotería)

B. Haga oraciones juntando un elemento de la primera columna con otro de la segunda. ¡OJO! Será necesario cambiar el verbo en la segunda parte de la oración.

MODELO   Le sorprendió mucho al juez que hubiéramos detenido al asesino.

Me alegré de que...
El profesor estaba furioso de que...
La policía se enojó de que...
No nos gustó nada que...
Le sorprendió mucho al juez que...

El ladrón había escapado.
Los policías habían mentido.
Yo no había respetado sus prohibiciones.
Habíamos detenido al asesino.
Tú habías pagado la multa.
Uds. habían hecho chantaje.
El profesor nos había prohibido comer en clase.
Los dos estudiantes habían copiado las respuestas.

C. Complete las oraciones con la forma apropiada de **haber** (o **haya[n]** o **hubiera[n]**) según el contexto.

1. De niño, yo no podía creer que mis padres _____ sido jóvenes, se _____ conocido y se _____ enamorado. Hoy, me alegro mucho de que ellos _____ decidido formar una familia.
2. El policía dudaba que el delincuente le _____ dicho la verdad en el pasado. No cree que se la _____ dicho esta vez tampoco.
3. Buscan a alguien que lo _____ visto la noche del atraco porque dudan que _____ podido cometerlo.
4. ¡Es increíble que las autoridades lo _____ dejado salir de la cárcel sólo porque no encontraron a nadie que _____ estado con él y que pudiera comprobar su coartada (*alibi*)!
5. Esperábamos que los miembros del jurado _____ llegado a un acuerdo aunque ahora no creemos que _____ considerado bien toda la evidencia.

58. MORE ON THE SEQUENCE OF TENSES

Remember that the tense of the subjunctive—present or past—used in the subordinate clause is determined by the verb form used in the main clause. Here is the chart that you saw in Section 37, with all the forms included.

MAIN CLAUSE	SUBORDINATE CLAUSE
A present present perfect future future perfect command	present subjunctive present perfect subjunctive
B preterite imperfect pluperfect conditional conditional perfect	past subjunctive pluperfect subjunctive

A. Main Verb Present: Subordinate Verb Present

When the main clause verb is in the present or present perfect, future or future perfect, or is a command, the present subjunctive (simple or perfect) is generally used in the subordinate clause.

PRESENT:	**Pide** que Diego le **hable**.	*He asks that Diego talk to him.*
PRESENT PERFECT:	**Ha pedido** que Diego le **hable**.	*He has asked that Diego talk to him.*
FUTURE:	**Pedirá** que Diego le **hable**.	*He will ask that Diego talk to him.*
FUTURE PERFECT:	**Habrá pedido** que Diego le **hable**.	*He will probably have asked that Diego talk to him.*
COMMAND:	**Pida** que Diego le **hable**.	*Ask that Diego talk to him.*

The present subjunctive expresses an action that occurs simultaneously with or after the action of the main clause verb. The present perfect subjunctive refers to an action completed prior to the action of the main clause verb.

SIMULTANEOUS ACTIONS → PRESENT SUBJUNCTIVE

Es bueno que le **hables**.	*It's good that you're talking to him.*

AFTER MAIN CLAUSE → PRESENT SUBJUNCTIVE

Te pido que le **hables** en seguida.	*I'm asking you to talk to him immediately.*

PRIOR TO MAIN CLAUSE → PRESENT PERFECT SUBJUNCTIVE

Es bueno que le **hayas hablado**.	*It's good that you have talked to him.*

Since a main clause command always implies that the action in the subordinate clause will take place after that of the main clause, a command can never be followed by the present perfect subjunctive.

B. Main Verb Past: Subordinate Verb Past

When the main clause verb is in the preterite, the imperfect, the pluperfect, the conditional, or conditional perfect, the past subjunctive (simple or perfect) is used in the subordinate clause.

PRETERITE:	**Pedí** que Diego le **hablara**.	*I asked that Diego talk to him.*
IMPERFECT:	**Pedía** que Diego le **hablara**.	*I was asking that Diego talk to him.*
PLUPERFECT:	**Había pedido** que Diego le **hablara**.	*I had asked that Diego talk to him.*
CONDITIONAL:	**Pediría** que Diego le **hablara**.	*I would ask that Diego talk to him.*
CONDITIONAL PERFECT:	**Habría pedido** que Diego le **hablara**.	*I would have asked that Diego talk to him.*

The imperfect subjunctive expresses an action that occurred simultaneously with or after the action of the main clause verb. The pluperfect subjunctive expresses an action completed prior to the action of the main clause verb.

SIMULTANEOUS ACTIONS → IMPERFECT SUBJUNCTIVE
Era bueno que le **hablaras**. *It was good that you talked to him.*

AFTER MAIN CLAUSE → IMPERFECT SUBJUNCTIVE
Te pedí que le **hablaras**. *I asked you to talk with him.*

PRIOR TO MAIN CLAUSE → PLUPERFECT SUBJUNCTIVE
Era bueno que le **hubieras hablado**. *It was good that you had talked to him.*

PRACTICA

A. Dé oraciones nuevas según las palabras que aparecen entre paréntesis.

1. *Recomiendo* que inmigren a este país. (Recomendaba, He recomendado, Recomendaría, Recomendaré, Recomendé)
2. Es bueno que lo hagas *en este momento*. (ahora, ayer, ya, en seguida)

3. *Dudan* que lo hayan encarcelado. (Esperaban, Sabían, No creían, Se alegran)
4. *Era probable* que le hubieran puesto una multa. (Es importante, Es verdad, Era estúpido, Vimos)

B. Haga oraciones completas juntando una frase de la primera columna y el sujeto indicado con otra de la segunda.

1. La acción de la segunda columna ocurre *después* o *al mismo tiempo que* la acción de la primera columna.

No me gusta		fumar mariguana
Es imposible	que ellos	casarse este sábado
Será difícil		llamar al juez
Dudo		conseguir la custodia de los hijos

2. La acción de la segunda columna ocurrió *antes que* la acción de la primera columna.

Es increíble		capturar al criminal
Temo	que Uds.	no obedecer la ley
Me alegro mucho de		ponerle una multa
Me parece mentira		darle la pena de muerte

C. Haga oraciones completas juntando una frase de la primera columna y el sujeto indicado con otra de la segunda.

1. La acción de la segunda columna ocurría *al mismo tiempo* o *después que* la acción de la primera columna.

Insistían en		leer el documento secreto
No querían	que (nosotros)	ver al abogado
Era injusto		copiar en el examen
Estaban tristes		ser detenidos

2. La acción de la segunda columna ocurrió *antes que* la acción de la primera columna.

No me gustaba		robar al viejo
Le dijeron	que él	proteger al niño
Mandaron		abandonar su casa
Fue imposible		cometer tantos crímenes

D. Complete las siguientes oraciones de dos maneras: refiérase primero a una acción *futura* y luego a una acción *ya completada* en el momento indicado.

MODELO Cuando yo tenía 8 años, _____. →

ACCION FUTURA	ACCION YA COMPLETADA
...temía que no llegara a ser adulto nunca.	...me alegraba de que ya hubiera aprendido a escribir con letra cursiva (*in script*).

1. Cuando llegué a la clase de español una mañana, _____.
2. Después de ver mis notas el semestre pasado, _____.
3. En mi último cumpleaños, _____.
4. Después de morir, _____.

E. Ud. y su esposo/a han invitado a cenar a su casa a otra pareja. De repente ellos notan la placa que Uds. recibieron el año pasado por su heroísmo al capturar a varios ladrones peligrosos. Cuénteles la historia de los hechos y cómo se solucionó el caso gracias a su astucia y a su valor. Trate de usar en su historia, cuando sea apropiado:

- el subjuntivo
- complementos pronominales
- ejemplos del *no fault* **se**
- formas perfectas de los verbos

¡Use la imaginación para dar un final interesante al cuento!

59. *IF* CLAUSES WITH PERFECT TENSES

As you learned in Section 52, improbability or false speculations about the present can be expressed with *if*-clause sentences that contain the conditional and the past subjunctive. Exercise A in the **Práctica** of this section will help you review this construction.

Si <u>past subjunctive</u> , <u>conditional</u> .

or:

<u>Conditional</u> **si** <u>past subjunctive</u> .

Si tuviera mucho dinero,   *If I had a lot of money* (but I
   compraría un Ferrari.   *don't), I would buy a Ferrari.*

Speculations about the past are expressed with the perfect forms.

Si <u>pluperfect subjunctive</u> , <u>conditional perfect</u> .

or:

<u>Conditional perfect</u> **si** <u>pluperfect subjunctive</u> .

Si hubiera tenido mucho dinero,   *If I had had a lot of money* (but I
   habría comprado un Ferrari.   *didn't), I would have bought a*
                                    Ferrari.

Habríamos llamado a la policía   *We would have called the police*
   en seguida si eso hubiera   *immediately if that had happened*
   pasado.   *(but it didn't).*

The *if* clause does not have to be explicitly stated. Sometimes it is only implied.

Yo no habría contestado así.   *I wouldn't have answered like that.*

PRACTICA

A. ¡Necesito compañero! Con un compañero de clase, comente las siguientes afirmaciones. Prepárense para defender sus puntos de vista ante sus compañeros de clase.

     1 = cierto   2 = falso   3 = depende   4 = no sé

Habría menos crímenes en el mundo si...

_____ 1. hubiera menos pobreza.
_____ 2. los padres disciplinaran más a sus hijos.
_____ 3. los padres comprendieran mejor a sus hijos.
_____ 4. se comiera menos *junk food*.
_____ 5. hubiera menos violencia en la televisión.
_____ 6. fuera más difícil comprar armas de fuego (por ejemplo, pistolas).
_____ 7. todo el mundo practicara la misma religión.
_____ 8. todo tipo de infracción se castigara con la pena de muerte.
_____ 9. no se fabricaran juguetes bélicos (soldaditos, pistolitas, tanques, etcétera).

———10. hubiera menos injusticia social.

———11. la agresividad no se considerara una cualidad masculina de gran valor.

———12. todo el mundo tuviera un animal doméstico (*pet*).

Si Uds. tuvieran poder para realizar uno de estos cambios, ¿cuál sería? ¿Por qué?

B. Complete las oraciones en una forma lógica.

1. Si yo viviera en el siglo XXI, ———. Si hubiera vivido en el siglo XV, ———.
2. Si conociera al presidente de los Estados Unidos, ———. Si hubiera conocido al Presidente Kennedy, ———.
3. Mi novio/a se pondría nervioso/a si ———. Se habría puesto nervioso/a si ———.
4. Yo me mudaría a Alaska si ———. Me habría mudado a Alaska el año pasado si ———.
5. Me callaría si alguien ———. No me habría callado si alguien ——— ayer.
6. Me gustaría vivir en México si ———. Me habría gustado vivir en México durante la época de los aztecas si ———.
7. Habría menos crímenes en la universidad si ———. Habría habido menos crímenes en esta ciudad el año pasado si ———.
8. Yo sólo sería policía si ———. Los policías habrían sido más eficaces este año si ———.

C. ⌐**¡Necesito compañero!** ⌐ ¿Conoce Ud. los siguientes casos famosos? Con un compañero de clase, complete las oraciones con la información apropiada.

1. Enrique VIII no habría decapitado a Ana Bolena si ella ———.
2. Habrían declarado culpable a Bernard Goetz si él ———.
3. Si hubiera sido más difícil conseguir armas, John Hinkley ———.
4. Habríamos sabido más detalles sobre el asesinato de John Kennedy si Jack Ruby ———.
5. Si el Archiduque Fernando de Austria no hubiera sido asesinado, ———.
6. Darth Vader habría destruido a Luke Skywalker inmediatamente si Luke ———.
7. Tanta gente no habría mirado el último episodio de la temporada (*season*) de *Dallas* (*Dynasty*) si no ———.
8. Dan White no habría matado a Harvey Milk y George Moscone (San Francisco, 1978) si no ———.

D. Las siguientes personas están convencidas de que el curso de la historia mundial habría sido radicalmente diferente si.... ¿En qué estará pensando cada uno?

MODELO Napoleón → Si los ingleses no me hubieran derrotado (*defeated*) en Waterloo, el curso de la historia mundial habría sido radicalmente diferente porque...

1. Thomas Edison	4. Al Capone	7. Henry Ford
2. General Custer	5. Ronald Reagan	8. *Sugiera una persona*
3. María Antonieta	6. Darth Vader	*a la clase.*

E. Vicente y Víctor son 2 compañeros de cuarto que siempre se quejan de las inconveniencias producidas por los pequeños errores de todos los días. ¿Qué dirían en estas situaciones? ¡OJO! Sería buena idea repasar las expresiones del *no fault* **se** (Sección 49) antes de empezar este ejercicio.

MODELO —Mira, Vicente, si no se te hubiera olvidado llenar el tanque, ¡no habríamos tenido que caminar 10 millas!
—Oye, Víctor, y si tú hubieras...

1. —Mira, Víctor,...
—Oye, Vicente, y si tú...

2. —Mira, Vicente,...
—Oye, Víctor, y si tú...

3. —Oye, Víctor,...
—Mira, Vicente, y si tú...

F. ¡**Necesito compañero!** Con un compañero de clase, comente las siguientes preguntas de acuerdo con su propia experiencia. Explique cada respuesta y luego comparta lo que ha aprendido con los compañeros de clase.

1 = mejor   2 = peor   3 = igual

¿Cómo habría sido tu vida si...

MODELO ¿Cómo habría sido tu vida si... te hubieras casado a los 15 años de edad? →
Mi vida habría sido peor porque no habría terminado mis estudios de secundaria y ganaría ahora muy poco dinero.

_____ 1. te hubieras casado a los 15 años de edad?
_____ 2. hubieras tenido 10 hermanos?
_____ 3. (no) hubieras sido hijo único (*only child*)?
_____ 4. no hubieras asistido a la universidad?
_____ 5. hubieras tenido un hermano gemelo (*twin*)?
_____ 6. (no) hubieras vivido en la casa de tus padres este año?
_____ 7. nunca hubieras aprendido a leer?
_____ 8. nunca hubieras aprendido a decir la hora?
_____ 9. hubieras tenido amigos delincuentes cuando eras más joven?
_____10. tus padres hubieran sido más (menos) estrictos?
_____11. *Agregue (Add) otra pregunta personal.*

⌐ ESTRATEGIAS PARA LA COMUNICACION ⌐

Perdón, pero...

OR

How to Handle Complications Courteously

When you are traveling in another country, you may find that not all interactions evolve smoothly. There may be a complication that you need to explain or a difficulty that you have to solve. This can be especially problematic when the person you are talking with is the *cause* of the difficulty! In Spanish as in English, it is considered impolite to express a request bluntly without prefacing it with an introductory statement. For example, you would not walk into a store in this country and say "Give me a quart of milk." The preferred form is something like: "I would like a quart of milk, please." If the salesperson brought you the wrong item, you would not tell him or her bluntly "That's wrong. I don't want that." You would probably soften your refusal of the incorrect item in some way, perhaps by saying something like this: "I'm sorry. I wanted a quart, not a half-gallon."

In Spanish, the imperfect indicative and subjunctive and the pluperfect subjunctive are often used to soften statements or requests. They can also be used to express regret if you misunderstand a custom or unintentionally blunder in a social interaction. The *if* clauses are also useful for expressing regret or making polite inquiries.

Here are some phrases that are useful in these kinds of situations.

¿Pudiera Ud. (ayudarme, traerme...)?	*Could you please (help me, bring me . . .)?*
Quisiera (un vaso de agua, una copa...)	*I would like (a glass of water, a glass of wine . . .)*
Si yo hubiera (sabido), habría...	*If I had (known), I would have . . .*
Cuánto me habría gustado... si...	*How I would have liked to . . . if . . .*
Es que yo buscaba...	*It's just that I was looking for . . .*
Yo pensaba que...	*I thought that . . .*
¿No tendría Ud. algo... ?	*Wouldn't you have something . . . ?*
Lo siento, pero...	*I'm sorry, but . . .*
Si Ud. pudiera... (yo) estaría...	*If you could . . . I would be . . .*

⌐ ¡Necesito compañero! ⌐

A. Imagine que Ud. se encuentra en las siguientes situaciones. ¿Qué se puede decir para manejar la situación cortésmente? Con un compañero, piense en las estrategias y en el vocabulario de este capítulo y de los capítulos anteriores. Luego invente por lo menos *dos* respuestas para cada situación.

1. You enter a store to buy some leather wallets (**carteras de cuero**). Get the salesperson's attention and explain what you want. When he/she brings them over, you decide that they are all ugly and too expensive as well, and you don't want to buy any.

2. You are in a sidewalk café. When the waiter/waitress appears, order something to drink. Explain that the drink cannot have any sugar in it because you are allergic

to sugar. He/She brings you something that, after one taste, you are sure has sugar in it. Explain to the waiter that you do not want to pay for the drink.

3. You meet an acquaintance on the street. He/She seems a bit upset and asks why you never showed up for dinner the night before. You don't remember ever getting the invitation.

B. Con su compañero, dramatice una de las situaciones en A.

¡OJO!

dato–hecho

Fact has two equivalents in Spanish. Use **dato** when referring to *findings, results,* or *data.* Use **hecho** to refer to a *proven fact, deed,* or *event.* Two expressions that contain the word **hecho** are **el hecho es que...** (*the fact is [that] . . .*) and **es un hecho** (*it's a fact*).

Los **datos** del estudio indican que el tabaco causa cáncer.	*The results of the study indicate that tobacco causes cancer.*
El descubrimiento del cobre fue un **hecho** de gran importancia para el país.	*The discovery of copper was an event of great importance for the country.*
Es un hecho que se va en junio.	*It's a fact that he's leaving in June.*
El hecho es que no podemos invertir más dinero todavía.	*The fact is we can't invest any more money yet.*

Remember that English *date* is expressed in Spanish by **cita** to refer to an appointment or social arrangement, and by **fecha** to refer to a calendar date. (See ¡OJO! Chapter 7).

pagar–prestar atención–hacer caso–hacer una visita

The verb **pagar** expresses *to pay for* (something); *to pay attention* (and not let one's mind wander) is expressed with **prestar atención.** *To pay attention* in the sense of heeding or taking into account is **hacer caso (de).** The equivalent of *to pay a visit* is **hacer una visita.**

Tuvimos que **pagar** todos los gastos de su educación.	*We had to pay for all the expenses related to his education.*
Los estudiantes nunca **prestan atención** a los maestros.	*Students never pay attention to their teachers.*
No le **hagas caso**; es tonto.	*Don't pay any attention to him; he's a fool.*
Vamos a **hacerle una visita** este verano.	*We're going to pay her a visit this summer.*

PRACTICA

A. Dé la palabra española que se corresponde mejor con la palabra en *letras cursivas*.

1. What is the *date* of your birthday? 2. There are many *facts* to acquire for the study. 3. I have a *date* with my new neighbor. 4. A judge looks at all the *facts* before reaching a verdict. 5. How much did you *pay for* that dress? 6. That's what you get for not *paying attention to* the sign. 7. *The fact is that* they are rookie policemen. 8. *Pay attention!* I'm not going to tell you again. 9. We're planning *to pay a visit to* my parents this weekend. 10. No one ever *pays* any *attention to* my advice.

B. Exprese en español. ¡OJO! Hay también palabras de los capítulos anteriores.

1. *I was thinking of* going to the party, but *I didn't realize* that *the date* was this weekend and I haven't had *time* to (**para**) buy her a present!
2. *It looks like* the arrested man will only have *to pay* a fine because his lawyer *paid a visit* to the judge.
3. *Do you mind looking* at your calendar? What is *the date* of our *appointment* with the lawyer?
4. Sometimes *the facts don't support* the conclusions; you have *to be very careful to try to look at* all the evidence. *It's a question of* patience.

C. Situaciones y preguntas

1. ¿En qué fecha naciste? ¿Cuál es la fecha del aniversario de bodas de tus padres? ¿Qué sabes de la primera cita de tus padres? ¿Cómo fue tu primera cita?
2. ¿A qué miembro de tu familia prefieres hacer visitas? ¿Por qué? ¿Y a quién prefieres *no* hacer visitas?
3. Si tú sales con un chico (una chica), ¿quién suele pagar? Y si tú prefieres pagar (o insistes en no pagar), ¿te hace caso tu pareja? Si tú normalmente *no* pagas en una cita, ¿hay algunas ocasiones en las que sí pagarías? Por ejemplo, en los siguientes casos, ¿quién pagaría, tú o la otra persona? ¿Por qué?

la primera cita
una cita con tus padres
una cita con tu hermano

una cita con unos amigos íntimos
una cita con tu novio/a (son novios desde hace mucho tiempo)

¿Hay situaciones en que el uno o el otro *debe* pagar? Explica.

REPASO

A. Complete el párrafo, dando la forma correcta del verbo y expresando en español las frases en inglés. Cuando se dan dos palabras entre paréntesis, escoja la palabra apropiada.

COMO LLEGAR A SER POLICIA

Yogi y Mark trabajan (*por/para*[1]) la policía británica. (*Both Yogi and Mark*[2]) están entre los muchos policías y detectives famosos (*who*[3]) (*have worked*[4]) en la gran Scotland Yard de Londres. Pero cuando Yogi y Mark comentan su trabajo entre sus amigos, no (*hacer*[5]) referencia al largo «brazo» de la ley, (*sino/pero*[6]) a la larga «pata».° Yogi y Mark (*ser/estar*[7]) perros-policía.

paw

La policía británica (*utilizar*[8]) más de 1.500 perros especialmente (*trained: entrenar*[9]) para (*colaborar*[10]) en los distintos aspectos de la guerra contra el crimen, especialmente contra el tráfico de drogas y en la búsqueda de personas (*lost: perder*[11]). En 1979, casi 14.000 arrestos (*ser/estar*[12]) efectuados (*por/para*[13]) perros-policía.

Aunque (*dogs have been used*[14]) como guardianes desde el Antiguo Egipto, no fue hasta la década de los 40 que (*were established*[15]) los primeros centros de entrenamiento (*por/para*[16]) perros-policía. Allí (*is developed: desarrollar*[17]) su olfato° y (*they learn*[18]) técnicas de rastreo.° Es necesario que las lecciones (*ser/estar*[19]) breves y que los entrenadores (*repeat them*[20]) hasta que las reacciones de los perros (*become*[21]) automáticas. Se insiste mucho en la obediencia absoluta: durante todas las fases del entrenamiento, es importante que cada perro (*be trained by*[22]) una sola persona para que luego (*obedecer*[23]) una sola voz.

sense of smell

tracking

La relación entre el perro y su amo empieza temprano; desde los tres meses el cachorro° (*that will be*[24]) perro-policía vive en la casa del policía (*who*[25]) lo va a (*cuidar/importar*[26]), a fin de que (*establecerse*[27]) los lazos° de cariño y comprensión sin (*which*[28]) no puede existir una total confianza entre (*both*[29]). En realidad, (*they will not be*[30]) simplemente perro y amo (*sino/pero*[31]) verdaderos compañeros.

puppy

bonds

B.   ◙ **¡Necesito compañero!** ◙   Con un compañero de clase, sugiera lo que se podría hacer para evitar los siguientes problemas.

MODELO   el robo de la casa → Si cerráramos todas las puertas con llave y dejáramos encendidas algunas luces, podríamos evitar el robo de la casa.

1. el robo del coche
2. los actos de vandalismo en los edificios públicos
3. el conducir en estado de embriaguez (*drunkenness*)
4. la violación
5. el plagio (*plagiarism*)
6. la crueldad hacia los animales
7. el maltratar a los niños
8. el tráfico de drogas
9. *Sugiera otro acto ilegal y una posible solución.*

CAPITULO DOCE

SEVILLA, ESPAÑA

EL TRABAJO Y EL OCIO

E n toda cultura, los momentos de ocio son tan importantes como los momentos dedicados a actividades profesionales. Pero el tipo de diversión, al igual que la profesión u ocupación que uno elige, está relacionado con su personalidad y formación. El nivel económico, la preparación intelectual y la clase social hacen que un individuo prefiera ciertas diversiones y no otras. Después de estudiar la lista de profesiones y ocupaciones y la de actividades recreativas que siguen, determine a qué actividades se inclinarían más los individuos mencionados. Luego explique por qué Ud. cree que sería así.

PROFESIONES
un experto en computadoras
una cirujana especializada en hacer
   transplantes de corazón
un profesor de español
un policía
una secretaria
un jugador de fútbol profesional
un cura
un jardinero

ACTIVIDADES RECREATIVAS
ver películas extranjeras
ir a un bar a tomar cerveza
asistir a conciertos
hacer muebles de madera
correr
leer novelas
reparar coches viejos
ir a la ópera
jugar al golf
cultivar flores
pasear en bicicleta

Ahora nombre otras ocupaciones y profesiones y las actividades recreativas que le parezcan más apropiadas para personas con esa ocupación.

Vocabulario para conversar

el adiestramiento *job training*
el aprendizaje *apprenticeship*
convenir (ie, i) *to be appropriate*
el descanso *rest; leisure*
las diversiones *amusements*
ejercer una profesión *to practice a profession*
el entretenimiento *entertainment*

entrevistar *to interview*
entrevistarse con *to have an interview with; to be interviewed by*
la entrevista *interview*
escoger *to choose*
especializarse en *to specialize in; to major in*
la especialización *major*
el expediente *dossier, vita, resumé*
jubilarse *to retire*
el ocio *leisure time; relaxation*

el oficio *trade*
el pasatiempo *pastime; hobby*
el prestigio *prestige*
relajarse *to relax*
solicitar *to apply (for) (a job)*
la solicitud *(job) application*
el status *status*
el tiempo libre *free time*
tomar vacaciones *to take a vacation*
valorar *to value; to appreciate*

PROFESIONES Y OFICIOS*

el abogado *lawyer*
el artista *artist; movie star*
el bailarín *dancer*
el banquero *banker*
el basurero *garbage collector*
el beisbolista† *baseball player*
el bombero *firefighter*
el científico *scientist*

el dependiente *store clerk*
el enfermero *nurse*
el escritor *writer*
el maestro *teacher*
el médico *doctor*
el militar *career military person*
el músico‡ *musician*

el oficinista *office clerk*
el periodista *journalist*
el político *politician*
el profesor *professor*
el reportero *reporter*
el torero *bullfighter*
el vaquero *cowboy*
el vendedor *salesperson*

---

*There is much variation in the Hispanic world regarding the formation of the female equivalent of names of professions that have traditionally been occupied by males. In most cases, the feminine form can be made simply by changing final **-o** to **-a** (**médico, médica**) or by adding an **-a** to a noun that ends in a consonant (**contador, contadora**). If the noun ends in another vowel, the article usually indicates sex (**el artista, la artista**). However, these guidelines cannot be applied in all cases if the newly created word already exists in Spanish with another meaning. For example, **el químico** means *the male chemist*, but **la química** means *chemistry*; **el político** means *the male politician*, but **la política** means *politics*. Often the feminine form is used to refer to the wife of the male professional; for example, this interpretation is given to **la presidenta** in many countries. A solution adopted with increasing frequency is to refer to the female professional as **la mujer** + *name of profession*; in this way, pairs such as **el policía** and **la mujer policía, el soldado** and **la mujer soldado** are created.

†The ending **-ista** can be added to many sports to indicate the individual who specializes in that sport: **futbolista, tenista, basquetbolista**. Remember that in most other parts of the world, **fútbol** refers to soccer, and a **futbolista** is a soccer player.

‡The ending **-ista** can be added to many musical instruments to indicate the individual who specializes in playing that instrument: **pianista, guitarrista, flautista**.

Practiquemos

A. ¿Qué palabra o frase de la segunda columna asocia Ud. con cada palabra o frase de la primera? Explique en qué basa su asociación.

1. relajarse
2. el dependiente
3. el maestro
4. el militar
5. el reportero
6. el bailarín
7. el banquero
8. el médico
9. el vaquero
10. el abogado
11. convenir
12. el descanso

a. el tiempo libre
b. el enfermero
c. la música
d. tomar vacaciones
e. el juez
f. la tienda
g. la escuela
h. el caballo
i. el dinero
j. estar bien
k. la guerra
l. la entrevista

B. ¿Qué palabra no pertenece al grupo? Explique por qué.

1. el artista, el escritor, el torero, el científico
2. la solicitud, el status, la entrevista, el expediente
3. divertirse, relajarse, jubilarse, solicitar
4. valorar, entrevistar, escoger, especializarse
5. el gerente, el oficinista, la secretaria, el político
6. el ocio, el oficio, el aprendizaje, el adiestramiento
7. el bombero, el basurero, el descanso, el militar

C. Ponga las siguientes palabras en un orden lógico. Luego conjugue los verbos en la primera persona singular (**yo**) del pretérito.

recibir el adiestramiento / ejercer una profesión / entrevistarse con / especializarse en / hacerse / jubilarse / solicitar / graduarse

D. Explique la diferencia entre cada par de palabras.

1. el expediente/la solicitud
2. el oficinista/el dependiente
3. el trabajo/la carrera
4. el pasatiempo/la diversión

E. Defina brevemente en español.

1. el entretenimiento
2. el músico
3. el vendedor
4. el profesor
5. el beisbolista
6. el artista
7. el prestigio
8. el periodista

Conversemos

A. Identifique las profesiones y los oficios que se ven en el dibujo y explique brevemente qué es lo que hace el individuo que los ejerce. ¿Cuál es la diferencia entre una profesión y un oficio? ¿Qué nombres de la lista del vocabulario representan profesiones y cuáles no?

B. En su opinión, ¿qué profesiones y oficios son más valiosos para el bien de la sociedad? ¿En qué profesión u oficio se gana mucho dinero? ¿Debe haber una conexión entre los dos?

C. ¿Qué profesiones se asocian con una carrera universitaria? Si una persona se preparara para alguna de estas profesiones, ¿en qué se especializaría? ¿Qué oficios se asocian con un aprendizaje práctico? ¿con mucho talento artístico? ¿con mucho poder? ¿con mucha responsabilidad? ¿con mucho prestigio?

D. ¿Se prepara Ud. para alguna de las carreras que se ven en el dibujo? ¿Qué ha hecho para prepararse?

E. Si Ud. no sabe o no recuerda la palabra, ¿cómo puede expresar estas palabras en español?

   1. *heart surgeon* 2. *stewardess* 3. *insurance agent* 4. *referee*

GRAMATICA

60. REVIEW OF VERB FORMS

There are three main groups of Spanish verbs, those with infinitives ending in **-ar, -er**, and **-ir**. A conjugated verb has two main parts: a stem and an ending. The stem identifies the action (**habl-**), and the ending indicates the tense, mood, and person/number of the action (**-amos**): **hablamos**.

You have learned five indicative forms: the present, imperfect, preterite, future, and conditional. Each of these has a perfect equivalent: the corresponding form of **haber** with the past participle. You have also learned two subjunctive tenses, the present and the past, with their corresponding perfect forms. The imperative does not show tense; the different forms of the imperative correspond to the subject (formal, informal, singular, plural) and to whether the command is affirmative or negative.

		SIMPLE VERB FORMS				
		INDICATIVE	SUBJUNCTIVE	IMPERATIVE		
					AFF.	NEG.
-ar	Present Imperfect Preterite Future Conditional	hablan hablaban hablaron hablarán hablarían	hablen hablaran	Ud. Uds. tú vosotros	hable hablen habla hablad	hable hablen hables habléis

The charts on this page and the preceding page show the verbs **hablar, comer,** and **vivir** conjugated in all of these forms in the third person plural. Can you give the remaining persons of each conjugation?

		SIMPLE VERB FORMS				
		INDICATIVE	SUBJUNCTIVE	IMPERATIVE		
					AFF.	NEG.
-er	Present	comen	coman	Ud.	coma	coma
	Imperfect	comían	comieran	Uds.	coman	coman
	Preterite	comieron		tú	come	comas
	Future	comerán		vosotros	comed	coméis
	Conditional	comerían				
-ir	Present	viven	vivan	Ud.	viva	viva
	Imperfect	vivían	vivieran	Uds.	vivan	vivan
	Preterite	vivieron		tú	vive	vivas
	Future	vivirán		vosotros	vivid	viváis
	Conditional	vivirían				

	PERFECT VERB FORMS: **haber** + *participle*		
	INDICATIVE	SUBJUNCTIVE	PARTICIPLE
Present	han	hayan	hablado
Pluperfect	habían	hubieran	comido
Preterite	hubieron		vivido
Future	habrán		
Conditional	habrían		

The following paragraphs taken from Borges' "**El sur**" show a variety of the forms and uses that you have studied in this text. Identify the underlined verb forms.

A la realidad le <u>gustan</u> las simetrías y los leves° anacronis-   *simple*
mos; Dahlmann <u>había llegado</u> al sanatorio en un coche de
plaza y ahora un coche de plaza lo <u>llevaba</u> a Constitución.°   la estación de
La primera frescura del otoño, después de la opresión del   ferrocarril en
verano, <u>era</u> como un símbolo natural de su destino resca-   Buenos Aires
tado° de la muerte y la fiebre.° La ciudad, a las siete de la   *ransomed / fever*
mañana, no <u>había perdido</u> ese aire de casa vieja que le
<u>infunde</u>° la noche; las calles <u>eran</u> como largos zaguanes,° las   *infuses / vestibules*
plazas como patios. Dahlmann la <u>reconocía</u> con felicidad y
con un principio de vértigo; unos segundos antes de que las

registraran° sus ojos, recordaba las esquinas,° las carteleras,° las modestas diferencias de Buenos Aires. En la luz amarilla del nuevo día, todas las cosas regresaban a él.

    actually saw / *corners* / *billboards*

Nadie ignora que el Sur empieza del otro lado de Riva-davia.° Dahlmann solía repetir que ello° no es una conven-ción° y que quien atraviesa esa calle entra en un mundo más antiguo y más firme. Desde el coche buscaba entre la nueva edificación la ventana de rejas, el llamador, el arco de la puerta, el zaguán, el íntimo patio.

    avenida principal de Buenos Aires / *that* / *solamente un estereotipo*

En el hall° de la estación advirtió° que faltaban treinta minutos. Recordó bruscamente que en un café de la calle Brasil (a pocos metros de la casa de Yrigoyen°) había un enorme gato que se dejaba acariciar por la gente, como una divinidad desdeñosa. Entró. Ahí estaba el gato, dormido. Pidió una taza de café, la endulzó° lentamente, la probó (ese placer le había sido vedado° en la clínica) y pensó, mientras alisaba° el negro pelaje,° que aquel contacto era ilusorio y que estaban como separados por un cristal, porque el hombre vive en el tiempo, en la sucesión, y el mágico animal, en la actualidad, en la eternidad del instante.

    waiting room / *notó*

    expresidente de Argentina

    la... le puso azúcar

    prohibido

    acariciaba / *fur*

PRACTICA

A. Identifique el modo y el tiempo verbal de los verbos indicados. Luego dé oraciones nuevas según los verbos que aparecen entre paréntesis.

1. Ojalá que *vengan* todos. (ir, comprender, volver, despertarse, llegar)
2. Nadie *sabía* la respuesta. (entender, buscar, ver, dar, decir)
3. ¡Ojalá que lo *hubiera pensado*! (escribir, creer, comprar, hacer, romper)
4. Yo *trabajé* con él; tú *trabajaste* solo. (venir, cenar, irse, leerlo, empezarlo)
5. No *iremos* porque ya *hemos ido*. (explicarlo, hacerlo, decirlo, abrirlo, bailar)
6. ¡Qué lástima que lo *perdierais*! (no saberlo, dárselo, no traerlo, dormirse, no solicitarlo)

B. Complete las oraciones con la forma apropiada del verbo indicado. ¡OJO! A veces hay más de una posibilidad.

1. **ponerse**
   a. Recomiendo que (tú) _____ un abrigo; hace mucho frío hoy.
   b. De niña, (yo) _____ furiosa cuando alguien me tomaba el pelo.
   c. Si vinieran los nietos, los abuelos _____ contentos, ¿verdad?
   d. Es una lástima que Ud. _____ tan enfermo ayer.

2. **escoger**
   a. ¿Cuántos caramelos _____ tú cuando te los ofrecieron?
   b. No conozco a nadie que _____ esa carrera.
   c. Era necesario que nosotros _____ una profesión antes de empezar los estudios universitarios.
   d. A los 6 años, Ernesto ya _____ su futura profesión.

   3. **especializarse**
      a. Si tú ____ en computadoras, no tendrás ninguna dificultad en encontrar empleo.
      b. No hay duda que su hijo ____ en medicina, como su papá.
      c. Mientras todos mis amigos estudiaban ciencias, yo ____ en arqueología.
      d. Sería bueno que nosotros ____ en algo más práctico.

C. Ud. es consejero/a en la universidad y los siguientes estudiantes lo/la visitan para que los aconseje sobre las clases que deben tomar. Dados los planes que tienen ellos para el futuro, ¿qué clases les recomienda Ud.?

   MODELO Carmen quiere hacerse periodista. →
           Sería conveniente que estudiara inglés y ciencias políticas. También convendría que tomara algunas clases de oratoria (*public speaking*).

   1. Laura quiere hacerse médica.   2. Roberto quiere hacerse diplomático.
   3. Julio quiere hacerse hombre de negocios.   4. Mercedes quiere hacerse abogada.   5. Francisco quiere hacerse psicólogo.

D. Situaciones y preguntas

   1. Cuando Ud. era niño, ¿qué profesión u oficio querían sus padres que Ud. ejerciera de adulto? ¿Por qué? ¿Estaba Ud. de acuerdo con los deseos de sus padres o tenía otras ambiciones profesionales? De niño, ¿qué profesiones o empleos admiraba Ud. más? ¿Por qué? Y ahora, ¿qué profesión le parece más atractiva? ¿Ha cambiado de idea? ¿Por qué sí o por qué no? ¿Qué personas o experiencias han influido en su decisión? Si Ud. tuviera toda la preparación necesaria, ¿qué profesión u oficio le gustaría ejercer? ¿Por qué?

   2. Si Ud. ya ha escogido una profesión, ¿qué ha hecho hasta ahora para prepararse? ¿Qué más tiene que hacer? ¿Le han ayudado a prepararse los estudios universitarios? Explique. ¿Cree Ud. que la función de la universidad debe ser la de preparar a los estudiantes para futuros empleos? ¿Cuál era la función de la universidad en el siglo pasado?

   3. En tu opinión, ¿es necesario tener una profesión para estar satisfecho con la vida? ¿Por qué sí o por qué no? ¿Es importante trabajar? ¿Trabaja el hombre medio porque quiere trabajar o porque debe trabajar? ¿Puede considerarse como «trabajo» la preparación de la comida para la familia? ¿Es un «trabajo» el lavar la ropa para la familia? ¿Es un «trabajo» el escribir un poema? ¿Qué es lo que Ud. considera «trabajo»?

   4. En los Estados Unidos, la norma actual es trabajar 40 horas en 5 días (de 9 a 5). ¿Cuándo (A qué edad) se puede empezar a trabajar tiempo completo? ¿Cuál es la edad obligatoria para jubilarse? En su opinión, ¿qué ventajas o desventajas habría en hacer los siguientes cambios en el sistema? Qué otros cambios sugeriría?
      a. trabajar 40 horas en menos días (3 o 4)
      b. empezar y terminar la jornada (*workday*) a la hora que uno quisiera, con tal de trabajar el total de horas debido

c. eliminar la edad límite obligatoria para jubilarse
d. eliminar toda posibilidad de trabajar sobretiempo
e. permitir que uno empezara a trabajar tiempo completo a la edad que uno quisiera

61. PRESENT PARTICIPLE: FORMATION

In English, the present participle ends in -*ing*: *singing, writing*. The Spanish present participle (**el participio presente**) ends in **-ndo**: **cantando, escribiendo**. The Spanish present participle has two main uses: to form the progressive (Section 62) and as an adverb (Section 66).

The present participle of **-ar** verbs ends in **-ando**; that of **-er** and **-ir** verbs ends in **-iendo**.*

cantar → **cantando**   correr → **corriendo**   vivir → **viviendo**

If the stem of an **-er** or **-ir** verb ends in a vowel, the **i** of the participle ending changes to **y**.

caer	→	cayendo
oír	→	oyendo
leer	→	leyendo
construir	→	construyendo

-Ir stem-changing verbs show the second stem change in the participle: **e → i, o → u**.†

pedir → pidiendo   dormir → durmiendo

62. PROGRESSIVE FORMS

A. Formation of the Progressive

The progressive consists of a conjugated form of the auxiliary verb **estar** plus the present participle. As with the perfect forms, only the auxiliary verb shows tense, mood, and person; the form of the present participle never changes.

The five simple forms of the indicative have corresponding progressives, as do the two simple forms of the subjunctive.

---

*The present participles of **ir** and **poder** are irregular: **yendo** and **pudiendo**. They are used infrequently.

†When the **e → i** stem change produces a stem ending in **i**, the **i** of the progressive ending is dropped: **reír: ri- + -iendo → riendo**.

EL PROGRESIVO: INDICATIVO	
PRESENTE	IMPERFECTO*
estoy bailando estás bailando está bailando estamos bailando estáis bailando están bailando	estaba riendo estabas riendo estaba riendo estábamos riendo estabais riendo estaban riendo
I am dancing	*I was laughing*
FUTURO	CONDICIONAL
estaré diciendo estarás diciendo estará diciendo estaremos diciendo estaréis diciendo estarán diciendo	estaría viendo estarías viendo estaría viendo estaríamos viendo estaríais viendo estarían viendo
I will be saying	*I would be seeing*
EL PROGRESIVO: SUBJUNTIVO	
PRESENTE	IMPERFECTO
esté terminando estés terminando esté terminando estemos terminando estéis terminando estén terminando	estuviera oyendo estuvieras oyendo estuviera oyendo estuviéramos oyendo estuvierais oyendo estuviera oyendo
I may be finishing	*I might be hearing*

---

*There are also preterite progressive forms in Spanish: **estuve bebiendo, estuviste bebiendo,** and so on. The preterite progressive conveys both a completed action (implicit in the preterite auxiliary) and the sense of an action in progress (indicated by the use of the present participle). For this reason, its use is limited to contexts where the end of the action is clearly indicated. It is rarely used in spoken Spanish.

Estuvimos hablando hasta la madrugada.	*We were talking until dawn.*

B. Placement of Object Pronouns with Progressive Forms

Object pronouns may precede the auxiliary verb or follow and be attached to the participle.

Se está **entrevistando** con la
  IBM.
Está **entrevistándose** con la
  IBM.*

He's interviewing with IBM.

PRACTICA

A. Dé el participio presente de los siguientes verbos.

1. vivir	8. cerrar	15. volver
2. dar	9. creer	16. estar
3. poner	10. tener	17. venir
4. preferir	11. divertir	18. jugar
5. dormir	12. sonreír	19. servir
6. ver	13. traer	20. poder
7. ser	14. almorzar	

B. Identifique el tiempo verbal. Luego cambie por la forma progresiva usando **estar**.

1. mira	6. dieran	11. repetían
2. decías	7. puse	12. vea
3. se despertará	8. nos bañamos	13. leerían
4. morirían	9. traigo	14. te afeitas
5. viste	10. duermas	15. lo oyéramos

C. Dé oraciones nuevas según las palabras que aparecen entre paréntesis.

1. *Es verdad* que lo está pidiendo. (Negaba, Saben, Es triste, No había nadie, Es cierto)
2. *Necesitan* un secretario que esté estudiando español. (Buscaban, Tienen, No hay, Conocen, Dieron el puesto)

C. Uses of the Progressive Forms†

The perfect forms describe actions that are completed at some point in the past. The progressive forms describe actions that are ongoing or in progress. Because both the simple present tense and the simple imperfect tense can also describe actions in progress, it is important to learn the difference between those two simple tenses and the progressive forms.

---

*Note the use of a written accent mark when the pronoun is attached to the participle. See Appendix 1 ("Syllabication and Word Stress").

†The verbs **ser, estar, ir, venir, poder**, and **tener** are not often used in the progressive.

The progressive is used in Spanish

1. to indicate an action in progress at the moment of speaking

No puede hablar con Ud. porque está durmiendo.	*He can't speak with you because he's sleeping.*
¿Qué estará haciendo?	*What can she be doing?*

2. to describe an action that is different from what is normal or customary, whether or not it is in progress at the moment of speaking

Este semestre estoy tomando cinco cursos.	*I'm taking five classes this semester.*
Estaba pasando las vacaciones en casa.	*He was spending his vacation at home.* (He usually took a trip.)

3. to add emotional impact to the narration of an ongoing action

¡Qué diablos estaría pensando!	*What in the world could he be thinking!*
¡Por fin estamos terminando este libro!	*We are finally finishing this book!*

The subjunctive progressive expresses the same three meanings as the indicative progressive. It is used whenever the structural and message criteria for the use of the subjunctive (Section 45) are met. The choice between present and past progressive forms of the subjunctive is determined by the same criteria as for the simple forms (Section 45).

Dudo que el niño **esté divirtiéndose** en este momento. Mírele la cara.	*I doubt that the child is having a good time right now. Look at his face.*
¡Cuánto **nos alegraba** que **estuviera especializándose** en física!	*How happy we were that she was majoring in physics!*

D. Spanish Versus English Progressive

The progressive forms are used less frequently in Spanish than in English. They can never be used to indicate a future or anticipated action. Only simple forms are used for that purpose.

Nos casamos (casaremos) el próximo verano.	*We are getting married next summer.*
Dijo que venía con su hermana.	*He said he was coming with his sister.*

The future progressive indicates an action that will be in progress at a specific time in the future.

Esta noche, a las siete, estaremos mirando las noticias.	*Tonight at seven o'clock we'll be watching the news.*

⌐ DE PASO

Other verbs that can be used as auxiliaries with the progressive are **seguir/continuar, ir, venir**, and **andar**. The use of each changes the meaning of the progressive slightly.

seguir/continuar + *participle*: to continue in progress, to keep on (doing something)

La semana que viene seguiremos hablando de la violencia en la sociedad actual.	*Next week we will continue talking about violence in contemporary society.*

ir + *participle*: to focus on progress toward a goal

Vamos avanzando en la construcción de la casa.	*We are making progress in the construction of the house.*

venir + *participle*: emphasizes the repeated or uninterrupted nature of an action over a period of time

Desde hace tiempo vienen diciendo lo mismo.	*For some time now they have kept on saying the same thing.*

andar + *participle*: implies that the action in progress is disorganized or unfocused

Anda pidiéndoles ayuda a todos.	*He's going around asking everyone for help.*

PRACTICA

A. Decida si se debe usar un tiempo simple o una forma progresiva para expresar los verbos en *letras cursivas*. Luego dé la forma apropiada.

1. They *are having* problems with crime in that area.   2. What *are you doing*? Stop that!   3. Don't talk so loud; your father *is sleeping*.   4. He *is going to get* another interview.   5. They *are visiting* Tahiti later this summer.   6. *Will you be arriving* by plane or by boat?   7. They'*re leaving* at 9:00.   8. It was time for reforms—the workers *were causing* lots of problems.

B. Complete las oraciones con una forma progresiva según el modelo. Use pronombres cuando sea posible.

MODELO Suelo estudiar español por la mañana, pero hoy _____ porque _____. →
Suelo estudiar por la mañana, pero hoy estoy estudiando por la tarde porque fui a una fiesta anoche, volví a casa muy tarde y estuve durmiendo toda la mañana.

1. Generalmente los políticos hablan de subir los impuestos, pero últimamente _____ porque _____.
2. Antes muchos jóvenes estudiaban para médico pero ahora _____ porque _____.

3. Hace 10 o 20 años muchos hombres de negocios se mudaban con frecuencia para obtener un ascenso en su compañía, pero ahora ____ porque ____.

4. Antes me alegraba de que mis padres trabajaran tanto, pero ahora temo que ____ porque ____.

C. Describa los siguientes dibujos, contestando las preguntas a continuación e incorporando complementos pronominales cuando sea posible. ¡Use la imaginación y recuerde las estrategias para la comunicación!

- ¿Quiénes son esas personas?
- ¿Cuál es la relación entre ellas?
- ¿Dónde están y qué están haciendo?
- ¿Cuál es el contexto general?
- ¿Por qué están haciendo lo que hacen?

VOCABULARIO UTIL: la caja, pelear, la pintura, el ruido, la sirena, el tambor, tocar la trompeta

D. Situaciones y preguntas

1. En su opinión, ¿está trabajando la gente de hoy día más o menos que antes? ¿Se pone más énfasis en la actualidad en tener una carrera o una profesión de mucho prestigio? ¿Qué efecto tiene esto en los jóvenes? ¿en sus padres?

2. ¿En qué profesiones se están especializando los estudiantes universitarios en los Estados Unidos? En 10 años, ¿cree Ud. que los estudiantes estarán especializándose en las mismas profesiones? Explique.

3. ¿Qué actitud se tiene en los Estados Unidos hacia la jubilación? ¿Cree Ud. que esta actitud ha cambiado o que está cambiando? ¿Por qué sí o por qué no? En su opinión, ¿cómo será la vida de un jubilado en el futuro? ¿Cree Ud. que debe haber una edad obligatoria para jubilarse? ¿Por qué sí o por qué no?

4. ¿Están aumentando o disminuyendo las maneras de divertirse? ¿Qué factores pueden explicar este fenómeno? ¿Cuáles son algunas de las nuevas diversiones que están apareciendo hoy en día? ¿Cree Ud. que los juegos para ordenadores (computadoras) estén ayudando a los niños a desarrollar nuevas aptitudes? ¿y los vídeo juegos? Explique.

E. ▣**¡Necesito compañero!** ▣   Con un compañero de clase, haga y conteste preguntas para descubrir qué actividades—verdaderas o imaginadas—podrán estar haciendo las personas citadas en los momentos indicados.

MODELO Acaban de darte el premio Nóbel de matemáticas. ¿Y tu maestro de matemáticas de la escuela secundaria? →
Estará sufriendo un ataque al corazón.

1. Los Sres. Alonso acaban de llegar al teatro. ¿Y la niñera (*babysitter*)?
2. Acabas de nacer. ¿Y tu padre?
3. Acabas de conocer al hombre (a la mujer) de tus sueños. ¿Y él (ella)?
4. Acabas de llegar a casa después de estudiar todo el día. ¿Y tus compañeros?
5. Los de tu clase se gradúan hoy en la universidad. ¿Y tú y tus amigos?
6. Tus amigos te miran asombrados y te aplauden. ¿Y tú?

⌐ ESTRATEGIAS PARA LA COMUNICACION ⌐

¿Cuánto cuesta?

OR

How to Deal with Numbers

Many people believe that the way to determine a multilingual person's strongest language is to ask him or her what language he or she counts in. Even people who have studied a language for a long time find that they may have difficulties when they need to use numbers. But numbers are extremely important when you travel. You will inevitably want to find out how much something costs or what size a shoe or dress or shirt is. You will need to change dollars or traveler's checks for the local currency or get the phone number of an acquaintance. If you have to fill out any official documents, it is very possible that you will be asked the date of your birth, your passport number, your address, and your telephone number. Here are several useful expressions involving numbers.

Clothing

Clothing and shoes in Europe and Latin America are sized differently than in the United States, so don't be surprised to find that instead of a size 9 shoe you wear a size 26 (in Mexico) or a size 39 (in Spain). Until you learn what sizes you wear (**usar, llevar**), just ask the salesclerk to recommend something for you to try on (**probarse**) first.

- *To ask for sizes of clothing*

    ¿Qué talla es… ?

- *To ask for sizes of shoes*

    ¿Qué número es/son… ?

- *To ask for prices in general*

    ¿Cuánto $\left\{ \begin{array}{l} \text{cuesta(n)} \\ \text{es/son} \\ \text{vale(n)} \end{array} \right\}$ … ?

Food

In most other parts of the world, food and drink are measured by the metric system, so when you go to the market you will be buying fruit and vegetables by the **kilo** (2.2 lbs) or by **gramos** (.04 oz) and liquids by the **litro** (.26 gal). To express partial measures (e.g., $2\frac{1}{2}$ or $2\frac{1}{4}$ kilos) say **dos kilos y medio**, or **dos kilos y cuarto**.

- *To ask for prices in general*

    (see **Clothing**)

- *To ask for prices, primarily for fruits and vegetables*

    ¿A cuánto/¿Cómo está(n)... ?

Writing Prices

In English a period is used when expressing the decimal to distinguish cents from dollars. The comma is used to separate the hundreds column from the thousands, or the thousands from the millions. In the Hispanic world, the reverse is often true. English $100,000.75 would be written $100.000,75 in many Spanish-speaking areas.

Personal Information

- *Ask:* **¿Cuál es tu número de teléfono?**
    Answer: Say each number individually. Thus 297–2330 is **dos nueve siete dos tres tres cero**. It is also common to group the last six numbers: **dos** *noventa y siete veintitrés treinta*.
- *Ask:* **¿Cuál es tu prefijo (indicativo)?**
    Answer: Area codes are not used in all Hispanic countries. If used, state each number individually: 312 = **tres uno dos**.
- *Ask:* **¿Cuál es tu dirección?**
    Answer: In Spain and Latin America, the street name is given first, followed by the building number, and then the floor on which the apartment is located.* For example: **Anaya, veintitrés, quinto**. This would be written **Anaya, 23-5°**.
- *Ask:* **¿Cuál es tu código (zona) postal?**
    Answer: Zip codes are not used in all Hispanic countries. Where used, state each number individually.
- *Ask:* **¿Cuál es la fecha (de hoy)?**
    Answer: Give the day first, then the month. For example, November 20, 1987, is **el veinte de noviembre de mil novecientos ochenta y siete**. The date is often written as **20 noviembre 1987**. This could be abbreviated as either **20-xi-87** or **11-20-87**. Centuries are expressed with cardinal numbers and require a definite article: **el siglo veinte (XX)**. An expression like *the fifties* or *the seventies* is expressed as **los cincuenta (los años 50)** or **los setenta (los años 70)**.

    ▢ **¡Necesito compañero!** ▢

A. Con un compañero, haga y conteste preguntas para averiguar la siguiente información.

---

*In many large cities of Europe and Central and South America, most people own and live in apartments rather than single-family homes.

1. local telephone number
2. local address
3. student ID number
4. hometown telephone number

5. hometown address
6. date and place of birth
7. shirt (blouse) size
8. shoe size

B. Usando la siguiente información, dramatice varios diálogos entre cliente y dependiente en una tienda pequeña. El cliente busca los ingredientes para hacer una paella* o la fruta para hacer una sangría.† Todos los precios se dan en pesetas (un dólar = 160 pesetas).

arroz	140,0/kg	limones	120,0/kg
azafrán	760,0/gr	mejillones	1.175,5/kg
cebolla	30,5/kg	melocotones	170,0/kg
chorizo	295,0/kg	naranjas	185,5/kg
fresas	313,5/kg	pimiento verde	194,5/kg
gambas	1.130,5/kg	pollo	575,5/kg
guisantes	75,0/kg	tomates	196,5/kg

C. Imaginen que están en el Perú, donde la moneda es el inti. Un dólar equivale aproximadamente a 14 intis. Cada estudiante en la clase va a hacer al mismo tiempo el papel de comprador y el de vendedor. Como vendedor, debe traer algo para «vender»—puede ser una pequeña artesanía, una foto, una prenda de ropa, un libro, cualquier cosa pequeña y un poco rara—y ponerle un precio (en intis). Como comprador, cada estudiante también tendrá un talonario (*checkbook*) con unos mil dólares en la cuenta. El objeto del juego es tratar de comprar el mayor número de artículos sin agotar totalmente la cuenta corriente. Al final del juego, cada estudiante debe hacer los cálculos e informar sobre lo que compró, cuánto le costó cada artículo en dólares y cuánto dinero le quedó al final. ¡OJO! ¡Se puede regatear (*bargain*)!

63. PRESENT VERSUS PAST PARTICIPLE

The progressive forms of certain English verbs can describe both an action in progress and the condition or posture that results from that action. Compare these sentences:

ACTION IN PROGRESS: As *they were sitting down*, the ceremony began.
RESULTING POSTURE: We couldn't see them because *they were sitting down.*

---

*You will need ½ tsp saffron, 5 lbs chicken, 1 onion, ¼ lb chorizo, 3 cups rice, 18 small mussels, 1 lb shrimp, ¼ lb peas, 2 bell peppers, and 2 tomatoes.
†You will need 6 oranges, 3 lemons, 2 peaches, and ½ lb of strawberries.

In Spanish, only the action in progress can be described with progressive forms. The resulting posture is described with **estar** + *past participle* (see Section 48).

ACTION IN PROGRESS:	Mientras **estaban sentándose**, empezó la ceremonia.
RESULTING POSTURE:	No los podíamos ver porque **estaban sentados**.

In addition to **sentarse**, other frequently used verbs of this type include

acostarse (ue) *to lie down*	**esconderse** *to hide*
arrodillarse *to kneel down*	**incorporarse** *to sit up*
colgar (ue) *to hang (up)*	**pararse** *to stand up*

64. PRESENT PARTICIPLE VERSUS CONJUGATED VERB

In English, the present participle can be used as an adjective. In most cases where the English present participle functions as an adjective, this idea is expressed in Spanish in one of these ways:

1. with the past participle (Section 48)

El enfermo **estaba incorporado** esta mañana.	*The sick man was sitting up this morning.*
Pero cuando yo llegué, **estaba acostado** otra vez.	*But when I arrived, he was lying down again.*

2. with an adjectival clause introduced by **que**

La mujer **que canta** es una contralto.	*The woman singing is a contralto.*
Tuvieron una carta **que describía** el puesto.	*They got a letter describing the job.*

DE PASO

Some Spanish verbs have a special adjectival form that is created by adding **-ante, -ente**, or **-iente** to the stem: **interesante, creciente**.

Ese niño **sonriente** es mi hijo.	*That smiling child is my son.*
Tienen muchas plantas **colgantes**.	*They have a lot of hanging plants.*

Since not all verbs have this special form, it is best to consult a dictionary.

PRACTICA

A. Decida si se debe usar el *participio presente* o *pasado* para expresar las palabras en *letras cursivas*. Luego dé la forma apropiada.

1. *I was just lying down* when the phone rang. 2. The policeman didn't know that the reporter *was hiding* behind the door. 3. The man *standing* over there is a dancer. 4. *They were hanging up* the decorations when we arrived. 5. When the doctor walked in, the patient *was sitting up* in bed. 6. *We were just standing up* to go when the nurse came in. 7. The bullfighter *was kneeling* in front of the shrine, absorbed in his own thoughts.

B. Exprese en español las palabras indicadas entre paréntesis, según el contexto.

1. El hombre (*kneeling*) allí es un consejero (*working*) con los delincuentes. 2. Vi a muchos estudiantes (*reading*) en la biblioteca. 3. El texto (*dealing*) del aprendizaje no está en ningún sitio. 4. El perro ya estaba (*lying down*) cuando vio un gato (*hiding*) cerca. 5. La mujer científico (*entering*) con el policía tenía un enorme pájaro (*sitting*) en el hombro. 6. Había varios niños (*hiding*) debajo de la mesa. 7. Los criminales (*receiving*) la pena de muerte son los peores.

65. PRESENT PARTICIPLE VERSUS INFINITIVE

In English, the present participle can function as a noun: it can be the subject or direct object of a sentence, or the object of a preposition. In Spanish, the present participle can never function as a noun. The only Spanish verb form that can do so is the infinitive. Compare these sentences:

SUBJECT:	(El) **Leer*** es mi pasatiempo favorito.	*Reading is my favorite pastime.*
DIRECT OBJECT:	Prefieren **nadar** en una piscina.	*They prefer swimming in a pool.*
OBJECT OF A PREPOSITION:	Después de **comer** la fruta, se sintió mal.	*After eating the fruit, he felt sick.*

---

*The use of the article **el** with the infinitive when it functions as a subject or direct object is optional.

66. THE PRESENT PARTICIPLE AS ADVERB

In English and in Spanish, the present participle can function as an adverb, modifying the main verbal action of a sentence. In English, this use of the present participle is sometimes introduced by the preposition *by*; no preposition is used in Spanish.

Se aprenden nuevas lenguas **practicando** con diligencia.	*New languages are learned by practicing diligently.*
Llegando tarde, apenas tuvo tiempo para comprar un billete.	*Arriving late, he had just enough time to buy a ticket.*
Entrando silenciosamente, el ladrón pudo llevarse todos los objetos de valor.	*Entering silently, the thief managed to carry off everything of value.*

PRACTICA

A. Decida si se debe usar *el participio presente* o *el infinitivo* para expresar las palabras indicadas entre paréntesis. Luego indique si Ud. está de acuerdo o no con cada declaración.

1. Antes de (*tomar/tomando*) una decisión importante consulto con mis padres.
2. (*Vivir/Viviendo*) en una residencia estudiantil, uno aprende muchas cosas importantes de la vida.
3. A los estudiantes de hoy no les gusta (*meterse/metiéndose*) en asuntos políticos o sociales.
4. (*Sufrir/Sufriendo*) es bueno para el alma (*soul*).
5. La persona que pasa mucho tiempo cada día (*mirar/mirando*) la televisión es poco creativa.
6. La mayor parte de lo que he aprendido en la universidad, lo aprendí (*leer/leyendo*) libros.
7. (*Escribir/Escribiendo*) los ejercicios en el cuaderno realmente me ayudó a mejorar mi español.
8. Es muy difícil tener éxito en el mundo de la política sin (*tener/teniendo*) mucho dinero.
9. En los Estados Unidos, (*trabajar/trabajando*) es más importante que (*relajarse/relajándose*).

B. ¿Qué actividades preceden y siguen a las siguientes acciones? Siga el modelo.

MODELO Me lavo los dientes. →
Me lavo los dientes después de comer y antes de hablar con alguien por la mañana.

1. Me pongo el pijama. 2. Le compro flores a mi novio/a. 3. Voy a la biblioteca. 4. Me pongo muy contento/a. 5. Le hablo a mi profesor de español en español.

C. ▣ **¡Necesito compañero!** ▣ ¿Cómo se pueden lograr los siguientes objetivos? Con un compañero de clase, complete las oraciones en una forma lógica.

MODELO Se puede agradar al profesor de español _____. →
Se puede agradar al profesor hablando español en la clase, entregando la tarea a tiempo, estudiando mucho, etcétera.

1. Se encuentran muchas personas raras _____.
2. Se puede obtener muy buenas notas en la clase de química orgánica _____.
3. Se conserva mucha energía _____.
4. Se puede enfurecer a mi compañero/a de cuarto _____.
5. Se pueden evitar las calorías _____.
6. Se puede conseguir buena experiencia para dedicarse a los negocios _____.
7. No es posible ser un buen _____ sin _____.
8. En esta universidad la mejor manera de relajarse es _____.
9. Se podrían mejorar las residencias de esta universidad _____.
10. _____ es la mejor solución para el aburrimiento o la depresión.

¡OJO!

Los ejercicios en esta sección son un repaso de todas las secciones ¡OJO! a lo largo del libro.

PRACTICA

A. Dé la palabra española que se corresponde mejor con la palabra en *letras cursivas*.

1. It *looked* like we would never be able to do it, *but* my family *saved* for years and finally *succeeded* in buying a cottage by the lake.
2. *Because* the food was awful, he *became* angry and refused *to pay the bill*. *Both* the chef *and* the maitre d' talked to him *because* they were afraid the scene *would hurt* business in the restaurant.
3. They *both* lived only 3 miles from here and *attended* services regularly every *time* Father Miles spoke. *Since they moved* to Peakwood we don't see them much anymore.
4. She works very hard to *support* her family; her parents *insist on* helping *to take care of* the children *since they realize* that she cannot afford *to take* them to a sitter.
5. I *don't care* if you *miss* 2 or 3 meetings, but I *get* upset if you *stop* others from *attending*. If you *feel* dissatisfied, fine, but *don't try to* influence others.

6. When the man *left* the room, he *did not realize* that he *had left* his briefcase next to the chair. I *think he returned* the next day *to look for* it.

B. Elija la palabra que mejor complete la oración.

1. Estoy pensando (*en/de/*—) ir a McDonald's esta tarde.
2. El niño (*se movía/se mudaba*) constantemente. Por fin se cayó de la cama (*pero/sino que*) no se (*hizo daño/ofendió*).
3. (*Perdieron/Echaron de menos/Faltaron a*) el autobús porque estaban trabajando y no (*realizaron/se dieron cuenta*) de (*el tiempo/la hora/la vez*) hasta que era demasiado tarde.
4. ¿Te (*importa/cuida*) (*dejar de/detener*) fumar? Estoy (*tratando/probando*) de concentrarme y el humo me molesta mucho.
5. ¿No quiere Ud. (*tratar/probarse*) el suéter antes de (*llevárselo/tomárselo*) a su casa?
6. Es (*un hecho/una fecha/un dato*) muy conocido/a que en los parques nacionales los osos (*bears*) dependen demasiado (*en/de/*—) los humanos. Precisamente si queremos (*ahorrarlos/salvarlos*) tenemos que (*dejar de/detener*) «civilizarlos» tanto.
7. Si Uds. quieren (*tener éxito/suceder*) en el mundo de los negocios, tienen que (*pagar/prestar*) mucha atención a toda esta información. Es una (*pregunta/cuestión*) de dedicación y disciplina.

C. Situaciones y preguntas

1. ¿En qué clase ha tenido Ud. más éxito este semestre (trimestre)? ¿Le han suspendido (*failed*) en alguna clase? ¿Qué sucede cuando suspenden a un estudiante?
2. ¿Cree Ud. que los estudios universitarios deben ser gratis (*free*) para todo el mundo? ¿Es necesario tener una preparación universitaria para tener éxito en la vida profesional? ¿para sostener una familia?
3. ¿Es posible ahorrar dinero mientras que se asiste a la universidad? ¿Cómo se puede ahorrar dinero? ¿Es importante ahorrar? ¿Por qué sí o por qué no?
4. ¿Va Ud. a hacer un viaje este verano? ¿Va a regresar a un sitio conocido o va a un lugar que no ha visitado antes? Mientras esté allí, ¿extrañará a sus compañeros de la clase de español? ¿Va a hacer una visita a otros amigos este verano?

REPASO

A. Complete el diálogo, dando la forma correcta de los verbos entre paréntesis y expresando en español las frases en inglés. Cuando se dan dos palabras entre paréntesis, escoja la palabra apropiada.

UNA DECISION IMPORTANTE

Luis visita a su amigo Ernesto, quien a sólo cuatro meses de graduarse piensa dejar la universidad para ir a correr mundo.

LUIS: (*Mirar: tú*[1]), Ernesto, yo creo que (*ser/estar*[2]) una idea excelente viajar (*por/para*[3]) el mundo. Es bueno que tú, que todos, (*ver*[4]) otros países y que (*conocer*[5]) a la gente (*who*[6]) vive allí. Un día, cuando (*tener*[7]) yo la oportunidad, yo también (*viajar*[8]). (*What*[9]) yo todavía no (*entender*[10]) es por qué diablos tienes que (*hacerlo*[11]) ahora mismo. En cuatro meses, (*you realize*[12]), en sólo cuatro meses, te (*haber*[13]) graduado y (*tener*[14]) tiempo para (*hacer*[15]) todos los viajes que quieras. Me parece increíble que no (*poder: tú*[16]) esperar un poco más.

ERNESTO: Cuatro meses o cuatro años... (*ser/estar*[17]) igual, Luis. (*I feel*[18]) como un hipócrita aquí y siempre (*I have felt*[19]) así. Tú sabes que yo (*venir*[20]) a estudiar aquí (*por/para*[21]) mis padres, (*who*[22]) insisten en que su hijo (*tener*[23]) una buena preparación académica. Sabes que ahora me (*especializar*[24]) en derecho (*law*) porque mi abuelo (*querer*[25]) que yo (*become*[26]) abogado. Yo (*haber*[27]) trabajado mucho y (*haber*[28]) sacado buenas notas a fin de que todos (*estar*[29]) orgullosos de mí...

LUIS: ¿Qué (*haber*[30]) de malo en eso? Es verdad que (*haber: tú*[31]) trabajado mucho. No conozco a nadie que (*ser/estar*[32]) un estudiante más serio que tú. Sin embargo, yo siempre pensaba que tú (*ser/estar*[33]) contento aquí...

ERNESTO: Contento con los amigos, sí, pero con los estudios, jamás. ¿Es que voy a (*ser/estar*[34]) una persona culta porque me sé una serie de nombres y fechas? La sabiduría no (*consistir*[35]) en (*what*[36]) se sabe (*sino/pero/sino que*[37]) en (*what*[38]) se entiende y no hay nada aquí que me (*haber*[39]) ayudado a entender nada.

LUIS: Y tan pronto como (*haber: tú*[40]) visitado cinco o seis países, ¿crees que lo (*ir*[41]) a entender todo? No (*ser/estar: tú*[42]) tonto. Es posible que (*studying*[43]) no (*ser*[44]) la mejor manera de «instruirse», (*pero/sino/sino que*[45]) el viajar tampoco lo es. Si (*ser*[46]) así, todos (*would become*[47]) pilotos y azafatas, ¿verdad que sí?

ERNESTO: (*Reírse: tú*[48]), si quieres, Luis, pero ya (*haber: yo*[49]) tomado mi decisión.

B. ¿Se identifica Ud. más con el punto de vista de Luis o con el de Ernesto? ¿Por qué? ¿Qué entiende Ud. por una persona «instruida»? Si Ud. decidiera dejar los estudios por un tiempo indefinido para viajar, ¿cómo se sentirían sus padres? ¿Por qué? ¿Tendrían la misma reacción si los dejara para trabajar en vez de viajar? Con un compañero de clase, prepare una lista de 4 razones o motivos para dejar la universidad y 4 para no hacerlo.

Appendices

I. Syllabication and Stress

A. Syllabication rules

1. The basic rule of Spanish syllabication is to make each syllable end in a vowel whenever possible.

    ci-vi-li-za-do   ca-ra-co-les   so-ñar   ca-sa-do

2. Two vowels should always be divided unless one of the vowels is an unaccented **i** or **u**. Accents on other vowels do not affect syllabication.

    fe-o   bue-no   ac-tú-e   des-pués
    pre-o-cu-pa-do   ne-ce-sa-rio   rí-o   a-vión

3. In general, two consonants are divided. The consonants **ch**, **ll**, and **rr** are considered single letters and should never be divided. Double **c** and double **n** *are* separated.

    en-fer-mo   ban-de-ra   mu-cha-cha   ac-ci-den-te
    doc-to-ra   cas-ti-llo   a-rroz   in-na-to

4. The consonants **l** and **r** are never separated from any consonant preceding them, except for **s**.

    ha-blar   a-trás   a-brir   pa-dre
    com-ple-to   is-la   o-pre-si-vo   si-glo

5. Combinations of three and four consonants are divided following the rules above. The letter **s** should go with the preceding syllable.

    es-truc-tu-ra   con-ver-tir   ex-tra-ño   obs-cu-ro
    cons-tan-te   es-tre-lla   in-fle-xi-ble   ins-truc-ción

B. Stress

How you pronounce a specific Spanish word is determined by two basic rules of stress. Written accents to indicate stress are needed only when those rules are violated. The two rules are as follows:

1. For words ending in a vowel, **-n**, or **-s**, the natural stress falls on the next-to-last syllable. The letter **y** is not considered a vowel for purposes of assigning stress (see example in rule 2, below).

    ha-blan   pe-*rri*-to   tar-*je*-tas   a-me-ri-*ca*-na

2. For words ending in *any other letter*, the natural stress falls on the last syllable.

   pa-*pel*   di-fi-cul-*tad*   es-*toy*   pa-re-*cer*

If these stress rules are violated, stress must be indicated with a written accent.

   re-li-*gión*   e-*léc*-tri-co   fran-*cés*   ha-*blé*
   ár-bol   *Pé*-rez   *cés*-ped   ca-*rác*-ter

Note that words that are stressed on any syllable other than the last or next-to-last will always show a written accent. Particularly frequent words in this category include adjectives and adverbs ending in **-ísimo** and verb forms with pronouns attached.

   mu-*chí*-si-mo   la-*ván*-do-lo   *dár*-se-las   *dí*-ga-me-lo

Written accents to show violations of stress rules are particularly important when diphthongs are involved. A diphthong is a combination of a weak (**i**, **u**) vowel and a strong (**a**, **e**, **o**) vowel (in either order), or of two weak vowels together. The two vowels are pronounced as a single sound, with one of the vowels being given slightly more emphasis than the other. In all diphthongs the strong vowel or the second of two weak vowels receives this slightly greater stress.

   *a*i: paisaje   u*e*: vuelve   i*o*: rioja   u*i*: fui   i*u*: ciudad

When the stress in a vowel combination does not follow this rule, no diphthong exists. Instead, two separate sounds are heard, and a written accent appears over the weak vowel or first of two weak vowels.

   a-*í*: país   *ú*-e: acentúe   *í*-o: tío   *ú*-i: flúido

C. Use of the Written Accent as a Diacritic

   The written accent is also used to distinguish two words with similar spelling and pronunciation but different meaning.

   1. Nine common word pairs are identical in spelling and pronunciation; the accent mark is the only distinction between them.

dé	give	**de**	of	**sí**	yes	**si**	if
él	he	**el**	the	**sólo**	only	**solo**	alone
más	more	**mas**	but	**té**	tea	**te**	you
mí	me	**mi**	my	**tú**	you	**tu**	your
sé	I know	**se**	*refl. pron.*				

   2. Diacritic accents are used to distinguish demonstrative adjectives from demonstrative pronouns. This distinction is disappearing in many parts of the Spanish-speaking world.

aquellos países	those countries	**aquéllos**	those ones
esa persona	that person	**ésa**	that one
este libro	this book	**éste**	this one

   3. Diacritic accents are placed over relative pronouns or adverbs that are used interrogatively or in exclamations.

cómo	how	**como**	as, since	**por qué** why	**porque** because
dónde	where	**donde**	where	**qué** what	**que** that

II.   Spelling Changes

In general, Spanish has a far more phonetic spelling system than many other modern languages. Most Spanish sounds correspond to just one written symbol.

Those that can be written in more than one way are of two main types: those for which the sound/letter correspondence is largely arbitrary and those for which the sound/letter correspondence is determined by spelling rules.

A. In the case of arbitrary sound/letter correspondences, writing the sound correctly is partly a matter of memorization. The following are some of the more common arbitrary, or *nonpatterned*, sound/letter correspondences in Spanish.

SOUND	SPELLING	EXAMPLES
/b/ + *vowel*	b, v	barco, ventana
/y/	y, ll, i + *vowel*	haya, amarillo, hielo
/s/	s, z, c	salario, zapato, cielo
/x/ + e, i	g, j	general, jefe
		gitano, jinete

Note that, although the spelling of the sounds /y/ and /s/ is largely arbitrary, two patterns occur with great frequency.

/y/ Whenever an unstressed **i** occurs between vowels, the **i** changes to **y**.

leió → leyó   creiendo → creyendo   caieron → cayeron

/s/ The sequence **ze** is rare in Spanish. Whenever a **ze** combination would occur in the plural of a noun ending in **z** or in a conjugated verb (for example, an **-e** ending on a verb stem that ends in **z**), the **z** changes to **c**.

luz → luces   voz → voces   empez- + é → empecé   taza → tacita

B. There are three major sets of *patterned* sound/letter sequences.

SOUND	SPELLING	EXAMPLES
/g/	g, gu	gato, pague
/k/	c, qu	toca, toque
/gʷ/	gu, gü	agua, pingüino

/g/ Before the vowel sounds /a/, /o/, and /u/, and before all consonant sounds, the sound /g/ is spelled with the letter **g**.*

gato   gorro   agudo   grave   gloria

Before the sounds /e/ and /i/, the sound /g/ is spelled with the letters **gu**.

guerra   guitarra

/k/ Before the vowel sounds /a/, /o/, and /u/, and before all consonant sounds, the sound /k/ is spelled with the letter **c**.

casa   cosa   curioso   cristal   club   acción

Before the sounds /e/ and /i/, the sound /k/ is spelled with the letters **qu**.

queso   quitar

/gʷ/ Before the vowel sounds /a/ and /o/, the sound /gʷ/ is spelled with the letters **gu**.

guante   antiguo

Before the sounds /e/ and /i/, the sound /gʷ/ is spelled with the letters **gü**.

vergüenza   lingüista

---

*Remember that before the sounds /e/ and /i/ the *letter* **g** represents the sound /x/: **gente, lógico.**

These spelling rules are particularly important in conjugating, because a specific consonant sound in the infinitive must be maintained throughout the conjugation, despite changes in stem vowels. It will help if you keep in mind the patterns of sound/letter correspondence, rather than attempt to conserve the spelling of the infinitive.

/ga/ =	**ga**	lle*g*ar	/ge/ =	**gue**	lle*gue* (*present subjunctive*)
/ga/ =	**ga**	lle*g*ar	/gé/ =	**gué**	lle*gué* (*preterite*)
/gi/ =	**gui**	se*gu*ir	/go/ =	**go**	si*go* (*present indicative*)
/gi/ =	**gui**	se*gu*ir	/ga/ =	**ga**	si*ga* (*present subjunctive*)
/xe/ =	**ge**	reco*g*er	/xo/ =	**jo**	reco*jo* (*present indicative*)
/xe/ =	**ge**	reco*g*er	/xa/ =	**ja**	reco*ja* (*present subjunctive*)
/gʷa/ =	**gua**	averi*gu*ar	/gʷe/ =	**güe**	averi*güe* (*present subjunctive*)
/ka/ =	**ka**	sa*c*ar	/ke/ =	**qué**	sa*qué* (*preterite*)

III.   Verb Conjugations

The following chart lists common verbs whose conjugation includes irregular forms. The chart lists only those irregular forms that cannot be easily predicted by a structure or spelling rule of Spanish. For example, the irregular **yo** forms of the present indicative of verbs such as **hacer** and **salir** are listed, but the present subjunctive forms are not, since these forms can be consistently predicted from the present indicative **yo** form. For the same reason, irregular preterites are listed, but not the past subjunctive, since this form is based on the preterite. Spelling irregularities such as **busqué** and **leyendo** are also omitted, since these follow basic spelling rules (Appendix II).

INFINITIVE	INDICATIVE					PRESENT SUBJUNCTIVE	AFFIRMATIVE TU COMMAND	PARTICIPLES	
	Present	Imperfect	Preterite	Future	Conditional			Present	Past
1. abrir									abierto
2. andar			anduve						
3. caer	caigo								
4. conocer	conozco								
5. cubrir									cubierto
6. dar	doy		di diste dio dimos disteis dieron			dé			
7. decir (i)	digo		dije	diré	diría		di	diciendo	dicho
8. escribir									escrito
9. estar	estoy		estuve			esté			
10. haber	he has ha hemos habéis han		hube	habré	habría	haya			
11. hacer	hago		hice	haré	haría		haz		hecho
12. ir	voy vas va vamos vais van	iba	fui fuiste fue fuimos fuisteis fueron			vaya	ve	yendo	
13. morir (ue, u)									muerto
14. oír	oigo oyes oye oímos oís oyen								

| INFINITIVE | INDICATIVE | | | | | PRESENT SUBJUNCTIVE | AFFIRMATIVE TU COMMAND | PARTICIPLES | |
	Present	Imperfect	Preterite	Future	Conditional			Present	Past
15. oler (ue)	huelo hueles huele olemos oléis huelen								
16. poder (ue)			pude	podré	podría			pudiendo	
17. poner	pongo		puse	pondré	pondría		pon		puesto
18. querer (ie)			quise	querré	querría				
19. reír (i, i)			rio *(3rd sing.)* rieron *(3rd pl.)*					riendo	
20. romper									roto
21. saber	sé		supe	sabré	sabría	sepa			
22. salir	salgo						sal		
23. ser	soy eres es somos sois son	era	fui fuiste fue fuimos fuisteis fueron			sea	sé		
24. tener (ie)	tengo		tuve	tendré	tendría		ten		
25. traducir	traduzco		traduje						
26. traer	traigo		traje						
27. valer	valgo			valdré	valdría				
28. venir (ie)	vengo		vine	vendré	vendría		ven	viniendo	
29. ver	veo	veía							visto
30. volver (ue)									vuelto

IV. Answers to *Repaso* Exercises

CAPITULO 1

1. son   2. están (estamos)   3. Es   4. las   5. considera   6. expresa   7. son
8. producen   9. causan   10. muchos   11. intentamos   12. estamos   13. un
14. es   15. son   16. comprenden (comprendemos)   17. vive   18. forma   19. hay
20. grandes   21. hay   22. son

CAPITULO 2

1. es   2. están   3. son   4. es   5. está   6. ser   7. están   8. Es   9. son

CAPITULO 3

Here is one possible answer to this exercise.

Una conversación en la clase de español del profesor O'Higgins

O'H: Bueno, clase, es hora de entregar la tarea de hoy. Todos tenían que escribirme una breve composición sobre la originalidad, ¿no es cierto? ¿Me *la* escribieron, pues?

J: Claro. Aquí tiene Ud. *la* (composición) *mía*.

O'H: Y Ud., señora Chandler, ¿también hizo la tarea?

CH: Sí, *la* hice, profesor O'Higgins, pero no *la* tengo aquí.

O'H: Ajá. Ud. *la* dejó en casa, ¿verdad? ¡Qué original!

CH: No, no *la* dejé en casa. Sucede que mi hijo tenía prisa esta mañana, el carro se descompuso y mi marido *lo* llevó al garaje.

O'H: Ud. me perdona, pero no veo la conexión. ¿Me *la* quiere explicar?

CH: Bueno, anoche, después de escribir la composición, *la* puse en mi libro como siempre. Esta mañana, salimos, mi marido, mi hijo y yo, en el coche. Siempre dejamos a Paul—mi hijo— en su escuela primero, luego mi marido me deja en la universidad y entonces él continúa hasta su oficina. Esta mañana, como le dije, mi hijo tenía mucha prisa y cogió mi libro con *los suyos* cuando bajó del coche. Desgraciadamente no vi que cogió *el mío*. Supe que *lo* cogió cuando llegamos a la universidad. Como ya era tarde, no pude volver a la escuela de mi hijo para quitar*le* el libro. Así que mi marido se ofreció a buscármelo. Pero no me *lo* ha traído todavía. Yo *lo* llamé antes de la clase para saber el motivo de su retraso y él me explicó que en la ruta se descompuso el carro y tuvo que dejar*lo* en el garaje. Pero ahora también era muy tarde para él y no le quedaba tiempo para traerme el trabajo y llegar a su oficina a tiempo. Entonces...

O'H: Entonces, ¿quién tiene su tarea ahora? ¿*La* tiene su hijo?

CH: No, mi marido *la* tiene. El *se la* quitó a mi hijo, pero no pudo traérme*la* antes de clase. El carro se descompuso y él...

O'H: ... tuvo que llevar*lo* al garaje. Bueno, Ud. me *la* puede traer mañana, ¿no?

CH: Sin duda, profesor. *Se la* traigo tan pronto como llegue a la universidad. A Ud. le va a gustar. En mi composición propongo algunas maneras creativas para combatir el aburrimiento de la rutina diaria.

O'H: Me parece un tema extraordinariamente apropiado pero... ¡espero que sea breve!

CAPITULO 4

1. me pongo   2. por   3. me contesta   4. tienes   5. digas   6. llevaba   7. era
8. teníamos   9. vivíamos   10. empezábamos   11. era   12. ayudar   13. traba-

jábamos   14. Limpiábamos   15. dábamos   16. Ya que   17. era   18. tenía
19. caminábamos   20. cuenta   21. se hace   22. había   23. tienen   24. era
25. era   26. que   27. pasó   28. recuerdo   29. Recitábamos   30. Aprendíamos
31. contábamos   32. usan   33. nos daba   34. lo hacía   35. iba   36. le pegaba
37. guardaba   38. me vengas   39. leas   40. pasan

CAPITULO 5

1. sea   2. pasar   3. Escuche   4. sea   5. Compre   6. se la prepare   7. se la lave
8. se preocupe   9. se lo haga   10. empiece

CAPITULO 6

1. levanté   2. vi   3. estaba   4. pensaba   5. Sabía   6. podía   7. grité   8. salí
9. pensaba   10. llegué   11. abrí   12. salía   13. me preguntó   14. respondí
15. sonrió   16. explicó   17. venía   18. le gustaba   19. Quise   20. tenía   21. dije
22. necesitaba   23. conocía   24. le convenció   25. le dije   26. éramos   27. hacías
28. quería   29. Nos poníamos   30. me miró   31. sugirió   32. volvió   33. balbuceé
34. No había remedio.   35. Me senté

CAPITULO 7

1. vinieron   2. llegaron   3. es   4. significó   5. se llamaba   6. debía   7. daba
8. necesitaba   9. recibía   10. había   11. tuvieran   12. Era   13. produjeran   14. se
cultivaban   15. pudiera   16. odiaban   17. les imponían   18. se convirtieron

CAPITULO 8

1. hace muchísimos años   2. fuera   3. se reunieron   4. habló   5. necesitamos
6. vean   7. apareció   8. habitaran   9. devoraron   10. destruyeron   11. pusieron
12. empezaran   13. admiraran   14. devastaron   15. que   16. pudieron   17. tuviera
18. que (la cual)   19. cubrió   20. decidieron   21. Sabían   22. iban   23. hicieran
24. se preparaban   25. se arrojaron   26. descubrieron   27. vivieran   28. arrojó
29. sino   30. estaba   31. me den   32. se arrojaron   33. comió

CAPITULO 9

1. Hace diez años   2. por   3. se sentía   4. parecía   5. tiene   6. se ven   7. Es
8. ayudó   9. es   10. tienen   11. surgió   12. Por   13. se presta (se prestó)
14. que   15. para   16. está   17. Hace poco   18. fueron exhibidas   19. por
20. fue expuesta   21. para   22. es acogido   23. esto   24. se dirigen   25. son
26. que   27. había   28. se encuentra

CAPITULO 10

1. se oyen   2. se organizan   3. que   4. apoye   5. causan   6. afirman   7. fueran
eliminadas (se eliminaran)   8. empieza   9. acompaña   10. conocen   11. Se compra
12. se consume   13. es   14. impone   15. es   16. mantener   17. afecta   18. es
19. causa   20. provoca   21. produzca

CAPITULO 11

1. para 2. Tanto Yogi como Mark (Yogi tanto como Mark) 3. que 4. han trabajado
5. hacen 6. sino 7. son 8. utiliza 9. entrenados 10. colaborar 11. perdidas
12. fueron 13. por 14. se han usado los perros (los perros han sido usados) 15. se
establecieron 16. para 17. se desarrolla 18. aprenden 19. sean 20. las repitan
21. lleguen a ser (se hagan) 22. sea entrenado por 23. obedezca 24. que será
25. que 26. cuidar 27. se establezcan 28. los cuales 29. los dos (ambos) 30. no
serán 31. sino

CAPITULO 12

1. Mira 2. es 3. por 4. vean (veamos) 5. conozcan (conozcamos) 6. que
7. tenga 8. viajaré 9. Lo que 10. entiendo 11. hacerlo 12. te das cuenta
13. habrás 14. tendrás 15. hacer 16. puedas 17. es 18. Me siento 19. me
he sentido 20. vine 21. por 22. que (quienes) 23. tenga 24. especializo
25. quería (quiere) 26. me hiciera (me haga) 27. he 28. he 29. estén 30. hay
31. has 32. sea 33. estabas 34. ser 35. consiste 36. lo que 37. sino 38. lo
que 39. haya 40. hayas 41. vas 42. seas 43. (el) estudiar 44. sea 45. pero
46. fuera 47. se harían (nos haríamos) 48. Ríete 49. he

V. Possessive Adjectives and Pronouns

Spanish possessive adjectives have two forms: a short form that precedes the noun and a long form that follows it.

A. Possessive Adjectives that Precede the Noun*

The English possessive adjectives (*my*, *his*, *her*, *your*, and so on) do not vary in form. The Spanish possessive adjectives, like all adjectives in Spanish, agree in number with the noun they modify—that is, with the *object possessed*. The possessive adjectives **nuestro** and **vuestro** agree in gender as well. These forms of the possessive adjective always precede the noun.

Mi carro es viejo.	*My car is old.*
Mis carros son viejos.	*My cars are old.*
Nuestra abuela murió el año pasado.	*Our grandmother died last year.*
Nuestros tíos viven en New Jersey.	*Our aunt and uncle live in New Jersey.*

Since **su(s)** can express *his*, *her*, *its*, *your*, and *their*, ambiguity is often avoided by using a prepositional phrase with **de** and a pronoun object. In this case, the definite article usually precedes the noun.

El padre de él se sentó al lado de **la madre de ella** y vice versa.	*His father sat next to her mother and vice versa.*
Así que su carro venía por esta calle. ¿Y **el carro de él**?	*So, your car came up this street. And what about his car?*

B. Possessive Adjectives that Follow the Noun†

The long, or emphatic, possessive adjectives are used when the speaker wishes to emphasize the possessor rather than the thing possessed. Note that all these forms agree in both number

---

*These forms of the Spanish possessive adjectives appear on page 116, Chapter 4.
†These forms of the Spanish possessive adjectives appear on page 197, Chapter 7.

and gender, and that they always follow the noun, which is usually preceded by an article.

José es **un amigo mío**.   *José is a friend of **mine**.*
Mi cartera está en la mesa; **la cartera tuya** está en el estante.   *My wallet is on the table; **your** wallet is on the bookcase.*

Compare these sentences, in which emphasis is given to the possessor, with the following sentences expressed with the nonemphatic possessives.

José es **mi amigo**.   *José is my **friend**.* (more emphasis on friend)
Mi cartera está en la mesa; **tu mochila** está en el estante.   *My wallet is on the table; your **backpack** is on the bookcase.* (more emphasis on the item)

C. Possessive Pronouns

As you know (see Chapter 1, page 38), whenever a noun is modified by an adjective or an adjective phrase, the noun can be omitted in order to avoid repetition within a brief context (such as one or two sentences). In such an instance, the definite article and the adjective or adjective phrase are left standing alone.

Prefiero el café regular sobre **el** (café) **descafeinado**.   *I prefer regular coffee over decaf (coffee).*
Los jóvenes de los EEUU, como **los** (jóvenes) **de otras partes del mundo**, a veces tienen problemas con sus padres.   *Young people in the United States, like those (the young people) of other places in the world, sometimes have problems with their parents.*

When possessive adjectives stand for nouns, the long form is used, preceded by the appropriate definite article.

Mi disfraz es más impresionante que **su disfraz**. → Mi disfraz es más impresionante que **el suyo**.   *My costume is more impressive than her costume. → My costume is more impressive than hers.*
Su presentación y **nuestra presentación** recibieron un premio. → Su presentación y **la nuestra** recibieron un premio.   *Their presentation and our presentation received a prize. → Their presentation and ours received a prize.*
Su foto se encontró mezclada con **mis fotos**. → Su foto se encontró mezclada con **las mías**.   *His photo was found mixed in with my photos. → His photo was found mixed in with mine.*

The definite article is usually omitted after forms of **ser**.

¿Es tuyo ese libro? —No, no es **mío**. Será de Ramón.   *Is that book yours? —No, it isn't mine. It must be Ramón's.*

VI.   Demonstrative Adjectives and Pronouns*

A. Demonstrative Adjectives

To indicate the relative distance of objects from the speaker, English has two sets of demonstrative adjectives: *this/these* for objects close to the speaker and *that/those* for objects farther

---

*The forms of the Spanish demonstrative adjectives and pronouns appear on pages 116 and 119, Chapter 4.

away. English has two corresponding place adverbs: *here* and *there*. In Spanish, there are three sets of demonstrative adjectives.

If **libro** is the noun being described, the phrase **este libro** indicates a book near the speaker: **este libro, aquí. Ese libro** indicates a book away from the speaker but close to the person addressed: **ese libro, allí (ahí).*** **Aquel libro** indicates a book that is at a distance from both the speaker and the person addressed. It is a book that is at a distance from both: **aquel libro, allí (allá).** This relationship is indicated in the following diagram.

X speaker (este libro que yo tengo aquí)

Y listener (ese libro que tú tienes ahí)

Z third location far away
(aquel libro allá)

B. Demonstrative Pronouns

You can replace demonstrative adjectives and nouns with demonstrative pronouns in order to avoid unnecessary repetition by following the pattern that you have already seen with adjectives (see Chapter 1, page 14), and possessive constructions (see Appendix V). Like the demonstrative adjectives, demonstrative pronouns agree with the noun in number and gender. Note that demonstrative pronouns are accented on the stressed syllable.

Este coche es de mi padre y **ese coche** es de mi madre. → Este coche es de mi padre y **ése** es de mi madre.	*This car is my father's and that car is my mother's.* → *This car is my father's and that one is my mother's.*
Esta mujer es mi madre y **aquellas mujeres** son mis tías. → Esta mujer es mi madre y **aquéllas** son mis tías.	*This woman is my mother and those women are my aunts.* → *This woman is my mother and those are my aunts.*

C. Neuter Demonstrative Pronouns

The neuter pronouns **esto, eso,** and **aquello** refer to concepts or processes that have no identifiable gender. The neuter forms are also used to ask for the identification of an unknown object. They have no written accent.

No comprendo **esto**.	*I don't understand this (concept, idea, action, and so on).*
Voy al laboratorio todos los días y **eso** me ayuda.	*I go to the lab every day, and that (going there often) helps me.*
¿Qué es **esto**?	*What is this?*

*****Ese libro** can also indicate a book away from both speakers. **Aquel libro** would then indicate a book even farther away from both than **ese libro**.

Spanish–English Vocabulary

This vocabulary does not include exact or reasonably close cognates of English; also omitted are certain common words well within the mastery of second-year students, such as cardinal numbers, articles, pronouns, possessive adjectives, and so on. Adverbs ending in **-mente** and regular past participles are not included if the root word is found in the vocabulary or is a cognate.

The gender of nouns is given except for masculine nouns ending in **-l, -o, -n, -e, -r**, and **-s**, and feminine nouns ending in **-a, -d, -ión**, or **-z**. Nouns with masculine and feminine variants are listed when the English correspondents are different words (grandmother, grandfather); in most cases (**trabajador, piloto**), however, only the masculine form is given. Adjectives are given only in the masculine singular form. Verbs that are irregular or that have a spelling change are followed by an asterisk. In addition, both stem changes are given for stem-changing verbs.

The following abbreviations are used in this vocabulary:

adj.	adjective	*n.*	noun
adv.	adverb	*pl.*	plural
conj.	conjunction	*p. p.*	past participle
f.	feminine	*prep.*	preposition
inv.	invariable	*sing.*	singular
m.	masculine		

Words discussed in the ¡OJO! sections of the text are indicated by the chapter number in parentheses at the end of the entry: (5).

A

abandonar to abandon
abeja bee
abierto *p. p.* open; opened
abnegación self-denial
abogado lawyer
aborto abortion
abrazar* to hug
abrelatas *sing.* can opener
abrigo overcoat
abrir* to open

abrochar to button up, fasten
absoluto: en absoluto absolutely
abuela grandmother
abuelo grandfather
aburrido boring; bored
aburrimiento boredom
aburrirse to become bored
acabar to finish; **acabar de +** *inf.* to have just done
acantilado cliff

acariciar to caress, touch lightly
acción share of stock; action
accionista *m./f.* stockholder
acera sidewalk
acerca (de) about, concerning, with regard to
acercarse* to approach
acoger* to welcome
acondicionador: aire acondicionador air conditioner

aconsejar to advise
acontecimiento event, incident
acostarse (ue) to go to bed; to lie down
acostumbrado accustomed, used to
actitud attitude
actividad activity
actual current, present-day, recent
actuar* to behave, act
acuerdo: estar de acuerdo to be in agreement
adelante ahead; forward; **de ahora en adelante** from now on
además (de) in addition (to)
adicción addiction
adiestramiento job training
adivinanza riddle; guessing
adivinar to guess
admiración admiration
adolescente *m./f.* adolescent
adrede *adv.* purposely, knowingly
advertir (ie, i) to warn, caution
afeitar(se) to shave
aficionado fan, supporter
afuera outside, outdoors
agosto August
agotamiento exhaustion, debility
agotar to exhaust
agradable pleasant, agreeable
agradar to please
agregar* to add
agrícola *inv.* agricultural
agua water
ahora now; **ahora mismo** right now; **de ahora en adelante** from now on; **ahora que** *conj.* now that
ahorrar to save money, economize; **(10)**
aislado isolated
ajedrez *m.* chess
ala wing
alcalde mayor
alcanzar* to reach
alegrar to make happy; **alegrarse (de)** to become happy, glad
alegre happy; glad
alemán *n.* and *adj.* German
alfarería pottery
algo *adv.* somewhat
alimento food
aliviado relieved

alma soul
almacén store, shop
almendro almond tree
almorzar (ue)* to eat lunch
alquilar to rent
alquiler *n.* rent
alto tall; upper; high
alumno student
allá there
allí there
ama de casa *m./f.* homemaker
amable kind
amanecer* to dawn; to awaken early (at dawn)
amante *m./f.* lover
amar to love
amarillo yellow
ambiente environment
ambos *adj.* both
amigo friend
amistad friendship
amo owner
amor love
analfabetismo illiteracy
analfabeto illiterate
ancho wide, broad
andar* to walk
anglosajón *n.* and *adj.* Anglo-Saxon
anillo *n.* ring
animado animate; lively
animar to encourage
anoche last night
ansia yearning
ante *adv.* before, in the face of
anteayer the day before yesterday
antepasado ancestor, predecessor
antes *adv.* before; **antes de** *prep.* before
antiguo old; ancient; former
antipático disagreeable
anunciar to announce
anuncio announcement; advertisement
añadir to add
año year; **hace años** years ago
apagado shut off; listless
aparato machine; appliance
aparecer* to appear, materialize
apartar to separate
apenas scarcely
aportar to contribute
aporte contribution
apoyar to support, back up;

to lean; **(6)**
apoyo support
aprender to learn
aprendizaje apprenticeship; act of learning
apresurado hurried
aprobación approval
aprobar (ue) to approve
apropiado appropriate, correct
aprovecharse (de) to take advantage of
aquí here
árbol tree
archivo record, file
arena sand
arete earring
arrancar* to start (*a car*)
arreglar to fix, repair; to arrange
arriba *adv.* above
arrodillarse to kneel (down)
arrojar to throw, fling
arroz *m.* rice
artista *m./f.* artist; movie star
ascensor elevator
asco: dar asco to disgust
asegurar to assure, guarantee
asesinar to assassinate, murder
así so, thus; in this (that) manner, like this (that)
asiento *n.* seat
asistir (a) to attend; **(10)**
asombrar to amaze
asunto matter, affair, issue
asustar to frighten; **asustarse (de)** to be frightened (by)
ataque attack
atender (ie) to attend to; to wait on; **(10)**
ateo atheist
atleta *m./f.* athlete
atracar* to hold up, mug
atraco holdup, mugging
atraer* to attract
atreverse* (a) to dare
aumentar to increase
aun even
aún still, yet
aunque although, even if
avenida avenue
averiguar* to find out
avión *m.* airplane
ayer yesterday
ayuda help, assistance
ayudar to help, aid; **(10)**
azafata stewardess
azúcar sugar
azul blue

B

bailar to dance
bailarín dancer
baile dance
bajar to lower; to get (down) out of; to descend; **bajar de peso** to lose weight
bajo *adj.* short (*height*); low; lower; *adv.* under; (1)
balbucear to stutter, stammer
balneario spa
balonmano handball
bancarrota bankruptcy
banquero banker
bañar to bathe; **bañarse** to take a bath
barato *adj.* inexpensive, cheap; *adv.* cheaply
barba beard
barco ship
barrio neighborhood, section of a city
bastante *adv.* enough; rather
basura garbage
basurero garbage collector
bautizar* to baptize
beber to drink
bebida drink, beverage
bello beautiful
besar to kiss
biblioteca library
bibliotecario librarian
bien: llevarse bien to get along well
bienestar well-being
billete ticket
bisabuela great-grandmother
bisabuelo great-grandfather
bisnieta great-granddaughter
bisnieto great-grandson
blanco *n.* target; *adj.* white
bloque block
boca mouth
boda wedding
boleto ticket
bolígrafo ballpoint pen
Bolsa stock market
bombero firefighter
bombilla light bulb
bondad kindness
bonito pretty
borracho *n.* drunkard; *adj.* drunk
bosque forest
bota boot
botella bottle
brazo arm
brebaje brew

breve brief, concise; (1)
brillar to shine
bruja witch
buen, bueno good, kind
burla joke
buscar* to look for; (1)
búsqueda search

C

caballo horse
cabeza head
cabo end
cachorro puppy, cub
cada *inv.* each, every
cadena chain; **cadena perpetua** life imprisonment
caer* to fall; **caerse** to fall down; **caer(le) bien/mal** to strike (one) well/badly
cafetera coffeepot
calavera skull
calefacción heating
calentar(se) (ie) to warm up
calidad quality
caliente hot (*temperature*)
calor heat; **tener calor** to be hot
caluroso hot
callarse to become quiet, keep quiet
calle *f.* street
cama bed
camarera waitress
camarero waiter
cambiar to change, alter
cambio change; **a cambio de** in exchange for
caminar to walk
caminata hike, walk
camino roadway, path
camión *m.* truck
camioneta station wagon
camisa shirt
campaña campaign
campesino peasant, country person
camping: hacer el camping to go camping
campo country, rural area; field
canción song
cansado tired; bored
cantar to sing
cantidad quantity
capacidad capacity
capaz capable
cara face
caramelo candy
carbón coal
cárcel *f.* jail

cargado loaded, burdened
carie *f.* cavity (*dental*)
cariño affection
cariñoso affectionate
carne *f.* meat
carnet *m.* identification card
carnicería butcher shop
caro expensive
carrera career; race; contest
carretera highway
carta letter (*correspondence*)
cartel poster
cartera wallet
casa house, home
casarse (con) to get married (*to someone*); (9)
casi almost
caso: hacer caso to pay attention
castigo punishment
castillo castle
causa: a causa de (que) because
cebolla onion
celoso jealous
cena supper
cenar to eat supper
cenicero ashtray
centro center; downtown
cerca (de) *adv.* near, close; (4)
cercano *adj.* near, close; (4)
cerebro brain
cerrar (ie) to close
cerveza beer
césped *m.* grass
ciego *n.* blind person; *adj.* blind
cielo sky
ciencia science
científico scientist
cierto *adj.* certain, sure
cigarrillo cigarette
cigüeña stork
cinta tape (*recording*)
cirujano surgeon
cita date; appointment; (7)
ciudad city
ciudadanía citizenship
ciudadano citizen
claro clear; **¡Claro!** Of course!
cláusula clause
clave *f.* key; main element
clérigo cleric, clergyman
clero clergy
clima *m.* climate
coartada alibi
cobija shawl (*Mexico*); blanket
cobrar to cash

cobre copper
cocina kitchen
cocinero cook
cóctel cocktail
coche car; coach
código code of laws
codo elbow
coger* to take, pick up; catch
cola tail
colgar (ue)* to hang up; to suspend
colocar* to place, put
comedia play; drama; comedy
comedor dining room
comenzar (ie)* to begin, start
comer to eat
comerciante *m./f.* merchant
comestibles provisions, food
comida food; meal
comienzo beginning
comilón heavy eater
como as, since; **(3)**
cómodo comfortable
compañero companion, partner; **compañero de clase** classmate; **compañero de cuarto** roommate
compartir to share
competencia competition
competidor competitive
completo: por completo completely
componer* to compose, make up
comportamiento behavior
comportarse to behave
compra purchase
comprar to buy
comprender to understand
comprobar (ue) to verify, prove
comprometer(se) to make a commitment
compuesto *p. p.* composed, made up
computador, computadora computer
comunidad community
conciencia conscience
concordar (ue) to agree
condición: a condición de que provided that
conducir* to drive; **permiso de conducir** driver's license
conejo rabbit
conferencia lecture
confianza confidence
confiar* to trust

congelado frozen
conmemorar to commemorate, remember
conocer* to know; to meet
conocimiento knowledge
conquistar to conquer
conseguir (i, i)* to get, obtain
consejero counselor, advisor
consejo advice
conservar to keep, conserve, maintain
consiguiente: por consiguiente consequently
consistir en to consist of; **(9)**
construir* to construct, build
consumo consumption, use
contaminación pollution
contar (ue) to tell, recount
contestación answer
contestar to answer
contra against; in opposition to
contribuir* to contribute
convenir (ie, i)* to agree; to be advisable
convertirse (ie, i) en to turn into
coqueta *n.* flirt; *adj.* flirtatious
corazón heart
corregir (i, i)* to correct
correr to run, jog
corriente *adj.* running; current
cortar to cut, trim; to cut short
corte *f.* court (of law)
corto short (*length*); brief; **(1)**
cosa thing; matter; affair
cosecha harvest, crop
costumbre *f.* custom, habit
crear to create
creencia belief
creer* to believe, think
creyente believer
criado servant
crianza rearing, bringing up (*of children*); raising (*of animals*)
criar* to rear (*children*); to raise (*animals*)
crisol melting pot
crucero cruise; ocean crossing
crudo raw
crueldad cruelty
cruzada crusade
cruzar* to cross
cuaderno notebook

cuadra square; city block
cualquier, cualquiera *adj.* any; any . . . at all
cualquiera *pronoun* anyone at all
cuanto as much as; **en cuanto** as soon as; **en cuanto a** as far as . . . is concerned
cuarto *n.* room; *adj.* fourth
cubierto *p. p.* covered
cubrir* to cover
cuenta check, bill; account; calculation; **(3)**; **darse cuenta** to realize **(8)**
cuento story, tale, narrative; **(3)**
cuerdo sane; **(1)**
cuerpo body
cuestión question, matter, topic; **(6)**
cueva cave
cuidado careful; **tener cuidado** to be careful
cuidar to care for, take care of **(4)**
culpa fault, guilt
culpable faulty, guilty
culto learned
cumpleaños *m. sing.* birthday
cumplir to complete, fulfill (*a goal*); **cumplir... años** to have lived . . . years
cuñada sister-in-law
cuñado brother-in-law
cura *m.* priest
cursivas: letras cursivas italics
curso course
cuyo whose

CH

chantaje blackmail
charlar to chat
charol patent leather
chica little girl
chicle chewing gum
chico little boy
chino *n.* Chinese
chisme gadget
chismear to tell tales, gossip
chiste joke, prank
choque crash, accident
chorizo sausage

D

daño: hacer daño to do harm or bodily injury **(5)**

dar* to give; **dar asco** to disgust; **dar un paseo** to take a walk; **dar rabia** to make angry; **darse cuenta** to realize, become aware of; (8)
dato fact, result, datum; (11)
debajo (de) under, below
deber v. should, ought to; n. duty, debt
debido a (que) due to, owing to, because of
débil weak
debilidad weakness
decano dean
decidir to decide; **decidirse** to make up one's mind
decir (i, i)* to say, tell; **es decir** that is to say
decisión: **tomar una decisión** to make a decision
dedo finger
dejar to leave behind; to drop (a course); to let, permit, yield; (10); **dejar de** + inf. to stop (doing something); (6); **no dejar de** + inf. to not neglect to
delante (de) before; in front (of)
delgado thin
delito crime, offense
demás: **los demás** the others
demasiado adj. too, too much; adv. too much
demostrar (ue) to demonstrate, show
dentro (de) in, within
depender (de) to depend (on); (9) **depende** that depends
dependiente shop assistant, sales clerk
deporte sport
deportista m./f. sportsman, sportswoman
deprimido depressed
derecha right, right-hand (side)
derecho right (legal), privilege; law
derramar to spill
derrotar to defeat
derrumbarse to collapse, cave in
desaprobar (ue) to disapprove of
desarrollar to develop
desarrollo development
desayuno breakfast

descansar to rest
descanso rest
descomponer* to break down
desconocido n. unknown person; adj. unknown, unfamiliar
descubierto p. p. discovered
descubrimiento discovery
descubrir* to discover
desde since (with time); from
desear to desire, want
desembarcar* to disembark; to set sail
deseo desire
desequilibrio imbalance
desgraciadamente unfortunately
deshacer* to undo
desigualdad inequality
desnutrición malnutrition
desnutrido undernourished
desobedecer* to disobey
despacho office (room)
despacio slowly
despedir (i, i) to fire
despedirse (i, i) (de) to say goodbye (to)
despertar(se) (ie) to awaken, wake up
despreciar to look down on
después adv. afterwards; **después de** prep. after; **después de que** conj. after
destruir* to destroy
detalle detail
detener (ie)* to detain; (6)
deterioro deterioration
detrás (de) behind, in back of
devolver (ue)* to return, give back; (2)
día m. day; **al día** daily; **día festivo** holiday; **Día de los Difuntos (Muertos)** Halloween, All Souls' Eve; **hoy (en) día** nowadays; **todo el día** all day; **todos los días** every day
diablo devil
diamante diamond
diario daily
dibujo sketch, drawing
dicho n. saying; p. p. said
diente tooth
difícil difficult
dificultad difficulty
difuntos: **Día (m.) de los Difuntos (Muertos)** All Souls' Eve
dineral great sum of money

dinero money
Dios God
dirección address
dirigirse* (a) to be directed, aimed at
disco record
disculpa n. excuse
discurso speech
discutir to discuss; to argue
diseñar to design
diseño design, plan
disfraz m. disguise, costume
disfrazado disguised, wearing a costume
disgustar to annoy, upset
disminuir* to diminish
dispuesto ready (with estar); clever, bright (with ser)
distinto different
divertido amusing
divertirse (ie, i) to enjoy oneself, have a good time
doblar to turn
doler (ue) to ache, hurt; to grieve, distress; (5)
dolor pain, ache
domingo Sunday
don title of respect with man's name
doña title of respect with woman's name
dorado golden
dormir (ue, u) to sleep; **dormirse (ue)** to fall asleep
dormitorio bedroom
ducharse to take a shower
dudar to doubt
dudoso doubtful
dueño owner, proprietor
dulce candy
durante during
durar to last
duro hard; difficult; **duro de corazón** hardhearted

E

echar to throw; **echar de menos** to miss, long for; (7)
edad age
edificio building
educativo educational
EEUU m. pl. U.S.A.
efectuar* to carry out
eficaz effective
egipcio Egyptian
egoísta inv. egotistical
ejemplo example
ejercer* to practice (a profession); to have (an effect on)

ejercicio exercise
ejército army
elegir (i, i)* to elect; to choose
embargo: sin embargo nonetheless
emborracharse to get drunk, intoxicated
embriagador intoxicating
embriaguez intoxication
empezar (ie)* to begin, start
empleado employee
emplear to use; to employ, hire
empleo job, work
empollón grind, bookworm
empresa corporation
enamorarse (de) to fall in love (with); (9)
encantar to fascinate, enchant
encendido lighted
encima on top of; **por encima** in addition
encontrar (ue) to find
enchufe: tener enchufe to be well connected (*politically*)
enfadarse to become angry
enfermarse to become sick
enfermedad illness, disease
enfermero nurse
enfermo sick, ill
enfriar(se)* to cool down
¡Enhorabuena! Congratulations!
enlatado canned
enojarse to become angry, irritated
enriquecer* to enrich
ensayo essay
enseñar to teach
entender (ie) to understand
enterarse to find out, become aware of
enterrar (ie) to bury
entierro burial
entonces then
entrada entrance, ticket
entrar to enter
entre between, among
entregar* to turn in
entrenador trainer, coach
entrenamiento training
entrevista interview
entrevistar to interview; **entrevistarse con** to have an interview with, be interviewed by
enviar* to send
envidiar to envy
época time, age, epoch

equipo team; equipment
escaparate display window, glass case
escena scene
escoger* to pick, choose
escolar *adj.* school
esconder(se) to hide
escribir* to write
escrito *p. p.* written
escritor writer
escuchar to listen
escuela school
esforzarse (ue)* to try hard, make an effort
esfuerzo effort
espalda back
español *n.* and *adj.* Spanish
especular to speculate
espejo mirror
esperar to wait; to expect; to hope
espinacas *pl.* spinach
esplendoroso splendid
esposo spouse
esqueleto skeleton
esquiar* to ski
esquina corner (*of a street*)
establecer(se)* to settle; to establish
establecimiento establishment
estación season
estadio stadium
estafa graft; deceit
estante bookcase; shelf
estar* to be; **estar de acuerdo** to be in agreement; **estar a dieta** to be on a diet; **estar de vacaciones** to be on vacation; **estar para** to be about to
este *n.* east
estilo style
estirar to stretch
estómago stomach
estrecho narrow, tight
estrella star
estudiante *m./f.* student
estudiantil *adj.* student
estudiar to study
estudios (*scholastic*) studies
evitar to avoid
exigencia demand
exigente demanding
exigir* to demand, require
exiliado exile, refugee
éxito success; **tener éxito** to be successful
expectativa expectation, hope
experimentar to experience,

undergo
explicación explanation
explicar* to explain
explotar to exploit
exponer* to exhibit
extranjero *n.* abroad; *adj.* foreign, alien
extrañar to miss, long for; (7)
extraño strange
extrovertido outgoing, extroverted

F

fábrica factory
fabricación manufacture
fácil easy
falda skirt
falta *n.* lack
faltar to be lacking, be missing, need; **faltar a** to miss, not attend; (7)
familiar *n.* relative; *adj.* (of the) family; familiar
fantasma *m.* ghost
fascinar to fascinate
fastidiar to annoy, irk
favor: por favor please
fe *f.* faith
fecha date (*time*); (7)
¡Felicidades! Congratulations!
felicitar to congratulate
feliz happy
feo ugly
feroz ferocious, savage
fiebre *f.* fever
fiesta party
fijarse (en) to notice
fin end; goal; **a fin de que** so that; **fin de semana** weekend; **por fin** finally
finca farm
firma signature
firmar to sign one's name
flojo lazy; not very bright (*slang*)
flor *f.* flower
fomentar to foster, stir up
fondo depth; bottom; *pl.* funds
fontanería plumbing
forma form; manner, way
formación training, education
foto: sacar una foto to take a picture
francés *n.* and *adj.* French
frase *f.* phrase
frecuencia: con

frecuencia frequently
fregar* (ie) to scrub
fresco cool
frío *n.* cold; **tener frío** to be cold
frito fried
frontera border
fuego fire
fuente *f.* source
fuera de out of; besides
fuerte strong
fugarse* to escape, fly away
fumar to smoke
funcionar to work (*mechanical*), function, run; **(1)**
furioso furious, angry
fútbol soccer; **fútbol americano** football

G

gafas eyeglasses
galleta cookie, cracker
gambas *pl.* shrimp
ganancias *pl.* earnings
ganar to earn, win; **ganarse la vida** to make a living
ganas: tener ganas de to feel like
gastar to spend; to use; to waste
gasto cost
gato cat
gemelo *n.* twin
género gender
gente *f. sing.* people
gerencia management
gerente manager
gigante giant
gitano gypsy
gobierno government
goloso having a sweet tooth
gordo fat
grabadora tape recorder
grabar to record
gran, grande great; large, big
gratis free (of charge)
grave serious
gravedad gravity, seriousness
gripe *f.* flu
gris gray
gritar to shout, yell
grito scream
guante glove
guapo handsome, attractive
guardar to keep, set aside, save; **(10)**
guerra war

guía *m./f.* guide
guisante pea
gusano worm; caterpillar
gustar to be pleasing
gusto taste

H

haber* to have (*auxiliary*)
habitación room
hablar to speak, talk
hacelotodo *n.* do-it-all
hacer* to do; to make; **hace años** years ago; **hace buen tiempo** the weather is good; **hacer caso (de)** to pay attention (to); **(11)**; **hacer daño** to do harm; **(5)**; **hacer falta** to need, be lacking; **hacer la maleta** to pack a suitcase; **hacer el papel** to play the role; **hacer trampas** to cheat; **hacer un viaje** to take a trip; **(2)**; **hacer una visita** to pay a visit; **(11)**; **hacerse** to become; to turn into; **(4)**
hacia toward
hada fairy
hambre *f.* hunger; **tener hambre** to be hungry
hambriento starving
hasta until, up to
hay (*from* **haber**) there is, there are
hazaña achievement, deed
hecho *n.* fact; deed, event; **(11)**; *p. p.* done, made
helado *n.* ice cream; *adj.* icy
hermana sister
hermanastra stepsister
hermano brother; *pl.* siblings
hermoso beautiful, handsome
hielo ice
hija daughter
hijo son; *pl.* children
hispanoparlante Spanish-speaking
historia history; story
hoja leaf
hojalata tin, tinplate
hombre man
hombro shoulder
hora time of day; hour; **(3)**
horario schedule
hoy today; **hoy (en) día** nowadays
huele (*from* **oler***) (it) smells
huelga strike

huérfano orphan
huésped guest
humano: ser humano human being
humo smoke
hundir to sink
huracán hurricane

I

identidad identity
idioma *m.* language
iglesia church
igual equal, same
igualdad equality
imagen *f.* image, picture
impedir (i, i) to impede, prevent; **(6)**
impermeable raincoat
implicar* to imply
imponer* to impose
importar to be important, of concern; **(4)**; to import (*goods*)
imprescindible indispensable
impresionante impressive
imprimir to print
impuesto tax
incluir* to include
incluso including
incómodo uncomfortable
incorporarse to participate; to join
inculcar* to impress, teach
indígena *inv. n. m./f.* native person; *adj.* indigenous, native
indio Indian
infiel unfaithful
influir* to influence
informarse to find out
informática computer science
infundir to inspire with; to instill
ingeniería engineering
ingeniero engineer
Inglaterra England
inglés *n. and adj.* English
inquietud restlessness, anxiety
inquilino boarder, tenant
intentar to try, attempt; **(10)**
intento attempt
intercambio interchange
interesarse (en) to become interested (in)
interrumpir to interrupt
íntimo intimate, close; **(4)**
inundación flood

inundado flooded
inútil useless
inversión investment
invertir (ie, i) to invest
invierno winter
invitado guest
ir* to go; **ir a** + *inf.* to be going to . . . ; **ir de vacaciones** to go on vacation; **irse** to go away
irlandés *n.* and *adj.* Irish
isla island
itinerante *adj.* traveling
izquierda *n.* left
izquierdo *adj.* left

J

jamás never
jardín garden
jardinero gardener
jefe boss, supervisor
jornada working day
joven *n. m./f.* young person, youth; *adj.* young
joya jewel
joyería jewelry shop
jubilarse to retire (*from a job*)
judío *n.* Jew; *adj.* Jewish
juego game
jueves Thursday
juez *n. m./f.* judge
jugador player
jugar (ue)* (a) to play
juguete toy
juntar to join together
juntos together
jurar to swear
jurídico legal
juventud youth
juzgar* to judge

L

lado: al lado de next to
ladrar to bark
ladrón thief
lápiz *m.* pencil
largo long
lástima pity, shame
lastimar to hurt, injure (*physically*); (**5**)
lavabo sink
lavadora washing machine
lavar(se) to wash
lazo chain, bond
lealtad loyalty
lección lesson
lectura reading; reading selection
leche *f.* milk

leer* to read
legumbre *f.* vegetable
lejos far
lengua language
lento slow
leña firewood
letra letter (*of alphabet*)
letrero sign
levantar to raise, pick up; **levantarse** to get up; to stand up
leve *adj.* light
ley *f.* law
libre free (*to act*); unenslaved; **estar libre** to be unoccupied
librería bookstore
libro book; **libro de texto** textbook
ligar* to join, link
limpiar to clean
limpieza cleanliness, neatness; cleaning
limpio clean
listo clever, smart; ready
lobo wolf; **hombre lobo** werewolf
loco crazy
lograr to achieve, attain; succeed (*in doing something*); (**5**)
Londres London
luchar to fight
luego then, next; later
lugar place, location
luna moon
lunes Monday
luz light

LL

llamar to call; **llamar a la puerta** to knock at the door; **llamarse** to call oneself, be named
llanta tire
llave *f.* key
llegar* to arrive, get to; **llegar a ser** to get to be, become; (**4**)
llenar to fill
lleno full
llevar to carry; to take; to wear; (**2**); **llevar una vida (feliz)** to lead a (happy) life; **llevarse** to take away, carry off; **llevarse bien** to get along well
llorar to cry, mourn
llover (ue) to rain
lloviznar to drizzle

lluvia rain

M

madera wood
madrastra stepmother
madre *f.* mother
madrina godmother
madrugada dawn, early morning
maduro ripe; mature
maestro teacher
maíz *m.* corn
mal, malo *adj.* sick; bad; **mal** *adv.* badly; *n.* evil
maleta suitcase
maltrato mistreatment
mandamiento commandment
mandar to order, command; to send
mandato command, order
manejar to drive
manera: de manera que so that
manifestación protest, demonstration, rally
manifestar (ie) to show, display
mano *f.* hand; **mano de obra** *f.* work force
mantener (ie)* to maintain; to support; (**6**); to keep up (*tradition*)
mantilla blanket
manzana apple
mañana *n.* morning; *adv.* tomorrow
máquina machine; **máquina de escribir** typewriter
marca brand
marciano Martian
marcharse to go away, leave
marido husband
marinero sailor
mariposa butterfly
Marte Mars
martes Tuesday
más more, most; **más allá** *m.* the beyond, hereafter; **más de, más que** more than
masticar* to chew
matar to kill, murder
matricularse to register, enroll
matrimonio matrimony; married couple
mayor older; greater, greatest
mayoría majority
medianoche *f.* midnight

médico doctor, physician
medida measure, means
medio *n.* middle; half; *adj.*
average, mean; middle;
medio ambiente
environment
medir (i, i) to measure
mejor better, best
mejorar to make better,
improve
melocotón peach
menor smaller, smallest;
younger, youngest
menos less, lesser, least; **a
menos (de) que** unless;
echar de menos to miss,
long for; **por lo menos** at
least
mensajero messenger
mentir (ie, i) to lie, deceive
menudo: a menudo often
mercado market
merecer* to deserve
mes month
mesa table
meta goal, aim
meter to insert, put into
metro meter; subway
mezcla mixture
mezclar to mix, combine
miedo fear; **tener miedo** to
be frightened
miel *f.* honey
mientras *adv.* while;
mientras que *conj.* while
miércoles Wednesday
milagro miracle
militar military man
milla mile
mimar to spoil (*a child*)
mirar to look (at), watch; **(1)**
mismo *adj.* same; oneself;
adv. right; **ahora mismo**
right now; **aquí mismo**
right here
mitad *n.* half
mito myth
mochila knapsack; backpack
moda fashion, style
modificar* to modify,
change
modo way, manner; mood
(*grammatical*); **de modo
que** so that
mojarse to become wet
molestar to bother, annoy
momia mummy
moneda coin
monja nun
mono *n.* monkey, ape; *adj.*
cute

montar to ride
morado *adj.* violet, purple
morir (ue, u)* to die
mostrar (ue) to show
moto *f.* motorcycle
motociclista *m./f.*
motorcyclist
mover(se) (ue) to move (*an
object or body part*); **(7)**
muchacha girl
muchacho boy
muchedumbre *f.* multitude,
crowd
mucho much, a lot; **muchas
veces** often, frequently
mudanza move (*of residence*)
mudarse to move (*residence*); **(8)**
muebles *pl.* furniture
muerte *f.* death
muerto *n.* dead person,
deceased; *p. p.* dead
mujer *f.* woman; wife
multa traffic ticket; fine
mundial *adj.* world
mundo world; **todo el
mundo** everybody
muñeca doll, puppet
músico musician
musulmán Moslem

N

nacer* to be born
nacimiento birth
nada nothing
nadar to swim
nadie no one, nobody
naranja orange (*fruit*)
nariz nose
**natalidad: control de la
natalidad** birth control
naturaleza nature
Navidad Christmas
necesitar to need
negar (ie)* to deny; **negarse
a** + *inf.* to refuse to
negocio business; **hombre/
mujer de negocios**
businessman/woman
nene baby, child, kid
neoyorquino of or
pertaining to New York
nevada snowfall
nevar (ie) to snow
ni neither; nor; not a; not
even; **ni siquiera** not even
nieto grandson; *pl.*
grandchildren
nieve *f.* snow
ningún, ninguno *adj.* no,
none

niña little girl
niñera nursemaid
niñez childhood
niño little boy; *pl.* children;
de niño as a child
nivel level, standard
noche *f.* night; **esta noche**
tonight
nombrar to name
nombre name
norte *n.* north
nota grade
notar to notice, note
noticias *pl.* news
novia girl friend; fiancée;
bride
noviazgo engagement
novio boyfriend; fiancé;
bridegroom
nuera daughter-in-law
nuevo new; **de nuevo** again
número size (*shoes*); number
nunca never, not ever

O

obedecer* to obey
obesidad obesity
obligar* (a) to oblige, force
obra work (*of art, literature*)
obrero worker
obtener (ie)* to obtain, get
ocio leisure time; relaxation
ocurrir to occur; to take
place
odiar to hate
odio hatred
oeste *n.* west
ofender to hurt someone's
feelings; to offend; **(5)**
oferta offer
oficio trade, occupation
ofrecer* to offer
oír* to hear
ojalá I wish (that); I hope
(that)
ojo eye; **¡Ojo!** Be careful!
oleada surging (*of a crowd*)
oler* to smell
olfato sense of smell
olvidar to forget; **olvidarse
(de)** to forget
oración sentence
orden order; **a sus órdenes**
at your disposal
ordenador (personal)
computer (*Spain*)
orgullo pride
orgulloso proud
oro gold
oscuro *adj.* dark

oso bear
otoño autumn
otro another, other; **otra vez** again

P

padre father; priest; *pl.* parents
paella *rice dish typical of Spain*
pagar* to pay (for) **(11)**
página page
país country
pájaro bird
palabra word
palidez paleness, pallor
palo stick, pole
pan bread
panadería bakery
pantalones *pl.* pants, trousers
pantalla screen
pañal diaper
papel paper; role; **hacer el papel** to play the role
paquete package, packet, pack
par pair
para for; in order to; toward; by; **estar para** to be about to; **para que** so that, for
paraguas umbrella
paraíso paradise
parar to stop, halt; **pararse** to stand up
parecer* to seem, look as if; **(1)**; **parecerse a** to look like, resemble
pared *f.* wall
pareja pair; (married) couple; partner
pariente relative *(family)*
párpado eyelid
párrafo paragraph
particular private; **en particular** in particular
partida departure
partido party *(political)*; game, match
parto childbirth
pasado *n.* past; *adj.* last *(in time)*
pasar to pass, go by; to spend *(time)*; to happen
pasatiempo pastime; hobby
paseo: dar un paseo to take a walk
pasillo hallway
paso step
pata (animal's) foot, leg
patata potato *(Spain)*

patinar to skate
patria country; homeland
patrón boss
paz peace; **dejar en paz** to leave alone
pedazo piece
pedir (i, i) to ask for, request; to order *(food)*; **pedir prestado** to borrow
pegar* to hit, strike
pelear to fight
película movie, film
peligro danger
peligroso dangerous
pelo hair; **tomarle el pelo a uno** to pull someone's leg
pelota ball
pena pain; penalty; **pena de muerte** death penalty; **valer la pena** to be worthwhile
pensamiento thought
pensar (ie) to think; to have an opinion about; **pensar + inf.** to plan to; **pensar de** to think of *(opinion)*; **pensar en** to think about, focus on; **(9)**
peor worse, worst
pequeño small
perder (ie) to lose; to miss *(a deadline)*; **(7)**
pérdida loss
perezoso lazy
periódico newspaper
periodista *m./f.* journalist
permanecer* to stay, remain
permiso de conducir driver's license
pero but; **(5)**
perrera kennel
perro dog
perseguir* (i,i) to pursue, follow
personaje character *(in literature)*
pertenecer* to belong
pesado dull, not interesting
pesar to weigh; **a pesar de** in spite of
peso weight; **bajar de peso** to lose weight
pez *m.* fish
pie foot *(of body)*
pierna leg
pieza piece
píldora pill
pintar to paint
pintor painter
pintura painting, picture; paint
piscina swimming pool

piso floor *(of building)*
placer pleasure
plagio plagiarism
planchar to iron
planear to plan
plantear to plant, present *(a problem, argument, etc.)*
plato plate; dish
playa beach
plazos: a plazos in installments
pluma pen
población population
pobre poor; unfortunate
pobreza poverty
poco *n.* a little bit; *adj.* and *adv.* little, scanty
poder (ue)* to be able to
poderoso powerful
policía police force; *m./f.* police officer, detective
política *n. sing.* politics; policy
político *n.* politician; *adj.* political
polvo dust
pollo chicken
polluelo chick
poner* to put, place; **poner una multa** to fine; **ponerse** to become, turn; to put on *(clothing)*; **(4)**
por by; through; for; for the sake of; because of; per; **(3)**; **por completo** completely; **por eso** for that reason; **por favor** please; **por fin** finally; **por lo general** in general; **por lo menos** at least; **por lo tanto** therefore
porcentaje percentage
porque because; for; as; **(3)**
portarse to behave
porvenir future
postre dessert
pozo *n.* well
practicar* to participate *(in a sport)*; to practice
preciso necessary
predecir (i)* to predict
predicar* to preach
prefijo prefix
pregunta question *(of interrogation)*; **(6)**; **hacer una pregunta** to ask a question
preguntar to ask (a question)
premio prize
prenda (de vestir) garment *(of clothing)*

preocupar(se) to worry
preso prisoner
prestado: pedir prestado to borrow
préstamo loan
prestar to lend; prestar atención to pay attention (11)
primavera spring (*season*)
primer, primero first
primo cousin
príncipe prince
principio beginning; al principio at first, in the beginning
prisa haste; tener prisa to be in a hurry
probar (ue) to try; probarse to try on (*clothing*); (10)
profundamente profoundly
prometer to promise
pronombre pronoun
pronominal *adj.* pronoun
pronto soon; de pronto suddenly; tan pronto como as soon as
pronunciar to pronounce; to deliver a speech
propiedad property
propio one's own; appropriate
proporcionar to provide; to offer
propósito purpose
proscribir* to outlaw, prohibit
proteger* to protect
provocar* to provoke, cause
próximo next
puerta door
puertorriqueño *n.* and *adj.* Puerto Rican
pues then; well
puesto *n.* position; *p. p.* placed, put; puesto que *conj.* since, given that; (3)
puntiagudo sharp-pointed
punto point; en punto on the dot (*time*)
puñaladas: matar a puñaladas to stab to death

Q

quedar to be left; to have left; quedarse to stay, remain
quehacer chore
queja complaint
quejarse (de) to complain (of, about)

quemar(se) to burn
querer (ie)* to want, wish; to love; no querer to refuse
queso cheese
quieto still, peaceful, calm
química chemistry
químico *n.* chemist; *adj.* chemical
quinto fifth
quitar to remove, take away; quitarse to take off
quizás perhaps

R

rabino rabbi
raíz *f.* root, stem
ramo branch
rana frog
rápido quickly
raptar to kidnap
rapto kidnapping
raqueta (tennis) racquet
raro strange, odd
rascacielos *sing.* skyscraper
rasgo feature, trait
rasguño *n.* scratch
rastreo tracing, tracking
rato brief period of time
rayas: a rayas striped
raza race (*ethnic*); La Raza community of Hispanics
razón *f.* reason; tener razón to be right
realizar* to accomplish, carry out; (8)
recado message, note
recibir to receive, get
recién + *p. p.* recently, newly + *p. p.*
recinto district; campus
recoger* to pick up
reconocer* to recognize
recordar (ue) to remember, recall
recreo recreation
rector president (*of a university*)
recuerdo memory; souvenir
recuperar to regain
recurso resource
rechazar* to reject
red net
redondo round
reemplazar* to replace
referirse (ie, i) (a) to refer (to)
reflejar to reflect
refugiado refugee
regalar to give (*a gift*)
regalo gift

regatear to bargain, haggle
regla rule
regresar to return, come back; (2)
reina queen
reír(se) (i, i)* to laugh
reja grating, metal grid
relacionado (con) related (to)
reloj *m.* watch, clock
remedio solution, way out
repartir to divide up, distribute
repaso review
repente: de repente suddenly
requerir (ie, i) to require
residencia dormitory
resolver (ue)* to solve
respecto: con respecto a with respect to, compared with
respetar to respect
respeto respect, deference, admiration
respirar to breathe
responsabilidad responsibility
respuesta answer
restos remains
resuelto *p. p.* resolved
resultado result
resumen summary
retraso delay
retratar to portray; to paint (*a portrait*)
retrato portrait
reunión meeting; reunion
reunir to unite, assemble; reunirse to meet, get together
revelar to reveal
revés: al revés in the opposite way; upside down; inside out
revista magazine
rey *m.* king
rezar* to pray
rico rich; delicious
riesgo risk
rincón corner (*of a room*)
río river
riqueza riches, wealth
robo robbery
rodilla knee
rogar (ue)* to beg, plead
rojo red
romper* to break, tear
ropa clothing; cambiar de ropa to change clothes
roto *p. p.* broken, torn
rueda wheel

ruido noise
ruso *n.* and *adj.* Russian

S

sábado Saturday
saber* to know; to find out; **saber** + *inf.* to know how to
sabiduría wisdom, knowledge
sabor flavor
sacar* to take out; to get (*a grade in a course*); **sacar una foto** to take a picture
sala room; living room
salchicha sausage
salir* to leave, go out (*of a place*); (**10**)
salud health
salvar to save; (**10**)
salvavidas *sing.* lifeguard
sangre *f.* blood
sano healthy, fit; (**1**)
saquear to raid, sack
sastre tailor
satisfecho *p. p.* satisfied
secador dryer
secar* to dry; **secarse** to dry up, off
secuestrar to kidnap
secuestro kidnapping
secundaria: escuela secundaria high school
sed thirst; **tener sed** to be thirsty
seguida: en seguida immediately, right away
seguir (i, i)* to follow, come after; to continue; to take (*courses*)
según according to
segundo *adj.* second
seguridad security
seguro *n.* insurance; *adj.* sure; safe, secure
semana week
semejante similar
semejanza similarity
sensación physical feeling, sensation
sensibilidad sensitivity
sensible sensitive
sentarse (ie) to sit down
sentido sense (*bodily*); meaning; **tener sentido** to make sense
sentimiento emotion, feeling
sentir (ie, i) to feel (*with nouns*); to regret; **sentirse**

to feel (*with adjectives*); (**8**)
señal road sign; hand gesture
señalar to point out; to use sign language
ser* *v.* to be; *n.* being; **ser humano** human being
servir (i, i) to serve
siempre always; **siempre que** every time; provided that
siento: lo siento I'm sorry
siesta midday nap; **dormir la siesta** to take a nap
siglo century
significar* to mean, signify
siguiente following
silenciosamente silently
silla chair
simpático nice
sin *prep.* without; **sin duda** doubtless; **sin embargo** however; **sin que** *conj.* without
sindicato labor union
sino but, except, but rather; (**5**); **sino que** but rather; (**5**)
sintaxis *f. sing.* syntax, grammar
síntoma *m.* symptom
siquiatra *m./f.* psychiatrist
siquiera *adv.* at least; even; **ni siquiera** not even
sitio place, location
soborno bribe
sobrar to be in excess, left over
sobre *prep.* over; about, regarding
sobrepoblación overpopulation
sobrevivir to survive
sobrina niece
sobrino nephew
sociedad society
socio partner, associate
sol sun; **hacer sol** to be sunny
solamente *adv.* only
soldado soldier
soler (ue) to be in the habit of
solo *adj.* alone; only, sole; **a solas** by oneself, unaccompanied
sólo *adv.* only; **no sólo** not only; (**5**)
soltero *adj.* single, unmarried
solterón bachelor
sombra shade, shadow

sombrero hat
sonar (ue) to sound, go off, ring
sonido sound
sonreír (i, i)* to smile
sonriente smiling
soñar (con) to dream (about); (**9**)
sopa soup
soportar to support, hold up (*physically*); to bear, endure; (**6**)
sordo deaf
sorprender to surprise; **sorprenderse** to be surprised
sorpresa surprise
sostener (ie)* to sustain; to support (*financially*)
sotana cassock
subir to raise, go up, climb
subrayar to underline
suceder to happen, occur; (**5**)
sucio dirty
suegra mother-in-law
suegro father-in-law
sueldo salary
sueño dream; **tener sueño** to be sleepy
suerte *f.* luck; **tener suerte** to be lucky
suéter sweater
sufrimiento *n.* suffering
sufrir to suffer, experience
sugerencia suggestion
sugerir (ie, i) to suggest
sujeto subject
superar to overcome
supermercado supermarket
suponer* to suppose, assume
sur *n.* south
surgir* to arise; to occur
suspender to interrupt, suspend; to hang up, suspend; to fail, flunk (*someone*)
sustantivo noun
sustituir* to substitute

T

tabaco tobacco
tabla table (*chart*)
tacaño stingy
tal *adv.* so; *adj.* such (a); **tal como** just as; **tal vez** perhaps; *pronoun* such a thing; *conj.* **con tal (de) que** on condition that, provided that

talonario checkbook
talla size (*clothing*)
también also
tampoco neither, not either
tan so; as; **tan... como**
as . . . as; **tan pronto como**
conj. as soon as
tanto so much, as much; **por
lo tanto** therefore
tardar (en) to take time; (**2**)
tarde *n. f.* afternoon; *adv.*
late; **tarde o temprano**
sooner or later
tarea homework,
assignment; task, job
tarjeta card
tatuarse* to get tatooed
taza cup
té tea
técnica technique
techo roof
tele *f.* TV (*program*)
telenovela soap opera
televisión television
(*program*)
televisor television (*set*)
tema *m.* theme
temer to fear, be afraid of
tempestad storm
temprano early
tener (ie)* to have, possess;
hold; **tener cuidado** to be
careful; **tener en cuenta** to
keep in mind; **tener
enchufe** to be well
connected (*politically*);
tener éxito to be
successful; (**5**); **tener ganas**
to feel like; **tener hambre**
to be hungry; **tener miedo**
to be fearful, frightened;
tener prisa to be in a
hurry; **tener que** + *inf.* to
have to; **tener razón** to be
right; **tener sed** to be
thirsty; **tener vergüenza** to
be ashamed
teñir (i, i) to dye
tercer, tercero third
terminar to finish, end
terremoto earthquake
tesis *f.* thesis
testigo witness
tía aunt
tibio warm
tiempo time (*general*); (**3**);
weather; tense
(*grammatical*); **a tiempo** on
time; **hace buen tiempo**
the weather is good
tienda store, shop

tierra land, earth
timbre bell
tío uncle; *pl.* aunts and
uncles
tipo type, kind, sort
tirar to throw, fling
título (*academic*) degree; title
toalla towel
tocar* to touch; to play (*an
instrument*)
todavía still, yet
todo all, everything, all of;
todo el día all day; **todo el
mundo** everybody; **todos
los días** every day
tomar to take; (**2**); to drink;
tomarle el pelo a uno to
pull someone's leg; **tomar
una decisión** to make a
decision
tonto stupid, foolish
torero bullfighter
toro bull
total: en total in all
toxicomanía (drug) addiction
toxicómano drug addict
trabajador *n.* worker; *adj.*
hardworking
trabajar to work; (**1**)
trabajo job, work; paper
(*academic*)
traducir* to translate
traer* to bring
traficante drug dealer
traje suit; **traje de baño**
swimsuit
trampas: hacer trampas to
cheat
trasladar(se) to move,
transfer (*to another place*);
(**8**)
tratamiento treatment
tratar to treat; **tratar de** +
inf. to try; **tratar de** + *noun*
to deal with; **se trata de**
it's a question of; (**10**)
través: a través de through,
via
travesura trick, prank
travieso mischievous
tren train
triciclo tricycle
triste sad; **ponerse triste** to
become sad
tristeza sadness
trozo piece, part
trueno thunder

U

último last; most recent

único only, sole; unique
unido united, close; (**4**)
unirse to join
universidad *n.* university
universitario *adj.* university
útil useful
utilizar* to use, utilize

V

vaca cow
vacío empty
valentón bully
valer* to be worth; **valer la
pena** to be worthwhile
valioso valuable
valor value
vaquero cowboy
varios several
vaso (drinking) glass
vecindad neighborhood
vecino neighbor
vejez old age
vendedor seller, salesman
vender to sell
venir (ie)* to come
venta sale
ventaja advantage
ventana window
ver* to see; **tener que ver
con** to have to do with
verano summer
verdad truth; **de verdad**
really
verdadero real, genuine;
true
verde green
verduras green vegetables
vergüenza shame, embar-
rassment; **tener vergüenza**
to be ashamed
vestido dress
vestir(se) (i, i) to dress
vez time, instance; (**3**); **a su
vez** in its turn; **a veces** at
times; **de vez en cuando**
from time to time; **en vez
de** instead of; **muchas
veces** frequently; **tal vez**
perhaps
vía way; route
viajar to travel
viaje trip; **hacer un viaje** to
take a trip
viajero traveler
vicio vice, bad habit
vida life; **llevar una vida
(feliz)** to lead a (happy)
life
viejo *n.* old person; *adj.* old;
longtime

viento wind; **hacer viento** to be windy
viernes *sing.* Friday
vino wine
viruela smallpox
vista: punto de vista point of view
visto *p. p.* seen
viuda widow
viudo widower

vivienda dwelling; housing
vivir to live
volar (ue) to fly
volver (ue)* to return; come back; **(2); volverse** to become, turn; **(4)**
voz voice
vuelo flight
vuelta return
vuelto* *p. p.* turned

Y

ya already; right away, now; **ya no** no longer; **ya que** since, given that; **(3)**
yerno son-in-law

Z

zapatero shoemaker, cobbler
zapato shoe

Index

About the Authors

Mary Lee Bretz is Associate Professor of Spanish at Rutgers University, where she teaches undergraduate and graduate courses in Spanish language and literature. Professor Bretz received her Ph.D. in Spanish from the University of Maryland in 1973. She has published several books and numerous articles on Spanish literature.

Trisha Dvorak is Director of the Language Laboratory at the University of Michigan. She has coordinated elementary language programs in Spanish and taught courses in Spanish language and foreign language methodology. She is a certified Oral Proficiency Trainer in Spanish. Professor Dvorak received her Ph.D. in Applied Linguistics from the University of Texas at Austin in 1977. She has published articles on aspects of foreign language learning and foreign language teaching.

Carl Kirschner is Associate Professor of Spanish at Rutgers University, where he teaches courses in linguistics, applied Spanish linguistics, and second language acquisition. Professor Kirschner received his Ph.D. in Spanish Linguistics from the University of Massachusetts in 1976. He has published a book on Spanish semantics and articles on Spanish linguistics.